国家双高"铁道机车专业群"系列　活页工作手册式立体化教材
——动车组检修技术专业

高速铁路动车组机械设备维护与检修

主　编◎牛小伟　张龙华　马松花

副主编◎田小龙　李妍泽　冯　辉

主　审◎琚海山

西南交通大学出版社
·成　都·

图书在版编目（CIP）数据

高速铁路动车组机械设备维护与检修 / 牛小伟，张龙华，马松花主编. —成都：西南交通大学出版社，2023.9（2024.8 重印）

ISBN 978-7-5643-9496-7

Ⅰ. ①高… Ⅱ. ①牛… ②张… ③马… Ⅲ. ①高速动车 – 机械设备 – 维修 Ⅳ. ①U269

中国国家版本馆 CIP 数据核字（2023）第 178093 号

Gaosu Tielu Dongchezu Jixie Shebei Weihu yu Jianxiu

高速铁路动车组机械设备维护与检修

主编 牛小伟 张龙华 马松花

责任编辑	梁志敏
封面设计	何东琳设计工作室
出版发行	西南交通大学出版社 （四川省成都市金牛区二环路北一段 111 号 西南交通大学创新大厦 21 楼）
邮政编码	610031
发行部电话	028-87600564　028-87600533
网址	http://www.xnjdcbs.com
印刷	成都中永印务有限责任公司
成品尺寸	185 mm × 260 mm
印张	26.75
字数	666 千
版次	2023 年 9 月第 1 版
印次	2024 年 8 月第 2 次
定价	59.80 元
书号	ISBN 978-7-5643-9496-7

课件咨询电话：028-81435775
图书如有印装质量问题　本社负责退换
版权所有　盗版必究　举报电话：028-87600562

前言

截至2022年底,我国高速铁路运营里程达4.2万km,稳居世界第一。在建设和运营实践中,我国高速铁路积累了丰富经验,取得了大量创新成果,已全面掌握各速度等级动车组制造技术,构建成熟完备高铁技术体系,成为世界高铁领跑者。

为保证动车组运行安全可靠,延长动车组的使用寿命,必须对动车组进行日常维护和定期检修,这就需要大量的动车组地勤机械师和随车机械师,为高铁运营及安全持续稳定发展提供坚实可靠的人才保障。为了快速提升企业在职人员和职业院校学生的实际运用和检修专业水平,在消化吸收生产厂家提供的动车组技术资料的基础上,参照动车段一、二级检修工艺标准,以适应动车组随车机械师、地勤机械师两个岗位需求为培养目标,郑州铁路职业技术学院组织校企双方共同编写了本教材。

本教材根据动车组检修技术专业人才培养目标,采用"项目导向、任务驱动"的职业教育理念,通过岗位职业能力分析,提出每一项目的学习目标,使学生在学习之前能够清楚岗位的职业要求。编写时采取教师与企业职教专家共同参与研讨教材内容,将教学过程和企业的生产过程紧密结合的方法。全书介绍了动车组的结构组成、工作原理;对日常维护检修、故障处理等程序、标准也进行了详细的讲解,是动车组新技术、新知识学习的必备用书。

郑州铁路职业技术学院机车车辆学院为该教材的建设投入了大量的人力、物力及财力,中国铁路郑州局集团有限公司的职教专家和工程师对编写工作给予了具体的指导和帮助,在此一并表示感谢。

本书由郑州铁路职业技术学院牛小伟、张龙华、马松花担任主编,郑州铁路职业技术学院田小龙、李妍泽、冯辉担任副主编,中国铁路郑州局集团有限公司郑州动车段琚海山担任主审。具体编写分工如下:郑州铁路职业技术学院马松花编写项目一的任务一;中国铁路郑州局集团有限公司郑州动车段赵晋佳编写项目一的任务二;中国铁路郑州局集团有限公司郑州动车段寇万闯编写项目一的知识拓展一;中国铁路郑州局集团有限公司郑州高铁基础设施段张艳艳编写项目一的知识拓展二;郑州铁路职业技术学院张龙华编写项目二的任务一~任务五、知识拓展一;郑州铁路职业技术学院冯辉编写项目二的知识拓展二;郑州铁路职业技术学院牛小伟编写项目三;郑州铁路职业技术学院李妍泽编写项目四;郑州铁路职业技术学院田小龙编写实训一~实训五。

由于编著水平所限,加之时间仓促,难免有不当之处,恳请读者批评指正。

编 者

2023年5月

Digital Resources 数字资源

序号	资源名称	资源类型	页码	资源位置
1	动车组分类及组成	微课视频	4	项目一 任务一
2	动车组编号规则	微课视频	15	项目一 任务一
3	动车组主要技术参数	微课视频	23	项目一 任务一
4	动车组维修制度	微课视频	31	项目一 任务一
5	动车组检修限度	微课视频	34	项目一 任务一
6	CRH380A型动车组基本配置及技术参数	微课视频	36	项目一 任务二
7	CRH380A型动车组主要设备布置	微课视频	38	项目一 任务二
8	CRH380B型动车组基本配置及技术参数	微课视频	46	项目一 知识拓展一
9	动车组车体结构特点和轻量化措施	微课视频	62	项目二 任务一
10	动车组车体的气密性和强度	微课视频	65	项目二 任务一
11	动车组车体的流线型	微课视频	69	项目二 任务一
12	CRH380A型动车组车体结构	微课视频	72	项目二 任务二
13	CRH380A型动车组车内设备(一)	微课视频	86	项目二 任务三
14	CRH380A型动车组车内设备(二)	微课视频	93	项目二 任务三
15	CRH380A型动车组车顶设备	微课视频	103	项目二 任务四
16	CRH380A型动车组司机室设备	微课视频	111	项目二 任务五
17	CRH380B型动车组车体	微课视频	131	项目二 知识拓展一
18	CRH380B型动车组车顶设备	微课视频	151	项目二 知识拓展一
19	动车组转向架基础知识	微课视频	192	项目三 任务一
20	CRH380A型动车组转向架	微课视频	195	项目三 任务二
21	CRH380A型动车组转向架构架	微课视频	199	项目三 任务三

序号	资源名称	资源类型	页码	资源位置
22	CRH380A型动车组转向架轮对、轴箱及一系悬挂装置	微课视频	203	项目三任务四
23	CRH380A型动车组转向架二系悬挂装置	微课视频	216	项目三任务五
24	CRH380A型动车组转向架驱动装置	微课视频	229	项目三任务六
25	CRH380A型动车组转向架基础制动及踏面清扫装置	微课视频	233	项目三任务七
26	CRH380A型动车组转向架附件	微课视频	238	项目三任务八
27	CRH380B型动车组转向架总体及构架	微课视频	243	项目三知识拓展一
28	CRH380B型动车组转向架轮对、轴箱及一系悬挂装置	微课视频	248	项目三知识拓展一
29	CRH380B型动车组转向架二系悬挂装置	微课视频	252	项目三知识拓展一
30	CRH380B型动车组转向架驱动装置	微课视频	259	项目三知识拓展一
31	CRH380B型动车组转向架轮缘润滑、撒砂及排障装置	微课视频	265	项目三知识拓展一
32	动车组车端连接装置基础知识	微课视频	289	项目四任务一
33	CRH380A型动车组车钩缓冲装置	微课视频	291	项目四任务二
34	CRH380A型动车组风挡及连接器	微课视频	318	项目四任务三
35	CRH380B型动车组车钩缓冲装置	微课视频	325	项目四知识拓展一
36	CRH380B型动车组风挡及连接器	微课视频	336	项目四知识拓展一

目录

上篇 理论篇

项目一 动车组整体认知 ·· 3
- 任务一 动车组基础知识 ·· 3
- 任务二 CRH380A 型动车组 ·· 35
- 知识拓展一 CRH380B 型动车组 ·· 46
- 知识拓展二 CR400AF 型动车组 ·· 52
- 思政课堂 ·· 60

项目二 动车组车体维护与检修 ·· 61
- 任务一 动车组车体基础知识 ·· 61
- 任务二 CRH380A 型动车组车体 ·· 72
- 任务三 CRH380A 型动车组车内设备 ·· 82
- 任务四 CRH380A 型动车组车顶设备 ·· 103
- 任务五 CRH380A 型动车组司机室设备 ·· 110
- 知识拓展一 CRH380B 型动车组车体 ·· 131
- 知识拓展二 CR400AF 型动车组车体 ·· 163
- 思政课堂 ·· 190

项目三 动车组转向架维护与检修 ·· 191
- 任务一 动车组转向架基础知识 ·· 191
- 任务二 CRH380A 型动车组转向架 ·· 195
- 任务三 CRH380A 型动车组转向架构架 ·· 199
- 任务四 CRH380A 型动车组转向架轮对轴箱定位装置 ·· 203
- 任务五 CRH380A 型动车组转向架二系悬挂装置 ·· 216
- 任务六 CRH380A 型动车组转向架驱动装置 ·· 229
- 任务七 CRH380A 型动车组转向架基础制动装置 ·· 233
- 任务八 CRH380A 型动车组转向架辅助装置 ·· 238

知识拓展一　CRH380B型动车组转向架……243
　　知识拓展二　CR400AF型动车组转向架……271
　　思政课堂……287

项目四　动车组车端连接装置维护与检修……288
　　任务一　动车组车端连接装置基础知识……288
　　任务二　CRH380A型动车组车钩缓冲装置……291
　　任务三　CRH380A型动车组车端其他连接装置……318
　　知识拓展一　CRH380B型动车组车端连接装置……324
　　知识拓展二　CR400AF型动车组车端连接装置……343
　　思政课堂……353

下篇　实训篇

　　实训一　CR400AF型动车组车顶设备检查作业……357
　　实训二　CR400AF型动车组司机室设备供电前检查作业……366
　　实训三　CR400AF型动车组车下地沟检查作业……379
　　实训四　CR400AF型动车组车内设施检查作业……393
　　实训五　CR400AF型动车组车体两侧检查作业……407

参考文献……419

上篇 理论篇

项目一　动车组整体认知

项目描述

通过本项目的学习使初学者对动车组机械设备有初步的认识。以动车组机械设备模型、实物和教学课件为学习载体，通过教学使学生初步了解动车组的基本概念，认识动车组的组成及各组成的作用；使学生正确掌握动车组的基本组成、主要技术参数；熟悉动车组限界；熟悉动车组零件损伤规律、维修制度，为学生今后从事动车组运用、检修打下牢固基础。

知识目标

（1）掌握动车组的基本组成与分类。
（2）掌握动车组的主要技术参数。
（3）熟悉动车组限界。
（4）熟悉动车组零件损伤规律、维修制度。

能力目标

（1）能够依据学习资料制作CRH380A型动车组机械设备教学课件。
（2）能够按照标准化作业程序对CRH380A型动车组机械设备进行维护与检修。
（3）能够应急处理CRH380A型动车组机械设备的故障。

项目任务

任务一　动车组基础知识
任务二　CRH380A型动车组

任务一　动车组基础知识

任务描述

在动车组机械设备维护与检修演练场内，以动车组模型、多媒体教学课件为载体，掌握动车组的基本概念、基本组成；熟知动车组检修基本知识，会制作一个动车组基础知识教学课件。

> **背景知识**

一、动车组的定义

微课：动车组分类及组成

动车组是由若干带动力的车辆（动车，用 M 表示）和不带动力的车辆（拖车，用 T 表示）组成的，在正常使用寿命周期内始终以固定编组运行、不能随意更改编组的一组列车。一般来说，由于需要双向运行，在列车的两端均设有司机室。

二、动车组的分类

动车组的分类方式主要有：按动力配置方式分类、按牵引动力类型分类和按速度等级分类等。

（一）按动力配置方式分类

所谓动力配置方式是指在动车组编组中，动力车的数量和所处的位置。按照动车组动力配置方式可将动车组分为动力集中型和动力分散型动车组。

1. 动力集中型动车组

动车组编组中两端为动力车（或一端为动力车、另一端为控制车）、中间为拖车的配置，称为动力集中型配置。其特点是两端的动力车均为一个完整的动力单元，与传统的机车相似，动力车只牵引不载客（见图 1-1）。如法国大西洋线高速列车（TGV-A），在列车编组中两端是动力车，中间是 10 节拖车，即 2 动+10 拖（简称 2M10T）；德国 ICE-2 型高速列车在编组中一端是动力车，另一端为控制车，中间是 6 节拖车，即 1 动+6 拖+1 控制车（简称 1M6T1Te），控制车的特征是带司机操作室，外形设计成流线型，不带动力单元，可以容纳司乘人员和旅客。我国 CR200J 型动车组也是采用动力集中型配置的动车组。

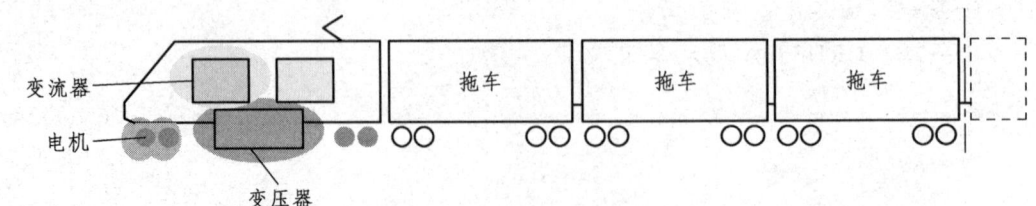

图 1-1　动力集中型动车组

2. 动力分散型动车组

动车组编组中全部为动力车，或一部分为动力车，另一部分为拖车的配置，称为动力分散型配置。其特点是由 2 节或 2 节以上的车辆组成一个动力单元，电动机驱动的动力轮对分散配置在所有车下或部分车下，将动力单元中的变压器和变流器等设备吊挂在不同车下，使动车组轴重比较均匀，整列动车组可由若干个动力单元组成（见图1-2）。例如，我国CRH和CR400/300系列动车组全部是采用动力分散型配置的动车组。国外如日本也全部采用动力分散型配置的动车组。法国AGV型高速列车和德国ICE-3型高速列车也都是动力分散型配置的动车组。

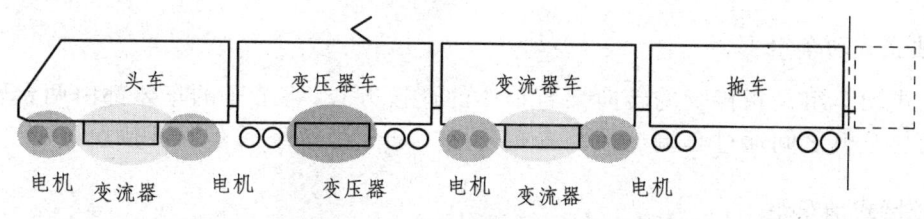

图1-2　动力分散型动车组

关于高速动车组动力分散与动力集中的选择问题，长期以来争论不休，两种方式各有其优缺点。从高速轮轨黏着与速度矛盾的协调来看，目前世界上趋向于采用动力分散型的高速动车组，尤其是载客量大速度高（300 km/h以上）的高速列车，动力分散型具有较为明显的优势。但也不是绝对的，各个国家应该根据自己高速列车的使用条件、运用环境、客流状况、运用经验以及传统技术等具体情况进行选择。

（二）按牵引动力类型分类

按照牵引动力的类型可以将动车组分为电动车组和内燃动车组等。

1. 电动车组

电动车组是指从外界撷取电力作为能源驱动的动车组，通常是在电气化铁路运行。由于电力牵引具有牵引功率大、轴重轻、经济性好、利于环保等优点。因此，从世界各国高速铁路的发展状况来看，80%以上的高速动车组都采用电力牵引。

2. 内燃动车组

内燃动车组是指以内燃机作为原动力驱动的动车组。根据内燃机的种类，可分为使用柴油机的柴油动车组和使用燃气轮机的燃气轮动车组。内燃动车组绝大多数是柴油动车组。内燃动车组由于其投资少、见效快等优点，常常用于尚未电气化的高速铁路区段，或者作为发展高速铁路建设的一种过渡牵引形式。

另外，磁悬浮列车是一种全新的交通运输工具。它是利用电磁系统使整个列车悬浮在导轨上，利用直线电机将电能直接转换为牵引力，推动列车高速运行。磁悬浮列车由于轮轨不接触，没有轮轨摩擦阻力，因而适于超高速运行，速度可达500 km/h以上。

（三）按速度等级分类

按照速度等级可以分为普通速度、快速、高速和超高速动车组。
（1）普通速度动车组：运行速度为120～160 km/h。
（2）快速动车组：运行速度为160～200 km/h。

（3）高速动车组：运行速度为 200～400 km/h。

（4）超高速动车组：运行速度大于 400 km/h。

（四）其他分类方法

1. 独立式动车组

独立式动车组是指传统的转向架与车体的连接方式，每节车的车体都由两台转向架支撑，车辆与车辆之间通过车端连接装置相连接，动车组解编后车辆可独立行走。

2. 铰接式动车组

铰接式动车组是将动车组车体与车体之间用弹性铰相连接，在两个车体连接处共用一台转向架，因此每节车辆不能从动车组中解编下来独立行走，如图 1-3 所示。

图 1-3　铰接式动车组

3. 倾摆式动车组

倾摆式动车组是指动车组在曲线线路通过时，车体可以向曲线内侧倾摆的动车组。倾摆式动车组能够在曲线线路高速驶过而无须减速，可应用于既有线路的提速，如图 1-4 所示。

图 1-4　倾摆式动车组

三、动车组的基本组成

动车组作为一个长期固定连挂在一起的车组，通常可划分为 15 个组成部分。即车体、转向架、车端连接装置、高压系统、牵引系统、辅助系统、制动系统、网络控制系统、旅客信息系统、烟火报警系统、给水卫生系统、空调系统、车内设施、车外设备和司机室。

1. 车体

车体分有司机室车体和无司机室车体两种，是容纳乘客和司机驾驶（对于有司机室的车辆）的地方，又是安装与连接其他设备和部件的基础和骨架。

车体通常由底架、端墙、侧墙和车顶等部分组成。动车组车体一般采用长大中空铝合金挤压型材焊接而成，为薄壁筒形整体承载结构，具有高强度、高耐撞性和轻量化等特点，如图 1-5 所示。

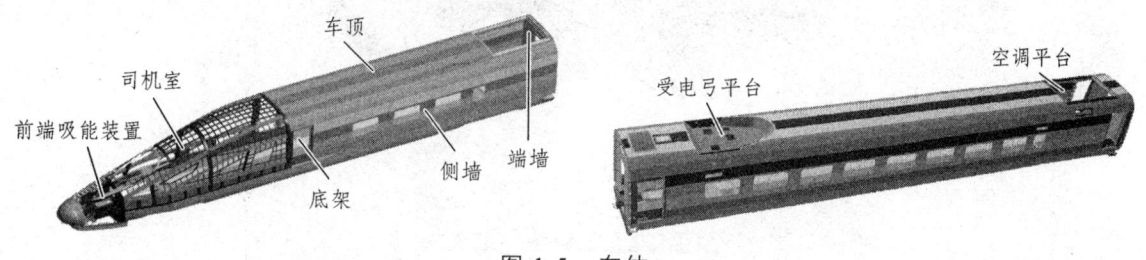

图 1-5 车体

2. 转向架

转向架有动车转向架和拖车转向架之分，其作用是承载、导向、减振和制动。而动车转向架还有驱动（牵引）作用。转向架位于车辆的最下部、车体与轨道之间。它牵引和引导车辆沿着轨道行驶，并承受和传递来自车体及线路的各种载荷，同时缓和其动力作用；是保证车辆运行品质和保障运行安全的关键部件。

转向架一般由构架、弹簧悬挂装置、轮对轴箱装置和基础制动装置等组成。而对于动车转向架，还装设有驱动装置（包括牵引电动机和传动齿轮），如图 1-6 所示。

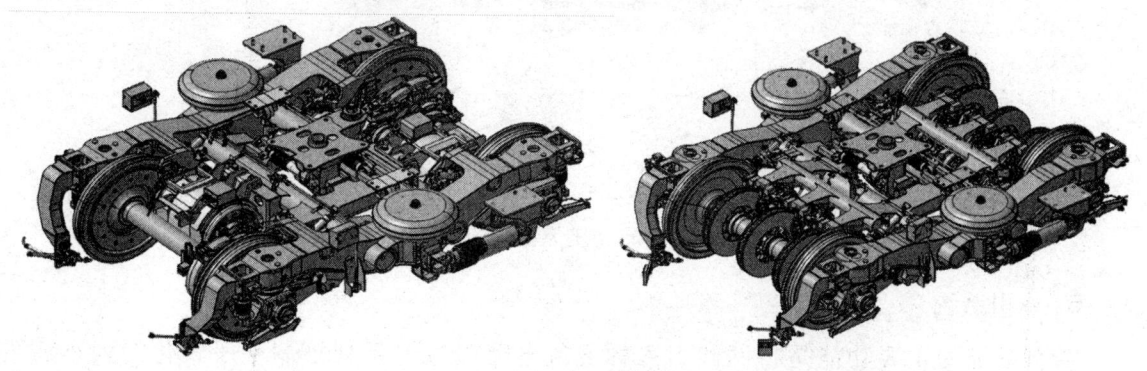

图 1-6 转向架

3. 车端连接装置

车端连接装置在动车组中具有重要的作用，它不仅要实现车辆间的机械连接，还要实现车辆与车辆之间的电气和气路连接等。机械连接的作用主要是使连接各车辆彼此间保持一定的距离，并且传递与缓和动车组在运行过程中及在调车过程中产生的纵向力及冲击和振动。电气和气路连接为车辆间提供各种电压的电气与压缩空气的通路。另外，车端连接装置还应为车辆间的流动人员提供安全、舒适的通道。

车端连接装置主要由车钩缓冲装置、风挡装置、电气连接，空气管路连接及车端阻尼装置等部件组成。车钩缓冲装置如图1-7所示。

图1-7　车钩缓冲装置

4. 高压系统

高压系统的主要功能是受电弓从接触网将25 kV高压交流电导入列车，并将25 kV高压交流电分配至牵引系统和辅助电源系统。

高压系统主要由受电弓、主断路器、接地开关、隔离开关、避雷器、电压互感器、电流互感器等组成，如图1-8所示。

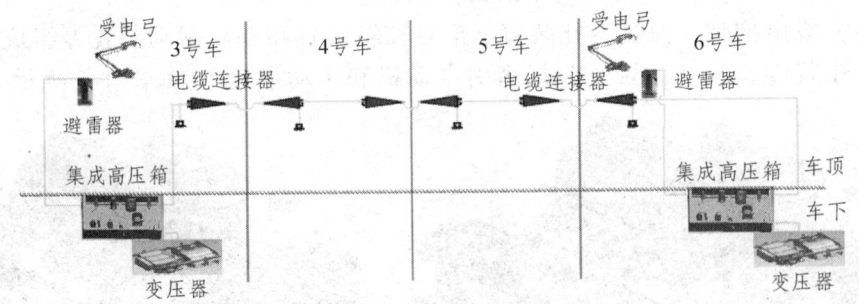

图1-8　高压系统结构图

5. 牵引系统

牵引系统的主要功能是将网侧引入的交流电能通过一系列控制手段转化为列车前进的动能，以及满足列车辅助系统用电，主要可概括为：牵引功能、再生制动功能、辅助供电功能、过分相发电功能、无火回送发电功能。

牵引系统主要由牵引变压器、牵引变流器、牵引电机等部分组成，如图1-9所示。

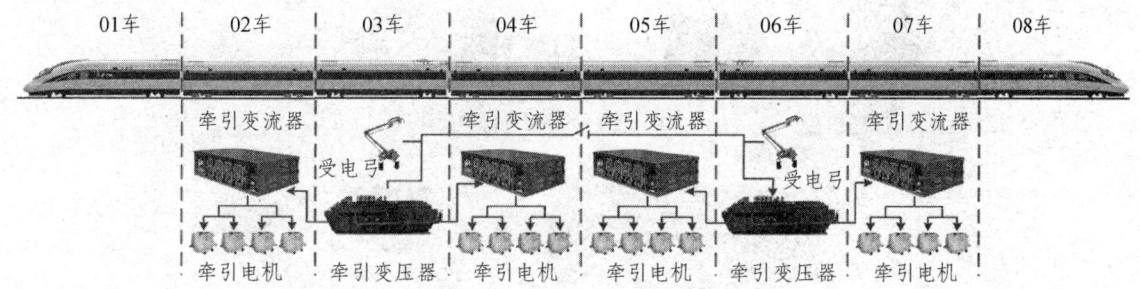

图 1-9 牵引系统结构图

6. 辅助系统

辅助系统为动车组上除牵引动力系统之外的所有用电设备提供电源,主要负载设备包括:空气压缩机、牵引系统冷却通风机、油泵/水泵电机、空调系统、采暖、给水及卫生设施、照明、TCMS 系统、旅客信息系统、广播、ATP 等电务车载系统等。

辅助系统主要由辅助逆变器、充电机、蓄电池构成,采用冗余设计,保证在各种工况下可靠供电。其系统结构如图 1-10 所示。

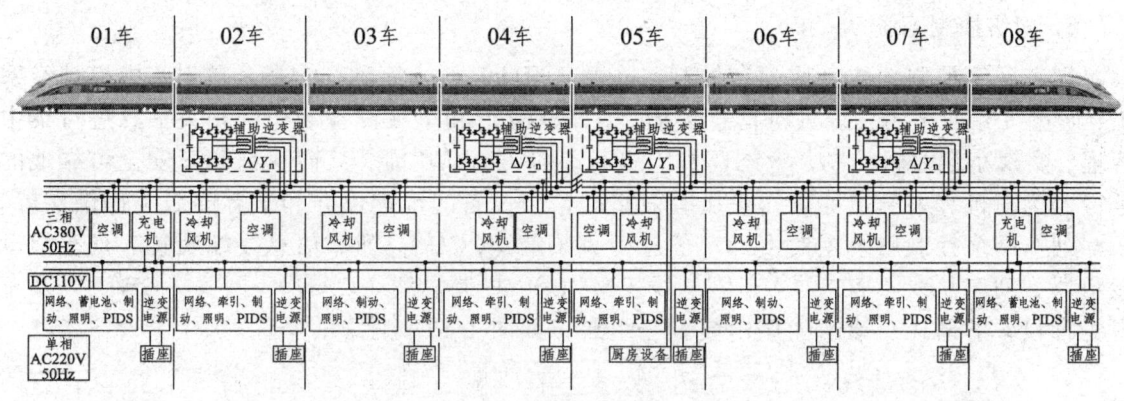

图 1-10 辅助系统结构图

目前国内动车组辅助电气系统主要有两种形式:

(1)主辅分离独立绕组供电。牵引变压器设置辅助绕组,为辅助电源装置提供输入电源。

(2)主辅一体共用绕组供电。辅助电源装置的输入电源来自牵引变流器的中间电源。

7. 制动系统

制动装置是保证列车安全运行必不可少的装置。不仅在动车上设制动装置,而且在拖车上也要设制动装置,这样才能使运行中的车辆按需要减速或在规定的距离内停车。动车组通常采用微机控制电空直通式制动控制系统,电制动优先,不足时空气制动补充。

制动系统主要由供风系统、制动控制系统、基础制动装置、防滑系统、辅助系统等组成,如图 1-11 所示。

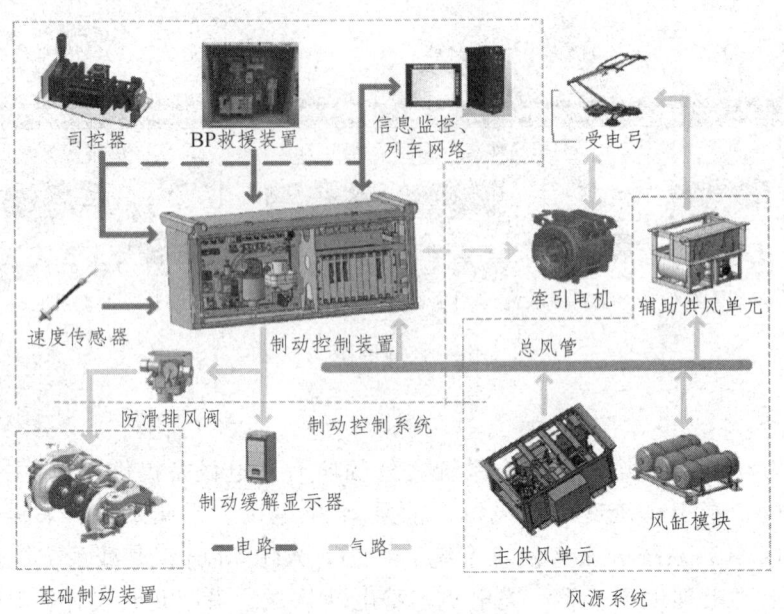

图 1-11　制动系统结构图

8. 网络控制系统

列车网络控制系统又称列车控制、监视与诊断系统（简称 TCMS）是列车中枢神经系统，通过贯穿列车的总线进行信息传输，对车辆运行和车载设备动作的相关信息进行集中管理，实现车辆逻辑控制、状态监视、故障诊断及测试功能，从而保证列车安全可靠地的运行，为司机和乘务员的操作提供有效指导，为设备的维护保养和乘客的服务提供支持。

列车网络控制系统主要由列车信息中央装置（CCU）、列车信息终端装置、列车信息显示器、列车总线（WTB）、车辆总线（MVB）、控制总线（CAN）、网关（GW）以及车内各种设备的监控、诊断和显示装置等组成，如图 1-12 所示。

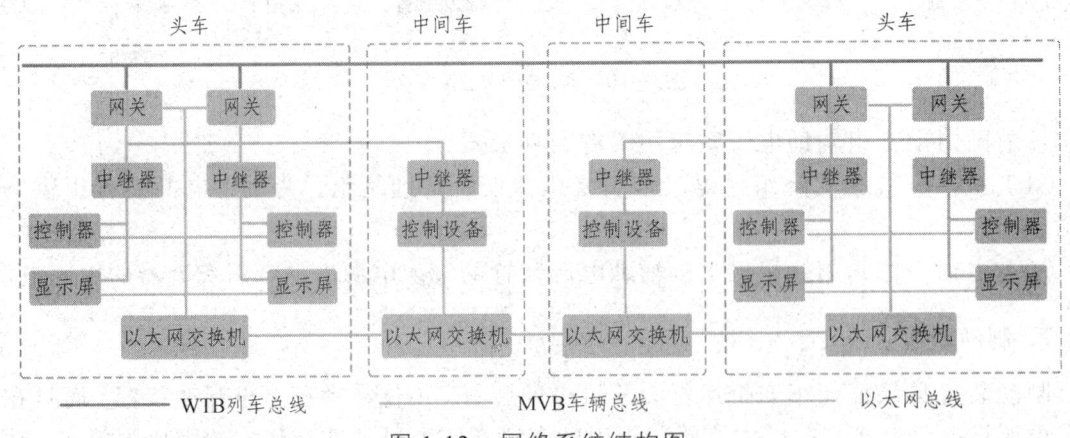

图 1-12　网络系统结构图

9. 旅客信息及娱乐系统

旅客信息及娱乐系统主要功能是各种广播、内部通信、乘客紧急报警、车内外信息显示、音视频服务、点播服务、呼叫服务等。其系统结构如图 1-13 所示。

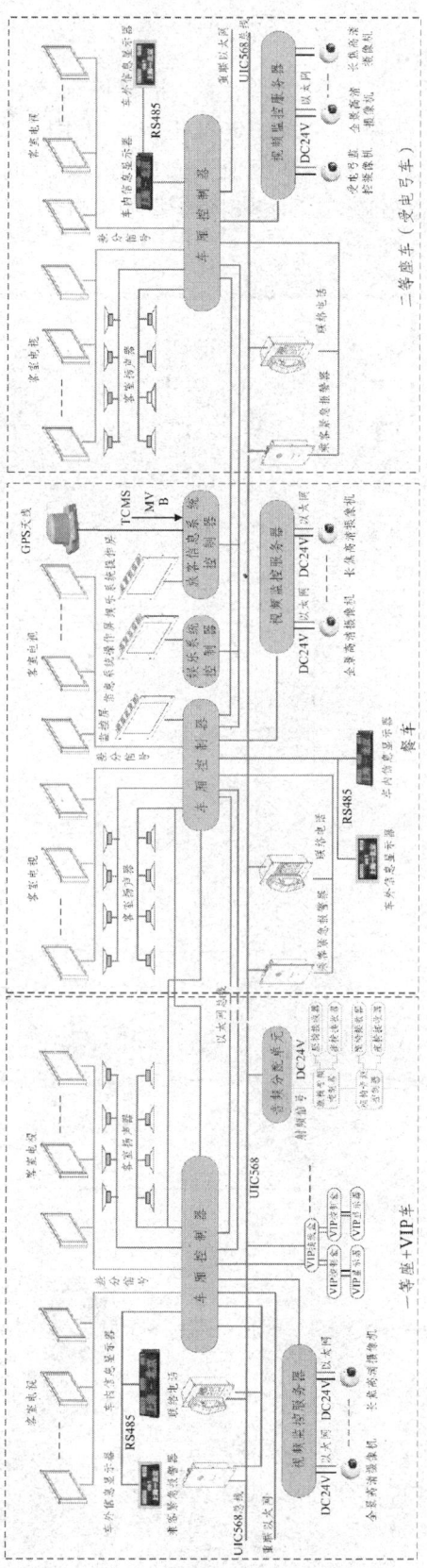

图 1-13 旅客信息及娱乐系统结构图

10. 烟火报警系统

烟火报警系统由火灾探测装置、火灾报警装置、报警控制装置以及其他辅助功能装置组成。火灾报警系统可以探测司机室、密闭的电气柜内、卫生间、客室区域的烟雾。在发生火情时，通过快速探测到列车内的烟雾浓度值及温度值，来判断火警的是否发生，从而使司乘人员尽早采取必要的应急措施，保证乘客的生命和财产安全以及动车组的安全运营。烟火报警系统结构如图 1-14 所示。

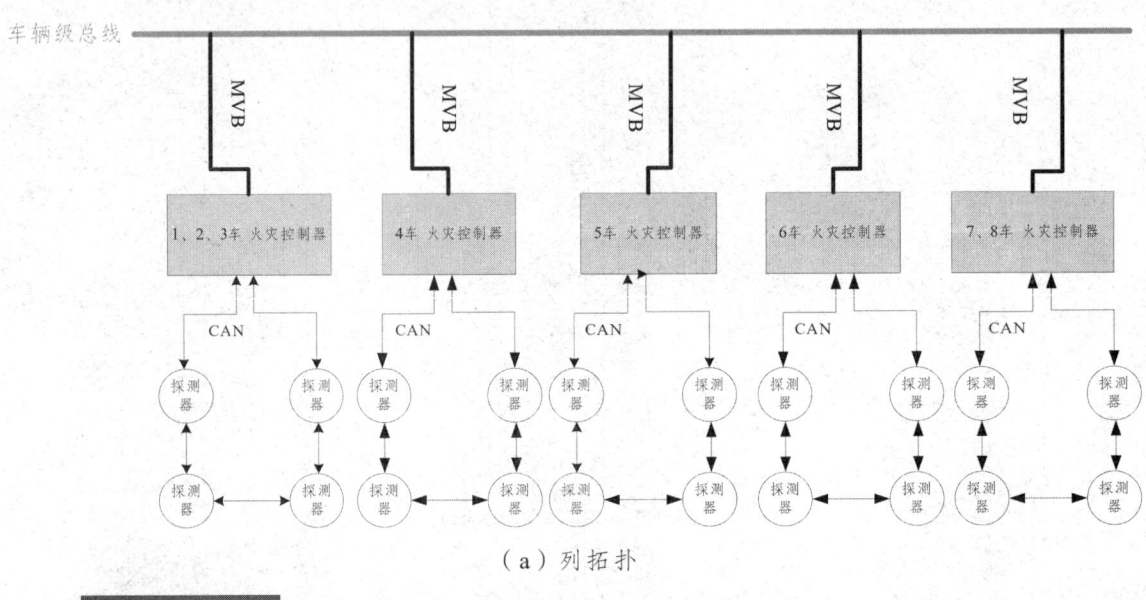

（a）列拓扑

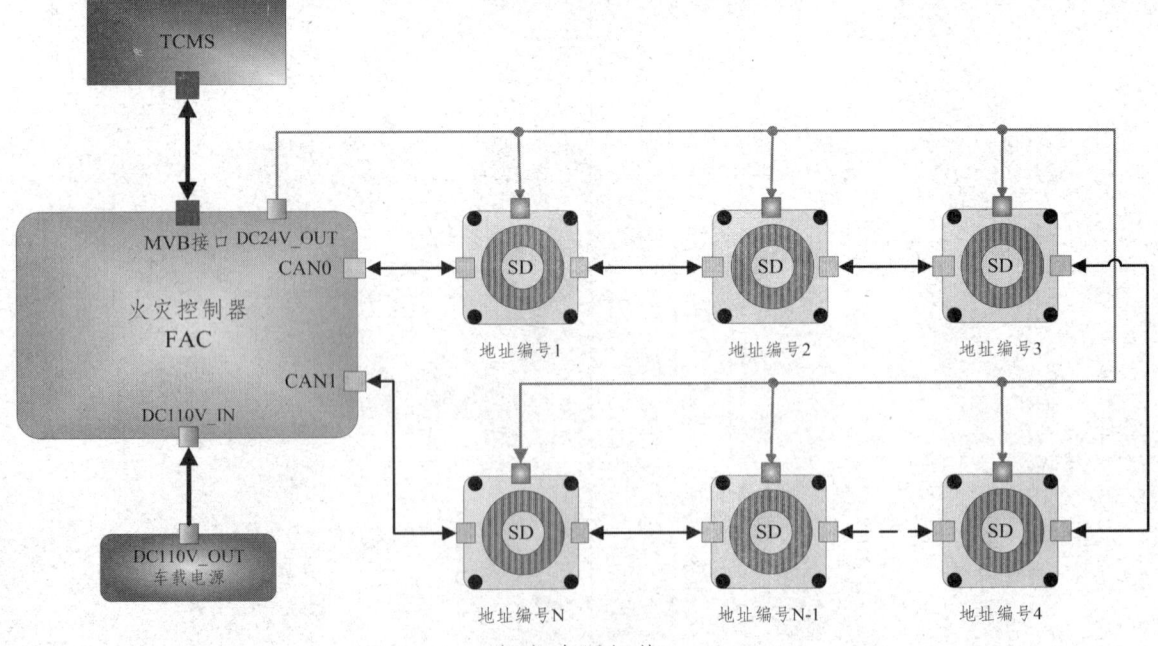

（b）车厢拓扑

图 1-14 烟火报警系统结构图

11. 空调系统

空调系统是一种将车内通风、冷却、加热,自动控制集成于一体的系统。通过自动控制调节车内温、湿度,同时过滤循环空气,为旅客以及司乘人员提供安全。卫生。舒适的车内空气环境。

动车组空调系统一般由通风系统、制冷系统、供暖系统,运行控制系统等四部分组成,如图 1-15 所示。

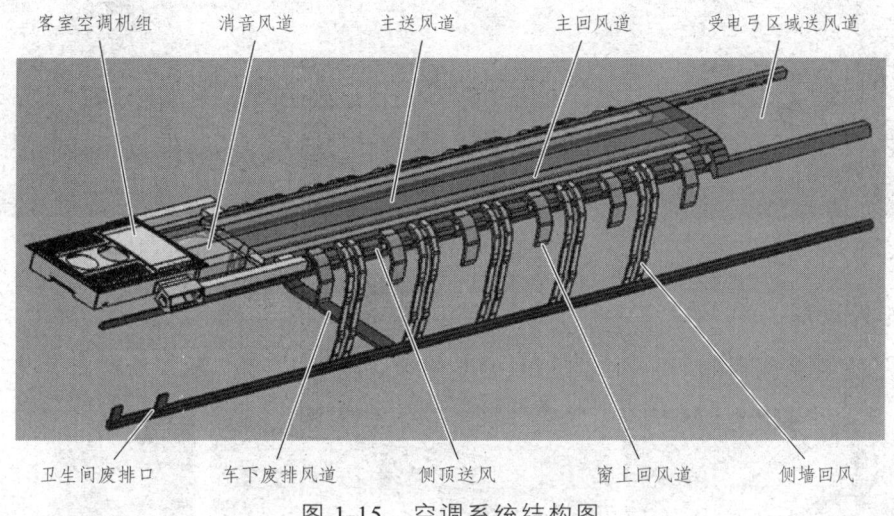

图 1-15 空调系统结构图

12. 给水卫生系统

给水卫生系统作为服务设施,是旅客及司乘人员在饮食,卫生方面不可缺少的装置,与车辆的用途、运营区间、环境保护和车辆的整体风格的关系密切。主要包括给水装置、饮水装置和卫生设施。给水装置主要向动车组提供各种用水,如洗漱用水、饮水装置用水、便器冲洗用水、清洗用水;饮水装置的主要功能是提供开水,用于沏茶、泡面等;卫生设施为旅客及司乘人员提供如厕、洗漱等服务设施,并收集来自便器的排泄污物。给水卫生系统的布置如图 1-16 所示。

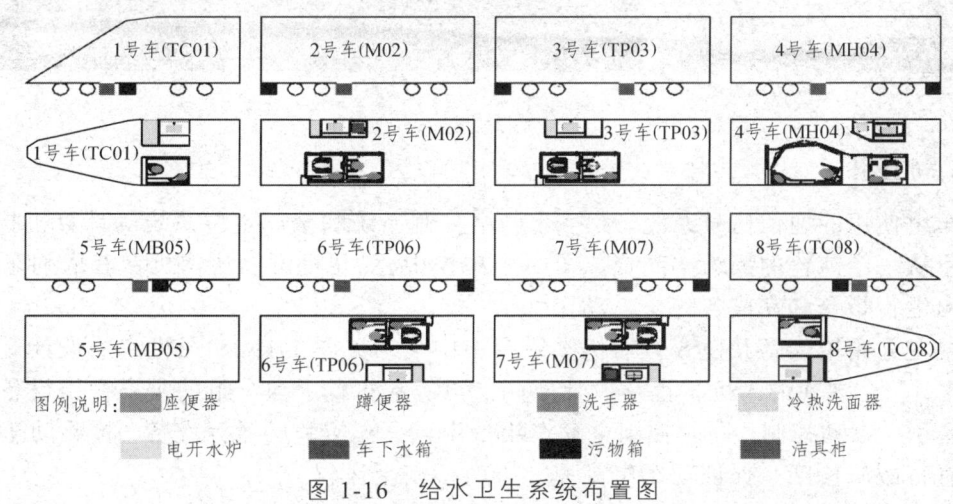

图 1-16 给水卫生系统布置图

13. 车内设施

车内设施主要包括座椅、行李架、内部门、厨房设备等，如图1-17所示。

图1-17　车内设施

14. 车外设备

车外设备主要包括侧门、外端拉门、风挡等，如图1-18所示。

图1-18　车外设备

15. 司机室

动车组使用的通信信号系统、数字化网络控制系统和全球定位系统等计算机技术，使得司机室从一个纯粹的操纵空间变成了一个集控中心。司机可以从司机室获取列车运营信息、发出运行指令和完成各种操纵动作。

司机室采用单人驾驶模式，司机操纵台在中央（见图1-19）。司机室的设计遵行UIC 651标准，符合现代的人机工程学设计原则。司机室布置了动车组的主要操控设备，对全车进行牵引、制动控制，同时控制全动车组的空调、车门和广播等设备，检测动车组运行信息并进行故障诊断，保证动车组高速、准时、安全运行。

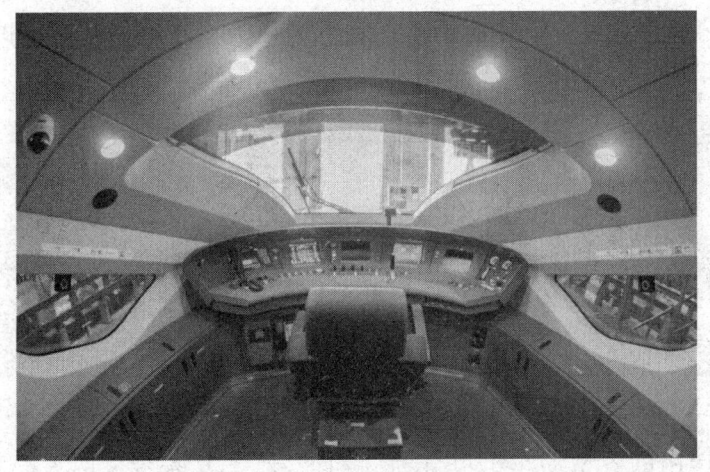

图 1-19　司机室

四、动车组的编号规则

目前，中国铁路已有数十款不同型号的动车组列车投入运用。不同车型该如何区别呢？我们可通过车身上喷涂的车型车号代码进行判断。车型车号实际上由三部分组成：车型型号、车组号、车种代码及车厢号。

微课：动车组编号规则

车型型号：动车组的型号，即我们常说的 CR400AF、CRH380A、CRH3C 等称谓，这对应的是一个型号的所有动车组，相当于动车组的"家族姓氏"。车型型号通常喷涂在一列车的头尾车头。

车组号：每一列动车组都有一个编号，这个号码与车型型号一起，一一对应每一列动车组，相当于动车组的"身份证号"。同时根据这个身份证号，也能看出这列车生产自哪一家工厂。车组号通常与车型型号一起，喷涂在一列车的头尾车头，如图 1-20 所示。

图 1-20　动车组车型型号和车组号

车种代码及车厢号：动车组每一节车厢的车种代码和编号，可以识别出这节车厢何种类型，处于列车的哪个位置。车种代码及车厢号通常喷涂在每一节车厢的两端，同时也会用标识牌张贴在车厢内，如图1-21所示。

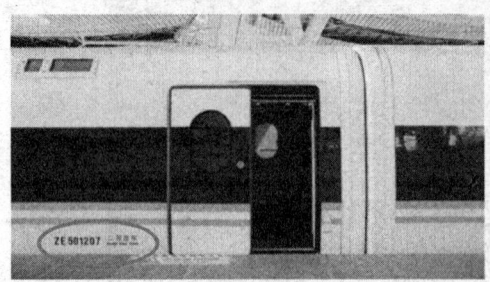 

图1-21　动车组车种代码及车厢号

目前，投入运用的各型动车组可分为"和谐号""复兴号"两大品牌，对应"CRH""CR"两大技术序列。我们首先来看一下"和谐号"动车组的命名规则。

（一）CRH序列——"和谐号"的车型型号和车组号的命名规则

和谐号的车型型号，有技术序列代码命名和速度等级命名两种方式（在2014年以前，和谐号CRH系列动车组采用的车型型号和车组号的命名规则与现在不同，虽然同样分为技术序列代码命名和速度等级命名两种方式，但具体形式上存在很大区别，本文不再赘述）。通俗来说，技术序列代码命名就是CRH1、CRH2、CRH3、CRH5这些一位数字的方式；速度等级命名则是CRH380A、CRH380B、CRH380C、CRH380D这些三位数字的方式。下面我们分别介绍：

1. 技术序列代码命名方式

$$CRH\underset{①}{X}\underset{②③}{X}-\underset{④}{XX}-\underset{⑤}{XXXX}$$

①中国铁路高速动车组标识；
②技术序列代码，以一位阿拉伯数字表示；
③子型号，以一位大写英文字母表示；
④技术配置代码，缺省或以一至两位大写英文字母表示；
⑤车组号，以四位阿拉伯数字表示。

① 车型代码中的"CRH"为中国铁路高速动车组标识，是"China Railway High-speed"的英文缩写。

② 技术序列代码，以一位阿拉伯数字表示：
1——青岛四方阿尔斯通铁路运输设备有限公司申请定型的动车组技术序列；
2——中车青岛四方机车车辆股份有限公司申请定型的动车组技术序列；
3——中车唐山机车车辆有限公司申请定型的动车组技术序列；
5——中车长春轨道客车股份有限公司申请定型的动车组技术序列；
6——中车青岛四方机车车辆股份有限公司/中车南京浦镇车辆有限公司申请定型的城际动车组技术序列；

7及后续数字——预留的动车组技术序列代码。
③子型号，以一位大写英文字母表示：
A——200~250 km/h 的 8 辆编组座车；
B——200~250 km/h 的 16 辆编组座车；
C——300~350 km/h 的 8 辆编组座车；
D——300~350 km/h 的 16 辆编组座车；
E——200~250 km/h 的 16 辆编组卧车；
F——设计速度 160 km/h 的 8 辆编组城际动车组；
G——设计速度 200~250 km/h 的 8 辆编组耐高寒座车动车组；
J——综合检测动车组；
H、I、K 及后续字母——预留的动车组子型号。
④技术配置代码，以一至两位大写英文字母表示，由"A"开始排列，用以区分同一基本型号下不同技术配置的衍生车型。（如 4 辆编组的 CRH6F-A），基础车型技术配置代码缺省。

按照这种方式命名的动车组主要有：
CRH1A、CRH1B、CRH1E、CRH1A-A；
CRH2A、CRH2B、CRH2C、CRH2E、CRH2G、CRH2J；
CRH3C、CRH3A；
CRH5A、CRH5G、CRH5E、CRH5J；
CRH6A、CRH6A-A、CRH6F、CRH6F-A。
（值得一提的是，由于历史上 CRH380 系列的诞生，技术序列代码命名方式的 CRH 系列动车组中，各车型子型号实际从未出现过"D"，即 300~350 km/h 的 16 辆编组座车）。

2. 速度等级命名方式

CRH XXX XX-X-XXXX
❶   ❷ ❸❹ ❺ ❻

①中国铁路高速动车组标识；
②速度目标值，以三位阿拉伯数字表示；
③技术平台代码，以一位大写英文字母表示；
④子型号，缺省或以一位大写英文字母表示；
⑤技术配置代码，缺省或以一至两位大写英文字母表示；
⑥车组号，以四位阿拉伯数字表示。

① 车型代码中的"CRH"为中国铁路高速动车组标识，是"China Railway High-speed"的英文缩写。
② 速度目标值，以动车组最高运行速度目标值的三位数字组成。目前 CRH380 是唯一采用这种方式命名的动车组系列，代表设计最高运行速度目标值为 380 km/h。
③ 技术平台代码，以一位大写英文字母表示：
A——中车青岛四方机车车辆股份有限公司申请定型的 8 辆编组座车；
B——中车长春轨道客车股份有限公司和中车唐山机车车辆有限公司申请定型的 8 辆

编组座车；

C——中车长春轨道客车股份有限公司申请定型的 8 辆编组座车（与"B"采用不同的牵引及控制系统）；

D——青岛四方阿尔斯通铁路运输设备有限公司申请定型的 8 辆编组座车。

④ 子型号，以一位大写英文字母表示（不标注时为基本车型）：

G——耐高寒动车组；

J——综合检测动车组；

L——基本型的 16 辆编组动车组；

M——更高速度等级试验列车改装制造的综合检测动车组；

其余字母为预留。

⑤ 技术配置代码，以一至两位大写英文字母表示，由"A"开始排列，用以区分同一基本型号下不同技术配置的衍生车型。基础车型技术配置代码缺省。

按照这种方式命名的动车组主要有：

CRH380A、CRH380AL、CRH380AJ、CRH380AM、CRH380AN；

CRH380B、CRH380BL、CRH380BG、CRH380BJ、CRH380BJ-A；

CRH380CL；

CRH380D。

3. 和谐号的车组号命名规则

我们常见的国铁集团采购的和谐号动车组，均是按照制造工厂分配车组号号段：

① 青岛四方阿尔斯通铁路运输设备有限公司：

250 km/h 及以下动车组：1001～1499；

350 km/h 及以上动车组：1501～1999；

检测、试验等特殊用途动车组：0101～0110。

② 中车青岛四方机车车辆股份有限公司：

250 km/h 及以下动车组（含 CRH2C 和城际动车组）：2001～2499，4001～4499；

350 km/h 及以上动车组：2501～2999；

检测、试验等特殊用途动车组：0201～0210。

③ 中车唐山机车车辆有限公司：

250 km/h 及以下动车组（含 CRH3C）：3001～3499；

350 km/h 及以上动车组：3501～3999；

检测、试验等特殊用途动车组：0301～0310。

④ 中车长春轨道客车股份有限公司：

250 km/h 及以下动车组：5001～5499；

350 km/h 及以上动车组：5501～5999；

检测、试验等特殊用途动车组：0501～0510；

⑤ 中车南京浦镇车辆有限公司/中车广东轨道交通车辆有限公司：4501～4999。

除了常见的国铁集团采购的动车组，还有一些非国铁集团控股企业采购的动车组，它们同样按照制造工厂分配车组号号段：

青岛四方阿尔斯通铁路运输设备有限公司：0111～0199；
中车青岛四方机车车辆股份有限公司：0401～0499 或 0211～0299；
中车唐山机车车辆有限公司：0311～0399；
中车长春轨道客车股份有限公司：0511～0599；
中车南京浦镇车辆有限公司/中车广东轨道交通车辆有限公司：0601～0699；
中车株洲电力机车有限公司：0701～0799。

（二）CR 序列——"复兴号"动车组车型型号和车组号的命名规则

$$\underset{❶}{CR}\ \underset{❷}{XXX}\ \underset{❸}{X}\underset{❹}{X}\text{-}\underset{❺}{XX}\text{-}\underset{❻}{XXXX}$$

①中国铁路标识；
②速度等级，以三位阿拉伯数字表示；
③企业识别代码，以一位大写英文字母表示；
④技术类型代码，以一位大写英文字母表示；
⑤技术配置代码，缺省或以一至两位大写英文字母表示；
⑥车组号，以四位阿拉伯数字表示。

① 车型代码中的"CR"为中国铁路"China Railway"的英文缩写。
② 速度等级，以三位阿拉伯数字表示：
400——代表车辆设计速度为 300～400（含）km/h；
300——代表车辆设计速度为 200～300（含）km/h；
200——代表车辆设计速度为 100～200（含）km/h。
③ 企业识别代码，以一位大写英文字母表示：
A——中车青岛四方机车车辆股份有限公司申请定型的动车组（并非只有四方股份制造）；
B——中车长春轨道客车股份有限公司申请定型的动车组（并非只有长客股份制造）。
④ 技术类型代码，以一位大写英文字母表示：
F——动力分散电力动车组；
J——动力集中电力动车组；
N——动力集中内燃动车组；
P——动力分散内燃动车组。
其余字母预留。
⑤ 技术配置代码，以一至两位大写英文字母表示，每个型号的基础车型技术配置代码缺省（如 CR400AF），衍生车型技术代码由"A"开始排列（如 CR400AF-A），用以区分同型号下不同编组型式、不同定员、不同车种、不同运用环境适应性和综合检测用途等不同技术配置的改进型产品，基础车型技术配置代码缺省。
⑥ 车组号，以四位阿拉伯数字表示，按主机厂（制造工厂）分配号段。同一主机厂不同衍生车型车组号根据制造顺序排列：
青岛四方阿尔斯通铁路运输设备有限公司制造的动车组号段为 1001～1999；
中车青岛四方机车车辆股份有限公司制造的动车组号段为 2001～2999；

中车唐山机车车辆有限公司制造的动车组号段为 3001~3999；

中车长春轨道客车股份有限公司制造的动车组号段为 5001~5999；

检测、试验等特殊用途动车组车组号在 0001~0099 范围内排列，由国铁集团运输局分配。（CR400AF、CR400BF 早期样车除外）。

按照这种方式命名的动车组主要有：

CR400AF、CR400AF-A、CR400AF-B、CR400AF-C、CR400AF-G、CR400AF-J、CR400AF-Z；

CR400BF、CR400BF-A、CR400BF-B、CR400BF-C、CR400BF-G、CR400BF-J、CR400BF-Z；

CR300AF；

CR300BF；

CR200J。

（三）车种代码及车厢号的命名规则

"复兴号"和"和谐号"的车种代码及车厢号的命名规则是一致的。

①车种代码，以两位或三位大写英文字母表示；

②动车组车组号；

③编组顺位代码，以两位阿拉伯数字表示，由1位头车至2位头车的代码为01、02……00。

① 动车组中车辆车种代码是车种汉语拼音的缩写，车种代码、车种名称和英文对应如表 1-1 所示。

表 1-1 车种代码、车种名称及英文对照表

序号	车种代码	车种名称	英文
1	ZY	一等座车	First Class Coach
2	ZE	二等座车	Second Class Coach
3	WR	软卧车	Soft Sleeper Coach
4	WY	硬卧车	Hard Sleeper Coach
5	CA	餐车	Dining Coach
6	SW	商务座车	Business Coach
7	ZEC	二等座车/餐车	Second Class/Dining Coach
8	ZYS	一等/商务座车	First Class/Business Coach
9	ZES	二等/商务座车	Second Class/Business Coach
10	ZYT	一等/特等座车	First Class/Premier Coach
11	ZET	二等/特等座车	Second Class/Premier Coach
12	JC	检测车	Detection Car
13	WRC	软卧车/餐车	Soft Sleeper/Dining Coach
14	WG	高级软卧车	Luxury Sleeper Coach
15	DGN	多功能车	Multi-function Coach

② 车厢车组号为本列车的车组号，由四位数字组成。
③ 车厢编组顺位代码以两位阿拉伯数字表示，自头车开始，由 01 开始顺序排列，尾车标注为 00 车。

五、动车组的常见车型

1. CRH380A 型动车组

CRH380A 型动车组是为营运新建的高速城际铁路及客运专线，由中车青岛四方机车车辆股份有限公司在 CRH2C 型动车组基础上自主研发的高速动车组，最高营运速度为 350 km/h。CRH380A 系列有 CRH380A、CRH380A 统型、CRH380AL、CRH380AJ、CRH380AN、CRH380AM、港铁 CRH380A 等子型号。CRH380A 型动车组采用 6 动 2 拖的编组方式，牵引功率为 9 600 kW，定员 480 人。CRH380AL 型动车组采用了 14 动 2 拖的编组方式，牵引功率为 20 440 kW，定员 1 061 人，如图 1-22 所示。

图 1-22 CRH380A 型动车组

2. CRH380B 型动车组

CRH380B 型动车组是由中车唐山机车车辆有限公司和中车长春轨道客车股份有限公司在 CRH3C 型动车组基础上自主研发的高速动车组，最高营运速度为 350 km/h。CRH380B 系列有 CRH380B、CRH380BL、CRH380BG、CRH380BG 统型、CRH380BJ、CRH380BJ-A 等子型号。CRH380B 型动车组采用 4 动 4 拖的编组方式，牵引功率为 9 200 kW，定员 496 人。CRH380BL 型动车组采用了 8 动 8 拖的编组方式，牵引功率为 18 400 kW，定员 1 043 人，如图 1-23 所示。

图 1-23 CRH380B 型动车组

3. CR400AF 型动车组

CR400AF 型动车组（为克服之前基于不同平台研发出的 CRH 车型，由于标准不统一，不能互联互通，难以互为备用，提高了运营和维修成本，而研发的具有统一标准，不同车型可互联互通，联挂运行的动车组。早期称中国标准动车组，2017 年 6 月 25 日，中国标准动车组被正式命名为"复兴号"）由中国国家铁路集团有限公司组织，中车青岛四方机车车辆股份有限公司自主研发，最高营运速度为 350 km/h。可通过不同动力单元的组合，实现灵活编组，满足不同的客流需要。CR400AF 系列有 CR400AF、CR400AF-A、CR400AF-B、CR400AF-G、CR400AF-J，以及智能动车组 CR400AF-C、CR400AF-Z、CR400AF-AZ、CR400AF-BZ 等子型号。基本型 CR400AF 采用 8 辆编组，4 动 4 拖的统一动力配置形式，由 2 个基本动力单元组成，牵引功率为 9 750 kW，定员 576 人，如图 1-24 所示。

图 1-24　CR400AF 型动车组

4. CR400BF 型动车组

CR400BF 型动车组是"复兴号"中国标准动车组 CR400 级别里的另一款，由中车长春轨道客车股份有限公司和中车唐山机车车辆有限公司自主研发，最高营运速度为 350 km/h 时。CR400BF 系列有 CR400BF-A、CR400BF-B、CR400BF-G，以及智能动车组 CR400BF-C、CR400BF-Z、CR400BF-AZ、CR400BF-BZ、CR400BF-GZ 等子型号。基本型 CR400BF 采用 8 辆编组，4 动 4 拖的统一动力配置形式，由 2 个基本动力单元组成，牵引功率为 10 140 kW，定员 576 人，如图 1-25 所示。

图 1-25　CR400BF 型动车组

5. CR300AF 型动车组

CR300AF 型动车组由中车青岛四方机车车辆股份有限公司自主研发,最高运营速度为 250 km/h,采用 4 动 4 拖的编组形式,牵引功率为 5 640 kW,定员 613 人,如图 1-26 所示。

图 1-26　CR300AF 型动车组

6. CR300BF 型动车组

CR300BF 型动车组由中车长春轨道客车股份有限公司自主研发,最高运营速度为 250 km/h,采用 4 动 4 拖的编组形式,牵引功率为 5 640 kW,定员 613 人,如图 1-27 所示。

图 1-27　CR300BF 型动车组

六、动车组的主要技术参数

动车组主要技术参数是概括地说明车辆技术规格的某些指标,是从总体上表征车辆性能及结构的一些参数。一般分性能参数与主要尺寸两大类。

微课:动车组主要技术参数

(一) 性能参数

1. 自重、载重和容积

自重是车辆本身的全部质量,以 t 为单位,现代动车组每辆车的自重通常为 45~55 t;

载重即车辆允许的正常最大装载质量，以 t 为单位；容积表示装载空间，以 m^3 为单位。

2. 定员

动车组以座位或铺位计算乘坐旅客的数量。

3. 轴重

轴重是指按车轴型式及在某个运行速度范围内该轴允许承担的并包括轮对自身在内的最大总质量，即轴荷重。轴重的选择与线路、桥梁及车辆转向架的设计标准有关。

欧洲铁路联盟规定：对于运行速度超过 250 km/h 的高速动车组，其轴重必须≤17 t；而德国 ICE1 动车轴重达 19.5 t。一般来说，地铁车辆的轴重为 12～16 t，轻轨车辆的轴重为 10～12 t（这实际上是"轻轨"的来历）。

4. 每延米轨道载重

每延米轨道载重为车辆总质量与车辆全长之比。每延米轨道载重是车辆设计中与桥梁、线路强度密切相关的一个参数，同时又是能否充分利用站线长度、提高运输能力的一个指标。

5. 最高试验速度和最高运行速度

最高试验速度是指车辆设计时，按安全及结构强度等条件所允许的车辆最高行驶速度。最高试验速度一般为最高运行速度的 1.1 倍。

最高运行速度除满足上述安全及结构强度条件外，还必须满足连续以该速度运行车辆有足够良好的运行性能。

以往常用"构造速度"作为参数，因其概念不够明确，现多以"最高试验速度"和"最高运行速度"来替代它。

6. 能通过的最小曲线半径

能通过的最小曲线半径指装备某种形式转向架的车辆在站场或厂、段内调车作业时所能安全通过的最小曲线半径。当车辆在此曲线区段上行驶时不得出现脱轨、倾覆等危及行车安全的事故，也不允许转向架与车体底架或与车下其他悬挂部件相碰。运车组通常要求能通过的最小曲线半径为 180 m。

7. 最大起动加速度、剩余加速度、平均起动加速度、最大制动减速度和平均制动减速度

（1）最大起动加速度是指列车在起动过程（正常定员、直线和平道）中所能够达到的最大加速度，一般要求≥0.4 m/s^2。

（2）剩余加速度是指列车在达到最高运行速度时仍然具有的加速度，一般要求≥0.1 m/s^2。

（3）平均起动加速度是指列车速度从 0 增至某一速度（一般为 120～150 km/h）的平均加速度。

（4）最大制动减速度是指列车在额定载荷下，在空气制动和再生制动共同作用下所能达到的减速度的最大值。一般情况下，最大制动减速度≥1.0 m/s^2。

（5）平均制动减速度是指列车在额定载荷下，自最大运行速度制动减速直至停车过程

中的平均减速度。

8. 单位自重功率指标

单位自重功率指整车总功率与整车自重之比,由于列车运行阻力随运行速度提高而增大,因此,运行速度越高,该值也越大。

运行速度达到 250 km/h 的动车组单位自重功率指标在 10~15 kW/t 之间,运行速度达到 350 km/h 的动车组单位自重功率指标在 20 kW/t 以上。

9. 轴配置（一般用轴列式表示）

轴配置表示动轴与非动轴（从轴）等的排列情况。而所谓轴列式是指用英文字母或数字来表示车辆转向架结构特点的一种简单方法。

通常,英文字母表示动轴数（A—1 根动轴,B—2 根动轴,C—3 根动轴等）；数字表示从轴数（1—1 根从轴,2—2 根从轴,3—3 根从轴等）。

通常动车组中动车和拖车都有前后两台转向架,则动车的轴列式可表示为 B—B；而拖车的轴列式可表示为 2—2。

10. 供电电压、最大网电流和牵引电机功率

我国电气化铁路（包括客运专线）全部采用单相交流 50 Hz、25 kV 供电。网压在 22.5~29 kV 时列车可满功率运行,网压在 22.5~17.5 kV 时列车应线性降功率运行,网压在其他范围时应能实施保护。最大网电流是指供电电网的最大允许电流。

牵引电机功率由列车运行工况决定,单电机功率通常为：动力集中型动车组为 1200~1400 kW,动力分散型动车组为 300~600 kW。

11. 制动形式

制动形式包括：摩擦制动（踏面制动和盘形制动）、再生制动（即反馈制动）、电阻制动、涡流制动、磁轨制动等。

我国动车组均以再生制动为主,盘形制动为辅。

12. 紧急制动距离

紧急制动距离是指动车组从最高运行速度开始施行紧急制动直到速度为零时所行驶的距离。

我国铁路关于动车组紧急制动距离的标准：

最高运行速度为 200 km/h 的动车组,其紧急制动距离必须≤2 000 m；
最高运行速度为 250 km/h 的动车组,其紧急制动距离必须≤3 200 m；
最高运行速度为 300 km/h 的动车组,其紧急制动距离必须≤3 800 m；
最高运行速度为 350 km/h 的动车组,其紧急制动距离必须≤6 500 m。

（二）主要尺寸

1. 车辆外形尺寸

车辆外形尺寸包括车辆全长、最大宽度和最大高度等。其中,车辆全长有车钩中心线

连接长度和车体长度之分；车辆最大宽度是指车体最宽部分的尺寸；而车辆最大高度是指车辆顶部最高点到钢轨水平面的距离。车辆最大宽度和最大高度必须符合车辆限界的要求。

2. 车体内部的长、宽、高

车体内部的尺寸必须满足大部分旅客的乘坐要求。内部高度或称净空高度一般为 2 100～2 300 mm。

3. 车钩高（即车钩中心线距轨面高度）

车钩高指车钩钩舌的水平中心线至轨面的高度。

我国现行铁路规定，新造或修竣后的空车标准车钩高度为 880 mm，而我国高速动车组和城市轨道交通车辆的车钩高度无统一标准。CRH380A 型动车组车钩高均为 1 000 mm；CRH380B 型动车组中间车钩为 895 mm，前端车钩为 1 000 mm。

4. 地板面高度

地板面高度指新造或修竣后空车的地板面距轨面的高度。它受两个方面的制约：一方面，受车辆本身某些结构高度限制，如车钩和转向架；另一方面，又与站台高度的标准有关。CRH380A 型动车组地板面高度为 1.30 m；CRH380B 型动车组地板面高度为 1.26 m。

5. 车辆定距

车辆定距指同一辆车两相邻转向架中心之间的距离。CRH380A 型动车组车辆定距为 17.5 m，CRH380B 型动车组车辆定距为 17.375 m。

6. 转向架固定轴距（简称轴距）

转向架固定轴距指转向架内部两轴之间的距离。

七、限界

（一）铁路限界基本知识

动车组限界和一般铁道车辆一样由机车车辆限界（简称"车限"）和建筑限界（简称"建限"）共同组成，两者间相互制约与依存。铁路限界是铁路安全行车的基本保证之一，为了使车辆能在一定范围的路网内通行无阻，不会因机车、车辆外形尺寸设计不当、货物装载位置不当，或建筑物、地面设备的位置不当而引起不安全的行车事故，必须用限界分别对机车、车辆和建筑物等地面设备加以制约。因此，限界是铁路各业务部门都必须遵循的基础技术规程。限界制定得是否合理、先进，也关系到铁路运输总的经济效果。

建筑限界和机车车辆限界均指在平直线路上两者中心线重合时的一组尺寸约束所构成的极限轮廓，如图 1-28 所示。

实际的机车车辆与靠近线路中心线的建筑物之间必须留有一定的、为保证行车安全所需的空间。

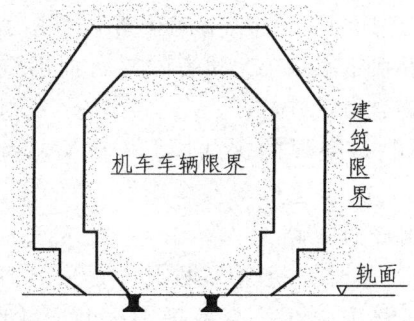

图1-28　动车组限界和建筑限界

这部分空间应该包括：

（1）车辆制造公差引起的上下、左右方向的偏移或倾斜。

（2）车辆在名义载荷作用下弹簧受压缩引起的下沉，以及弹簧由于性能上的误差可能引起的超重偏移或倾斜。

（3）由于各部分磨耗或永久变形而造成的车辆下沉，特别是左右侧不均匀磨耗或变形而引起的车辆倾斜与偏转。

（4）由于轮轨之间以及车辆自身各部分存在的横向间隙而造成车辆与线路间可能形成的偏移。

（5）车辆在走行过程中因运动中力的作用而造成车辆相对线路的偏移。它包括曲线区段运行时实际速度与线路超高所要求的运行速度并不一致而引起的车体倾斜，以及车辆在振动中产生的上下、左右各个方向的位移。

（6）线路在列车反复作用下可能产生的变形。

（7）运输某些特殊货物时可能会超限。

（8）为应对可能出现的特殊情况，还应该有足够的预留空间。

以上最后两点指的是由铁路承运的某些不宜分解的大型、重型机器设备以及某些特大型的机器设备，如大型发电设备及化工设备等。

理论上，可按机车车辆限界包括以上所述的8种空间的多少来分成3种不同的限界。

（1）无偏移限界：当机车车辆限界仅考虑上述第1点内容时称为无偏移限界，又可称为制造限界。此时，车限与建限之间所留的空间应该很大。

（2）静偏移限界：当机车车辆限界考虑了上述第1~3点内容时称静偏移限界或静态限界。此时，车限与建限之间的空间可以压缩一些，只包括上述第4~8点内容。

（3）动偏移限界：当机车车辆限界考虑了上述第1~5点内容时，则车限与建限之间的空间可以留得很少，这种限界称为动偏移限界或动态限界。

3种限界虽然都得考虑以上8点内容，但以无偏移限界空间利用率最低。这是因为，各种不同的机车、车辆可能发生的最大偏移量都各不相同。要把除了制造公差以外的全部内容都包含在机车车辆限界与建筑限界之间的空间内，这个空间只能留得尽可能大些，以免发生意外。而以动偏移限界的空间利用率最高，因为可以在车限内考虑各种机车、车辆发生不同的偏移状况，而把车限与建限之间的不定因素减到最小限度，因此车限与建限间所留的空间可以最小。国标《标准轨距铁路限界　第一部分：机车车辆限界》（GB 146.1—2020）中规定：在横向基本属于无偏移限界；而在垂向，除需考虑钩高的变化外，尚需考虑弹簧的平均静挠度及垂向均匀磨耗，故基本属于静偏移限界。欧洲的国际铁路联盟分别对动车、无动力的客车及货车制定了 UIC 动态限界，而沿线固定建筑物的限界由各成员国根据情况自行确定必要的安全裕量。

除上述 3 种限界外，根据制定限界的这些原则，在某些特殊的路网上还可以使用特殊的限界。例如，高速客运专线上在考虑行车安全时必须考虑空气动力学问题，因此复线的线间距及隧道截面面积等都比普通线路大。

《标准轨距铁路限界　第一部分：机车车辆限界》（GB 146.1—2020）中规定：

机车车辆限界是一个和线路中心线垂直的极限横断面轮廓。机车、车辆无论是空车或重车，无论是具有最大标准公差的新车或是具有最大标准公差和磨耗限度的旧车，当其停放在水平直线上且在无侧向倾斜及偏移时，除电力机车升起的受电弓外，其他任何部分均应容纳在限界轮廓之内，不得超越。

在使用中犹如把一个直角坐标系固定在极限图中，所有竖直高度均从轨面算起，所有横向宽度均从中垂线向两侧计算。若一辆车在某横截面处的总宽虽不超限，但只要某侧半宽超限即为超限。

利用给定的机车车辆限界可以具体校核车辆的尺寸如下：新造车需在空载状态下按机车车辆上部限界，即按车限-1A（见图 1-29）校核其垂直面内的最大尺寸，且在考虑顶部尺寸时应以车钩距轨面高的上偏差为准，即以名义高度加 10 mm 不得超出顶部限界。在考虑下部限界时可分两种情况：对不通过自动化、机械化驼峰的一般车辆，按车限-1B（见图 1-30）。在校核车辆下部限界时应以车体或转向架处于最低可能位置来考虑，即车辆不仅在名义载重作用下具有静挠度，而且应该按厂、段修规程检修限度表中允许的心盘、销套、轮辋等的最大磨耗及弹簧、车体各梁允许的最大永久变形等来校核。

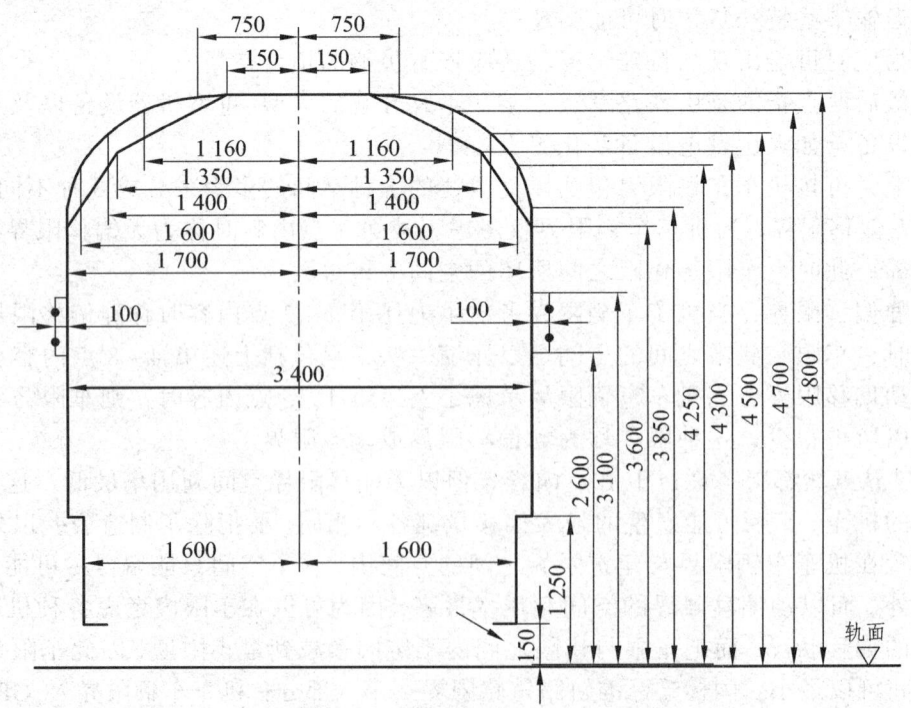

图 1-29　机车车辆上部限界（车限-1A）（单位：mm）

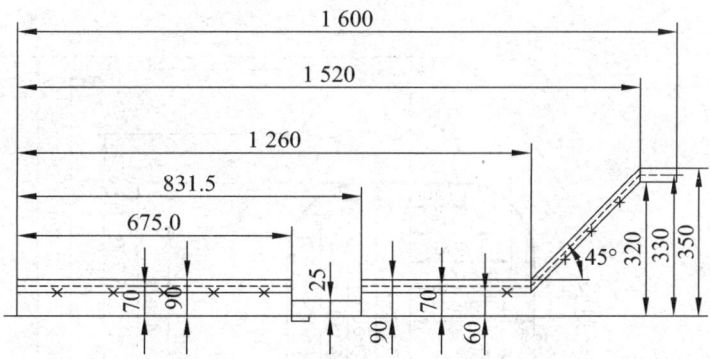

—— 车体的弹簧承载部分
----- 转向架上的弹簧承载部分
-×-×- 非弹簧承载部分
—·—机车闸瓦、撒砂管、喷油嘴最低轮廓

图 1-30 机车车辆下部限界（车限-1B）（单位：mm）

我国机车车辆下部限界（车限-1B）与 CRH2 型动车组外形下部的比较如图 1-31 所示。

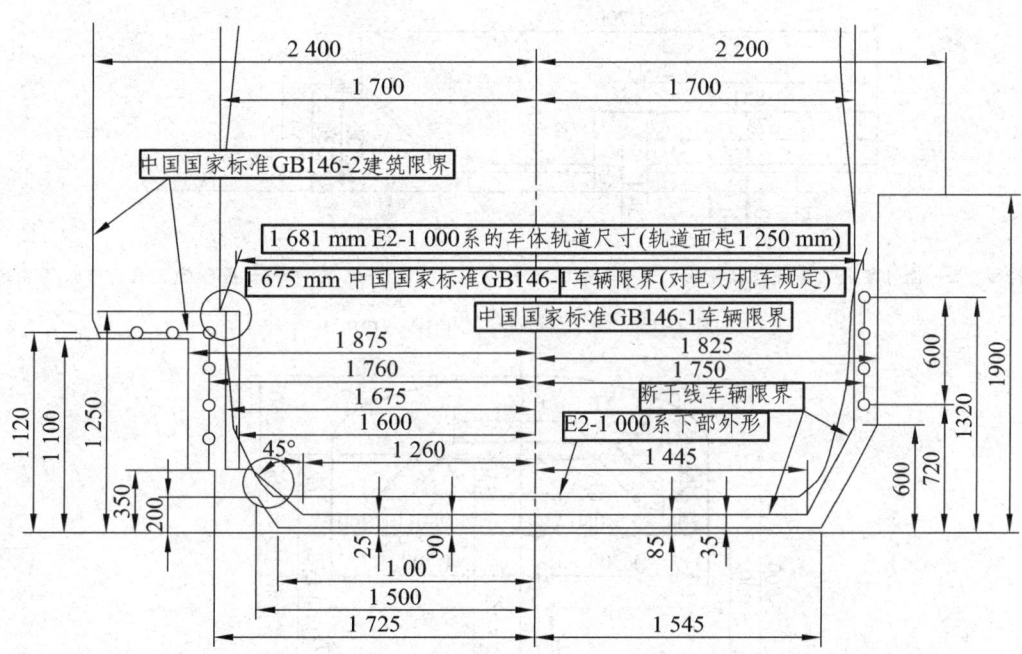

图 1-31 我国车限-1B 与 CRH2 型动车组外形下部的比较（单位：mm）

（二）高速铁路限界

我国客运专线机车车辆限界（暂行规定）中上部限界高车限-1A 如图 1-32 所示，下部限界高车限-1B 如图 1-33 所示。另外，动车组受电弓结构限界可参考 GB146.1—2020 设置，如图 1-34 所示。

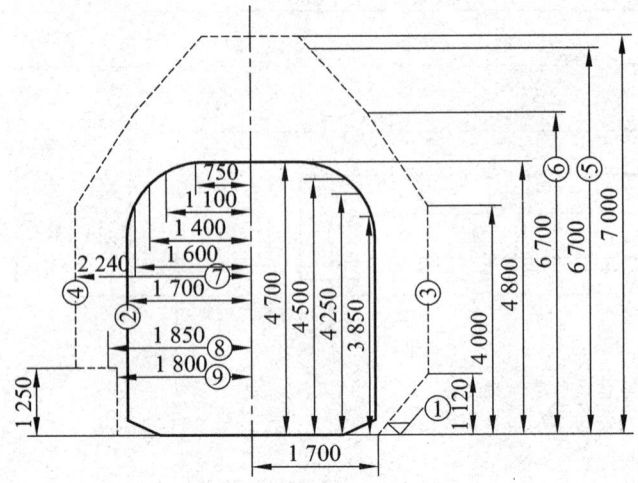

1—轨面高程；2—高速铁路机车车辆限界；3—区间及站内正线（无站台）建筑限界；4—有站台时车站建筑限界；5—轨面以上最大高度；6—接触网立柱跨中利用承力索驰度时的轨面以上高度；7—股道中心至建筑限界的最大宽度；8—站内正线股道中心至站台边缘的宽度；9—站内侧线股道中心至站台边缘的宽度。

图 1-32 高车限-1A（单位：mm）

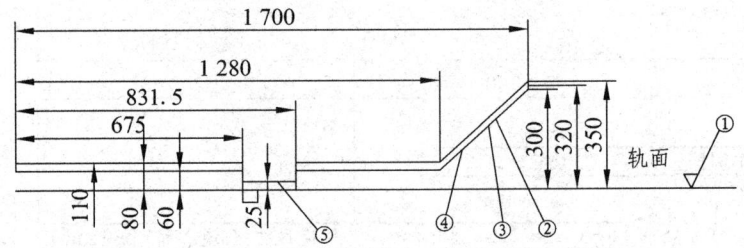

1—轨面；2—转向架上的弹簧承载部分；3—车体的弹簧承载部分；5—机车闸瓦、撒砂管、喷油管最低轮廓。

图 1-33 高车限-1B（单位：mm）

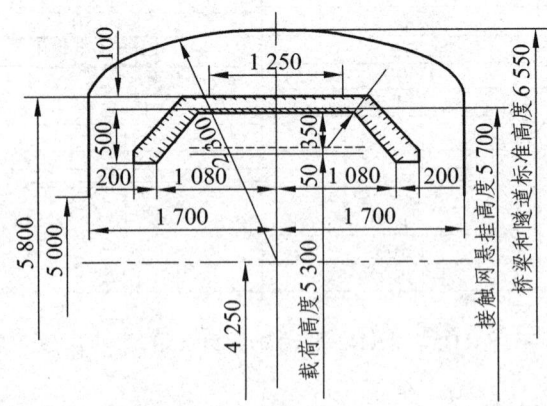

图 1-34 受电弓结构限界（单位：mm）

客运专线机车车辆限界与既有线机车车辆限界相比，在以下 4 个方面有所变化：

（1）客运专线机车车辆上部限界（高车限-1A）的上部轮廓线扩大到既有线机车车辆上部限界 GB 146.1—2020（车限-1A）顶部的虚线轮廓，即采用了电气化铁路干线电力机车轮廓线，克服了既有线限界上部轮廓的两肩过窄的缺点。

（2）上部限界（高车限-1A）距轨面 1 250 mm 以下的宽度，由原来的 1 600 mm×2 mm 扩大到 1 700 mm×2 mm，使上下宽度一致，弥补了既有线限界下部宽度的不足。

（3）下部限界（高车限-1B）的转向架上的弹簧承载部分距轨面高度由原来的 70 mm 增加到 80 mm；车体的弹簧承载部分距轨面高度由原来的 90 mm 增加到 110 mm；其余高度不变。

（4）下部限界（高车限-1B）有 3 个宽度尺寸有变化：1 260 mm 的宽度尺寸增大到 1 280 mm，1 600 mm 的宽度尺寸增大到 1 700mm，取消了在 1 520 mm 处的转折点，原来的折线变成了一条直线。其余的宽度尺寸不变。

八、动车组的维修制度

（一）修程修制的基本概念

修程修制指的是在一定维修思想指导下，制定出的一整套维修的原则和规范，包括维修方式、维修计划、维修机构、组织管理原则等。

微课：动车组维修制度

随着技术的发展，轨道交通车辆设备集成规模越来越大，涉及各系统工作人员数量越来越多，那么动车组维修所遵循的整体思想即为动车组的修程修制。

因动车组的维修与车辆当前制造工艺水平、具体运用环境、运用维修能力等密切相关，故修程修制的制定是一个持续改进、不断完善的过程。如何既能保证车辆的运用质量，又能提高车辆的可用性、提高维修效率、降低维修成本，是修程修制改进的目标。设备越复杂，规模越大，研究修程修制的意义越大。

从维修制度发展的历史来看，早期工业设备由于结构简单，故障影响范围小，一般采用粗放式的事后维修方式，平时很少进行系统的维护，这种维修制度称为故障修。

随着生产的发展，设备的复杂化以及工业生产对设备依赖性的提高，某些部件故障可能对生产产生巨大影响，为预防此类事情的发生，开始研究设备养护制度。组织定期对设备进行维护保养，可以减少设备故障，尽早发现问题，此种维修制度称为预防性维修。预防性维修是在动车组及其部件发生故障前，通过检查、检测、必要的修理等工作使动车组及其部件处于稳定状态，以预防故障的发生。通过强化动车组的检修保养工作，可以减少运用中车辆故障发生的概率，提高动车组的安全性、可靠性。

我国目前按照计划性预防为主的原则，建立我国高速动车组修程修制体系，为了保证安全性，不允许超期动车组在线路上运行。此外，建立分级检修的概念，将检修分成不同的等级，级别越高，检修越深入，相应的时间间隔设置也越长。

以计划性预防修为主的修程修制不仅是从设备维护的角度提出来的，其意义还在于维护工作的组织。动车组的维护涉及多系统、多人员的分工协作。为了减少因检修周期杂乱而导致的影响运用情况的出现，采用相对集中进行维护的模式，各系统供应商协商一致，在某些统一的周期进行维护。一般由动车组集成商根据前期积累的维护经验，提出一个"标准周期"，各子供应商据此调整各自设备的维修周期，允许存在个别例外。

并不是维修越勤，修理范围越大，故障就越少，相反会由于频繁拆装可能带来次生问题。动车组预防性维修包括各级定期维修和状态修。随着动车组诊断系统及地面辅助诊断设备等手段的提高,故障规律及分析手段提升,需不断优化检修周期,扩大状态修的范围,根据设备实际情况进行适当检修,减少盲目检修。

(二) 我国动车组的修程修制

动车组的维修在确保车辆运行安全方面起着重要的作用。与传统列车相比,动车组集成设备规模大,维护检修工作的复杂性提高;检修项目多,周期较为分散;检修计划编制和检修作业组织的复杂性提高,对信息系统需求越来越大。

1. 动车组修程修制概况

我国各型动车组均实行计划性预防性的检修体制,基本上划分成5个等级,其中一、二级检修为运用检修,在动车组运用所内进行;三、四、五级检修为高级检修,在具备相应车型检修资质的检修单位(动车基地或主机企业)进行。等级越高,需要做的检修越深入。

我国各型动车组检修周期情况如表1-2所示。动车组运用检修及高级检修采用以走行公里周期为主(走行公里以动车组管理信息系统为准)、时间周期为辅的检修模式。

表1-2 我国各型动车组检修周期情况

车型	一级检修	二级检修	三级检修	四级检修	五级检修
CRH1A	≤(4 000+400)km 或运行48 h	另行公布	(120±10)万 km 或3年	(240±10)万 km 或6年	(480±10)万 km 或12年
CRH1B					
CRH1E					
CRH5A	≤(5 000+500)km 或运行48 h	另行公布			
CRH3C	≤(4 000+400)km 或运行48 h	另行公布	(120±12)万 km 或3年	(240±12)万 km 或6年	(480±12)万 km 或12年
CRH380B					
CRH380BL					
CRH380CL					
CRH2A	≤(4 000+400)km 或运行48 h	另行公布	$60^{+2.5}_{-5}$ km 或1.5年	$120^{+2.5}_{-10}$ km 或3年	(240±10)万 km 或6年
CRH2B					
CRH2E					
CRH2C(一阶段)					
CRH2C(二阶段)					
CRH380A					
CRH380AL					

注:① 动车组检修采用走行公里为主、时间周期为辅的检修模式,先到为准。
② 二级检修项目允许按二级检修维修卡片规定的检修周期延后10%组织检修(调整检修范围的除外)。
③ 高级检修间隔不超过一个三级检修周期。

以走行公里周期为主线，动车组根据使用走行公里的多少得到适量的检修。此外为保证少量低利用率车组得到安全保养，引入最低维修频度卡控安全时间限度。以 CRH3C 型动车组为例，以车组年走行 40 万 km 的用车频度设置最低维护频度。以二级检修中的 M1 修为例，除了每 10 万 km 进行一次维护以外，若在 90 天（10 万 km/40 万 km 每年）内车组走行公里未达到 10 万 km，也需进行一次 M1 修，确保动车组得到基本保养。实际执行过程中根据具体的情况还可作出一些调整。

2. 一~五级检修概况

1）运用维修

动车组运用维修除包括动车组的运用检修（动车组一级检修和二级检修）外，还包括临修、整备及各项管理活动。

a. 一级检修（快速例行检查）

一级检修是对运用动车组的车顶、车下、车体两侧、车内和司机室等部位实施快速例行检查、试验和故障处理的检修作业，可称为库检。一级检修利用库内三层工作平台进行，重点为走行、车顶高压、制动等。此外还同时进行吸污上水、车内外保洁等整备作业。

检修股道接触网的供断电对一级检修作业流程影响较大，一般据此为主线安排一级检修生产节拍。

b. 二级检修（专项检修）

二级检修是对动车组各系统、零部件的周期性维护保养、监测、试验。在运用所作业条件下，开展相对深入的专项维护工作。二级检修一般要打开各裙板等各类外部盖板，进行清洁、润滑及测试作业，重点项目有空心轴探伤、踏面修形等。

二级检修可采用集中扣车检修或分散至一级检修中进行均衡修的模式进行。在运行初期一般采用集中修的方式确保作业质量。

为便于生产组织，一般按作业条件、作业部位相近的原则对不同的项目进行打包处理。季节性检修等各类整治，形成稳定项目后，逐步纳入专项修管理框架进行管理。

2）高级修程

三、四、五级检修为高级检修，扣车时间长，各部件分解较彻底，并可实施在运用缺乏作业条件或者耗时较长的改造。

动车基地一般设置于动车组或高速线路集中的枢纽站区，具备区域辐射作用。目前设置有北京、上海、武汉、广州、成都、西安、沈阳 7 个检修基地均已具备三级检修资质，全面掌握了三级检修技术。其中北京、上海、武汉、广州、西安检修基地已具备主要检修车型的四级检修资质，检修能力正在不断提高。

三级检修（重要部件分解检修），是以转向架检修为中心展开，对转向架进行分解检修。转向架是动车组安全的核心，此外结合扣车时间对制动系统等进行状态检查和功能测试。

四级检修（系统全面分解检修），实现对关键系统的分解检修，相对三级检修，进一步扩大分解检修系统的范围，包含制动系统、电机的分解检修等。

五级检修（整车全面分解检修）：对全车进行解体检查，较大范围地更新零部件，并且进行车体的涂漆，是恢复性的检修。全面进行检查，大范围（各部件、管系等）解体检修，最终全面恢复动车组基本性能，使其检修后的技术状态接近于新造车的水平。

除了上述五级检修外，还有动车组在运行过程中的检查，其任务是保证在运行中的动车组具有良好的技术状态，防止事故发生，以保证行车安全。检查主要由乘务员及机械师进行，如乘务员接车时进行的性能试验，随车机械师对设备的巡检。

持续优化动车组修程，减少过度检修，修程修制是相互联系的有机整体，进行优化调整时应分清主次，重视各级修程周期间的协调关系。通过采用换件修等方式，不断改进施修方案，减少库停耗时，提高检修效率，高级检修周期循环如图1-35所示。

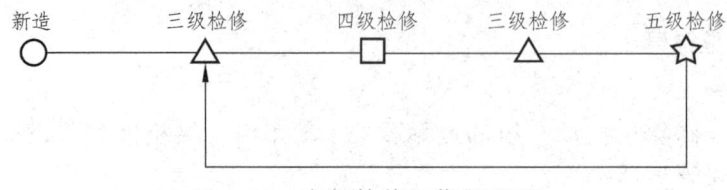

图1-35　高级检修周期循环图

3. 其他维修

前述定期检修属于计划性检修，作业内容相对固定的维护，动车组必然在运用检修过程中存在临时性的故障、临时性普查以及技术更新改造等维护项目，此类计划外的维护根据实际情况开展。

九、动车组的检修限度

动车组检修限度是指动车组在检查与修理时，对零部件允许存在的损伤程度的规定限度，如车轮这个零部件，一级检修时，踏面擦伤长度要≤30 mm，这就是检修限度。它是一种极为重要的动车组规章制度。动车组检修限度制订得合理与否，不仅直接影响车辆的质量和行车安全，而且影响车辆检修的成本、经济效果和检修周期。因此，合理地制订检修限度标准，对完成铁路运输任务有着重要意义。

微课：动车组检修限度

由于影响动车组零部件的损伤和使用期限的因素十分复杂，用理论计算的方法，往往不能充分反映客观实际条件的各种影响。因此，通常是对零部件的实际运用情况进行全面调查、分析来确定动车组检修限度。

（一）动车组检修限度的种类

在动车组检修限度中，动车组零件的损伤程度多以尺寸的变化来表示，因此检修限度主要部分是尺寸限度，即通过对零件某些尺寸的限制，以控制其损伤程度，作为检修要求的依据。同时与动车组检修制度相适应，把动车组检修限度分为：

（1）原形尺寸：各零件的原形尺寸及配合原始间隙是指动车组各零部件的设计尺寸和制造允许公差，组装时的允许间隙。

（2）禁止使用限度：动车组各零部件的尺寸及配合间隙，超过此限度时，不经修理或更换不允许再继续使用。

（3）五级限度：五级检修是动车组的最大修程。它是指动车组在此修程时，有关零部件的尺寸（或配合）不允许超过的界限，超过则须予以修理或更换。在此修程时，原则上将各尺寸恢复到原形尺寸。

（4）四级限度：指动车组进行四级修程时，有关零部件的尺寸（或配合）不允许超过的界限，超过则须予以修理或更换。

（5）三级限度：指动车组进行三级修程时，有关零部件的尺寸（或配合）不允许超过的界限，超过则须予以修理或更换。

（6）一、二级限度：指动车组进行一级和二级修程时，有关零部件的尺寸（或配合）不允许超过的界限，超过则须予以修理或更换。

（二）确定检修限度的原则

（1）原形尺寸：设计动车组时，根据动车组的性能要求、零件的材质、加工工艺条件、使用条件等因素而制订的零部件的设计尺寸。

（2）禁止使用限度：实际上就是所谓零件或配合的使用期限。

（3）中间检修限度：即四级、三级、二级、一级检修限度。

确定中间检修限度的基本原则：当零件或配合的磨损损伤程度在这个限度内时，磨损表面尚有足够的磨损余量来保证继续安全使用到下一个规定修程。

五级检修限度，按上述原则是将零件和配合恢复到原始设计尺寸。其他中间限度也按上述原则确定。

复习思考题

1. 什么是动车组？
2. 动车组由哪些部分组成？
3. 说出一些常见的动车组型号。
4. 动车组的技术参数有哪些？
5. 限界有什么作用？
6. 我国动车组采用什么样的检修制度？
7. 检修限度有什么作用？

任务二　CRH380A 型动车组

任务描述

在动车组机械设备维护与检修演练场内，以动车组模型、多媒体教学课件为载体，认知掌握 CRH380A 型动车组主要组成部分，设备布局，能够画出 CRH380A 型动车组设备布局图。

> 背景知识

CRH380A 型动车组在我国的 350 km/h 速度等级客运专线上运营,并能在 200 km/h 速度等级及以上的客运专线上以 200 km/h 速度等级正常运行。

一、CRH380A 型动车组动力配置、技术参数及车辆定位

1. 动力配置

CRH380A 型动车组为动力分散型电动车组,动力配置如图 1-36 所示,由 6 辆动车和 2 辆拖车共 8 辆车构成编组,全列车分为 3 个动力单元(M1+M2,M3+M4,M5+M6),两列动车组可连挂运行。

微课:CRH380A 型动车组基本配置及技术参数

2. 技术参数

(1)性能参数如表 1-3 所示。

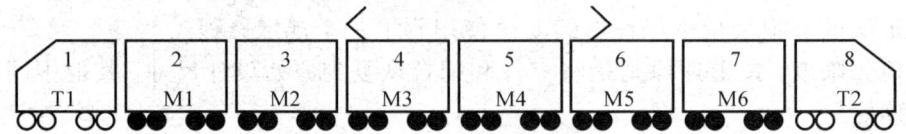

注:T 为拖车,M 为动车。

图 1-36 CRH380A 型动车组动力配置

表 1-3 性能参数

项目	参数
最高运营速度	350 km/h
最高试验速度	385 km/h
编组通过最小允许曲线	R250 m
单车通过最小允许曲线	R150 m
0~200 km/h 平均加速度(平直道、定员载荷)	≥0.39 m/s^2
350 km/h 剩余加速度(平直道、定员载荷)	≥0.05 m/s^2
牵引功率	9 600 kW

(2)主要尺寸如表 1-4 所示。

表 1-4 主要尺寸   单位:mm

车辆长度	头车:26 250 中间车:25 000
车体最大宽度	3 380
车体最大高度	3 700
车门处地板面高度	1 300

续表

车厢天花板高度	2 267
轨距	1 435
转向架中心距	17 500
固定轴距	2 500
车轮直径（新轮/全磨耗）	860/790
车钩高度	1 000

（3）车厢质量，如表1-5所示。

表1-5 各车厢质量

车　号	1	2	3	4	5	6	7	8
车　种	T1	M1	M2	M3	M4	M5	M6	T2
整备质量/t	48.9	51.4	48.2	51.7	48.7	52.0	47.4	48.5
定员质量/t	3.3	7.2	7.2	6.4	7.3	7.2	7.2	4.3
平均轴重/t	13.1	14.7	13.9	14.5	14.0	14.8	13.7	13.2
额定输出/kW	0	1 600	1 600	1 600	1 600	1 600	1 600	0

3. 车辆定位

由于动车组在前后左右方向都是接近对称的结构，为了区分各车结构相同或相近的零部件、对车辆进行科学的管理，需确定车辆方位和同名零部件位置编号。

1）CRH380A型动车组车辆方位规则

各车辆以靠近1号车车头方向为1位端，相反方向为2位端。

2）CRH380A型动车组同名零部件位置编号规则

以观察者在1位端面向车辆为基准，左手方向为1位侧，右手方向为2位侧。对于排列在纵向对称轴上的零部件，由1位端顺序向2位端编号，如转向架、车轴、内端拉门等均可按此编号；对于分布在纵向对称轴左右的零部件，按先从1位侧向2位侧、再从1位端向2位端的顺序进行编号，如车轮、轴箱、制动盘等均可按此编号；对于上下排列的零部件按从上至下的顺序并结合左右、前后位置进行编号，如抗蛇行减振器等均可按此编号。编号示例如图1-37所示。

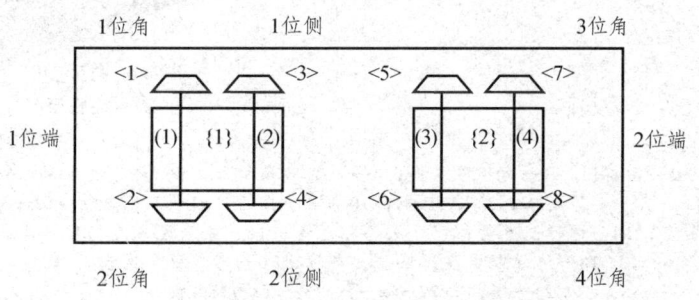

注：{x}为转向架编号，(x)为车轴编号，<x>为车轮编号

图1-37 车辆定位、转向架、车轴及车轮编号的定义

二、CRH380A 型动车组主要设施设备布置

动车组主要设施设备布置如图 1-38～图 1-45 所示。

微课：CRH380A 型动车组主要设备布置

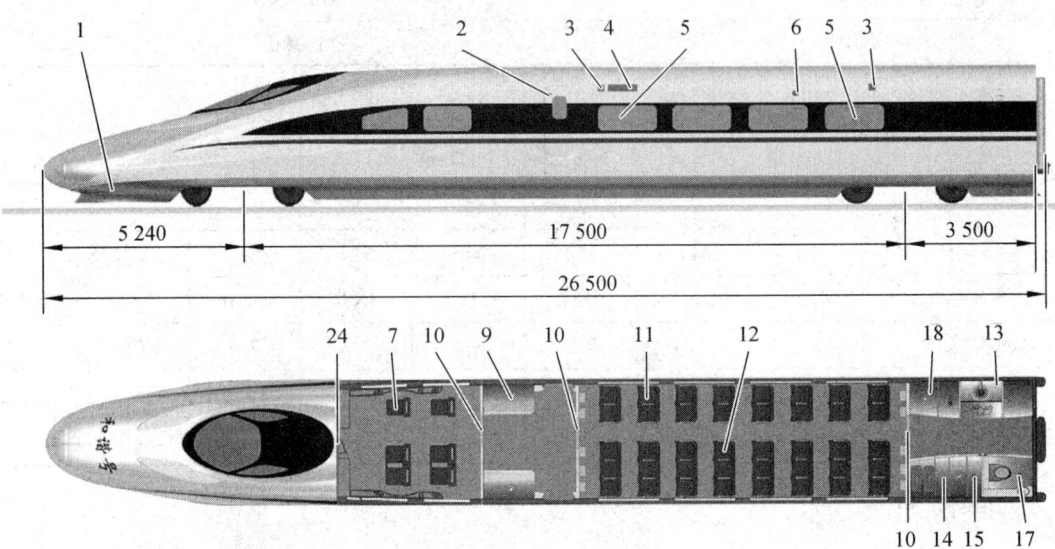

1号车观光区+二等座车定员：二等座40人，一等定员：6人

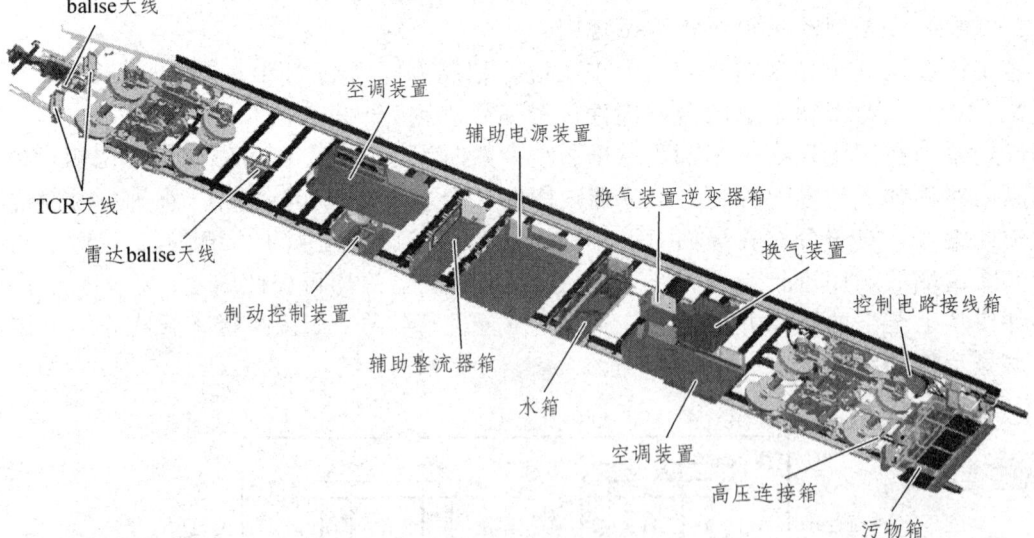

1—排障器；2—侧拉门；3—车号显示器；4—目的地显示器；5—紧急逃生窗；6—车侧灯；
7—商务座椅；8—一等座椅；9—ATP柜；10—内端拉门；11—2人座椅；12—3人座椅；
13—洗脸室；14—运行配电盘；15—服务配电盘；16—组合配电盘；17—座式厕所；
18—终端配电盘；19—受电弓；20—蹲式卫生间；
21—餐厅；22—厨房；23—餐厅配电盘；
24—司机室后端门。

图 1-38　1 号车设施设备布置

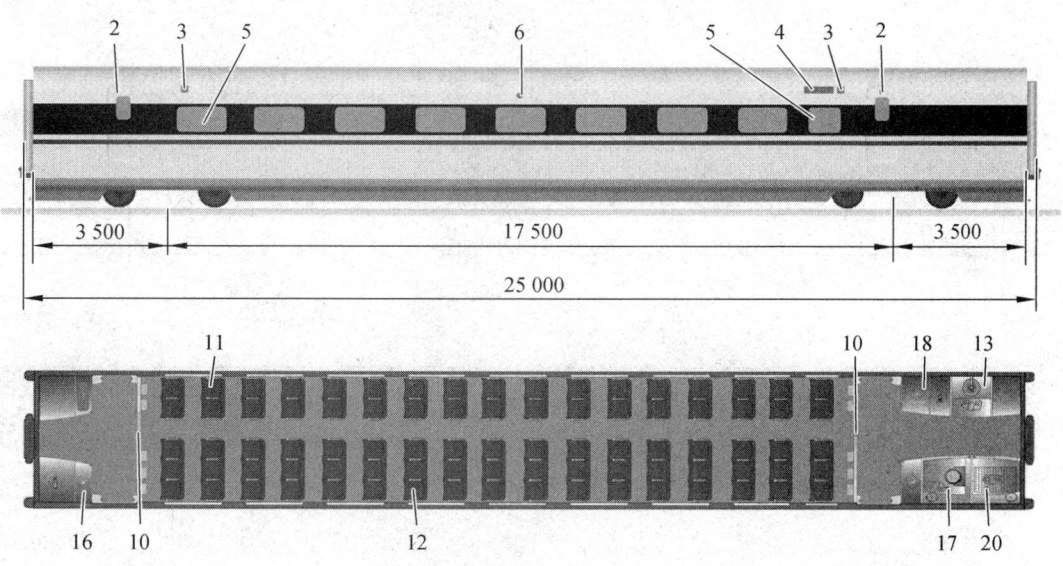

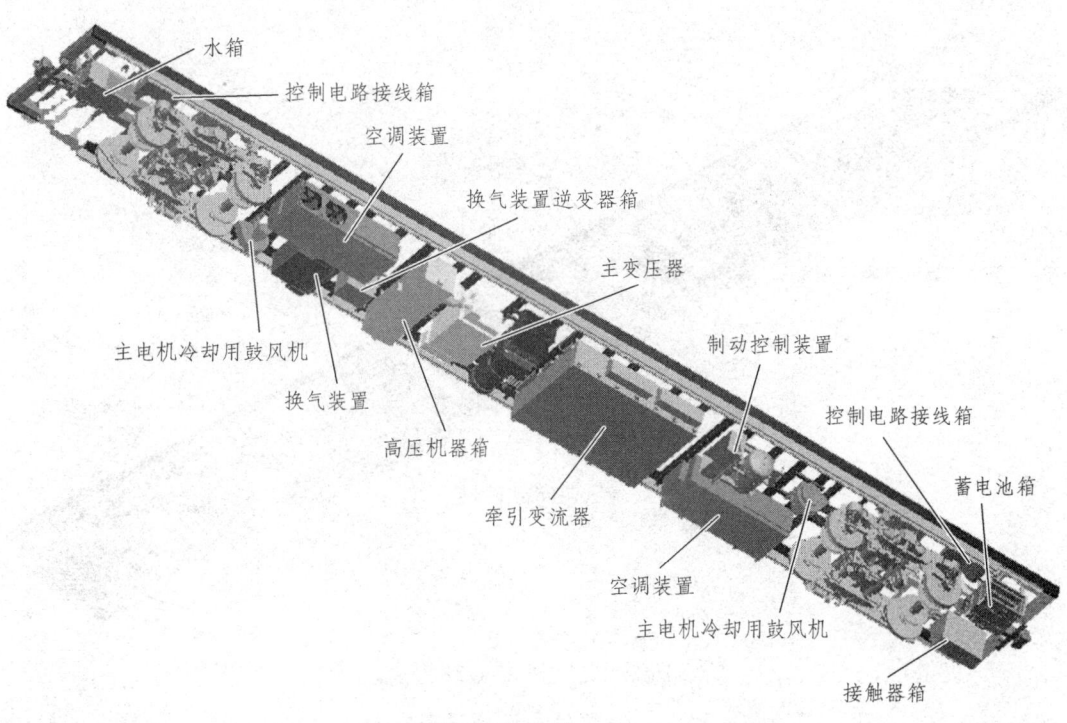

图注说明同图 1-38。

图 1-39 2号车设施设备布置

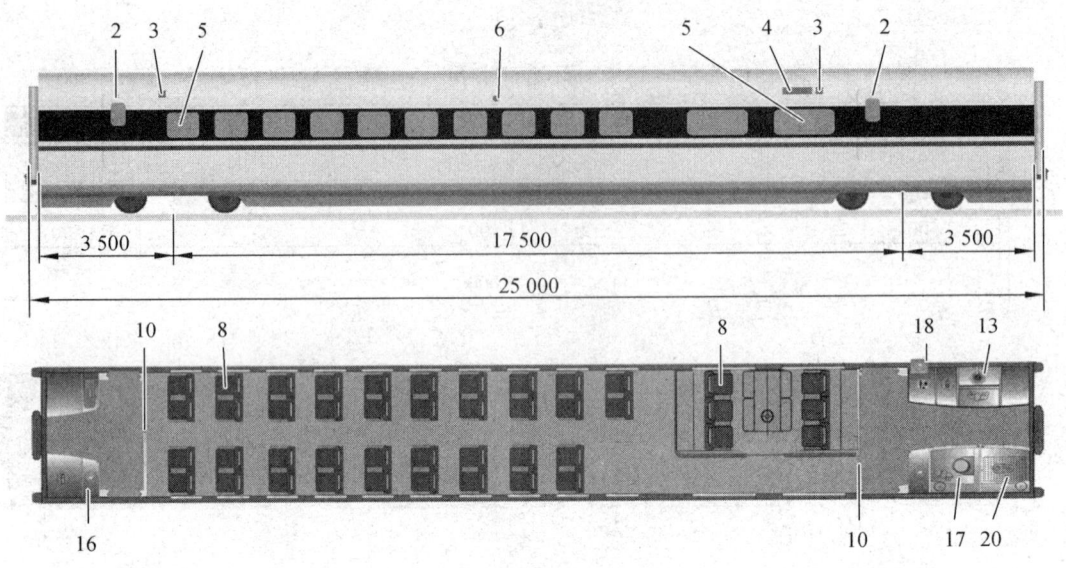

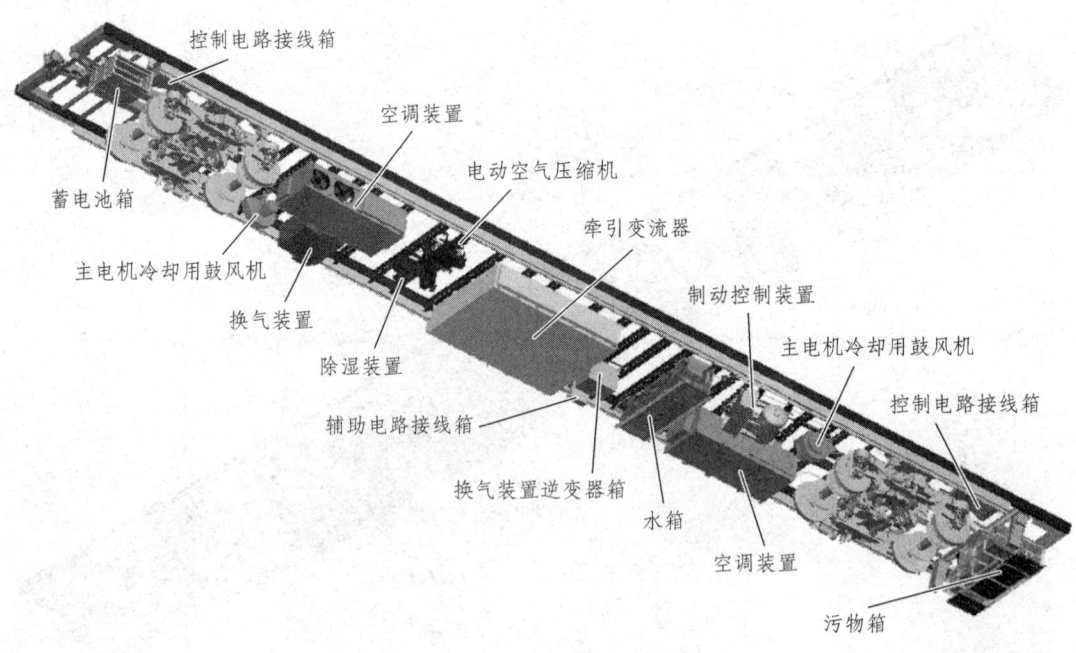

图注说明同图 1-38。

图 1-40　3 号车设施设备布置

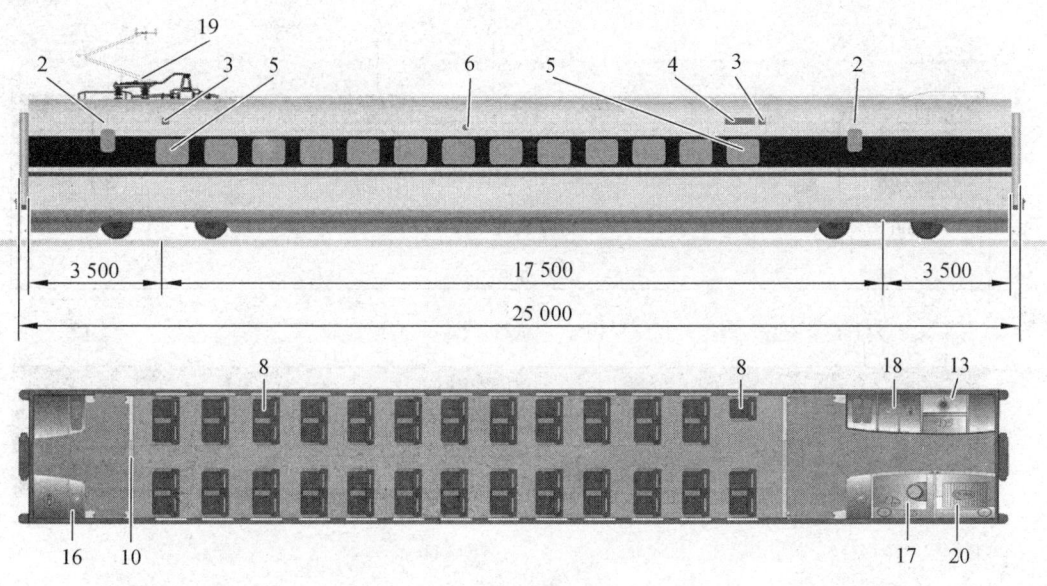

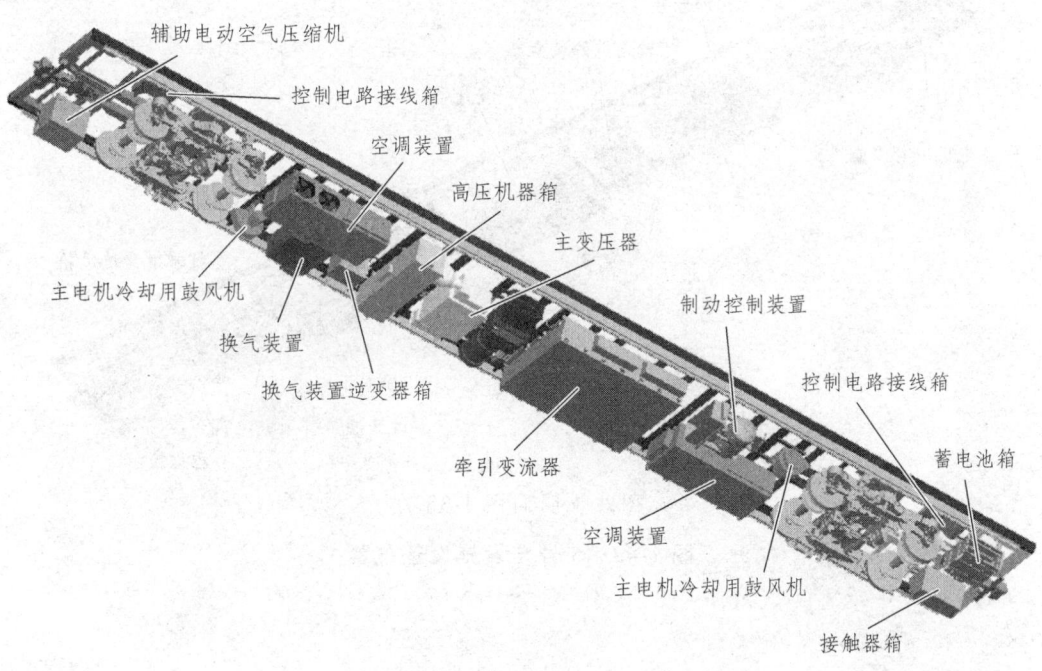

图注说明同图 1-38。

图 1-41 4 号车设施设备布置

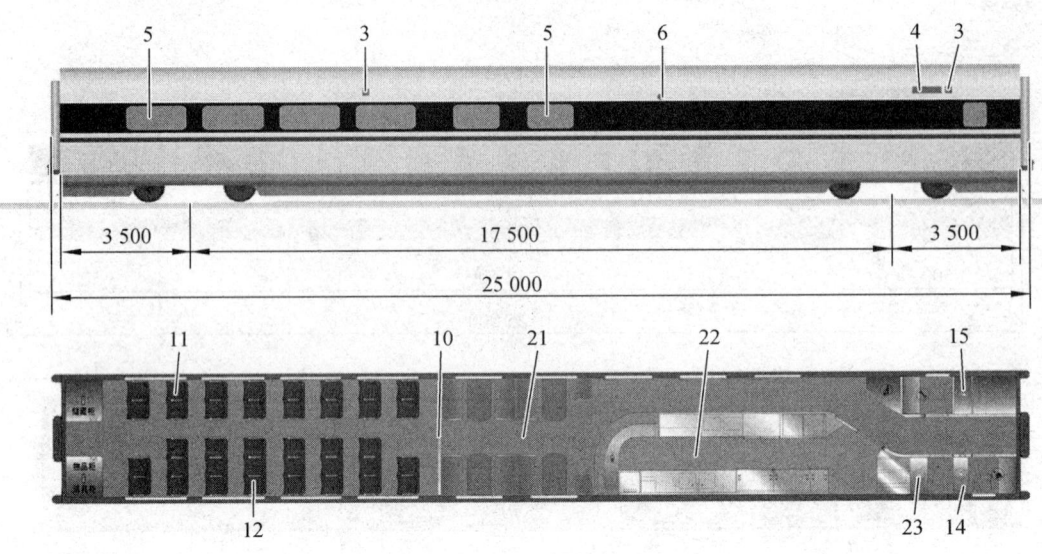

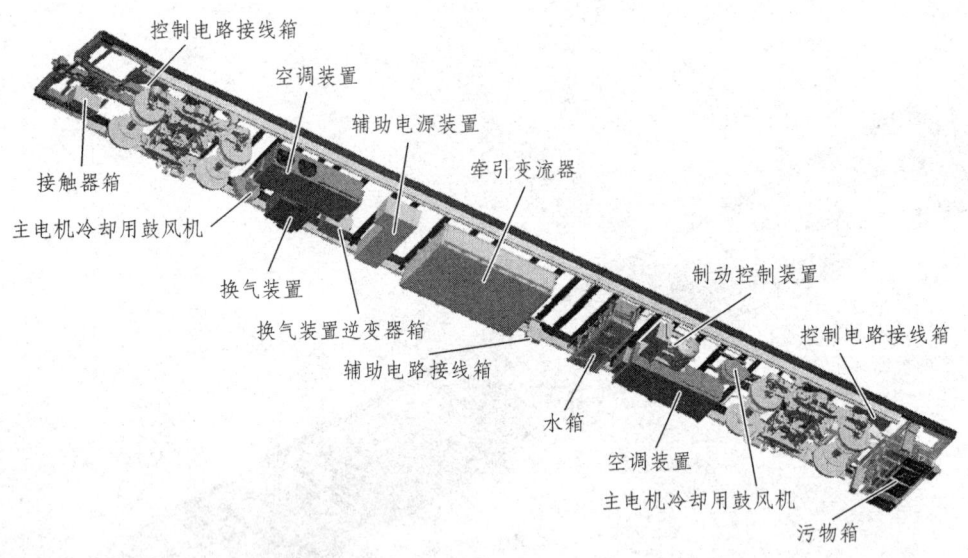

图注说明同图 1-38。

图 1-42　5 号车设施设备布置

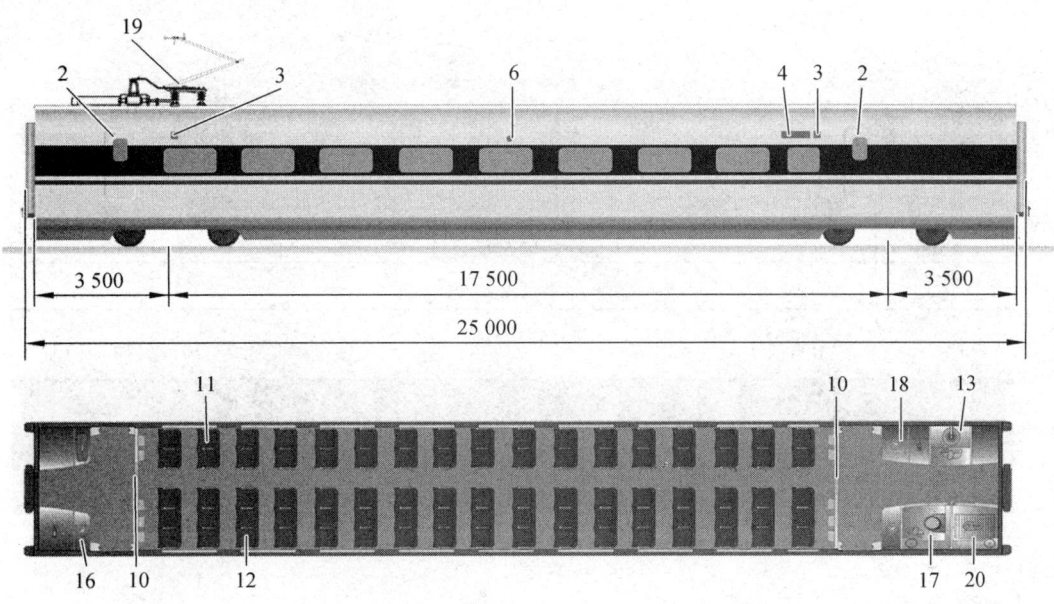

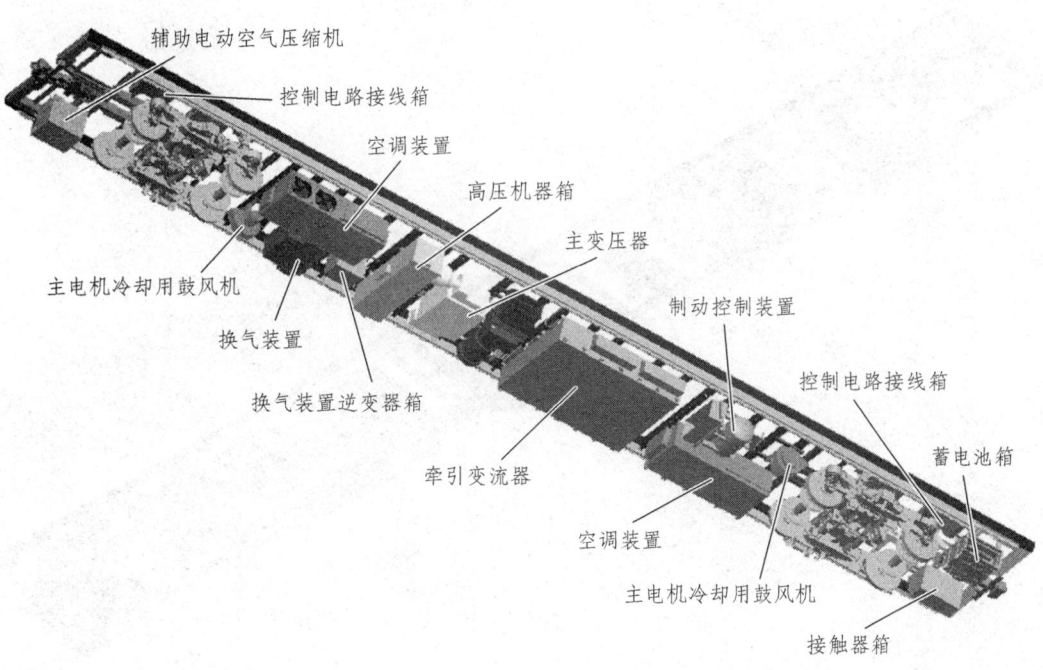

图注说明同图 1-38。

图 1-43　6 号车设施设备布置

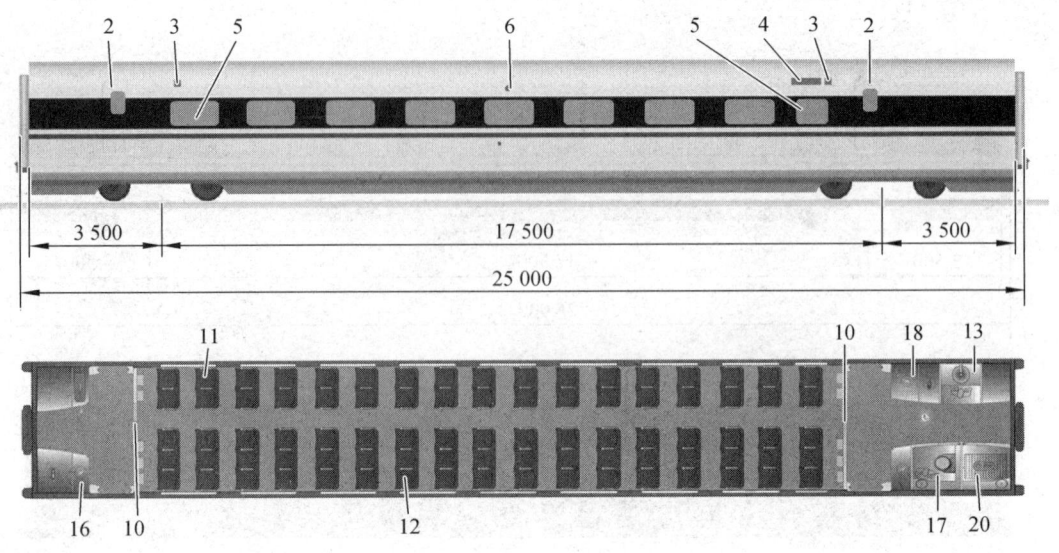

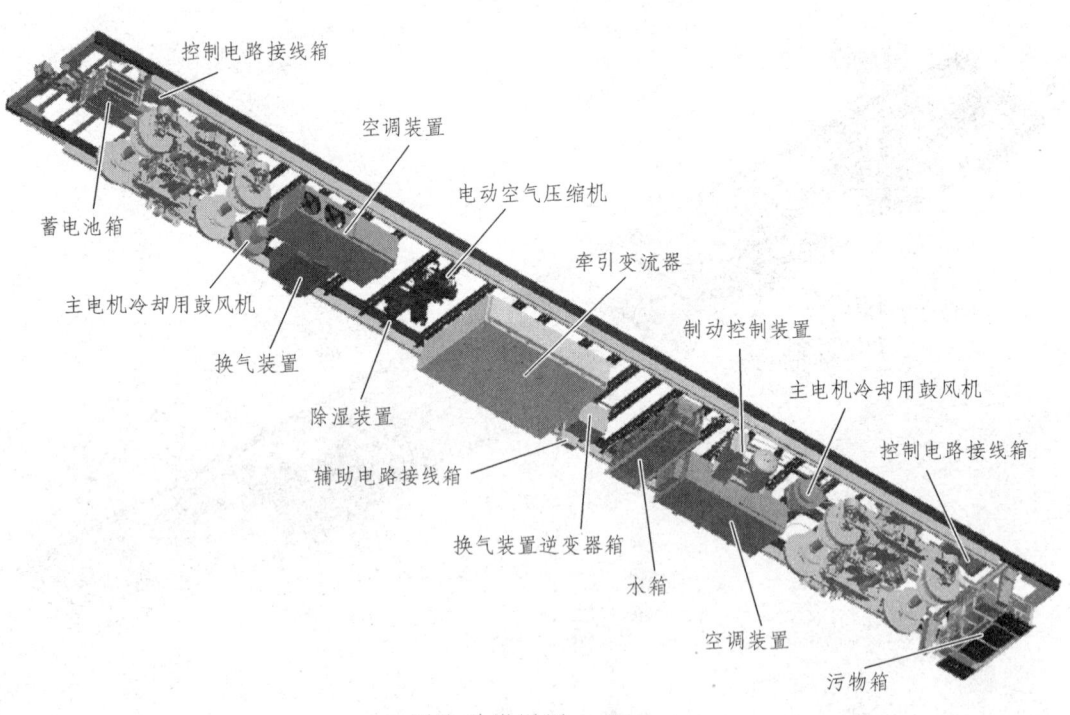

图注说明同图 1-38。

图 1-44　7号车设施设备布置

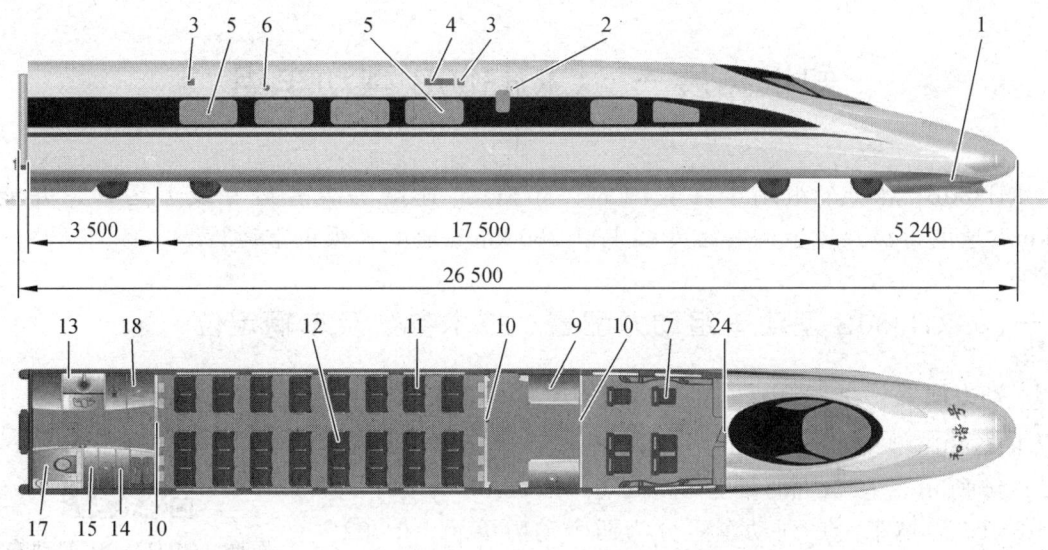

8号车观光区+二等座车定员：二等定员40人，一等定员6人

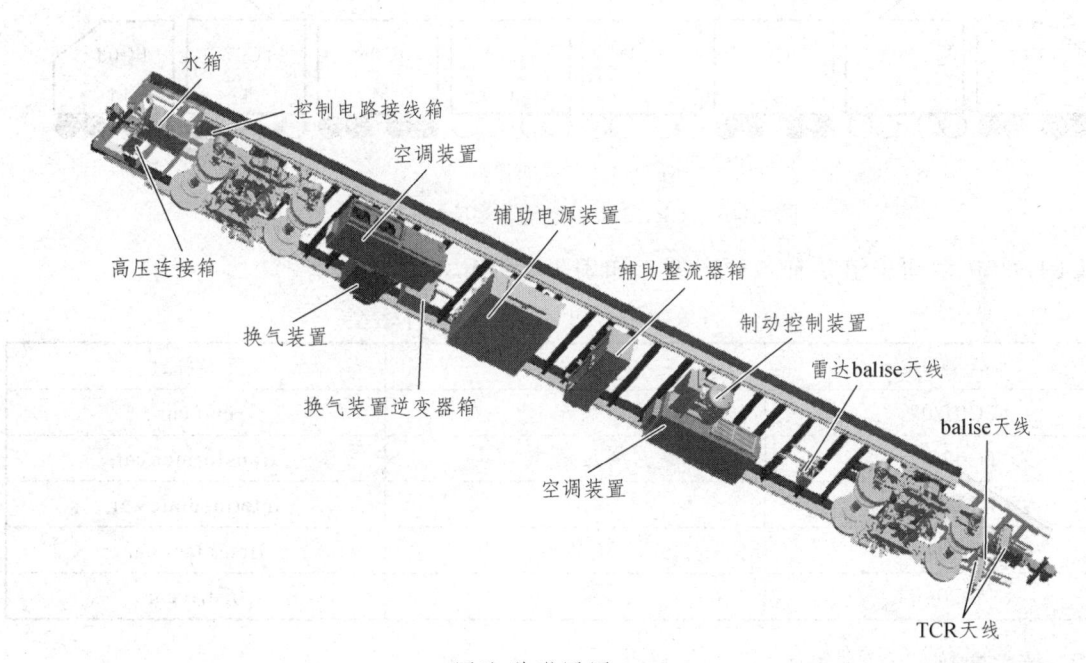

图注说明同图 1-38。

图 1-45　8号车设施设备布置

复习思考题

1. CRH380A 型动车组采用什么样的动力配置？
2. CRH380A 型动车组的车辆定位是如何规定的？
3. CRH380A 型动车组主要设施设备是如何布置的？

知识拓展一　CRH380B 型动车组

CRH380B 型动车组用于在我国的 350 km/h 速度等级客运专线上运营,并能在 200 km/h 速度等级及以上的客运专线上以 200 km/h 速度等级正常运行。

一、CRH380B 型动车组动力配置、技术参数及车辆定位

1. 动力配置

CRH380B 型动车组为动力分散型电动车组,动力配置如图 1-46 所示,有 50%的轴为动轴,01/03/06/08 为动车,02/04/05/07 为拖车。一列动车组分为两个动力单元,01/02/03/04、05/06/07/08 车各组成一个动力单元,每个动力单元各有两个动车两个拖车。

微课:CRH380B 型动车组基本配置及技术参数

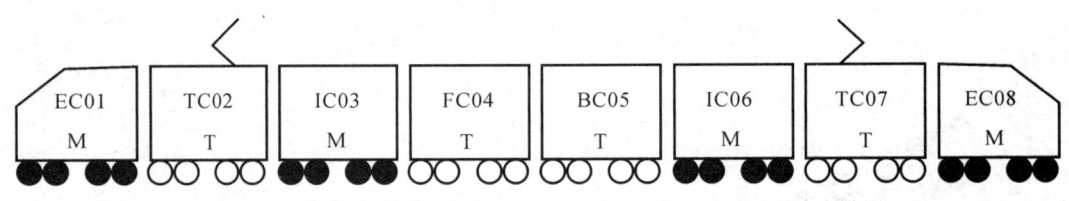

M:动车　　T:拖车

图 1-46　CRH380B 型动车组动力配置

CRH380B 型动车组共有 5 种车型,如表 1-6 所示:

表 1-6　CRH380B 型动车组的 5 种车型

车厢号	中文描述	英文描述
EC01/08	头车	end car
TC02/07	变压器车	transformer car
IC03/06	中间车	intermediate car
FC04	一等车	first class car
BC05	餐车	bistro car

2. 技术参数

(1)性能参数,如表 1-7 所示。

表 1-7　性能参数

轴式	Bo'Bo'+2'2'+Bo'Bo'+2'2'+2'2'+Bo'Bo+2'2'+Bo'Bo'
定员	556 人
持续运行速度	350 km/h 剩余加速度约为 0.05 m/s²
最高运行速度	380 km/h

续表

海拔 1 500 m 以下时轮周最大许可输出功率（如海拔增高，则输出功率降低）	9 200 kW
再生制动的轮周最大功率	9 200 kW
最低运用时间	330 天/年
每年运行能力	1 000 000 km
供电电压	25 kV / 50 Hz
0 到 200 km/h 平均加速度	≥0.38 m/s²
最大轴重	≤17 t
最小轨道半径 S 形曲线	连挂运行时：250 m；单车调车时：150 m；曲线 180 m+过渡 10m+曲线 180 m
最大坡度	正线上最大坡度 12‰；困难条件下 20‰；站段联络线不大于 30‰

（2）主要尺寸，如表 1-8 所示。

表 1-8 主要尺寸

列车长度/m	202.95m
车辆长度/mm	中间车 24 500 头车 25 697.5
车辆定距/mm	17 375
转向架固定轴距/mm	2 500
车体宽度/mm	3 257
车顶距轨面高度/mm	3 890
地板面高/mm	1 260
运行站台高度/mm	距轨面高度：1 250 轨道中心距站台边缘距离：1 750
端车钩高/mm	1 000
中间车钩高/mm	895

（3）车厢质量，如表 1-9 所示。

表 1-9 车厢质量

车　号	1	2/7	3/6	4	5	8
自重/kg	57 505	57 321	56 509	52 547	53 703	57 383
整备质量/kg	58 000	57 701	57 049	52 927	54 483	57 878
总质量/kg	60 640	64 501	63 849	59 007	59 523	61 478

注：① 自重=包括所有安装件、准备运行的车辆总质量。
　　② 整备质量=自重+运行整备品质量+乘务员。
　　③ 总质量=整备重量+每个座位上有一个乘客（80 kg/人）。

3. 车辆定位

1）CRH380B 型动车组车辆方位

EC01/08 车以有司机室端为 1 位端，TC02/07、IC03/06、FC04 车以有卫生间端为 1 位端，BC05 车以有乘务室端为 1 位端，另一端为 2 位端，如图 1-47 所示。

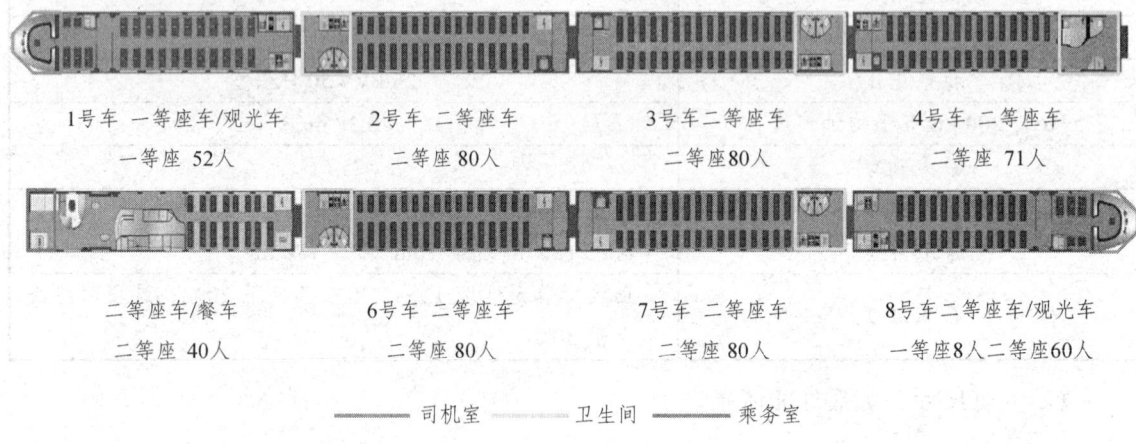

图 1-47　CRH380B 型动车组车辆方位

2）CRH380B 型动车组同名零部件位置编号规则

CRH380B 型动车组同名零部件位置编号规则与 CRH380A 型动车组相同。

二、CRH380B 型动车组主要设施设备布置

动车组主要设施设备布置如图 1-48～图 1-53 所示。

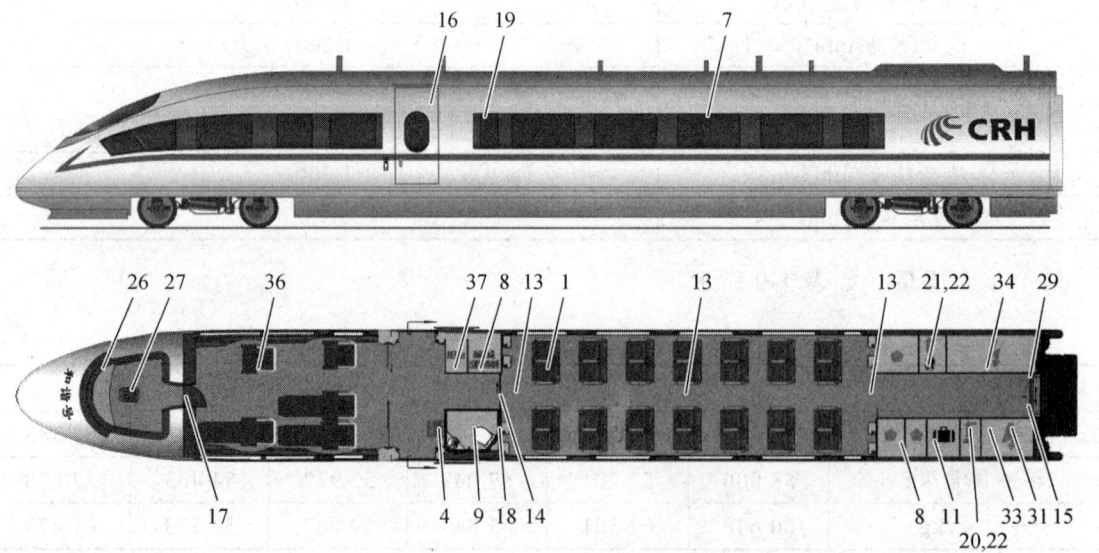

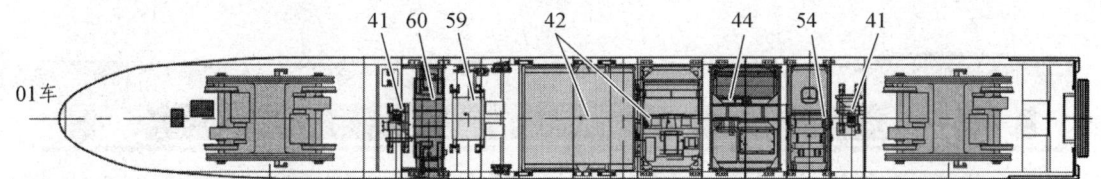

1—等座椅；2—二等座椅；3—餐车座椅；4—乘务员专座；5—小茶桌；6—盥洗台；7—逃生窗；8—储藏柜；9—标准卫生间；10—通用卫生间（残疾人）；11—大件行李间；12—洁具柜；13—电视；14—客室门；15—通过台门；16—侧门；17—司机室门；18—车内信息显示屏；19—车外信息显示屏；20—电茶炉；21—垃圾箱；22—灭火器；23—轮椅位置；24—吧台；25—厨房配餐区；26—司机操纵台；27—司机室座椅；28—乘务员室；29—过道扶手；30—地毯；31—ATP装置；32—餐车玻璃隔断；33—空调柜；34—电气柜；35—工具柜；36—商务座椅；37—商务服务台；41—牵引电机通风机；42—牵引变流器+冷却单元；44—制动控制单元；45—车载电源电器箱；46—双倍辅助变流器箱；47—污水箱；48—变压器+冷却单元；49—辅助变流器箱；50—蓄电池；51—电池充电机；54—风缸+废排单元/排风装置支架；56—辅助空气压缩机；57—空压机设备；59—司机室空调单元冷凝器；60—头车污水箱+多普勒雷达；61—净水器；62—厨房变压器。

图 1-48 01车设施设备布置

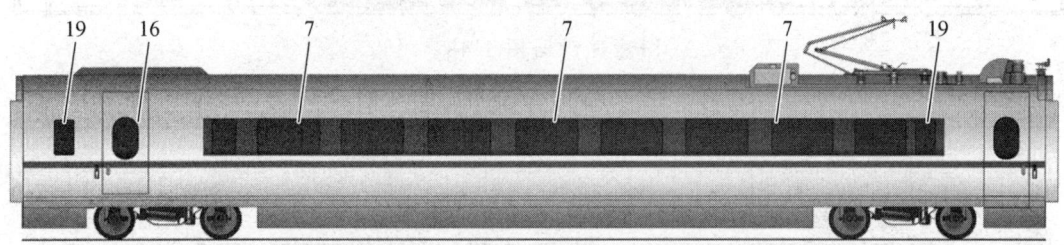

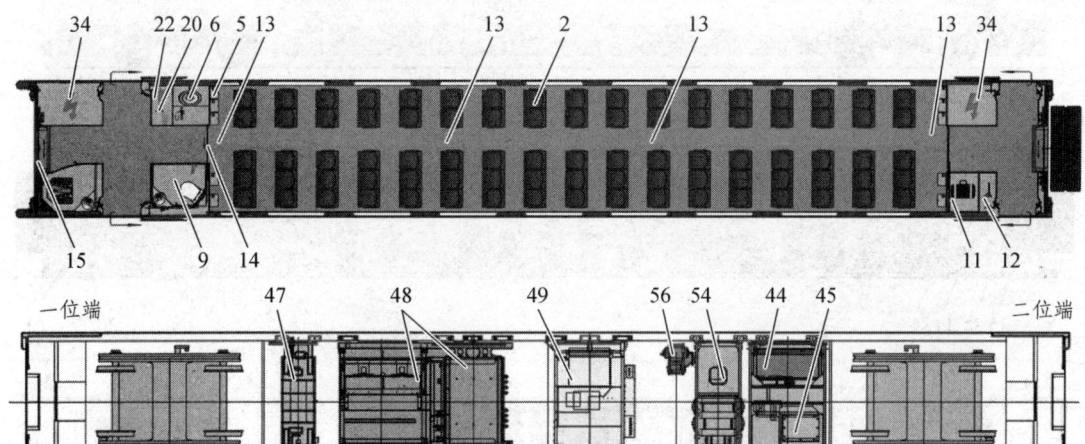

图注说明同图1-48。

图 1-49 02/07车设施设备布置

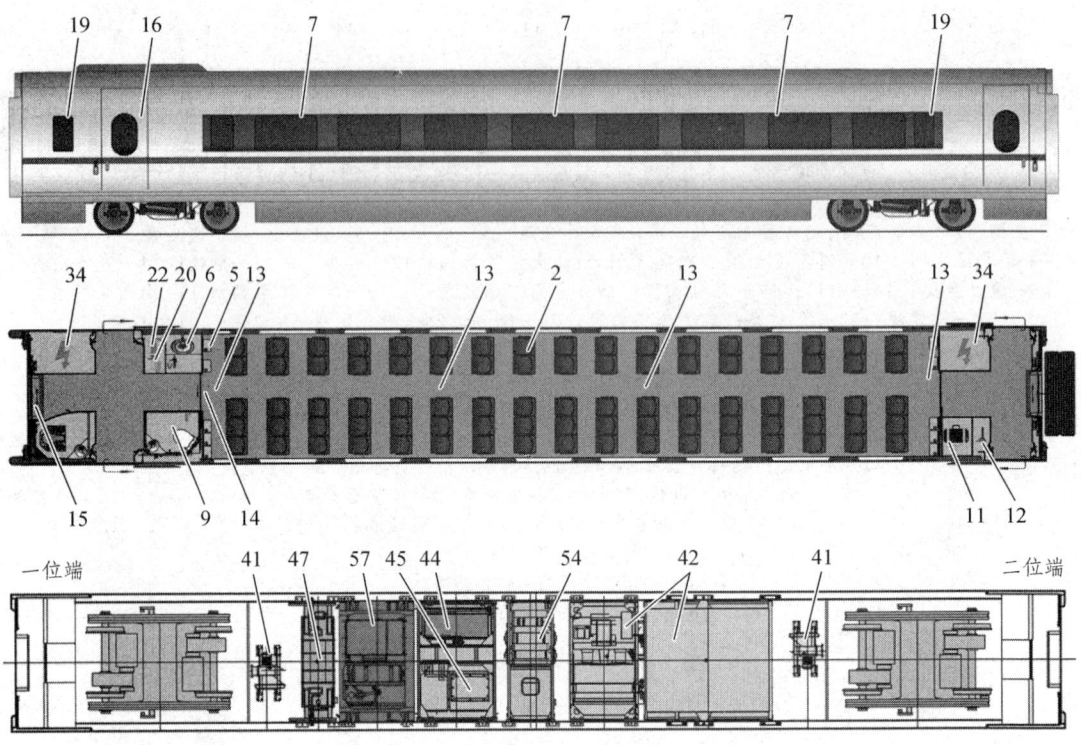

图注说明同图 1-48。

图 1-50 03/06 车设施设备布置

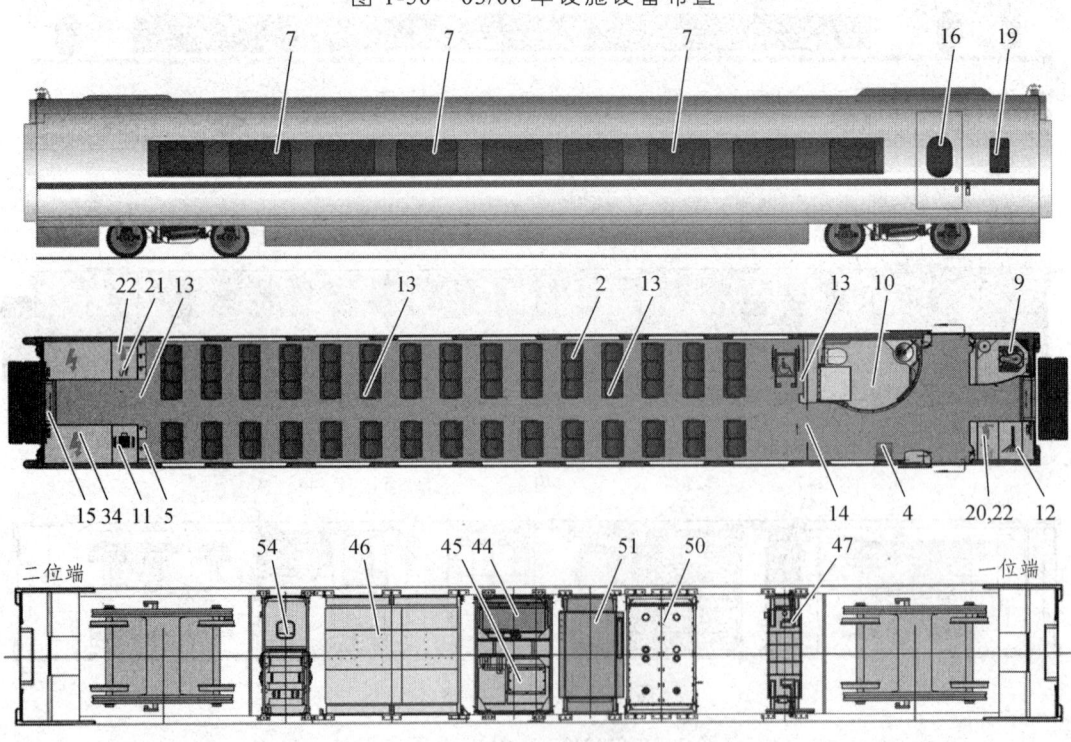

图注说明同图 1-48。

图 1-51 04 车设施设备布置

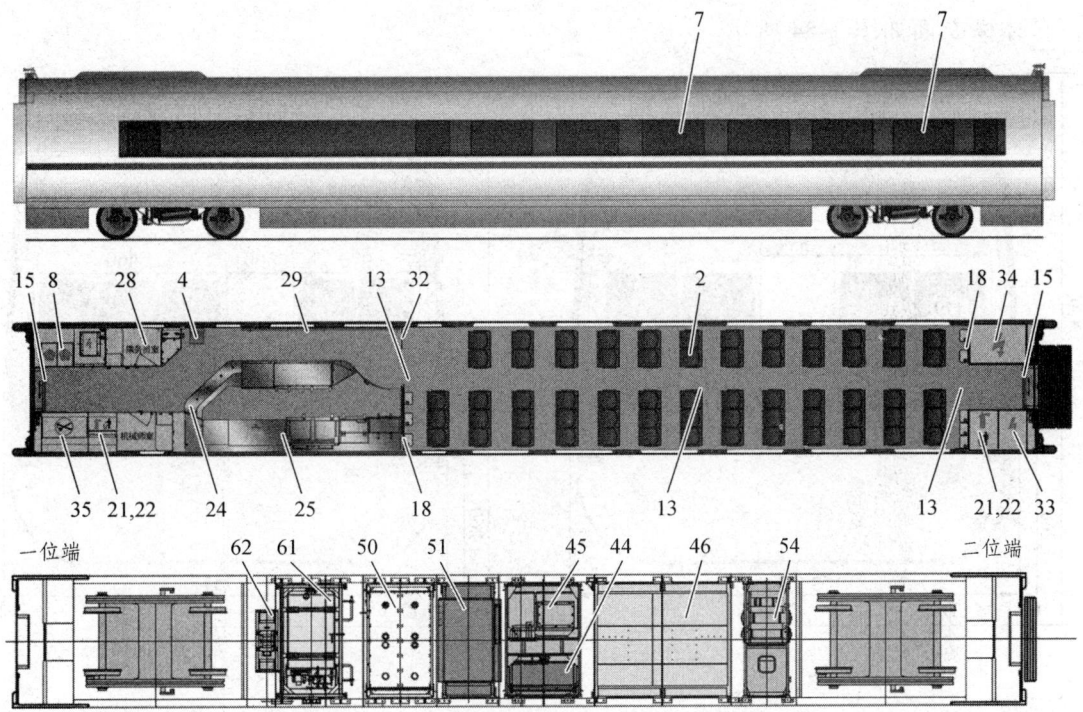

图注说明同图1-48。

图 1-52　05 车设施设备布置

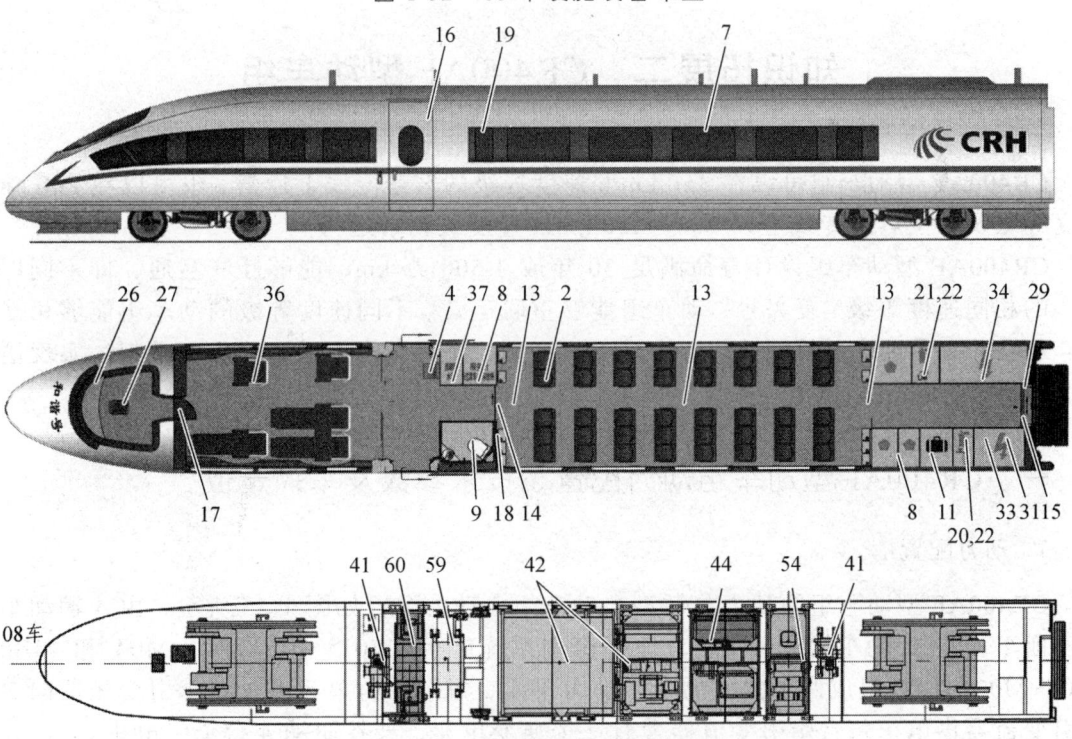

图注说明同图1-48。

图 1-53　08 车设施设备布置

车体横断面如图 1-54 所示。

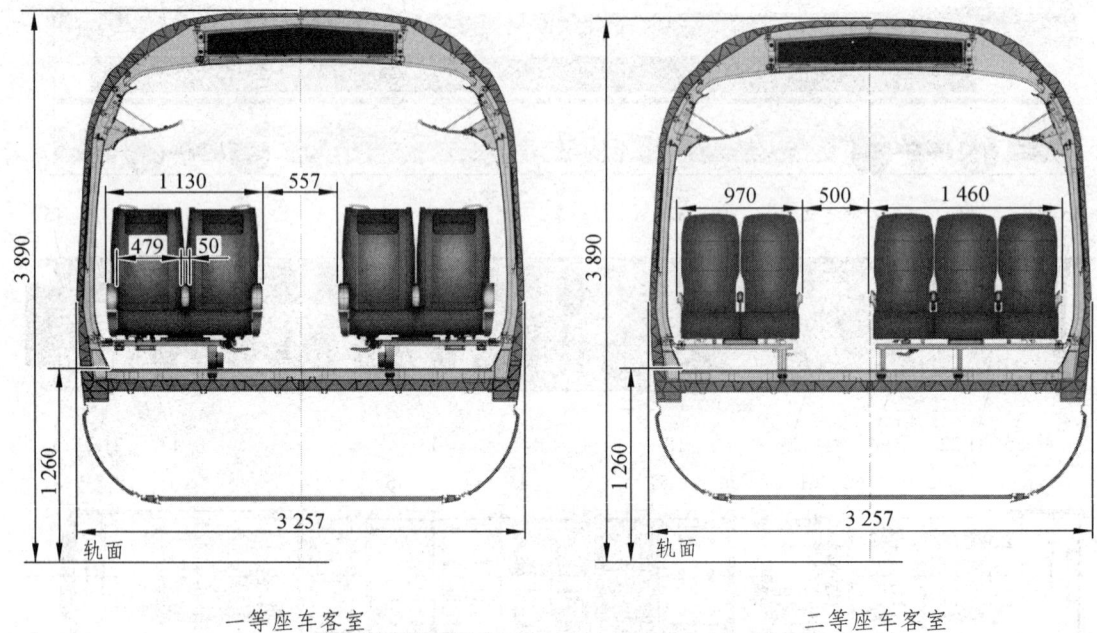

一等座车客室　　　　　　　　　二等座车客室

图 1-54　车体横断面图

知识拓展二　CR400AF 型动车组

CR400AF 型动车组可以在 350 km/h 速度等级的客运专线上运营，也可以在 200 km/h 速度等级及以上客运专线上以 200～250 km/h 速度级正常运行。

CR400AF 型动车组设计寿命满足 30 年或 1 500 万 km，能够互联互通，即不同厂家生产的相同速度等级"复兴号"动车组能够重联运营、不同速度等级的动车组能够相互救援。互联，指通过统一机械接口，实现物理互联；互通，指通过统一电气接口，实现逻辑互通；互操作，指通过统一操作界面、工作模式实现两列动车组重联互操作。

一、CR400AF 型动车组动力配置、技术参数及车辆定位

1. 动力配置

CR400AF 型动车组为动力分散型电动车组，动力配置如图 1-55 所示，由 4 辆动车和 4 辆拖车，共 8 辆车构成编组。动车组牵引系统包括 TC01+M02+TP03+M04 和 MB05+TP06+M07+TC08 组成两个独立的牵引动力单元，每个动力单元由 1 台牵引变压器向 2 台牵引变流器供电，每台牵引变流器含有 2 个逆变单元，架控驱动 4 台牵引电机。

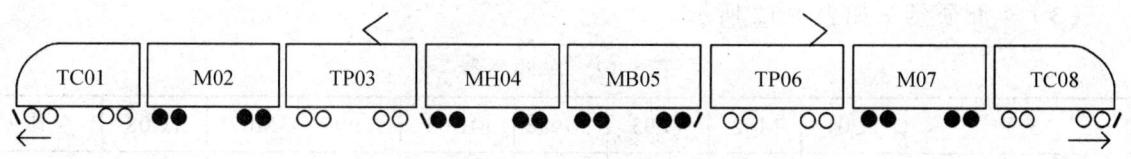

○ 非动力轴　　●| 有撒砂装置的轴，右侧
● 动力轴　　　|● 有撒砂装置的轴，左侧
＜ 受电弓　　　⇆ 列车行驶方向

图 1-55　CR400AF 型动车组动力配置图

2. 技术参数

（1）性能参数，如表 1-10 所示。

表 1-10　性能参数

项目	参数
最高运营速度	350 km/h
最高试验速度	385 km/h
编组通过最小允许曲线	R250 m
单车通过最小允许曲线	R150 m
0～200 km/h 平均加速度（平直道、定员载荷）	≥0.4 m/s²
350 km/h 剩余加速度（平直道、定员载荷）	≥0.05 m/s²
轮周牵引功率（持续制）	9 750 kW
短时最大踏面再生功率	13 360 kW
紧急制动距离	≤6 500 m（350 km/h）

（2）主要尺寸，如表 1-11 所示。

表 1-11　主要尺寸

项目	参数	项目	参数
动车组总长/m	约 208.95	设备舱底面高度/mm	约 235
头车车体长度/mm	27 200	车顶弧半径/mm	R12 000
中间车体长度/mm	25 000	侧顶弧半径/mm	R800
车体最大宽度/mm	3 360	车辆定距/mm	17 800
1 250 m 高度处车体宽度/mm	3 300	转向架轴距/mm	2 500
车辆高度（新轮，不含受电弓）/mm	4 050	车轮直径（新轮/全磨耗）/mm	ϕ 920/850
地板面高度（整备状态）/mm	1 260	头车车钩中心高度/mm	1 000+10
车体拐点高度/mm	1 900	中间车车钩中心高度/mm	935+10

(3) 车厢质量，如表1-12所示。

表1-12 车厢质量

车型	TC01	M02	TP03	M04	MB05	TP06	M07	TC08	合计
整备质量/t	52.3	53.1	54.5	53.7	54.4	54.0	52.8	51.9	426.6
定员/席	33	85	85	75	63	85	85	45	556
乘客质量/t	2.6	6.8	6.8	6.0	5.0	6.8	6.8	3.6	45.0
定员质量/t	55.2	59.9	61.3	59.7	60.9	60.8	59.6	55.8	473.2

3. 车辆定位

1) CR400AF型动车组车辆方位规则

头车端均为1位端，1~4车，1车车头方向为1位端，4、5车连挂端为2位端；5~8车，8车车头方向为1位端，4、5车连挂端为2位端。

2) CR400AF型动车组同名零部件位置编号规则

CR400AF型动车组同名零部件位置编号规则同CRH380A/B型动车组。

二、CR400AF型动车组主要设施设备布置

1. 1号车TC01（见图1-56）

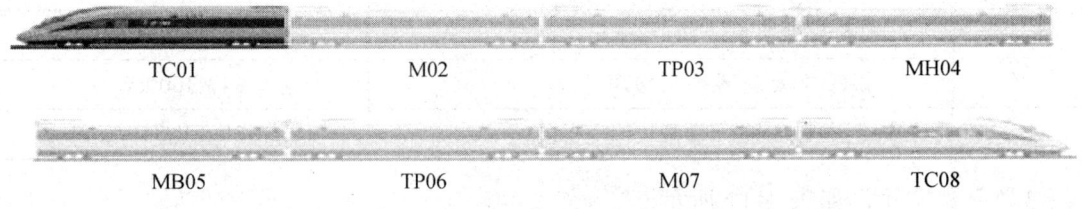

图1-56 1号车TC01位置示意图

TC01车为带司机室一等座拖车，设司机室、观光区和一等客室，定员33人，其中一等座28人，商务座5人。观光区与一等座区之间设侧门、通过台、储藏间（上）/大件行李间（下）、服务台、垃圾箱、盥洗室、开水炉、坐式卫生间、污水污物配电盘等，2位端设总配电柜、工具柜、交流配电柜、垃圾箱、控制柜、ATP柜、直流柜等。设施设备布置如图1-57所示。

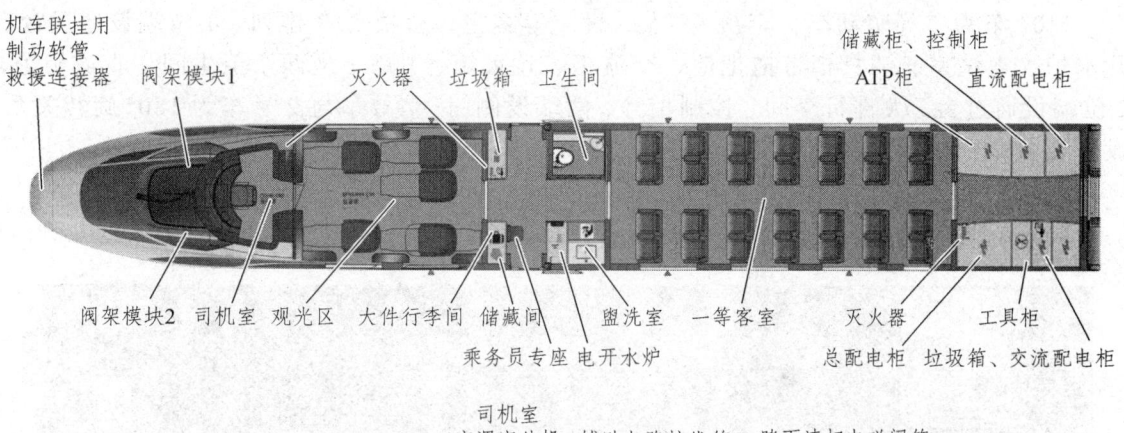

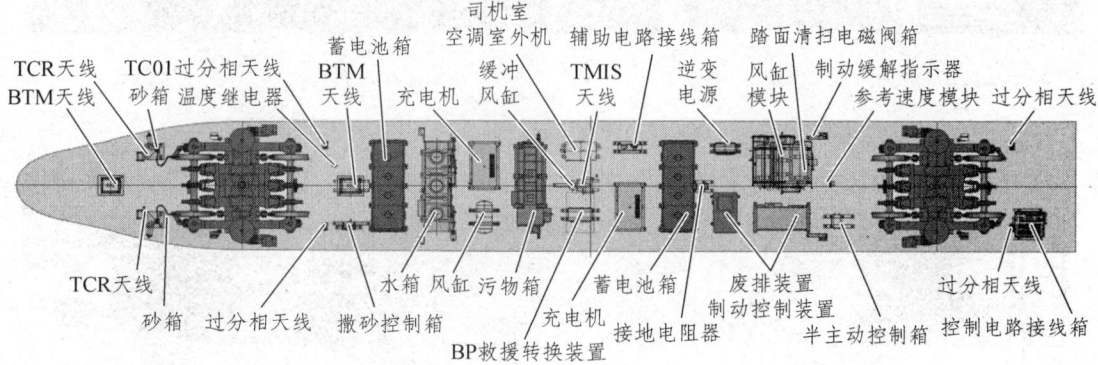

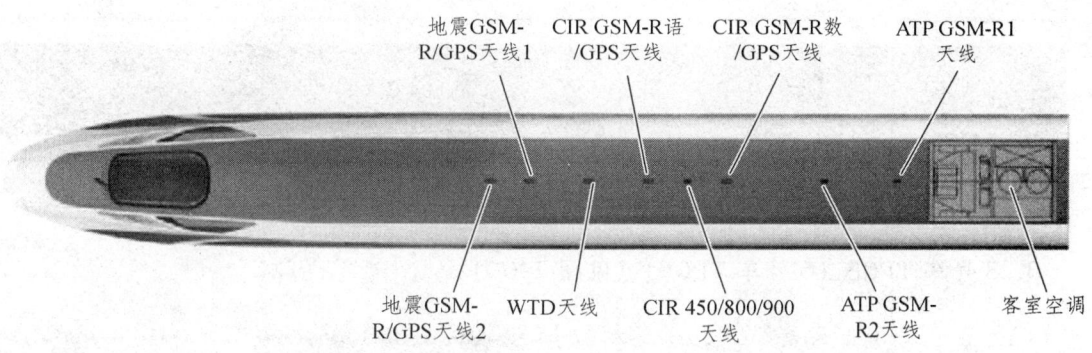

图 1-57　1 号车 TC01 设施设备布置图

2. 2 号车 M02（7 号车 M07）（见图 1-58）

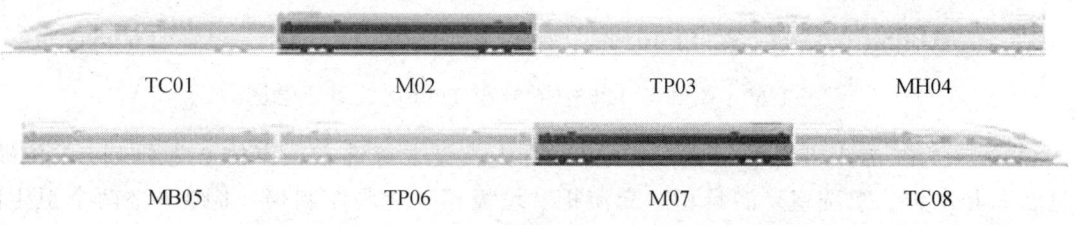

图 1-58　2 号车 M02（7 号车 M07）位置示意图

M02车为二等座动车，定员90人，设二等客室，座椅2+3排列。1位端设通过台、开水炉、盥洗室、洁具柜带拖把池、交流柜、垃圾箱、1蹲1坐两个卫生间、直流柜等，2位端设通过台、大件行李间、控制柜等，两端设侧门。7号车与2号车为180°旋转关系。设施设备布置如图1-59所示。

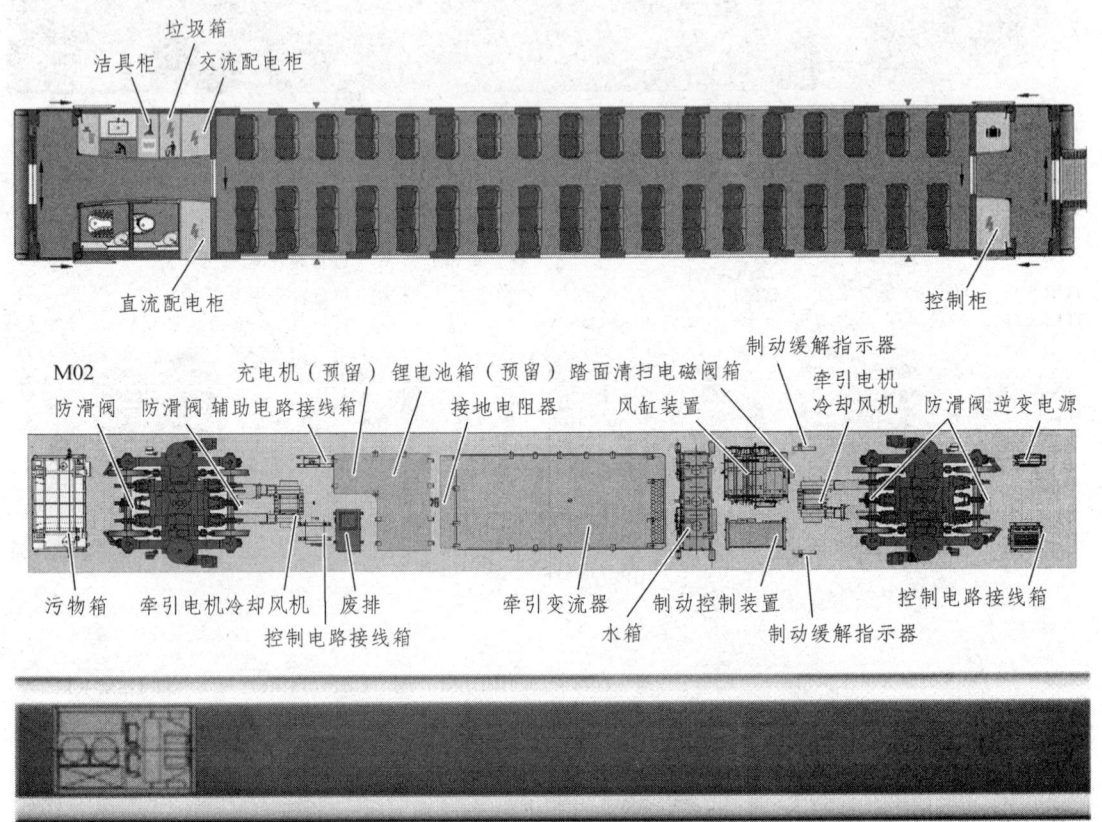

图1-59　2号车M02（7号车M07）设施设备布置图

3. 3号车TP03（6号车TP06）（见图1-60）

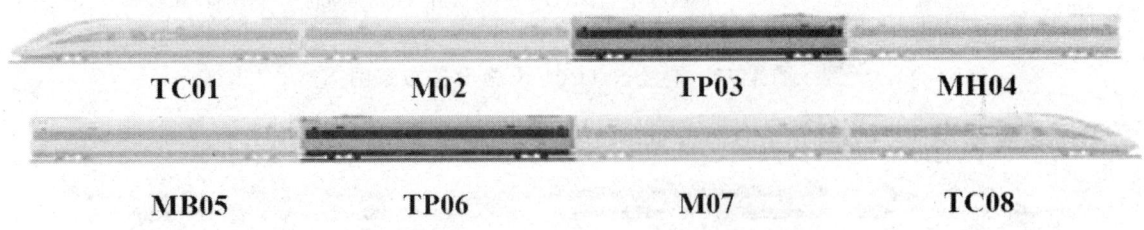

图1-60　3号车TP03（6号车TP06）位置示意图

TP03车为二等座带受电弓拖车，定员90人，设二等客室，座椅2+3排列。1位端设通过台、开水炉、盥洗室、洁具柜、交流柜、垃圾箱、空调控制柜、1蹲1坐两个卫生间、直流柜等，2位端设通过台、大件行李间、PIS&网络柜等，两端设侧门。6号车与3号车为180°旋转关系。设施设备布置如图1-61所示。

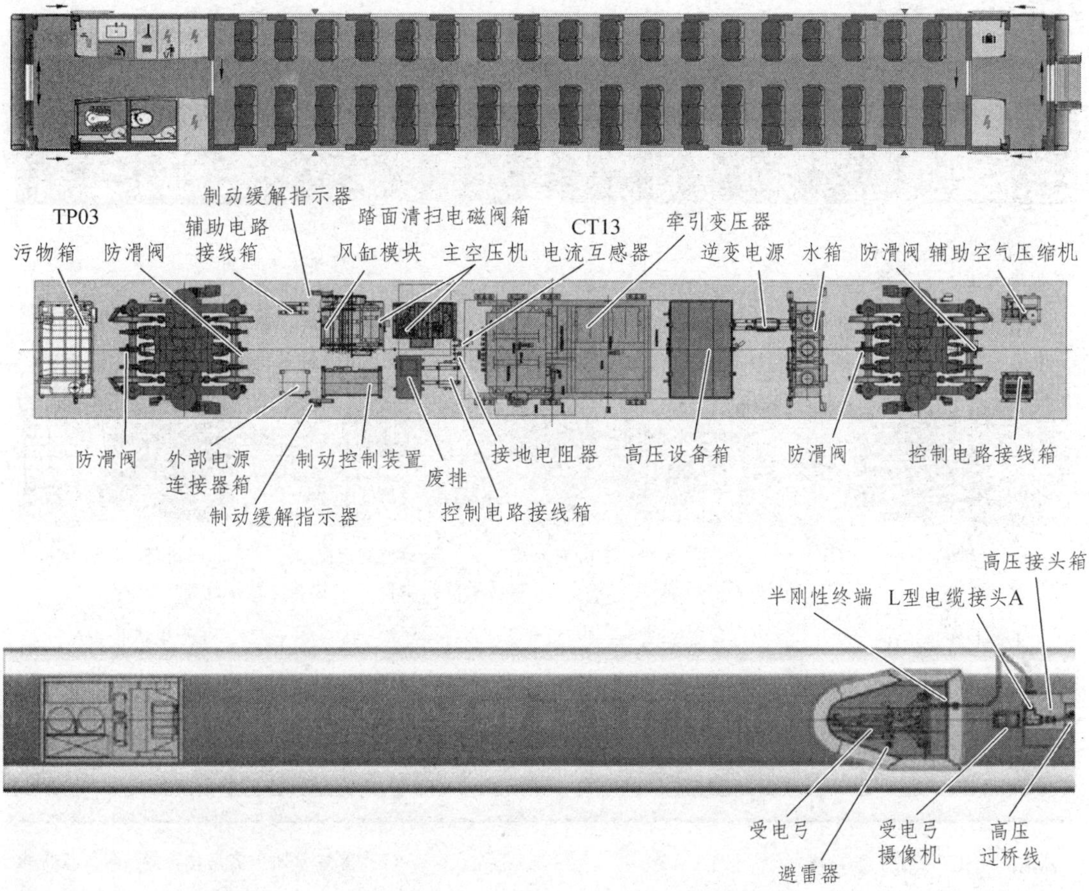

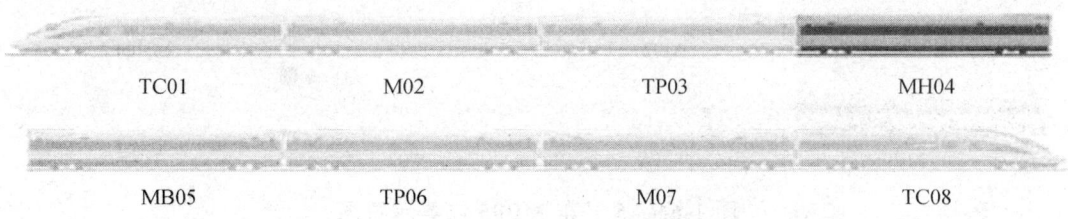

注：电缆接头采用下沉式安装于高压接头箱内，电缆在车体型材内布设，过桥线不外露。

图 1-61　3 号车 TP03（6 号车 TP06）设施设备布置图

4. 4 号车 MH04（见图 1-62）

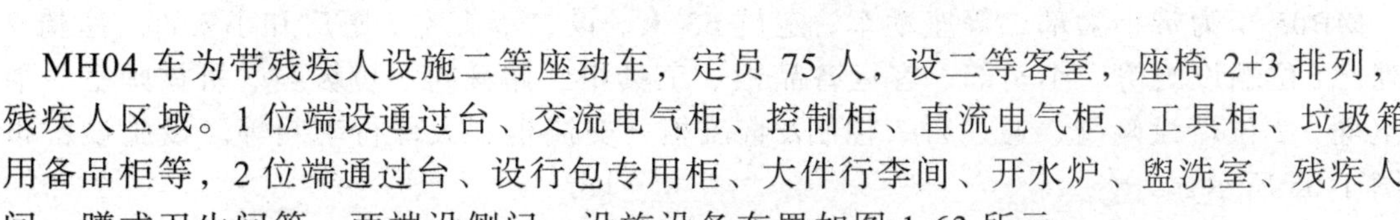

图 1-62　4 号车 MH04 位置示意图

　　MH04 车为带残疾人设施二等座动车，定员 75 人，设二等客室，座椅 2+3 排列，并设残疾人区域。1 位端设通过台、交流电气柜、控制柜、直流电气柜、工具柜、垃圾箱、客用备品柜等，2 位端通过台、设行包专用柜、大件行李间、开水炉、盥洗室、残疾人卫生间、蹲式卫生间等，两端设侧门。设施设备布置如图 1-63 所示。

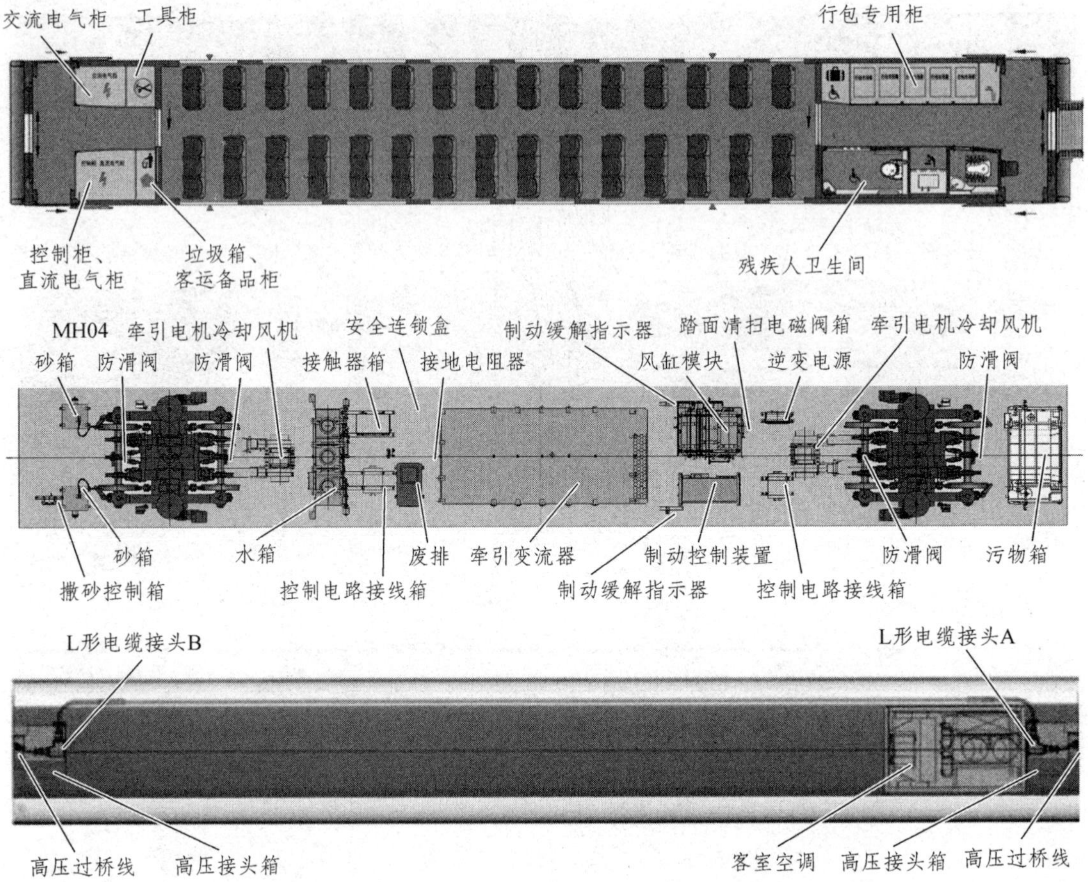

图 1-63　4 号车 MH04 设施设备布置图

5. 5 号车 MB05（见图 1-64）

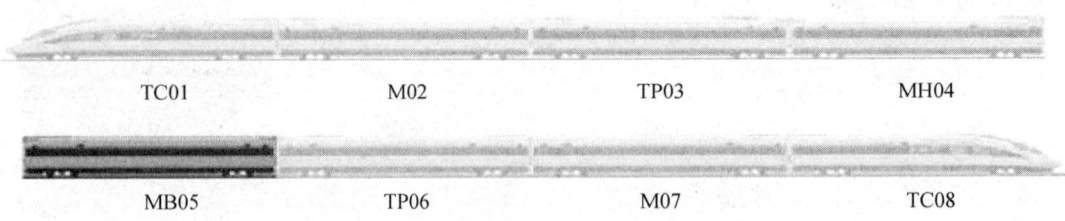

图 1-64　5 号车 MB05 位置示意图

MB05 车为带小卖部二等座动车，定员 63 人，设二等客室、厨房和小卖部，座椅 2+3 排列。1 位端设厨房、小卖部、客运备品柜、工具柜、储藏间、垃圾箱、机械师室、乘务员室等，2 位端设侧门、通过台、控制&直流柜、交流柜、大件行李间等。设施设备布置如图 1-65 所示。

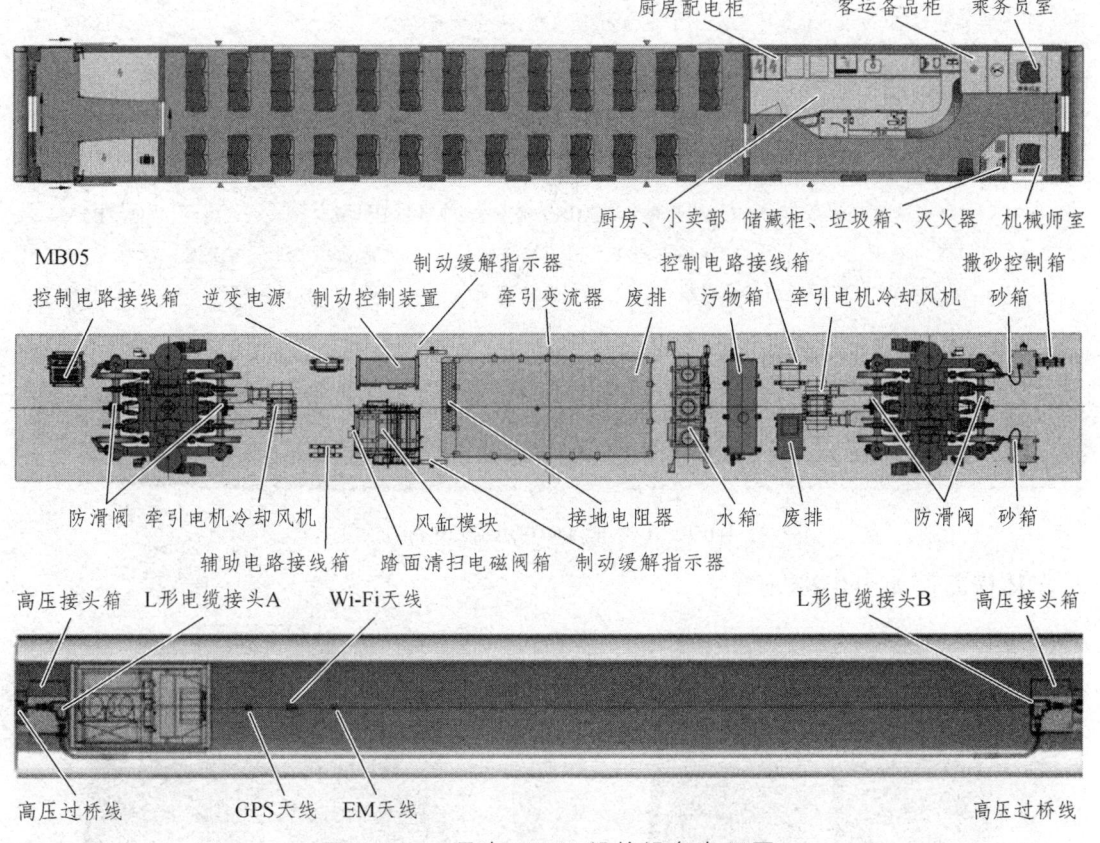

图 1-65　5号车 MB05 设施设备布置图

6. 8号车 TC08（见图 1-66）

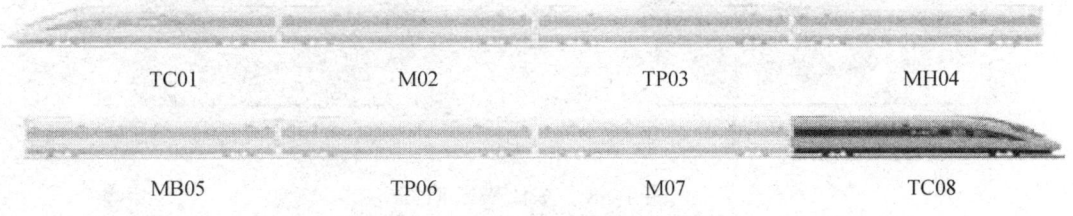

图 1-66　8号车 TC08 位置示意图

TC08 车为带司机室二等座拖车，设司机室、观光区和二等客室，定员 45 人，其中二等座 40 人，商务座 5 人。观光区与二等座区之间设侧门、通过台、储藏间（上）/大件行李间（下）、服务台、垃圾箱、盥洗室、开水炉、坐式卫生间、污水污物配电盘等，2 位端设总配电柜、工具柜、交流配电柜、垃圾箱、控制柜、ATP 柜、直流柜。设施设备布置如图 1-67 所示。

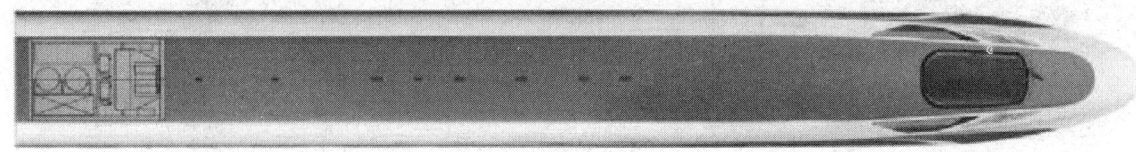

图 1-67　8 号车 TC08 设施设备布置图

车体横断面如图 1-68 所示。

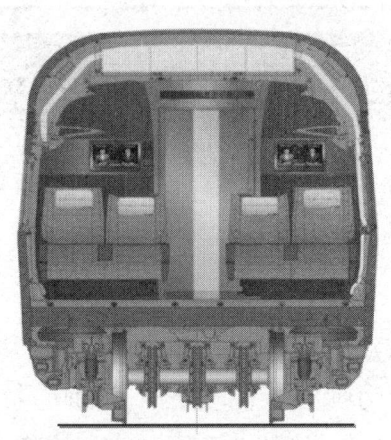

（a）一等车

（b）二等车（带受电弓）

图 1-68　车体横断面图

 思政课堂

杨勇：最后一道关，荣辱一把闸

项目二　动车组车体维护与检修

项目描述

通过本项目学习，使学生正确掌握动车组车体的结构特点，以及动车组车内、车顶、司机室等处主要设备的结构特点。

知识目标

（1）掌握动车组车体的结构特点。
（2）掌握动车组车内、车顶、司机室等处主要设备的结构特点。

能力目标

（1）能够依据学习资料制作CRH380A型动车组车体的教学课件。
（2）能够按照标准化作业程序对CRH380A型动车组车体、车内、车顶、司机室进行维护、检修与试验。
（3）能够应急处理CRH380A型动车组车体、车内、车顶、司机室的故障。

项目任务

任务一　动车组车体基础知识
任务二　CRH380A型动车组车体
任务三　CRH380A型动车组车内设备
任务四　CRH380A型动车组车顶设备
任务五　CRH380A型动车组司机室设备

任务一　动车组车体基础知识

任务描述

在动车组机械设备维护与检修演练场内，以动车组模型、多媒体教学课件为载体，认知掌握动车组车体的结构特点、轻量化措施、气密性、强度和流线型等基础知识，会制作动车组车体基础知识教学课件。

> 背景知识

一、动车组车体结构特点和轻量化措施

车体既是整个动车组的支撑骨架,又是各种设备的安装基础,同时还必须为广大旅客提供安全、舒适的乘坐空间。

微课:动车组车体结构特点和轻量化措施

动车组车体分为带司机室车体和不带司机室车体两种。

为了满足高速列车的运行要求,动车组车体的设计不同于我国现行通常的客车设计。动车组车体的设计应该在满足铁路限界的条件下,具有良好的空气动力学性能,具有轻量化的车体结构,很好的密封性能以及安全可靠的使用寿命。高速车辆车体结构要素与运行性能之间的关系如图 2-1 所示。

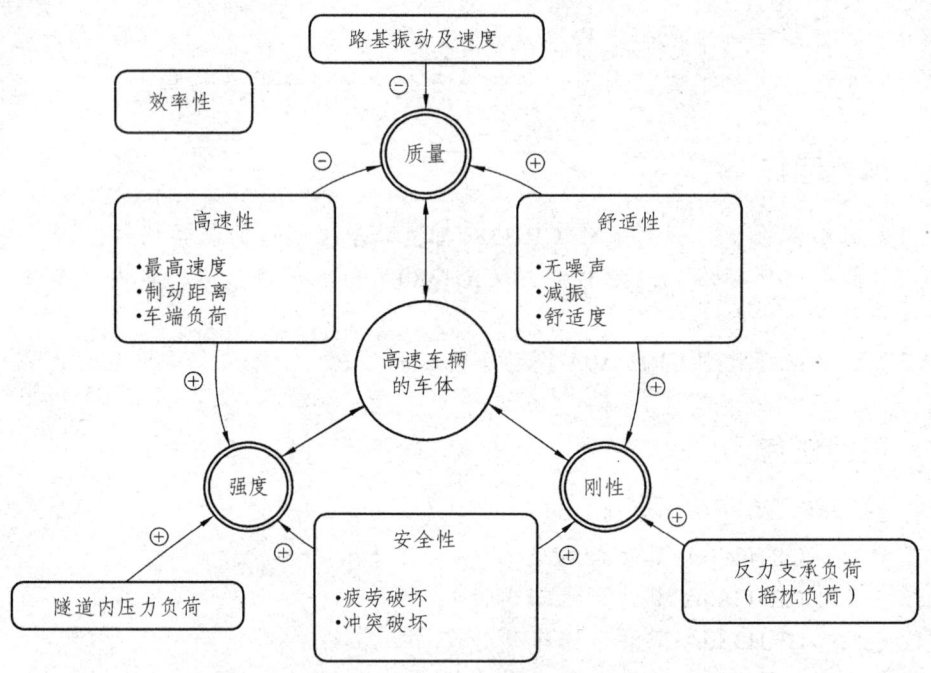

注:⊕表示相互关系一致,⊖表示相互关系相反。

图 2-1 高速车辆车体结构要素与运行性能之间的关系

车体结构三要素包括质量(即重量和外形)、强度和刚度。而运行性能主要是指运行的安全性、舒适性(即快适性)和高速性(包括效率性和牵引制动性能等)。由图 2-1 可见,车体结构三要素与运行性能之间的相互关系是比较复杂的,其中安全性与车体强度和刚度两者有关,而且强度越高,安全性越好,刚度越大,也越安全。舒适性与车体的刚度和质量有关,在通常情况下,车体刚度越大,车体的扭转变形越小,舒适性将得到提高;而要保证高速运行的平稳性(特别是在时速 250 km 以上时),车体的质量不能太轻,也就是说,过度追求高速动车组的轻量化将对乘坐舒适性和列车空气动力学性能有不利影响。高速性实际上包括运行经济性和牵引制动性能等,它与车体质量的关系是:车体质量越轻越好,车体的外形也是越圆润光滑越好,并最好接近流线型。

（一）车体结构的构造原则

动车组车体结构的构造原则体现在以下几个方面：

1. 车体的轻量化设计

（1）车体结构既要满足轻量化的要求又必须保证结构的强度和刚度要求，以及高寿命的安全度和可靠性要求。设计寿命达到 20 年以上。

（2）车体结构轻量化主要是通过选用轻型的材料及合理的设计得以实现。

2. 良好的空气动力学外形

动车组应具有良好的空气动力学外形和性能，包括车头和车尾外形的流线化以及车体外表面的光滑化，主要是为了减小高速运行时的空气阻力和降低噪声。

列车良好的空气动力学性能主要是通过车体外形的特殊设计实现的。具体表现为：

（1）头尾部细长呈流线形状。

（2）列车下部均设有导流罩，且能够方便开启。

（3）列车纵断面尽量采用平滑过渡方式，形状不一致时应加过渡区段。

（4）列车的外表面光滑平整，无明显的突出和凹陷。

（5）列车的受电弓外形具有良好的空气动力学性能。

3. 严格的车辆气密性要求

车辆的密封质量对列车的空气动力学性能及对车内环境控制的影响很大。严格的车辆气密性要求可使动车组无论是在通过隧道的时候，还是在两列车交会的时候，都能够保证将外部气压的变化挡在车厢以外，以满足乘客对舒适性的要求。车辆整车的密封性能应达到下列指标：

（1）车辆各部不得有渗漏水的现象。

（2）在关闭门窗及空调设备对外开口的情况下，车内外压力差由 4 000 Pa 降至 1 000 Pa 的时间应大于 50 s。

（3）在车辆间的连接方式上要采用气密式风挡。车辆间的各种连接应设有防雨措施及解编时的保护措施。

车辆密封的实现主要通过以下几个方面：

（1）车体结构的密封：采用连续焊接的方式。

（2）固定车窗的密封：采用多硫橡胶等材料，保证耐油性、耐溶剂性、耐水性、耐腐蚀性等。

（3）采用填充式密封，有好的弹性、结合性、耐气候性、抗冲击性及足够的黏接强度。

（4）移动车门的密封：采用密封胶条实现。

车辆设计对环境保护的要求，内装选材中的防火考虑及措施，车辆整车隔热系数 K 值的限制值，列车零部件的保养、维修与换修的通用性、互换性、便利性及可靠性，以及便于对车体内外的机械化清洗作业等诸方面，都具有明确的要求与限制。

当然，为了方便旅客快速上下车，还要求车门数量多且开度大。

（二）车体结构设计的具体要求

车体结构是车辆的主要承载结构，对于动车组车辆的车体结构设计应该满足以下要求：

（1）车体承载结构采用车体全长的大型中空铝合金型材组焊而成，或采用不锈钢车体，为薄壁筒型整体承载结构。

（2）车体承载结构的底架、侧墙、车顶、端墙以及设备舱组成一个整体。

（3）车头前端鼻部的开闭机构应能在司机室中操纵。

（4）车下安装设备应采用吊挂安装方式，保证运用安全和安装方便。

（5）车下导流罩与侧墙应圆滑过渡，在限界允许的条件下距轨面的距离应尽可能小。

（6）司机室前端下方装有排障器，排障器中央的底部能承受 137 kN 的静压力。其距轨面高度为（110+10）mm（在车轮踏面磨耗允许范围内可调）。

（7）车底架设 4 个顶车位，以便将车体顶起。

（8）脚蹬结构应采用可伸缩式结构，以便适应 500～1200 mm 站台高度要求。

（9）车体所用材料应符合环境保护和防火的要求。

（三）车体轻量化措施

概括来说，动车组车辆车体结构轻量化的意义主要包括以下 4 个方面：

（1）车辆自重减轻可以降低运行阻力，节省牵引和制动动力（能量）。

（2）可减小对轨道的压力，从而减少车轮和轨道的磨耗。

（3）降低车辆和线路的维护保养费用。

（4）直接减少车辆材料的消耗。

动车组车体结构轻量化采取的措施主要有两个：采用不锈钢材料和采用铝合金材料。

1. 采用不锈钢材料

采用半不锈钢（包板为不锈钢，骨架为普通碳素钢）或全不锈钢车体，免除了车体内壁涂敷防腐涂料和表面油漆，在保证强度、刚度的前提下，板厚可减小，从而达到车体薄壁化和轻量化的目的。一般不锈钢车体自重比普通碳素钢车体可减少 1~2 t。

2. 采用铝合金材料

由于铝合金的密度仅为钢的 1/3，而弹性模量也为钢的 1/3，因此，为了充分发挥材料的承载能力，铝制和钢制车体在结构形式上有很大的差异。在铝制车体结构设计中，车体主要承载构件一般采用大型中空宽幅挤压型材，以提高构件的刚度，充分发挥材料的承载能力，达到最大限度地减轻车体自重。

如果全车的底架、侧墙和车顶均采用大型中空截面的挤压铝型材拼焊，则与钢制车体相比，其焊接工作量可减少 40%～60%，且制造工艺大为简化，质量也可减少 3~5 t。同时，可保证车体承载结构在使用期内（25～30 年）不必维修或少维修。

据国外资料报道，车体承载结构分别采用含铜耐腐蚀碳素钢、不锈钢和挤压铝合金型材制造时，对其质量、材料价格、制作费用及车体承载结构的总费用进行对比，挤压铝合金型材车体质量最轻，仅为钢制车体的 65%，制造费用也是三者中最低的。虽然所用材料的费用较贵，但车体结构的总费用与钢制车体持平，且略低于不锈钢车体所需的费用。

如果再考虑到车体自重减轻所带来的运营费用的降低以及维修费用的节约，则铝合金车体的经济效益就更为显著。

二、车体的气密性、强度和流线型

（一）隧道微气压波的形成

微课：动车组车体的气密性和强度

高速列车在通过隧道时，伴随着列车头部的冲入，在隧道内产生压缩波，并以音速向隧道出口方向边生成边传播，其中部分在隧道出口释放至外部大气中，形成微气压波造成周围房屋摇动，产生"咚"的声音；另外，部分压缩波在出口处反射，形成膨胀波返回，如图 2-2 所示

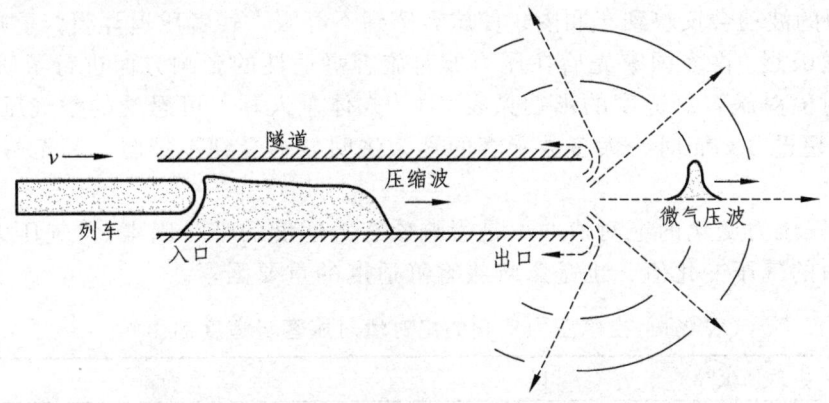

图 2-2 列车进入隧道时隧道内的压缩波和隧道出口的微气压波

如此，在隧道内高速运行的列车要交替受到正压力变动和负压力变动的作用。并且，在头车冲入隧道时，由于头车形成的压力变动的最大值与头车自身形成的压力变动最大值相重合，会形成相当大的压力变动最大值，如图 2-3 所示。

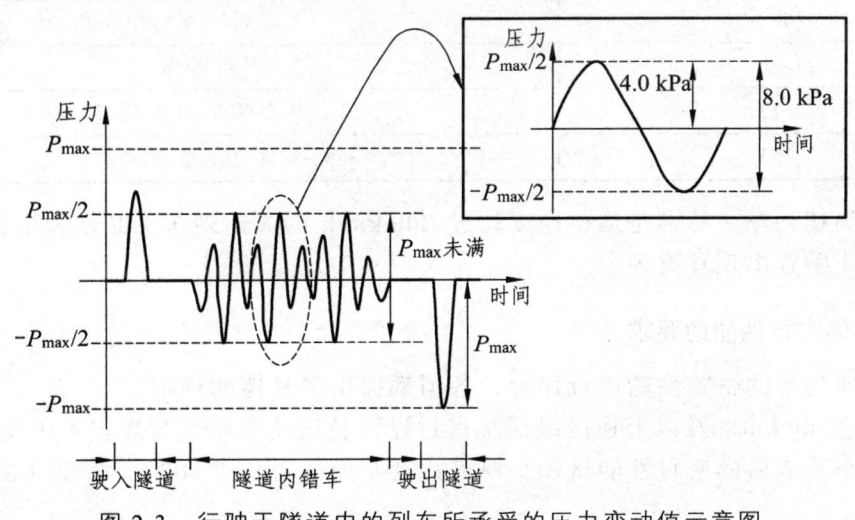

图 2-3 行驶于隧道内的列车所承受的压力变动值示意图

隧道内往返的压力波引起隧道内压力和风速的变动，这样的压力变动几乎增大到与速度的平方成正比。列车在往复于隧道内的这种压力波中行驶时，隧道内的压力变动将引起车内压力变动，使乘客的耳朵产生疼痛感（耳痛）。

（二）车体的密封性

1. 压力波对旅客舒适性的影响

国外高速列车的运行实践表明，没有交会列车时，头、尾车外面的气流压力变化为：头部受到 2.5 kPa 左右的正压、尾部受到 2.0 kPa 左右的负压。

有交会列车时，特别是在隧道内会车时，车外气流压力会大幅度变化。对进入隧道列车的气流测定结果：速度为 200 km/h 时，头部正压为 3.2 kPa、尾部负压为 4.9 kPa；速度为 280 km/h 时，头部正压为 3.9 kPa、尾部负压为 5.5 kPa。

车外压力的波动会反映到车厢内，使旅客感到不舒服，轻者压迫耳膜，重则头晕恶心，甚至造成耳膜破裂。许多国家先后在压力波对旅客舒适性的影响方面进行了研究，空气压力变化的绝对值对旅客舒适度的影响见表 2-1。人体（人耳）可忍受的空气压力变化值大约为 2 kPa，超过 3 kPa 时，大多数乘客的耳朵将明显感受到不舒服，甚至有个别旅客将感到恶心。

当然，空气压力变化的绝对值并不是影响旅客舒适度的唯一因素。空气压力的变化率，即单位时间内的气压变化值，也是影响旅客舒适度的重要因素。

表 2-1　空气压力变化的绝对值对旅客舒适度的影响

压力变化/kPa	生理学现象
2	可忍受
3	开始不舒服的平均值
4	非常不舒服
5	不舒服的上限，开始有耳痛
8	很痛
>9	剧烈疼痛
>13	耳膜可能有破裂
>23	几乎肯定耳膜有破裂

因此，高速列车（特别是运行速度超过 200 km/h 的高速列车）必须采用密封式车体结构，以防止乘客出现耳鸣现象。

2. 对车体密封性能的要求

针对高速列车的密封性能进行评价，各国都提出了具体的规定。

我国在《200 km/h 及以上速度级列车密封设计及试验鉴定暂行规定》中要求：

（1）整车落成后的密封性能试验，要求达到车内压力从 3 600 Pa 降至 1 350 Pa 的时间大于 18 s。

（2）车体结构的密封性能要求压力从 3 600 Pa 降至 1 350 Pa 的时间须大于 36 s。

（3）组成后的车窗、车门、风挡应能在 ±4 000 Pa 的气动载荷作用下保持良好的密封性。

3. 气密处理的方法

高速车辆的车体结构中，应该采取密封处理的部位必须使用全面连续焊接，使其能够承受由压力变动而形成的、作用在列车车体表面上的反复应力。具体需要处理的部位包括：固定部、可动部、排水部和换气部，各部位气密处理的方法如图 2-4 所示。

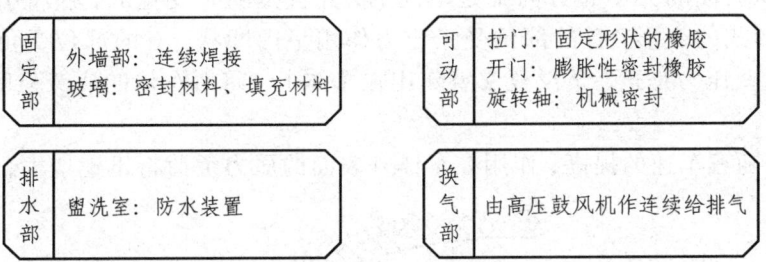

图 2-4　高速列车各部位气密处理的方法

例如，为防止车外压力变化向车内传递，新干线 300 系动车组在车底架下安装了用于车内换气的给排气一体的连续换气风扇，如图 2-5 所示。

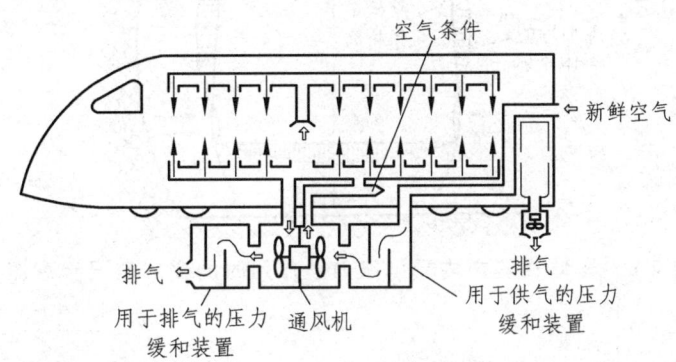

图 2-5　新干线 300 系动车组的换气系统

该换气系统具有如下特点：

（1）由于提高了换气风扇的静压性能，较好地将客室车厢与车外空间隔离开来，从而有效地抑制了车外压力变化向车内的传递，确保车内压力变化始终符合人体舒适度要求，并且具有能够确保连续换气的特点。

（2）由于巧妙地采用了一台电机同时驱动两台尺寸完全相同的换气风扇（一台用于排气，另一台用于供气），能够很好保证进气量和排气量始终相等。

4. 高速列车速度和气密耐压的关系

高速列车车体表面压力变动的大小，由列车速度、车辆的截面面积、通过的隧道截面面积等决定。

（三）车体的强度

如上所述，高速列车在高速运行过程中，其车体表面将承受较大压力波的作用，特别是在隧道内又遇上相互会车的最不利情况时，将在高速列车的周围产生非常大的空气压力变化，例如，新干线 300 系动车组高速列车以时速 270 km 通过隧道时的气压变化幅值最大可达 7.35 kPa。

图 2-6 是车体在隧道内受到压力波作用时的变形情况示意图。由图可见，作用在整个车体断面上的压力波的大小和方向都是不同的，并且是随时变化的，这将引起车体各部位产生各种不同形式的变形，有的部位受正压力作用呈内凹状，有的部位受负压力作用呈外凸状。而且，这些压力是正、负反复交替作用在车体上，将对车体的疲劳强度产生不可忽视的影响。

研究表明，随着车速的提高，作用在车体外表面的压力负荷将迅速增大，如图 2-7 所示。

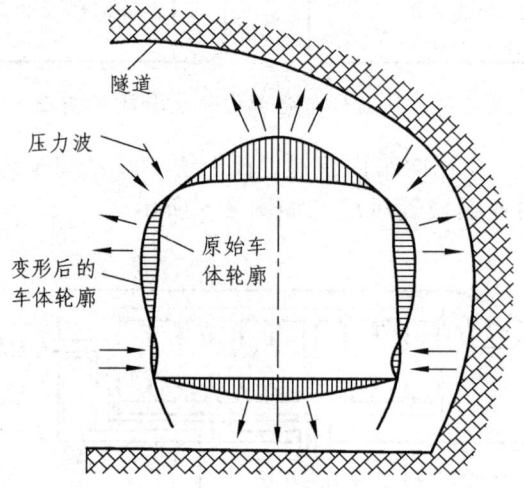

图 2-6　车体在隧道内受到压力波作用时的变形情况示意图

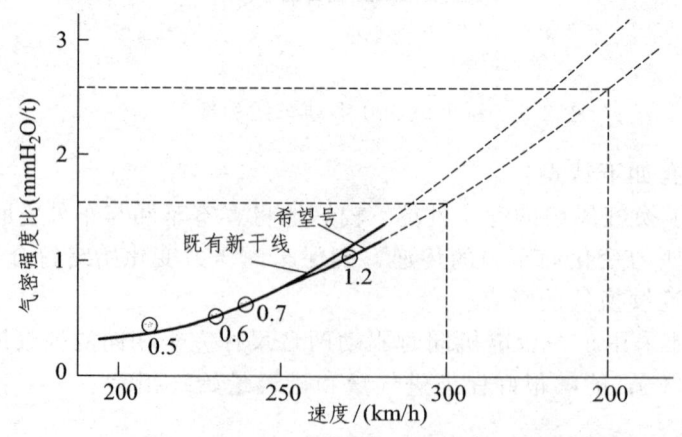

图 2-7　气压负荷（气密强度比）随速度的变化关系

（四）车体的流线型

高速列车车体流线型主要包括两个方面的内容：车头头型和车身的外形。它们都与高速列车的空气动力学密不可分。下面我们就从最基本的列车空气动力学出发,来探讨车体流线型问题。

1. 列车空气动力学

随着列车运行速度的提高,周围空气的动力作用一方面对列车运行性能产生影响,同时,列车高速运行引起的气动现象对周围环境也产生影响,这就是高速列车的空气动力学问题。

微课:动车组车体的流线型

1) 动车组运行中列车的表面压力

从风洞试验结果来看,列车表面压力可以分为3个区域:

(1) 头车鼻尖部位正对来流方向为正压区。

(2) 车头部附近的高负压区:从鼻尖向上及向两侧,正压逐渐减小变为负压,到接近与车身连接处的顶部与侧面,负压达最大值。

(3) 头车车身、中间车和尾车车身为低负压区。

因此,在头车上布置空调装置及冷却系统进风口时,应布置在靠近鼻尖的区域内,此处正压较大,进风容易;而排风口则应布置在负压较大的顶部与侧面。

在有侧向风作用下,列车表面压力分布会发生很大变化,尤其对车顶小圆弧部位表面压力的影响最大。当列车在曲线上运行又遇到强侧风时,还会影响到列车的倾覆安全性。

2) 动车组会车时列车的表面压力

两列车交会时产生的最大压力脉动值的大小是评价列车气动外形优劣的一项指标。

在一列车与另一静止不动的列车会车时,以及两列等速或不等速相对运行的列车会车时,将在静止列车和两列相对运行列车一侧的侧墙上引起压力波(压力脉冲)。

这是由于相对运动的列车车头对空气的挤压作用产生空气压力波,该压力波在与之交会的另一列车侧壁上掠过,使列车间侧壁上的空气压力产生很大的波动。

试验研究和计算表明,动车组会车压力波幅值大小与下列因素有关:

(1) 随着会车速度的大幅度提高,会车压力波的强度将急剧增大。

(2) 会车压力波幅值随着头部长细比的增大而近似线性地显著减小。为了有效地减小动车组会车引起的压力波的强度,应将头车的头部设计成细长而且呈流线型。

(3) 会车压力波幅值随会车动车组侧墙间距增大而显著减小。为了减少会车压力波及其影响,应适当增大铁路的线间距。

(4) 会车压力波幅值随会车长度增大而近似呈线性地明显增大。

(5) 会车压力波幅值随侧墙高度增大明显减小,但减小的幅度随侧墙高度增大而逐渐减小。

(6) 高、中速列车会车时,中速车的压力波幅值远大于高速车(一般高1.8倍以上)。这是由于会车压力波的主要影响因素是通过列车的速度,在高、中速列车会车时,中速车压力波主要受其通过车高速车速度的影响,高速车压力波主要受其通过车中速车速度的影响,所以中速车上的压力波幅值远大于高速车。

3) 动车组通过隧道时列车的表面压力

列车在隧道中运行时,将引起隧道内空气压力急剧波动,因此列车表面上各处的压力也呈快速大幅度变动状况，完全不同于在明线上的表面压力分布。

试验研究表明，压力幅值的变动与列车速度、列车长度、堵塞系数（列车横截面面积与隧道横截面面积的比值）、长细比，以及列车侧面和隧道侧面的摩擦系数等因素有关，其中以堵塞系数和列车速度为重要的影响参数。

4）列车风

当列车高速行驶时，在线路附近产生空气运动，这就是列车风。当列车以 200 km/h 的速度行驶时，根据测量，在轨面以上 0.814 m、距列车 1.75 m 处的空气运动速度将达到 17 m/s，这是人站立不动能够承受的极限风速，当列车以这样或更高的速度通过车站时，列车风将给铁路工作人员和旅客带来危害。

高速列车通过隧道时，在隧道中所引起的纵向气流速度约与列车速度成正比。在隧道中列车风将使得道旁的工人失去平衡，并有可能将固定不牢的设备等吹落在隧道中，这都是一些潜在的危险。当然，列车风的大小也与列车的头部形状有很大关系。

2. 列车空气动力学的力和力矩

如图 2-8 所示，作用于车辆上的空气动力学的力和力矩有：空气阻力、上升力、横向力，以及纵向摆动力矩、扭摆力矩和侧滚力矩。

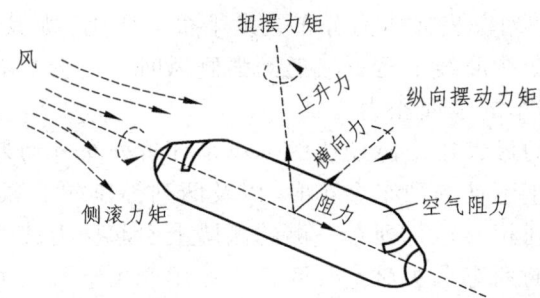

图 2-8　作用于车辆上的空气动力学的力和力矩

（五）动车组头型设计

对于高速动车组来说，列车头型设计非常重要，好的头型设计可以有效地减少运行空气阻力和列车交会压力波，解决好运行稳定性等问题。

头部纵向对称面上的外形轮廓线，要满足司机室净空高、前窗几何尺寸、玻璃形状，以及瞭望等条件。在此基础上，尽可能降低该轮廓线的垂向高度，使头部趋于扁形，这样可以减小压力冲击波，并改善尾部涡流影响。同时，将端部鼻锥部分设计成椭圆形状，可以减少列车运行时的空气阻力，如图 2-9 所示。

在设计俯视图最大轮廓线形时，首先要满足司机室的宽度要求，然后再将鼻锥部分设计为带锥度的椭圆形状。这样形成既有利于减小列车交会压力波幅值和改善尾部涡流影响的梭形，又有利于降低空气阻力的椭球面形状。

此外还应设计凹槽形的导流板，将气流引向车头两侧。在主型线设计完成后，还要做到头部外形与车身外形严格相切。头部外形中，任意选取的两曲面之间也要严格相切，以保证头部外形的光滑性，这样既可减少空气阻力，又可以降低列车交会压力波幅值。

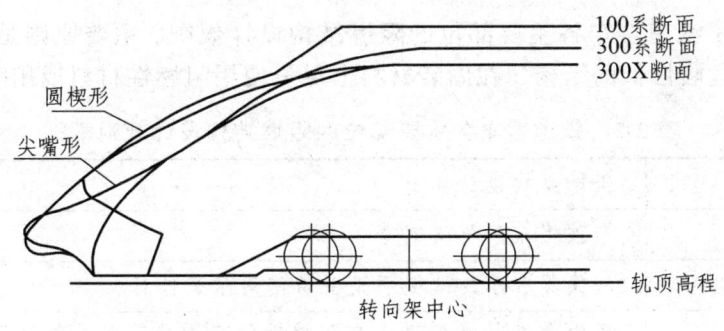

图 2-9　动车组头部流线化比较

（六）动车组车身外形设计

动车组车身横断面形状设计有以下特点：

（1）整个车身断面呈鼓形，即车顶为圆弧形，侧墙下部向内倾斜（5°左右）并以圆弧过渡到底架，侧墙上部向内倾斜（3°左右）并以圆弧过渡到车顶。

图 2-10 所示为德国 ICE 动车组车身断面形状。这种形状不仅能减小空气阻力，而且有利于缓解列车交会压力波及横向阻力、侧滚力矩的作用。

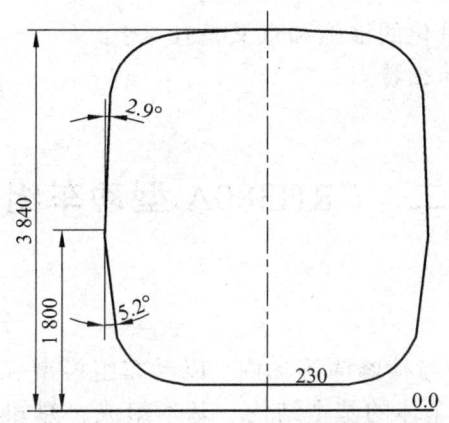

图 2-10　德国 ICE 动车组车身断面形状

（2）车辆底部形状对空气阻力的影响很大，为了避免地板下部设备的外露，采用与车身横断面形状相吻合的裙板遮住车下设备，以减少空气阻力，也可防止高速运行带来的砂石击打车下设备。

（3）车体表面光滑平整，尽量减少突出物。如侧门采用塞拉式，扶手为内嵌式，脚蹬做成翻板式，使侧门关闭时可以包住它。

（4）两车辆连接处采用橡胶大风挡，与车身保持平齐，避免形成空气涡流。

（5）在满足乘客乘坐舒适性对车内空间要求的情况下，尽可能地减小车身横断面尺寸。

（七）高速车辆的防火措施

高速车辆的防火措施是非常必要的，因为它直接关系到乘客的人身和财产安全。下面以日本铁道车辆有关的防火措施为例来进行简单介绍。

表 2-2 列举了铁道客车各主要部位的阻燃结构设计规则，主要原则是：在结构上考虑采用烟火通过时危险性低的结构，在内装材料上尽量使用阻燃性材料或用阻燃性材料覆盖。

表 2-2　铁道客车各主要部位的阻燃结构设计规则举例

部　位	阻燃结构设计规则
车　顶	车顶用金属材料制造
设备和工具类	地铁等客车的地板下设备箱使用阻燃性材料
顶板、外墙板、内壁	用阻燃性材料或表面有阻燃性材料覆盖；对于地铁等客车车辆，必须使用阻燃性材料。表面涂料使用阻燃性材料
地　板	考虑烟火通过时危险性低的结构，地铁等客车的地板由金属制造；地板覆盖物使用难以燃烧的材料；地铁等客车的地面覆盖物下方填料使用极难燃的材料；地板下面使用阻燃性材料或表面覆盖有金属板
绝热和隔音材料	对于地铁等客车，使用阻燃性材料

复习思考题

1. 简述动车组车体结构特点。
2. 动车组车体结构轻量化的措施和意义是什么？
3. 动车组车体外形有什么特点？

任务二　CRH380A 型动车组车体

任务描述

在动车组机械设备维护与检修演练场内，以动车组模型、多媒体教学课件为载体，认知掌握 CRH380A 型动车组车体的基本结构、基本组成；熟知动车组车体检修基本知识，会制作 CRH380A 型动车组车体教学课件。

背景知识

车体由车体结构和车体附件组成，车体附件包含车下设备舱、头罩开闭机构、前头排障装置等。

一、车体结构

CRH380A 型动车组车体结构为薄壁筒形的整体承载式轻量化结构，材料的使用仍然采用 5083、6N01 和 7N01 系列铝合金，车体的设计，依然贯彻部件的模块化组装概念，适应目前成熟的制造工艺。主要由底架、侧墙、车顶、端墙等组成（头车还包括司机室头部结构）。

微课：CRH380A 型动车组车体结构

各型车体根据其功能、附属设备等不同而在车体结构上不尽相同,但其主要结构形式类似。车体结构如图 2-11 所示,车体断面如图 2-12 所示。

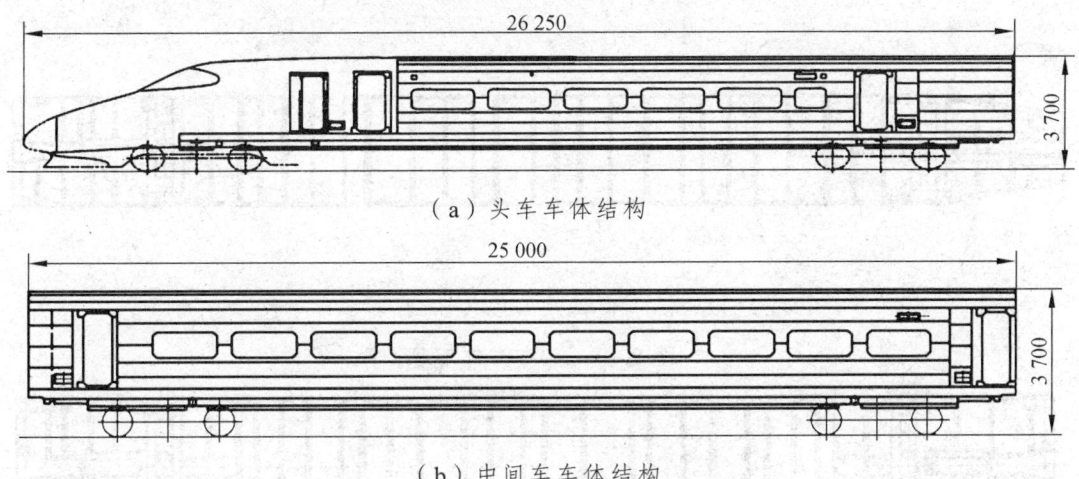

图 2-11 CRH380A 型动车组车体结构

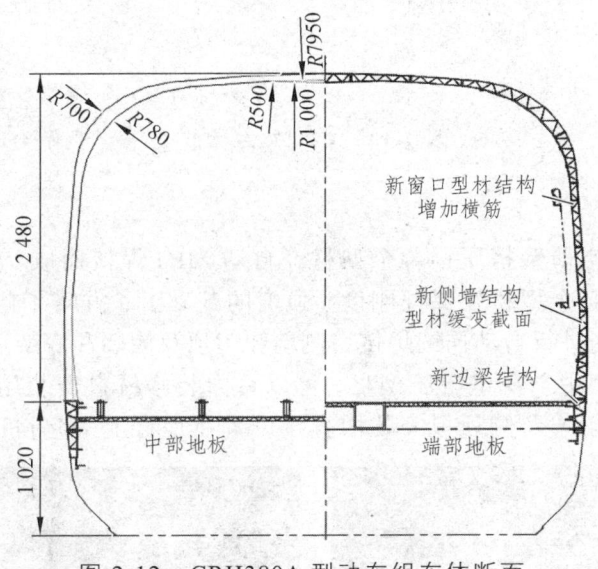

图 2-12 CRH380A 型动车组车体断面

1. 底架

底架分为头车底架和中间车底架,头车底架由车身底架和车头底架两部分组成,中间车底架只有车身底架。底架主要由牵引梁、枕梁、缓冲梁、边梁(侧梁)、横梁、地板等结构组成,材料为铝合金型材或铝板。具体结构见图 2-13 和图 2-14。

底架为边梁承载的无中梁形式,车下设备吊挂采用横梁承载、地板加强的滑槽式悬挂结构,牵枕缓使用高强度型材拼接,强化局部承载能力。

枕梁支撑车体重量并与转向架相连接,边梁传递车体纵向力(在枕梁与边梁的四角处设置抬车座),横梁对地板下面的机器进行悬吊。边梁及底架地板由长大铝合金型材纵向焊缝整体拼接而成。枕梁使用材料为 A7N01S-T5 的厚壁中空型材焊接构成宽 800 mm,高

200 mm 的箱状结构，以提高抗扭曲和弯曲的刚度。底架地板在横梁的上表面，作为气密地板是由双层中空型材拼焊而成，以增强地板的刚度和气密强度。

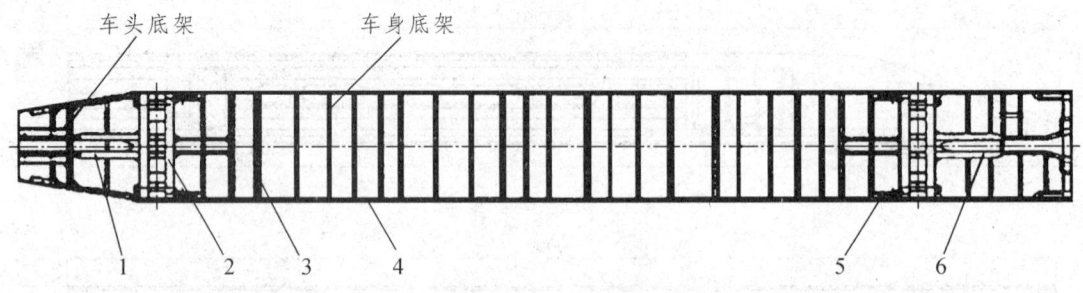

1—头部牵引梁；2—枕梁；3—横梁；4—边梁；5—抬车座；6—中间牵引梁。

图 2-13 头车车体底架

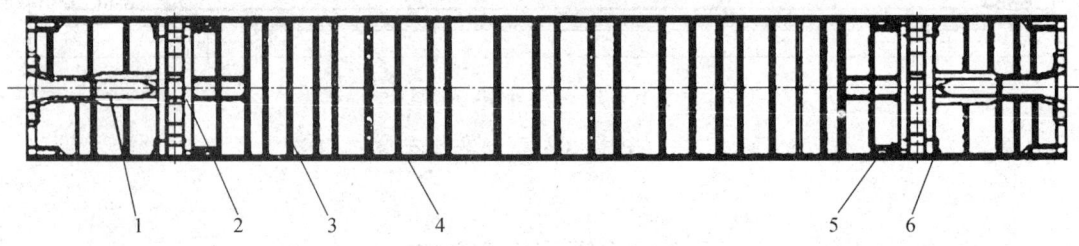

1—中间牵引梁；2—枕梁；3—横梁；4—边梁；5—抬车座；6—高度控制阀安装座。

图 2-14 中间车车体底架

2. 侧墙

侧墙是由大型中空薄壁挤压铝合金型材经自动 MIG 焊接而成，如图 2-15 所示。侧墙采用中空薄壁挤压铝合金型材在保证刚度、强度的基础上，省略了侧墙内侧的立柱。型材间的焊接是沿车体纵向进行自动连续焊接。侧墙和车顶及侧墙和底架边梁的结合方式为连续焊接。此外，使用大型中空薄壁挤压型材，可以将内装修材料安装用的窗帘轨道设置在侧墙中部，并且能将行李架及侧顶板安装槽直接设置在型材上一起挤压成型。

（a）型材　　　　　　　　　　（b）型材的焊接

图 2-15 大型中空薄壁挤压铝合金型材

窗口部分根据窗的安装结构关系焊接窗安装座。侧门结构由门框和门袋区组成，门袋区采用双层中空型材结构，由 5 块墙板组焊而成，厚度为 30 mm，门框由门立柱、上框、下框和 4 个门角铝拼焊而成，并在侧门上方焊接雨檐。关于侧门出入口，考虑侧拉门的拉门方式会引起噪声，采用了低噪声化的挤压成型型材的形状。侧门的门袋部分为了确保侧拉门的开启的空间，并保证车体的刚度、强度气密强度，采用双层中空型材。通过对侧门出入口上部的雨槽进行加长，避免水滴从雨槽的两端流入出入口。侧墙结构断面如图 2-16 所示。

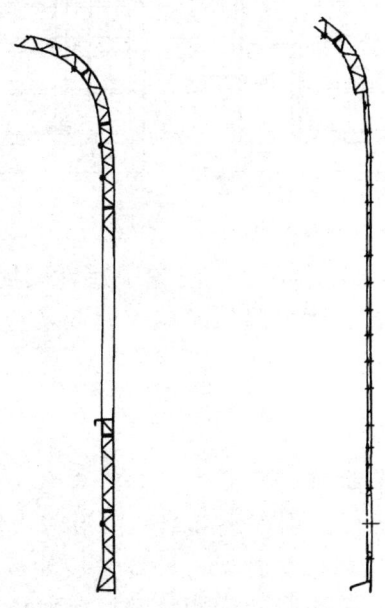

图 2-16　侧墙结构断面

3. 车顶

车顶是车体上部结构，是受电弓、高压电缆等车顶设备的安装基础。车顶也是由大型中空薄壁挤压铝合金型材构成，并且双层型材间设置薄壁斜筋结构，如图 2-17 所示。型材间的焊接主要是车体纵向的连续自动焊接。车顶与侧墙的结合方式采用车内侧段焊和车外侧连续焊接两种方式。司机室采用长为 12 000 mm 流线型设计，头车车顶的长度相对中间车较短。

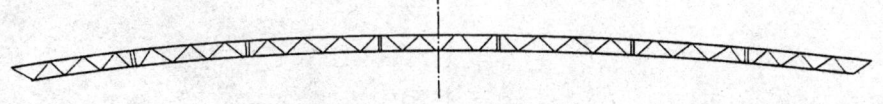

图 2-17　车顶结构断面

4. 端墙

头车车体一侧带有端墙，中间车两侧均带有端墙。端墙根据车辆卫生间和盥洗室的布置主要分为两种结构形式，即分体式和整体式两种，如图 2-18 所示。在端部设有卫生间和盥洗室的车辆，其端墙是分体式结构，端墙上设有用于搬运卫生间玻璃钢模块的开口，搬运完后，用螺栓安装由铝板和铝型材骨架焊接而成的盖板，并填充密封材料保持气密性。端部未设卫生间和盥洗室的车辆，其端墙是整体式结构，为铝板和铝型材骨架构成的焊接结构。

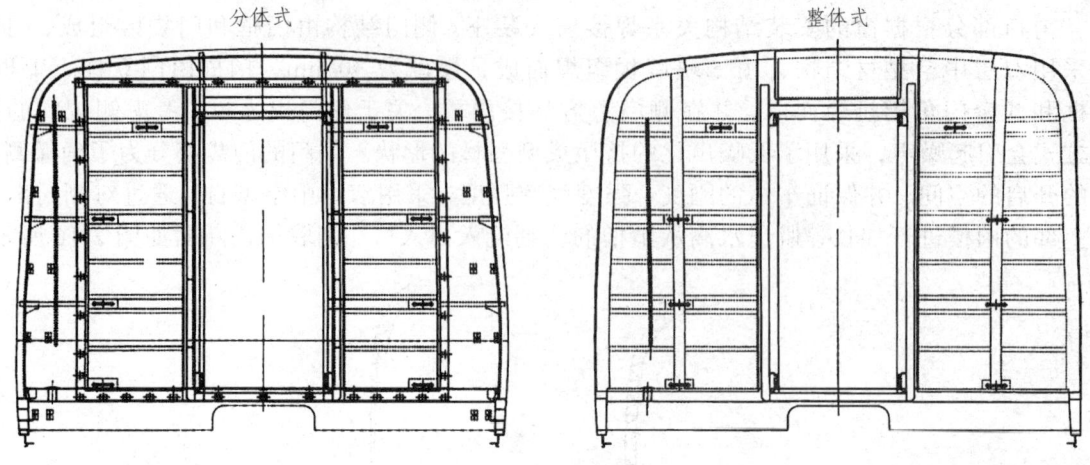

图 2-18　端墙

分体式和整体式外端墙都在外端骨架上设置了适合风挡安装的结构,可以采用螺栓快速连接,使风挡的安装方便快捷,大大降低了施工时间及劳动强度。另外,每车1位端墙安装有脚踏,便于登顶。

5. 司机室头部结构

CRH380A型动车组头车车体前端为司机室头部结构,它以骨架外壳结构为基础。为使列车满足 350 km/h 的速度运行,列车头部结构由沿着头部形状构成环状的纵骨架(厚 6 mm 铝板)和横骨架焊接而成司机室骨架,外部焊接外板(厚 4 mm)构成,对需要更高强度的部位,采取增加板厚、缩小骨架间距、增加加强材等措施。整个头部结构焊接严格要求气密性,结构上适应配线、配管及内装需要,如图 2-19 所示。而且,头部形状为了降低列车在进入隧道时由微气压波引起的噪声,从而把断面面积的变化率变得平缓。司机室的车窗骨架是由铝合金挤压型材经加工后制成,呈曲面状。

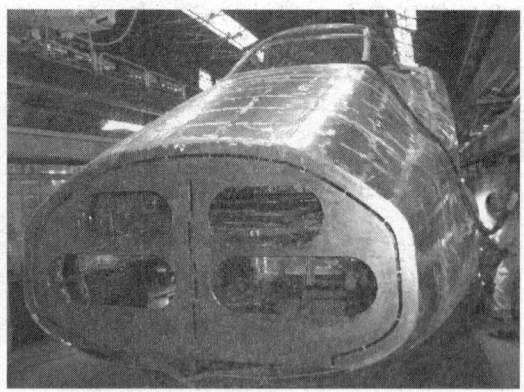

图 2-19　司机室头部结构

6. 地板构造

地板构造为二层地板结构:一是下部的底架地板(车体气密地板),二是上部的车内地板,两层地板之间有一定间距,确保了地板中间的空调通风管道以及座椅配线的空间。

底架地板是由大型挤压铝合金型材拼焊而成,并焊接于底架横梁的上表面,底架地板上表面再焊接车内地板托架及风道托架,用于安装车内地板及风道。底架地板在沿车体纵向的方向上有高度差,中部较低,两端较高。为了确保地板中间通风管道的空间,两端部分底架地板型材把肋板的朝向改成朝下(中间部分为朝上)。

二、车体附件

1. 车下设备舱

设备舱的作用是保护车下设备免受飞石和冬季冰雪的破坏,并且可以改善列车空气动力学性能,降低列车运行阻力及噪声。设备舱由底板、端板、裙板、骨架、防雪板组成,断面外形与车体统一,设备舱下面安装底板,侧面安装裙板(根据功能要求在相应位置设置检查盖,在设备冷却风进气口位置设置裙板活门,在排气口处采用格栅加导风筒结构。),端部安装端板,转向架上部安装防雪板。设备舱是以骨架、车体下边梁、车下设备等为安装依托而形成的整体框架结构,如图 2-20、图 2-21 所示。

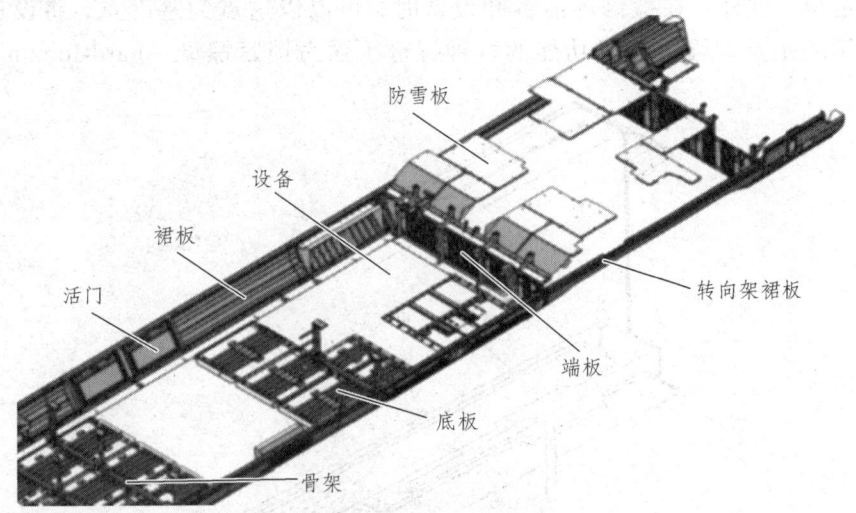

图 2-20 车下设备舱整体结构图

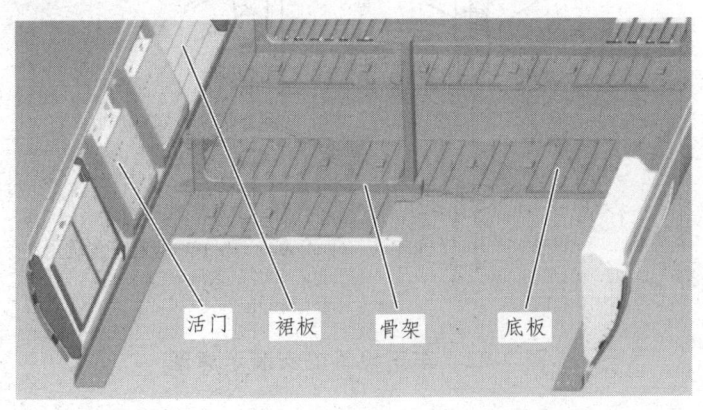

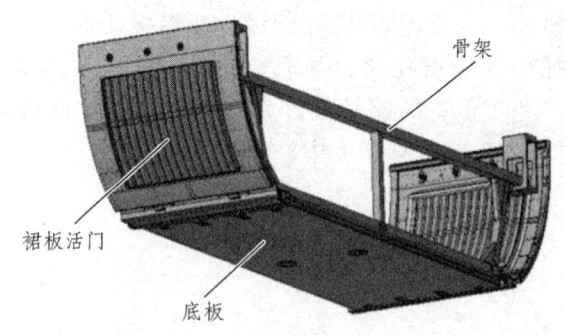

图 2-21 车下设备舱局部结构图

车下设备的安装采用在车体横梁上悬挂的方式。为了方便安装，横梁基本采用 T 形导轨方式，通过特种螺栓、各结构件、特殊螺母进行安装，如图 2-22、图 2-23 所示。

特种螺栓从横梁上设置的切口放入并滑动到指定位置，通过定位垫板（沉头小螺钉固定）固定位置，再进行螺母紧固安装。每个设备的吊挂螺栓组中，有 1 组通过垫板固定在横梁上进行定位。这样，在检修等需拆卸设备时，可以以这点为基准点，将设备安装至原位。螺母采用的是具有强力锁紧功能的特种螺母（强力锁紧螺母，hard-lock nut）。

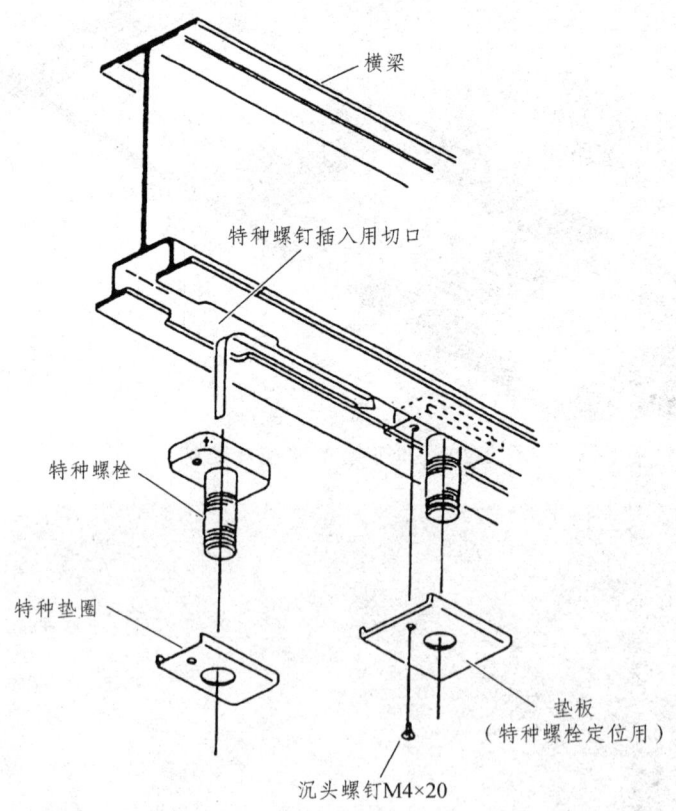

图 2-22 车下设备的安装示意图

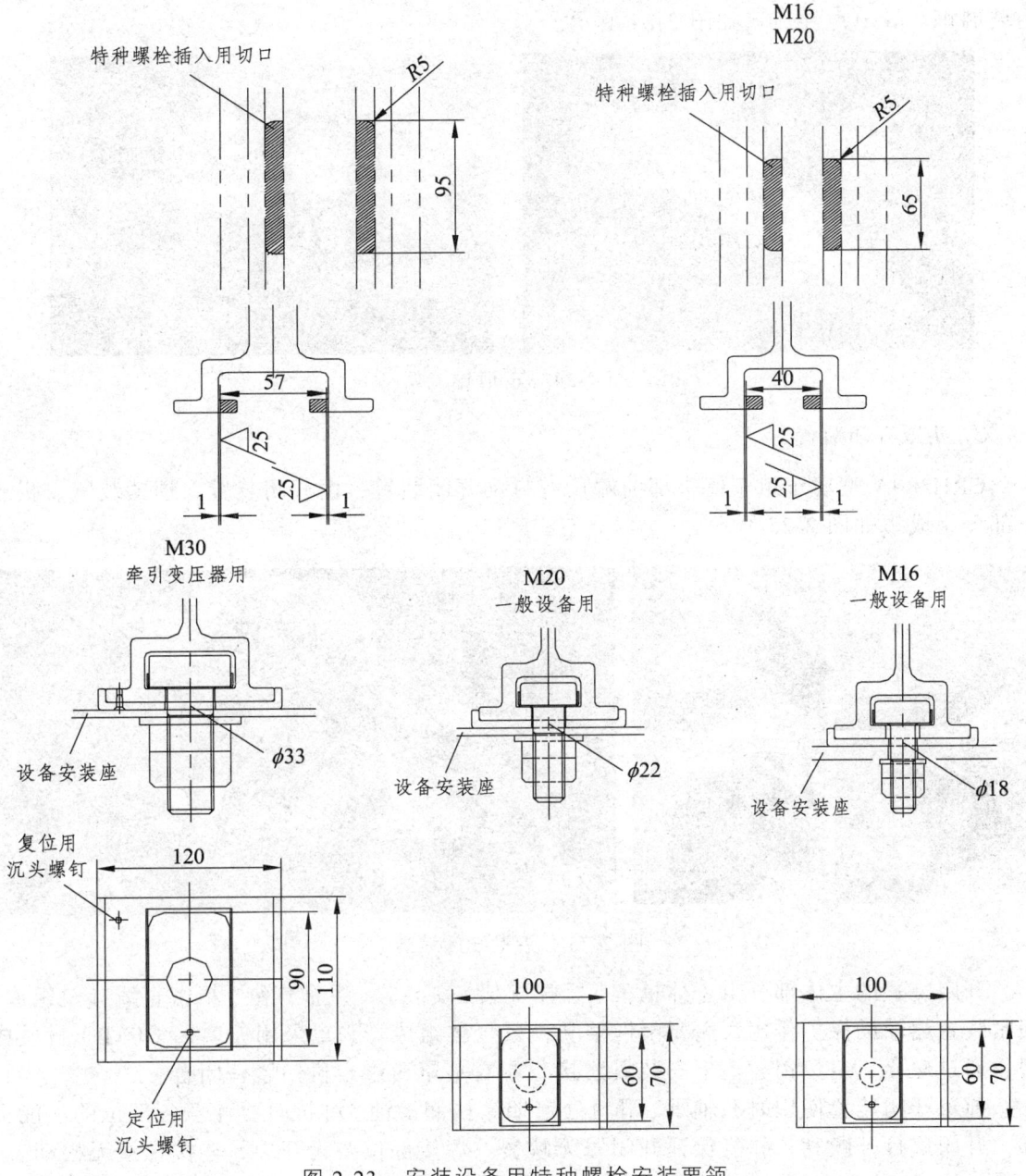

图 2-23 安装设备用特种螺栓安装要领

2. 车顶导流罩

CRH380A 型动车组为了优化空气动力学性能,设置了受电弓导流罩。当动车组高速运行时,导流罩可以减弱侧风对受电弓的影响,减少受电弓的噪声源,从而有效降低受电弓的噪声。车顶导流罩在受电弓的两侧沿车顶纵向相对设置,导流罩的纵截面大致呈上窄下宽的梯形,其与受电弓相对应的侧面的中下部设有一倒角,用于加宽导流罩底部的宽度。导流罩为箱体结构,罩内设置有补强条及肋板,罩体与焊接在车体上的安装座通过防松螺栓连接。为满足轻量化要求，导流罩选用复合结构，内层为三维立体织物夹层结构，外层为玻璃钢。受电弓导流罩如图 2-24 所示。

图 2-24　车顶导流罩

3. 头罩开闭装置

CRH380A 型动车组车体头部前端设有自动开闭装置，由开闭装置、锁紧装置、头罩三部分组成，如图 2-25 所示。

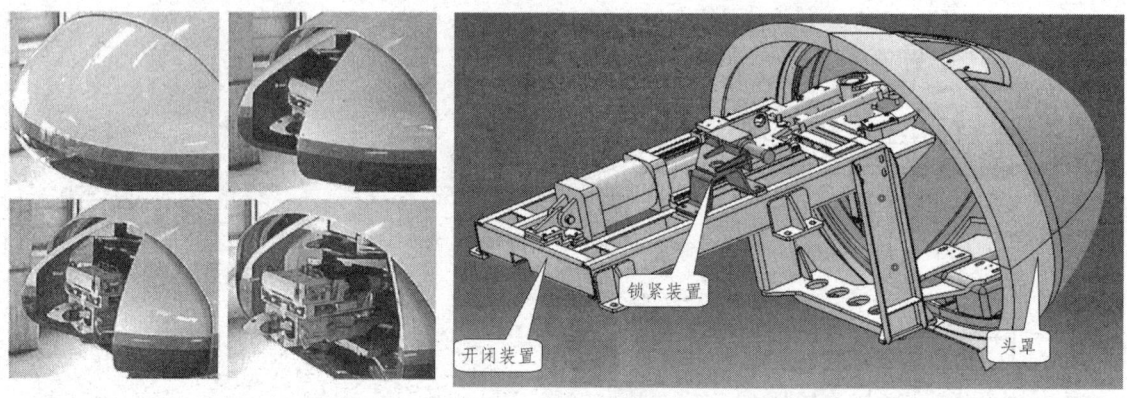

图 2-25　头罩开闭装置

开闭装置的主体部分由主体框架、悬挂支架、安装翼、主推气缸、精密直线导轨组成。锁紧装置起辅助保护作用，主要由框架和锁紧气缸组成。头罩采用玻璃钢（FRP）材质成型，通过螺栓、定位销与上下安装翼连接，左右头罩通过定位销紧密闭合。

前罩开闭装置使用时在轴承、滑轨处定期涂抹润滑油。维护时要注意各部位的功能良好，开闭罩打开顺利，并且保证开闭罩无缺裂。焊接部位要无开裂，连接螺栓无松动。

4. 车头排障装置

CRH380A 型动车组在车头的前端设置结构坚固的排障装置，该装置能在排障时撞飞障碍物，绝不允许障碍物卷入转向架下。出于保护车体及人员安全的目的，即使造成装置损坏也要保证车体不受损或只轻微受损。

车头排障装置由排障板与缓冲板构成，距轨道面 150 mm。排障板具有足够强度，以保证在高速运行时有效排除轨道内侧的障碍物。缓冲板是 5 张铝板叠层结构，装在排障板的后方，吸收因变形引起的冲击能量。而且，为了检修时不影响拆卸安装作业，在缓冲板上开有缺口。维护时主要注意各部件功能良好，悬挂螺栓不允许松动，且各焊接部位无疲劳开裂现象，如图 2-26 所示。

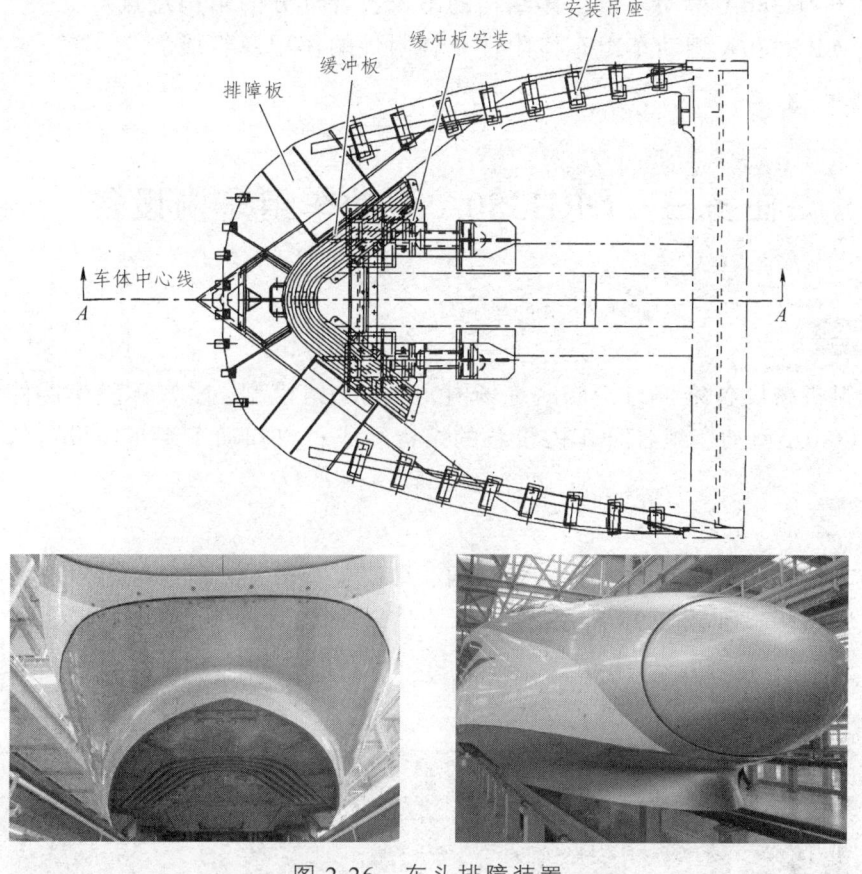

图 2-26　车头排障装置

另外，排障板的下部装有辅助排障橡胶，下缘距轨道面（20±5）mm，用于清除轨道上的较小体积的障碍物。如果调整不到位或磨损严重则须更换，更换后高度尺寸按新造车要求调整，如图 2-27 所示。

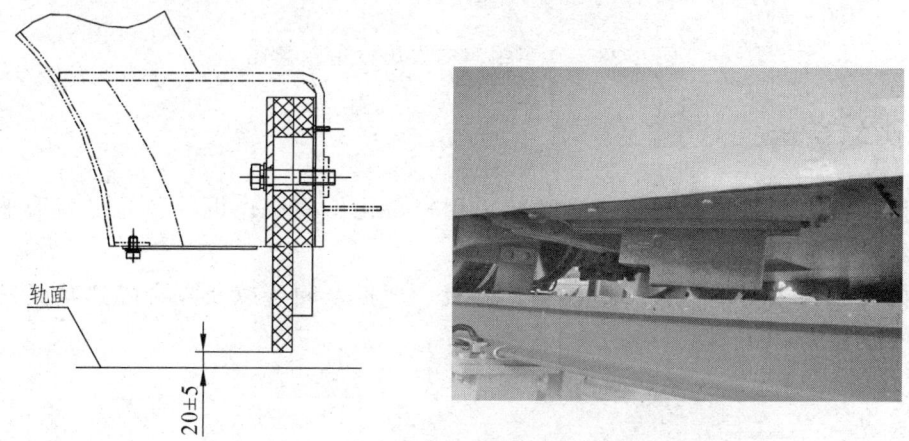

图 2-27　辅助排障橡胶

复习思考题

1. 简述 CRH380A 型动车组车体结构的组成及各部分的结构特点。
2. 简述 CRH380A 型动车组车体附件及各附件的作用及组成。

任务三　CRH380A 型动车组车内设备

任务描述

在动车组机械设备维护与检修演练场内，以动车组模型、多媒体教学课件为载体，认知掌握 CRH380A 型动车组各种车内设备的结构组成；熟知动车组车内设备的检修要求。

背景知识

动车组车内设施设备主要有：内装结构、车门、车窗、座椅、卫生间及盥洗室、乘务员室、机械师室等，如图 2-28 所示。

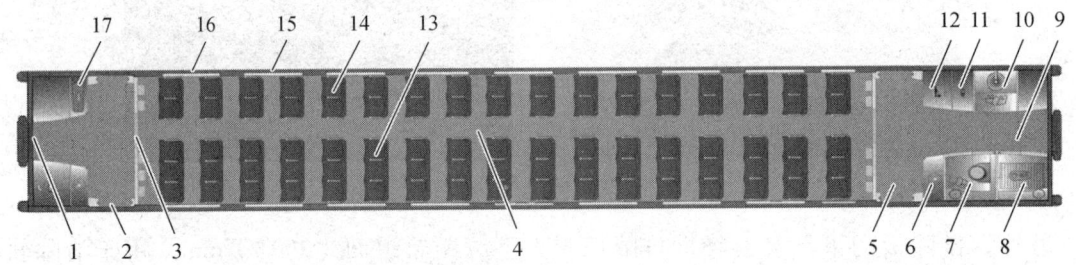

1—外端拉门；2—侧门；3—内端拉门；4—客室；5—通过台；6—配电盘；7—坐式卫生间；8—蹲式卫生间；9—小走廊；10—盥洗室；11—电开水炉；12—垃圾箱；13—三人座椅；14—二人座椅；15—普通客室车窗；16—紧急逃生窗；17—大件行李存放处。

图 2-28　动车组车内设施设备示意图

一、内装结构

为保证车辆的轻量化，车内内装结构采用轻量化、模块化设计。为提高乘坐舒适性，车内内装结构采取隔热隔音降噪措施。

车内内装结构主要由地板、地板布、墙板、顶板、间壁以及隔音隔热减振材料组成，如图 2-29 所示。

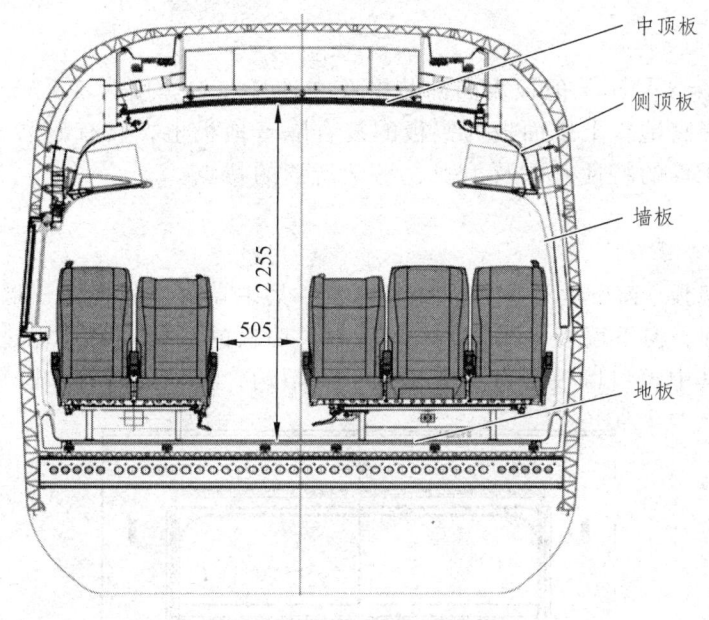

图 2-29　车内内装示意图

1. 地板

车内地板安装于底架地板上的车内地板托架上，分为两种类型：铝蜂窝铝面板地板和复合隔音地板。其中铝蜂窝地板的组成为：铝面板+铝蜂窝芯+型材骨架；隔音地板的组成为：铝面板+胶合板+隔音层+胶合板，此种地板结构对隔音降噪有优势。

车内客室地板采用铝蜂窝地板，总厚度为 21.7 mm。在端部转向架的上方和牵引变压器的上部使用隔音地板；地板的调整垫为了降低固体传播音，使用极难燃烧性的橡胶垫。地板沿车长方向布置，车宽方向无接缝，减少了地板数目，也简化了地板安装。

铝蜂窝地板中预埋安装座椅用的丝套，座椅可用螺栓直接安装于预埋丝套上，简化了座椅安装。

车内地板安装采用浮筑结构，安装时先在车内地板托架上安装减振器，地板则通过固定螺钉扎在减振器的铝型材上，通过这种结构，使车内地板与车体形成了一种浮筑结构，提高隔音降噪和减振性能。具体安装结构如图 2-30 所示。

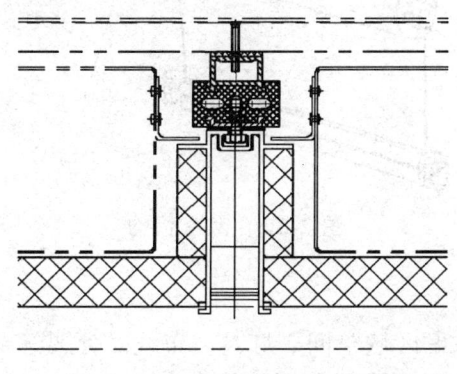

图 2-30　浮筑地板安装结构

2. 地板布

车厢客室（1~8号车）地板表面铺装橡胶类地板布，厚度为 2.5 mm，地板布粘贴在面板为铝板的铝蜂窝地板上或面板为铝板的复合隔音地板上，具有耐磨、防火、寿命长、不开裂、防滑和无毒的特性，以及美观、易于清洁的特点。

3. 墙板

墙板由端部墙板、窗下墙板和窗口墙板组成，其中端部墙板和窗口墙板采用玻璃钢材料，表面喷漆处理，窗下墙板采用 3D 蜂窝材料，墙板的安装主要是通过插接和螺钉固定在车体型材上，其中窗口墙板带有卷帘机构、衣帽钩，具体的结构如图 2-31 所示。

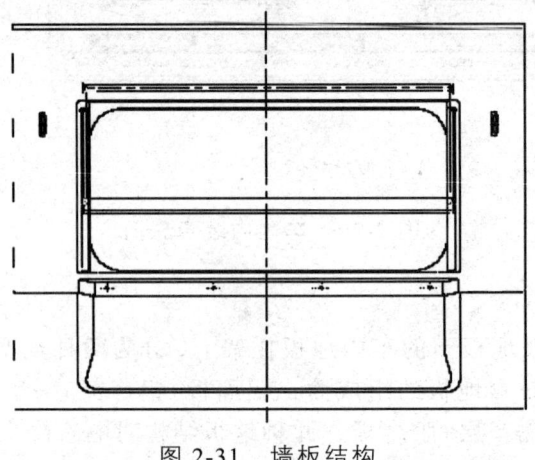

图 2-31　墙板结构

窗帘机构采用在拉开的状态之下就可以更换面料的可拆装式结构。单号车、偶数号车、一等车厢色彩上不同。为了提高窗帘操作性，选用了韧性很好的面料。在结构设计方面，如卷筒弹簧、横棒质量、叶轮形状等都从可操作性方面作了考虑，如图 2-32 所示。

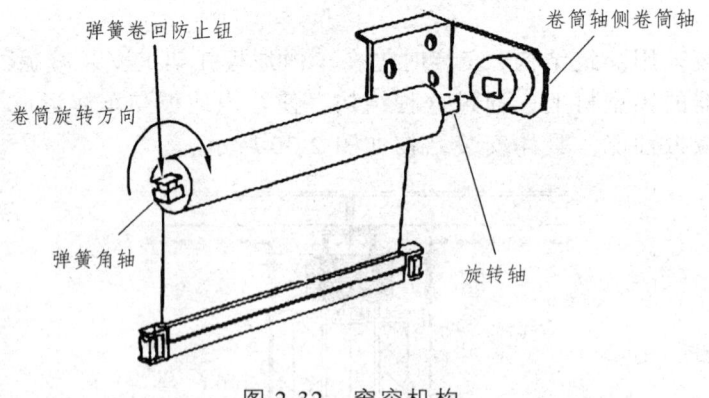

图 2-32　窗帘机构

4. 顶板

顶板造型与分块综合考虑区域空间、灯具、布线、骨架等要素进行设计，包括客室顶板、通过台顶板、乘务员室和机械师室顶板等。

客室顶板是由二等车、一等车通用的中顶板、侧顶板构成。中顶板断面的构造为：车体车顶上内表面粘贴密胺类抗振支承材料，密胺类抗振支持材料具有较好的隔热性能，因此同时作为隔热材料使用。中顶板安装结构如图 2-33 所示，它采用瓦楞复合装饰板，两侧与接缝处采用弹性连接安装座通过安装梁与车顶型材固定。

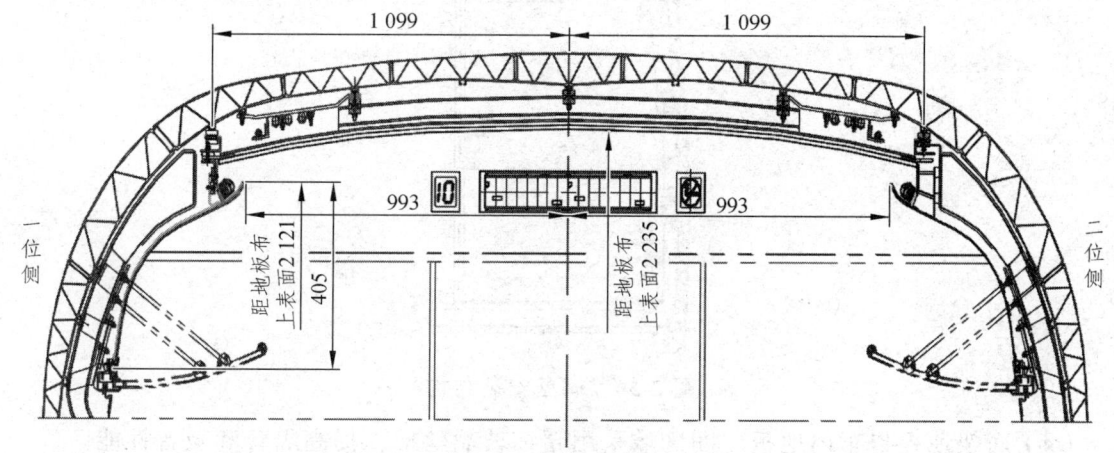

图 2-33　顶板安装结构

侧顶板材料为玻璃钢材质，其上组装了 LED 灯、扬声器等。检修扬声器、目的地显示器、车号显示器时需要拆卸对应位置 LED 灯和侧顶板。在检修中顶板、侧顶板的过程中，需先拆卸对应位置的 LED 等，然后可拆卸侧顶板，最后拆卸中顶板。

通过台顶板采用了轻质而且刚度高的瓦楞板，表面覆膜处理。通过大头防松螺钉固定在车顶对应位置的顶板骨架上，拆卸时仅将大头防松螺钉扭下即可将顶板取下。其上通常设置空调的出风口、筒灯和扬声器。

乘务员室、机械师室顶板为铝蜂窝复合顶板表面敷膜处理，通过螺钉固定在车顶对应位置的顶板骨架上，表面设有压条。

5. 间壁结构

内端间壁板采用三明治式复合泡沫结构，表面采用覆膜结构，它与车体侧墙是通过减振器连接的，通过螺钉直接扎到地板补强板上与地板连接。此外为了防止车厢的高频振动、在门袋部分设置了骨架，提高端墙隔板的刚性。具体的安装结构如图 2-34 所示。

间壁检修拆卸时，需先将两侧对应的门立罩和墙板拆下，然后将减振器固定螺栓取下，并同时将与车顶骨架以及对应位置的地板固定螺钉取出。

6. 隔音隔热减振措施

CRH380A 型动车组隔音隔热减振措施主要包括：

（1）客室中顶板是在具有隔热性能的弹性抗振支撑材料黏接后安装的瓦楞复合装饰板结构。

（2）侧顶板为玻璃钢材料，它通过安装梁固定到侧顶骨架上，表面采用喷漆处理。

（3）端部墙板和窗口墙板为玻璃钢材料，窗下墙板采用 3D 蜂窝结构。

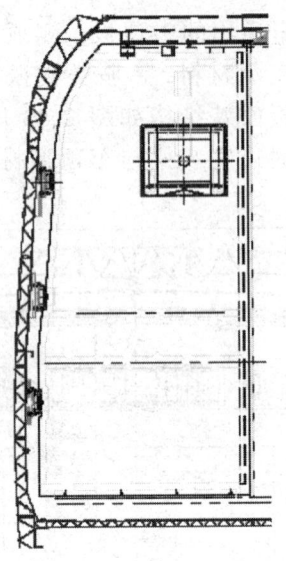

图 2-34 间壁安装结构

（4）底架地板与车内地板之间区域采用超细玻璃丝棉，提高隔音和吸音性能。
（5）通过台及小走廊间壁是采用铝面板、铝框架、铝蜂窝、泡沫等复合结构，表面覆膜。
（6）间壁通过螺钉和弹性减振器连接到车体骨架上。
（7）在转向架位置底架地板的下面喷涂防锈绝缘隔热涂料，上面粘贴减振材料。

二、车窗

车窗为气密构造，全部为固定窗。客室车窗包括普通窗和紧急逃生窗。司机室车窗包括前窗、侧窗和紧急逃生窗。

微课：CRH380A 型动车组车内设备（一）

客室车窗能够承受 12 kPa 静载荷。疲劳强度满足 ±4.5 kPa/100 万次、±6 kPa/20 万次车窗玻璃及框架无损坏，中空玻璃露点未改变。故障疲劳强度满足 ±6 kPa/200 次即外层玻璃破裂的情况下，承受上述载荷，外层玻璃无碎渣剥离，内层玻璃完好。

司机室前窗能够承受 16 kPa 静载荷。抗冲击强度满足 1 kg 铝弹 580 km/h 冲击，不穿透、不脱框、背面无飞溅。抗击裂强度满足 20 g 铝弹 440 km/h 冲击，无损坏。

1. 客室车窗

客室车窗采用一等车每排座椅对应一个小窗（有效开口 650 mm×800 mm），二等车两排座椅对应一个大窗（有效开口 650 mm×1 400 mm）的布局。窗玻璃用的是夹层中空玻璃，和车体外侧之间过渡平滑，降低气动噪声，结构如图 2-35 所示。

客室四角设有紧急逃出用的紧急逃生窗，旁边有安全锤，紧急逃生窗与普通窗的结构和安装方式基本相同，但玻璃结构不同。在发生紧急状态时，乘客能够使用安全锤砸破四角的紧急逃生窗口逃出。紧急逃生窗上设有红色圆形标记，指示紧急逃生时敲击位置，红色圆形标记具有夜光功能，以便于在照明系统故障时操作，如图 2-36 所示。

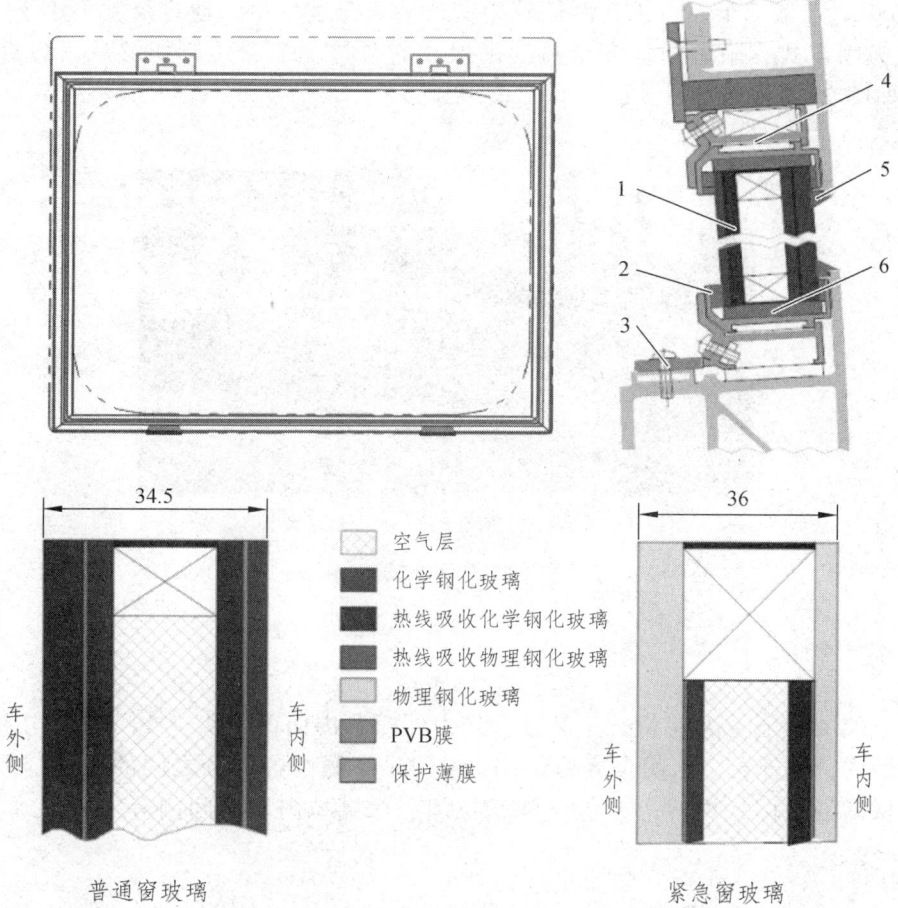

1—车窗玻璃；2—玻璃与附属框架之间的玻璃胶；3—安装压板；4—附属框架；
5—车外密封胶；6—硬质聚氯乙烯调整垫。

图 2-35　客室车窗结构

图 2-36　紧急逃生窗

2. 司机室前窗

司机室前窗以及侧窗为曲面夹层窗。为降低噪声使车体外表面和玻璃形成平滑状态，玻璃端部有阶形加工。前窗玻璃内夹有电加热丝，并附有温度传感器对温度进行监控。侧面玻璃车内侧贴有遮光膜。

CRH380A 统型动车组司机室两侧瞭望窗改为紧急逃生窗，通过尺寸不小于 500 mm × 400 mm，为固定式，附近配置安全锤。确保在紧急情况下，司机能够从紧急逃生窗撤出司机室，如图 2-37 所示。

1—前窗；2—侧窗；3—紧急逃生窗。

图 2-37　司机室车窗

三、车门

根据车门的功能及安装位置，车门可分为外门和内门两大类。外门泛指司乘人员及乘客进入车辆内部的车门，也就是客室侧门。内门是车厢内各部分之间的通道门或进入各独立空间区域的通道门，内门主要包含外端拉门、内端拉门和小间门等。

1. 侧门

侧门采用电控气动压紧形式的内置式侧拉门，如图 2-38 所示。内置式侧拉门运动轨迹如图 2-39 所示。

侧拉门通过司机室以及乘务员室内的开关集中控制。关闭侧拉门之后各个车厢侧面外部的显示灯会熄灭，司机台的关门显示灯会亮起。司机在确认了显示灯状态之后，进行发车。

图 2-38　内置式侧拉门

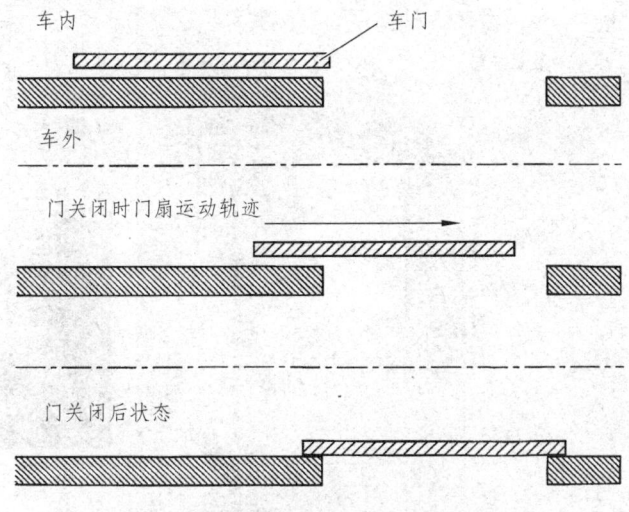

图 2-39 内置式侧拉门运动轨迹

侧拉门分普通侧拉门（有效宽度 720 mm）和宽幅侧拉门（有效宽度 1 010 mm）两种规格。其中，部分车厢端部设有残疾人上下车的宽幅侧拉门，其余为普通侧拉门。头车靠司机室的侧拉门（司机上车门）和餐车的侧拉门（餐车上货门）为可单控侧拉门（全列共 6 个），可根据需要（在司机室配电盘上和餐车配电盘内分别设置单控/集控转换开关）选择车门是集控还是单控。单控门结构与普通侧拉门基本相同，增加车内、车外单控开关，更改隔离锁，将隔离锁机械锁闭方式由携门架锁闭改为门板锁闭。各车门能用钥匙从车内部锁闭，其中单控门还可从外部开启、锁闭，实现动车组在存放线时对全列车门的锁闭功能。

侧拉门在构造上力求简化，由门板、上部驱动装置、电磁阀组件、旋转杆式压紧装置、下导轨以及供气管路等组成，如图 2-40 所示。

门板采用隔音复合结构，设有夹层中空玻璃。门板和车体外表面存在 35 mm 的错差。侧拉门门口部分与地板为同一平面，导轨安装在门袋内。关门时压紧装置将门板向车外方向压紧，保持了气密性，在构造上还具有防冻性能。

侧拉门的开启和关闭由驱动机构来驱动，驱动机构为带有缓冲机构的直动式气缸，气缸的构造以及动作速度，都充分考虑了防夹功能。同时，CRH380A 统型动车组车门具有障碍物检测功能，车门关闭时如检测到障碍物则车门返回打开状态，防止夹伤旅客或夹坏物品。能检测的最小障碍物尺寸为 30 mm×60 mm。

侧拉门压紧装置为气压旋转杆式，通过锁紧气缸来顶住门；速度达到 30 km/h 以上时压紧装置会启动，将门和车体紧密压紧，保持气密性。并且，在运行速度达到 5 km/h 以上时，因为关门保护电路在起作用，乘务员即使是在操作门开关时，侧拉门也不会打开，但是在紧急情况下，可通过操作车内门罩板上部的气阀，将门压紧气缸里的空气强行进行排空，然后手动可以开门。

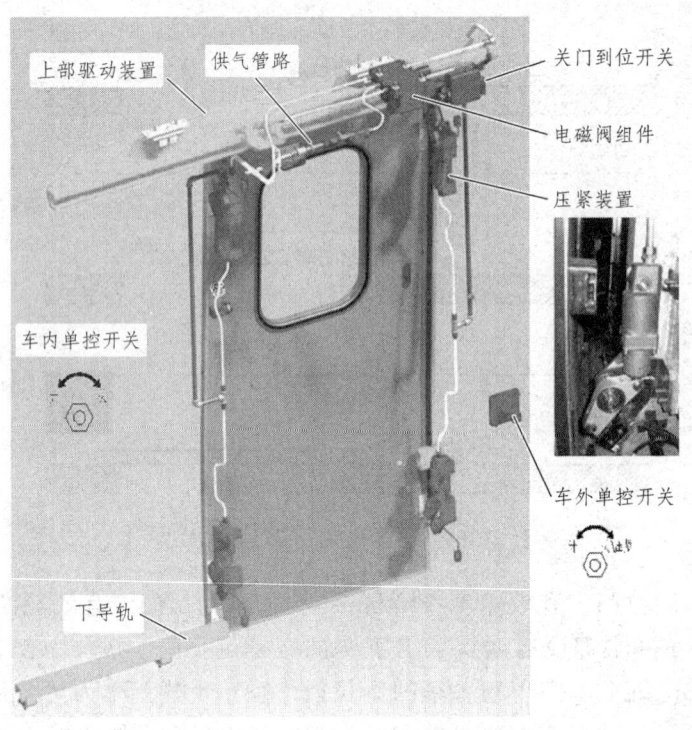

图 2-40　侧拉门结构（单控）

2. 外端拉门

外端拉门是装在两辆车之间的贯通口上为防火而设置的不锈钢制的手动拉门，在 1~7 号车的 2 位端各设有一个外端拉门。并且，为了在全开、全关时能够依然保持其状态而设置了压紧装置。

在正常运用中，该门藏于外端墙的内部，是不使用的，通过弹性定位装置保持固定状态。需要使用时，先把手动拉手从门板内取出，然后用力拉动拉手，便可以把门拉出，门板上的扣手露出，然后必须把拉手缩回到门板内部，才能继续关门，关门到位后，弹性定位装置把门板顶紧在外端墙上，起到隔断两辆车的功能，如图 2-41 所示。

图 2-41　外端拉门

3. 内端拉门

内端拉门位于客室两端，是客室两端与通过台之间的通道门，为电动式的自动门，通过顶板内光电开关的检测来自动进行开、关。内端拉门有适用于轮椅使用者（4 号车 2 位端）的大宽度的类型和普通宽度类型两种。

门板主结构为玻璃，三面铝型材包边，门上部分的夹玻璃型材同时起到携门装置功能。人或物体通过时，门前后两侧的光电开关将检测信号传递给门控系统，从而实现自动开门。并且，自动开关门有故障时（停电时），用手动也能够轻松进行开闭。

内端拉门主要由门扇组件、承载驱动机构及其他附件组成。门扇组件包括：玻璃门板、门边型材、门锁、扣手、携门架连同滚轮组件等；门机构包括：电机、皮带、传动系统、门控器、隔离锁、手电动转换开关、承载小车、上滑轨、缓冲头组件等；其他附件包括：下滑轨、前门框橡胶条、光电感应开关等。其结构如图 2-42 所示。其主要作用是实现门扇与车体的连接以及实现门系统运动形式的转换和门扇运动的导向功能。

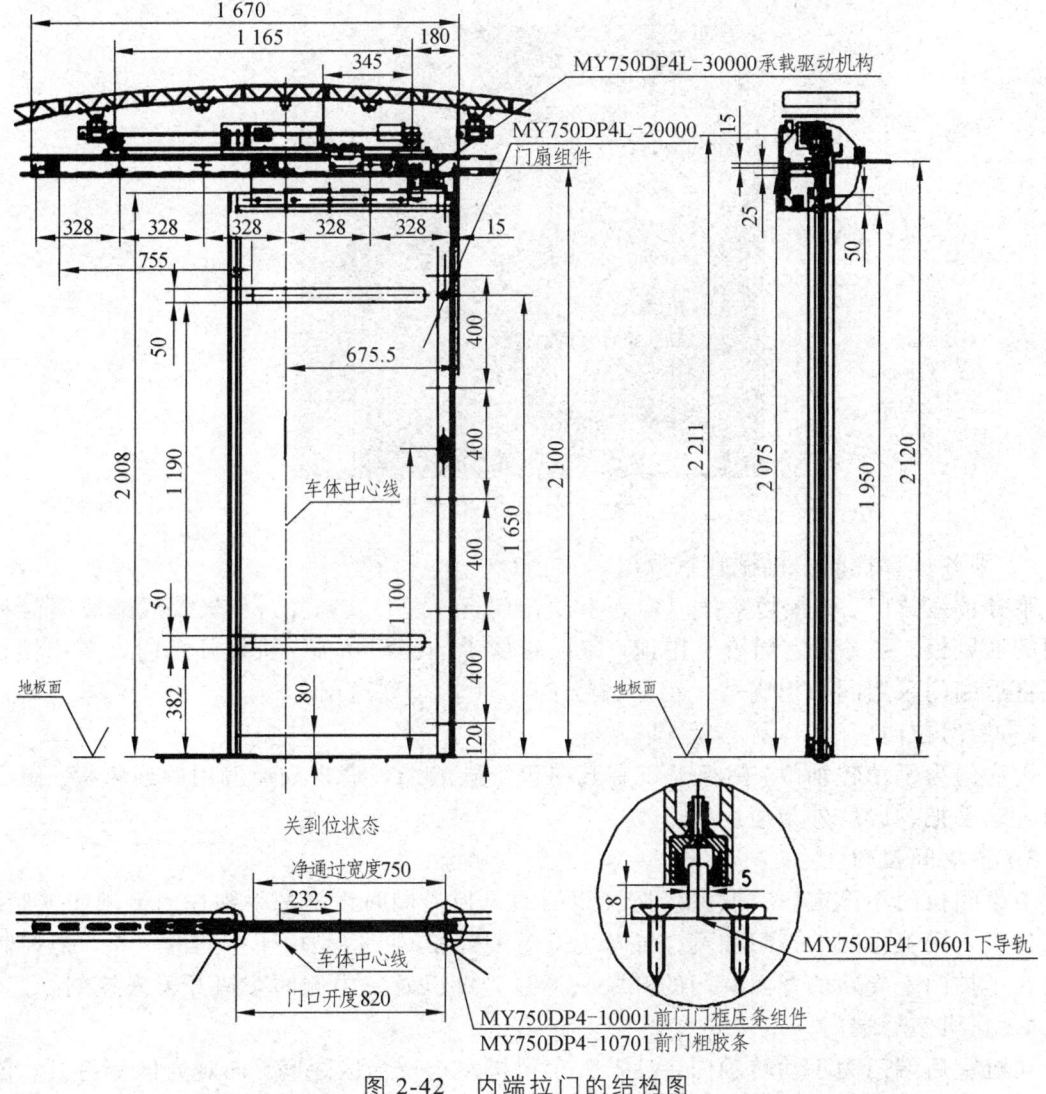

图 2-42　内端拉门的结构图

内端拉门具有障碍检测功能，门板在关闭过程中碰到障碍物，门会再次自动打开然后再重新关闭。如果障碍物依然存在，这一过程将重复，3次关门尝试之后，门将保持打开，并给出故障指示。30 s 以后门将关闭，故障指示消失并正常运行，如果仍遇到障碍物则重复以上过程。当门运动至最后约 25 mm 内的位置时，无障碍检测功能。门板在开门过程中碰到障碍物，将自动停在那个位置然后重新关闭，并将继续通过传感器系统正常打开，3次开门尝试并且没有达到全开后，门控器给出故障指示，并继续通过传感器正常开门，30 s 以后故障指示消失。当门运动至最后约 25 mm 内的位置时，无障碍检测功能。

当门处于关到位状态时，用四角钥匙操作隔离锁可以将门系统进行机械锁闭，在此过程中，隔离锁上的隔离开关动作后，电控系统电源被切断。

4．小间门

小间门主要有：乘务员室拉门、机械师室拉门、厨房拉门、卫生间拉门、司机室后端门等，如图 2-43 所示。

图 2-43 小间门

1）乘务员室拉门、机械师室拉门

乘务员室拉门、机械师室拉门均为手动拉门，门板上设有乳白色聚碳酸酯玻璃窗和换气用的通风板。乘务员室门设专用锁，室内带内手动锁闭功能。机械师室门设专用锁，与司机室后端门采用同一把钥匙，钥匙编号 D002（本车型通用）。

2）厨房拉门

厨房门为手动转轴门，门板上设有乳白色聚碳酸酯玻璃窗和换气用的通风板，厨房内带内手动手把，厨房外为通用锁。

3）卫生间拉门

卫生间拉门不设窗户，设置了换气用的通风板。同时设门把手和在内侧锁闭的暗锁。

残疾人用卫生间的拉门加宽，与内端拉门装置相同，但是由于空间的关系，把控制器安装在了拉门上导轨的背面。门的开关是通过走廊以及室内侧的按钮开关来控制。

4）司机室后端门

司机室后端门为手动转轴门，设于头车司机室与观光区之间，向观光区侧打开，该门为玻璃门。司机室后端门设专用锁，通过钥匙在观光区侧锁闭，在司机室侧采用内动把锁闭，该锁与机械师室采用同一把钥匙，如图2-44所示。

图2-44 司机室后端门

四、座椅

头尾车观光区设置商务座椅，一等车客室设2+2宽幅软座座椅；二等车客室设2+3软座座椅。其外观如图2-45所示。

微课：CRH380A型动车组车内设备（二）

商务座椅具备可坐可躺功能，坐、躺可任意切换。座椅均采用可旋转180°的结构，使得乘客总是可以面对车行方向乘坐。座椅的可旋转结构充分体现了人性化设计，提高了乘坐的舒适度。一等座椅靠背可由个人手动控制从8°～30°自由调节和锁定；二等双人座椅靠背的角度可从0°～24.5°自由调节和锁定；二等三人座椅两侧靠背的角度可从0°～24.5°自由调节和锁定，中间靠背的角度可从-5°～24.5°自由调节和锁定，而且保证靠背的倾斜不会干扰到后面的活动空间。各座椅都设有供乘客使用的小桌，且侧窗窗台设有放置饮料瓶的台面。商务、一、二等座椅的主要尺寸参数和主要规格如表2-3～表2-5所示。

（a）商务座椅

（b）一等座椅

（c）二等座椅

图 2-45　商务、一、二等座椅

表 2-3　一、二等座椅的主要尺寸参数

	一等座椅	二等座椅
双座椅的宽度/mm	1 220	995
三座椅的宽度/mm	—	1 480
座椅面的宽度/mm	475	430/435/430
边扶手的宽度/mm	70	38
中间扶手的宽度/mm	130	50
地板面到座椅面的高度/mm	400	420

表 2-4　一、二等座椅的主要规格

序号	项目	一等座椅	二等座椅
1	座椅间距	1 100 mm	1 000 mm 或 980 mm
2	质量	双人座椅：67 kg	三人座椅：51 kg 双人座椅：37 kg
3	设计验证	TB/T3263—2011 铁道车辆旅客用座椅	
4	转动方式	操纵脚踏板的手动转动方式	
5	扶手	座椅两侧及双、三人座椅中间设扶手	
		侧扶手为固定式，采用塑料合成皮面	中间扶手为可折叠式，采用 PC 材料
6	座椅骨架	铸造铝合金	铸造铝合金
7	倾斜装置	操作座椅扶手，在调节范围内任意位置可以固定	
		靠背的最大倾角：30°	靠背的最大倾角：24.5°
8	靠背、座垫	缓冲材料：人造橡胶（尿烷）	
		表面蒙面布：涤纶（颜色花样按样板执行） 靠背的背面安装挂衣钩 靠背的背面安装书报网袋	表面蒙面布：涤纶（颜色花样按样板执行） 靠背的背面安装书报网袋
9	桌板	带两张桌板的折叠式餐桌	靠背后带折叠小桌
10	靠背上把手	铸铝件表面呢绒涂层	尼龙树脂件
11	座椅安装	用螺栓固定在地板预置的螺套中	

表 2-5 商务座椅的主要规格

序号	项目	商务座椅
1	座椅间距	1 965 mm
2	质量	双人座椅：240 kg；单人座椅：120 kg
3	设计验证	JISE 7104—2002，座椅展开后，脚踏能承受 1 000 N 的垂直负载，测试点：脚踏中心点处；私密罩能够承受从顶部水平施加的 1370 N 负载
4	转动方式	操纵私密罩侧面的手动转动方式
5	座椅骨架	铝合金
6	功能	座椅具备坐、躺功能，电动控制操作；其中腿靠能独立调节，并设有坐姿、半躺、全躺、复位到坐姿一键操作的功能，坐姿到躺姿应可无级调节；并在断电故障或系统故障下可实现手动复位；整椅可以通过手动方式实现整体旋转 180°，变换座椅朝向，并具有 0°和 180°定位功能
7	集成功能	座椅两侧设扶手，扶手为固定式 座椅左侧扶手内设电视、前端设插座；右侧扶手内设折叠式茶桌、右侧扶手靠座位侧面设座椅控制面板、呼叫按钮（带指示灯）及音频插口；座椅后部设书报夹；座椅私密罩右内侧设阅读灯座，后罩顶部设扶手

1. 一等座椅

一等座椅布置间距为 1 100 mm，采用 2+2 座椅布置形式，过道宽度为 600 mm。座椅的设计充分考虑了轻量化。脚踏为背面弹动、双停止位置、转动翻出方式，可适合不同乘客使用。

端部座椅的脚踏和杂物兜安装在客室端部墙壁上。座椅侧扶手设有内置式的可折叠小桌，中间扶手设置了耳机插孔，如图 2-46 所示。

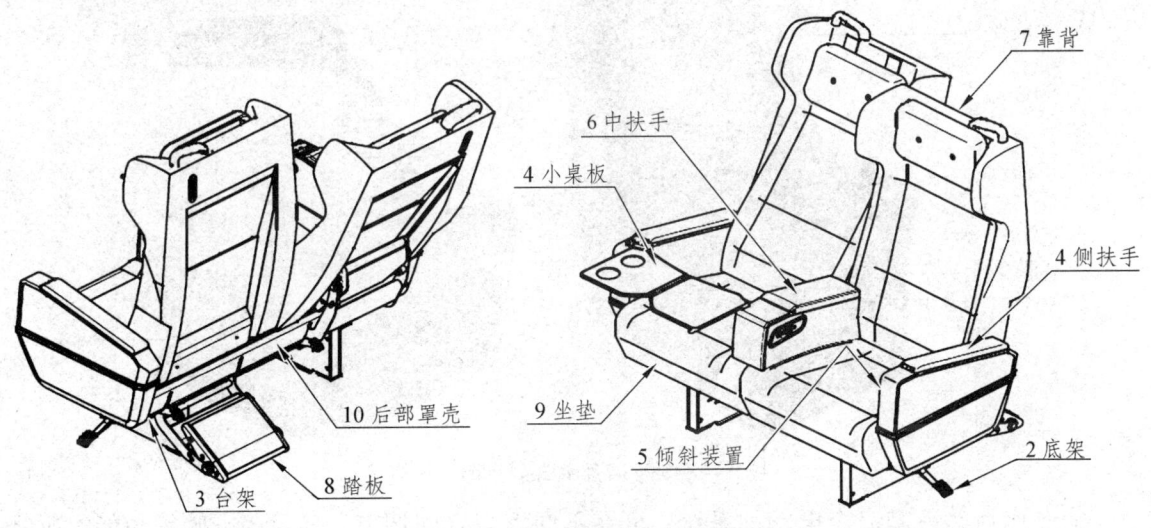

图 2-46 一等座椅的各部位名称

2. 二等座椅

二等座椅间距为 1 000 mm/980 mm，设置为 2+3 的结构，通道宽度确保为 570 mm。座椅靠背带倾斜装置，如图 2-47 所示。

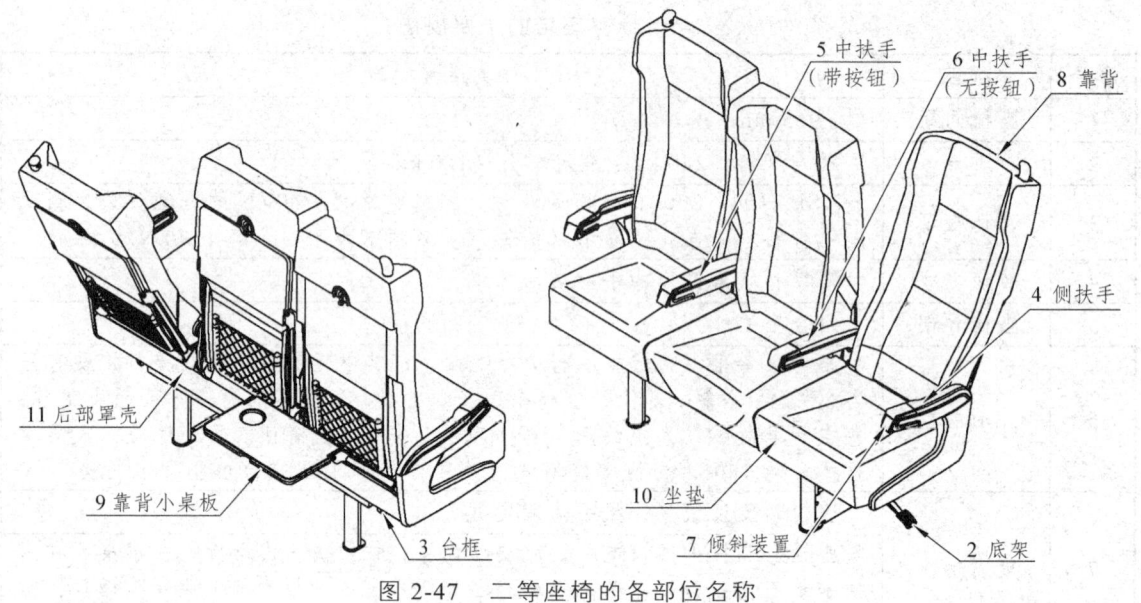

图 2-47 二等座椅的各部位名称

3. 商务座椅

商务座椅是根据人机工程学原理进行设计，具备可坐可躺功能，坐、躺可任意切换。软垫采用高档真皮蒙面，具备宽敞、舒适的座位空间。座椅带有宽大的私密罩壳，具备一定的私密空间，受外界影响小，同时配有电视、小桌板、电源插座、阅读灯等配套设备，满足乘客旅途休息、娱乐、就餐及办公等需求，为旅途提供一个温馨、舒适的乘坐环境，如图 2-48 所示。

图 2-48 商务座椅的各部位名称

商务座椅是一套完全电动的系统，可在不同姿态之间调节，满足坐、躺等功能，在此过程中，靠背后倾，座盘前移，腿靠抬起，脚踏延伸，可以根据每位乘客的要求轻松调节。

在私密罩右边内侧的扶手上，设有座椅的控制面板，完全控制座椅的全套功能，以达到所需的最佳舒适度。

本座椅主要有以下三种姿态：坐姿、半躺及平躺；控制面板上预置了上述三种姿态，可通过控制面板上提前设置好的程序实现一键到位控制;同时,旅客可以根据自己的喜好,任意调节座椅靠背、腿靠及脚踏等部件的角度,达到最佳姿态,如图 2-49 所示。

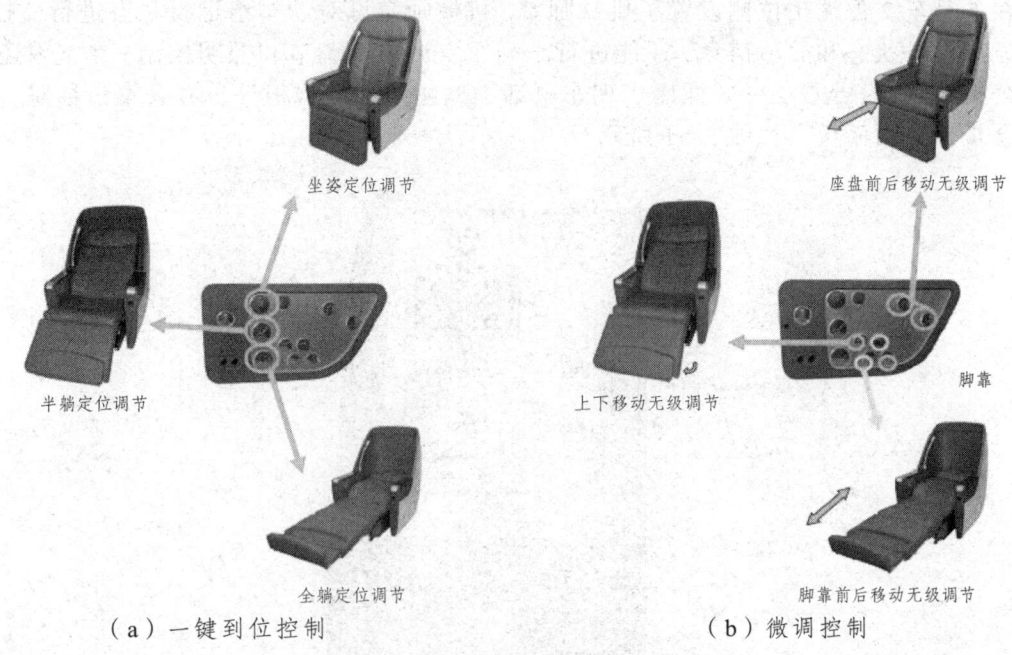

图 2-49 商务座椅调节说明

五、乘务员室

在 5 号车 2 位端 2 位侧设置了乘务员室。乘务员室设置影视和广播及乘客信息显示的操作设施。在室内还设置了办公桌、转椅、AC 220 V 插座、列车电话、储物柜和电器柜等。办公桌设置了抽屉,方便文件等东西放置,办公桌和电器柜均采用胶合板外贴贴面板制作,此外,乘务员室还安装了扬声器架和备用灯架,在配电柜门上还设置了衣帽钩,如图 2-50 所示。

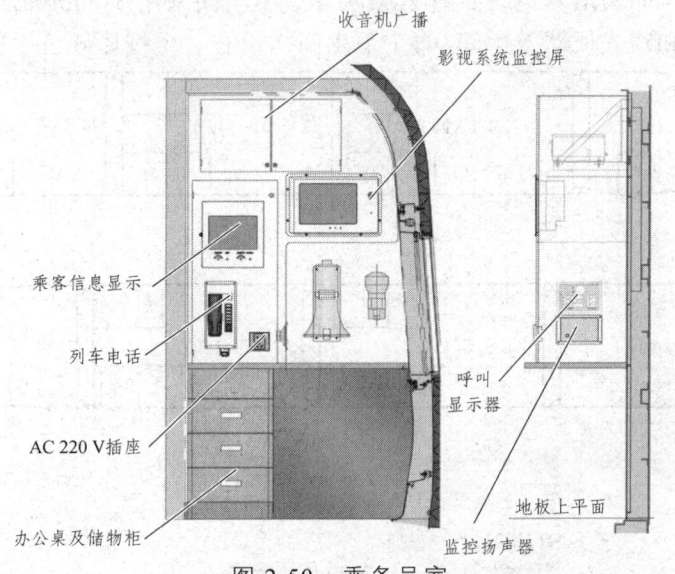

图 2-50 乘务员室

六、机械师室

在 5 号车 2 位端 1 位侧设置了机械师室。机械师室可对动车组运行状态进行监控，监控屏显示设备状态和故障信息，还能进行全列车空调温度调节和照明控制。在室内还设置了办公桌、转椅、AC 220 V 插座、列车电话、储物柜和电器柜等，办公桌设抽屉，材质为胶合板外贴贴面板，如图 2-51 所示。

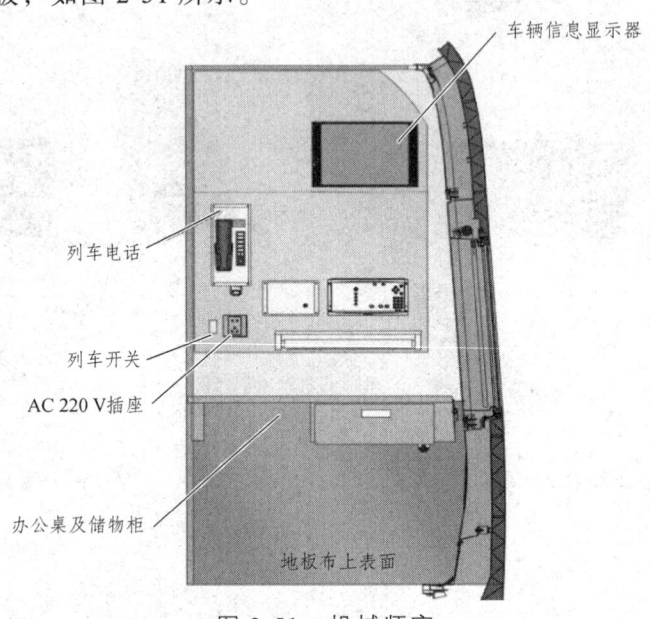

图 2-51　机械师室

七、卫生间及盥洗室

1、8 车在车辆中部设置卫生间；2、3、6、7 车在 2 位端均设置了卫生间及盥洗室；4 车在 2 位端设置了卫生间及洁具池，如图 2-52 所示。卫生间采用 Monogram 真空集便系统，分为坐式便器卫生间和蹲式便器卫生间，每个卫生间内设有一个按压式洗手阀，如图 2-53 所示。

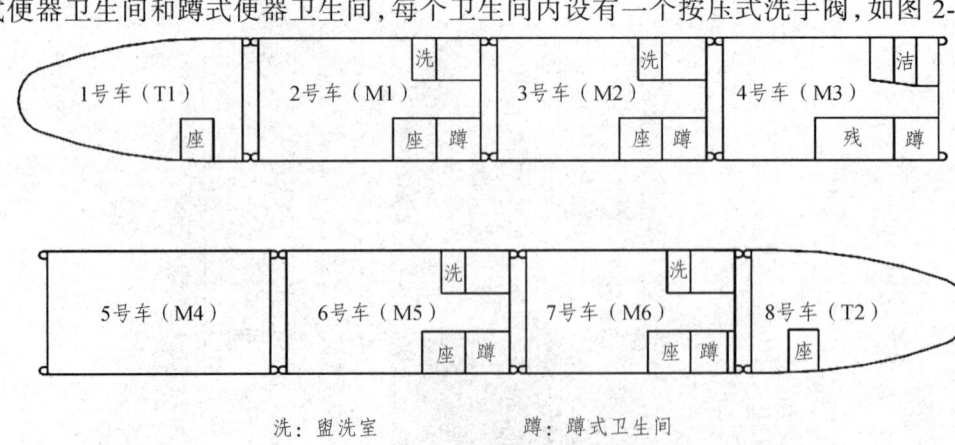

图 2-52　卫生间及盥洗室配置

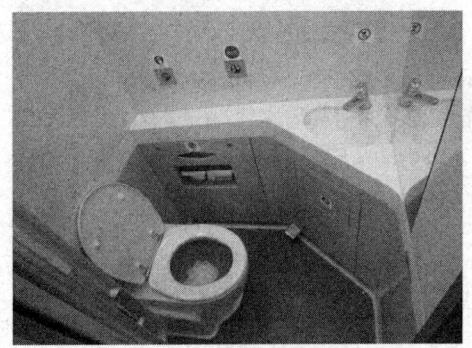
（a）坐式卫生间

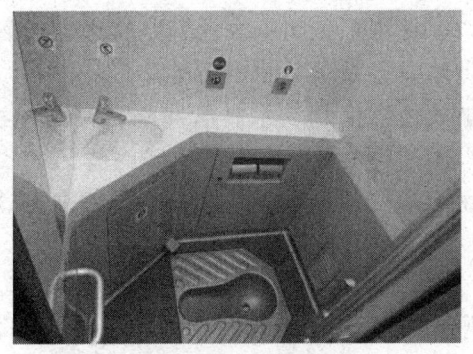
（b）蹲式卫生间

（c）残疾人卫生间

（d）盥洗室

图 2-53　卫生间及盥洗室

1. 坐式卫生间

坐式卫生间门为内侧能够锁上的结构（外侧为暗锁，能从外面打开实施救援）。坐式卫生间为男女共用，采用真空保持式便器。

坐式卫生间采用整体 FRP 形式，安装了大理石台面、按压延时洗手装置、便器冲洗按钮、紧急呼叫按钮、坐垫盒、扶手、镜子、便纸支架等。另外，作为消臭对策，便器为真空保持式。当按压便器冲洗按钮时，便器排污管内抽真空，将污物吸入车下中转箱内并且在便器部分设置了蝶阀防止污物箱内的臭气回流。在卫生间顶部增加了开孔，为卫生间提供新风；另外，卫生间内通过排气格栅持续排气时，卫生间内的气压与风道内的气压相比为负压。

卫生间的供水设备及管路在冬季低温条件下，如长期存放且列车存放环境无保温措施时，必须进行排水操作，如下：

（1）车上水箱供水系统在坐式卫生间、残疾人卫生间接水盘上设有排水电磁阀，通过排水电磁阀排尽管路存水。

（2）在水泵关闭电源及管路排水完成后，操作排空按钮，系统自动执行防冻排空动作，排出供水设备及管路中的存水。

坐式便器使用清水高压冲洗，分为两次冲洗，首次冲洗耗水不超过 0.4 L/次，二次冲洗耗水不超过 0.2 L/次。在便器的排污口设置有密封用蝶阀，通常为"关闭"状态。为减少污物的附着，便器内表面采用特殊聚四氟乙烯涂层。

2. 蹲式卫生间

蹲式卫生间除便盆为不锈钢制品（外表面抛光处理）外，其余与坐式卫生间相同。

3. 残疾人卫生间

残疾人卫生间的拉门设置了按钮式的自动门。与坐式卫生间相比，增加了婴儿尿布床、可折叠扶手等，并且空间更大。

4. 盥洗室

2、3、6、7 号车均设有 1 个盥洗室，盥洗室为独立单元，整体模块化结构，设置了镜子、洗面台、插座等设备。

洗面台设置了陶质洗脸盆，陶质洗脸盆上装有冷热混水按压延时水龙头及皂液器。洗面盆下水口设防止堵塞的带滤网底漏。

盥洗室的供水设备及管路在冬季低温条件下如需长期存放，且列车存放环境无保温措施时，须进行排水操作，图 2-54 为温水箱排水位置，具体操作如下：

（1）从管路上拆除冷热混水按压延时水龙头与温水箱连接软管，多次按压冷热混水延时水龙头排净水龙头阀体及管路内存水。

（2）打开温水箱的排水阀、排水堵、溢流阀进行排水。

（3）排水完毕后将冷热混水按压延时水龙头和温水箱恢复到原状态。

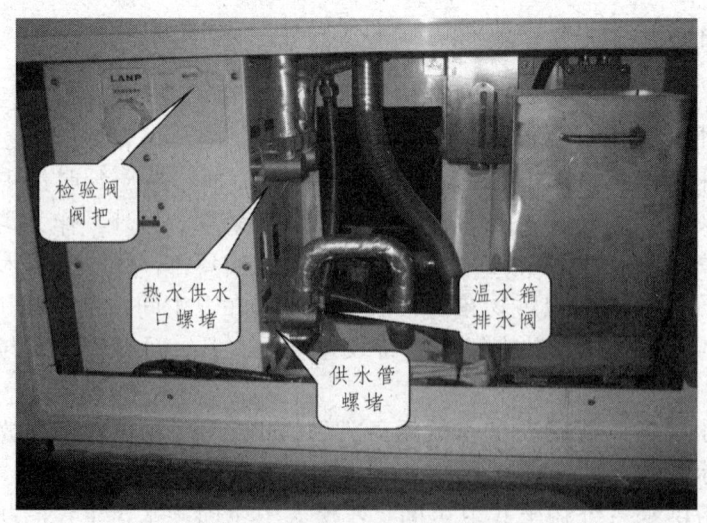

图 2-54　温水箱排水位置

八、垃圾箱室

在每辆动车组的端部设置了1或2个垃圾箱室。由于垃圾实施2类分类回收,垃圾投入口盖分为一般垃圾和罐2类。垃圾箱室配置了2类的分类回收用垃圾袋安装用框架。作为除臭对策设置了臭氧产生器,利用臭氧的强氧化作用对垃圾进行消毒及消除异味。

九、大件行李存放处和行李架

1. 大件行李存放处

在通过台处设置放置手持行李的空间(1号车2位端、2、3、6、7号车的1位端,4号车1、2位端,8号车的1位端),中间设置隔板,如图2-55所示。

图2-55 大件行李存放处

2. 行李架

行李架采用铸铝托架、前后型材、夹层圆弧钢化玻璃、双拉杆结构,如图2-56所示。更换玻璃时需拆卸行李架后型材压条。

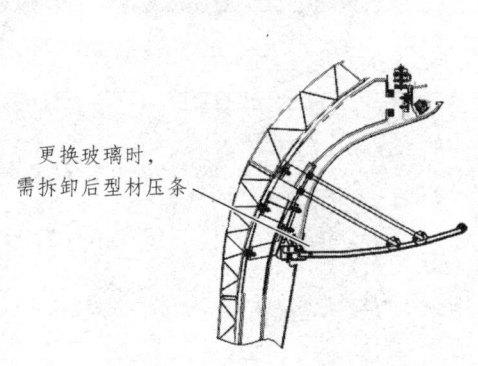

图2-56 行李架

十、供水、供热水区

从提高服务的观点出发，2、4、6、8号车1位角及5号车安装了电开水炉。废水及电开水炉排水通过水封装置直接排到车外。

电开水炉面板上设3个指示灯：电源指示灯为绿色，加热指示灯为黄色，缺水指示灯为红色。冬季寒冷季节，在列车长期停放或停运期间，须对电开水炉内存水排空。如图2-57所示。

图 2-57　电开水炉

十一、通过台以及走廊

在通过台处设有配电盘、垃圾箱、大件行李存放处等。在通过台走廊上设置有带箱体的灭火器。在通过台顶板上设置了照明装置、扬声器以及空调排风口。通过台顶板用紧钉螺钉固定，方便安装、检修；走廊顶板同通过台中间顶板安装方式相同。

十二、厨　房

在5号车2位端设有厨房。厨房内设有提供冷、热链配餐的厨房设备，厨房设备主要包括洗池模块、操作台模块、加热区柜橱，以及微波炉、小推车模块、冷冻冷藏模块、保温模块等，如图2-58所示。

与厨房相邻设有餐厅。餐厅配备4张固定桌子、2个二人座椅、2个四人座椅、2个单人座椅，供旅客就座餐饮。与餐厅相邻的走廊设走廊扶手、吧台、吧桌等设施，供乘客休息使用。

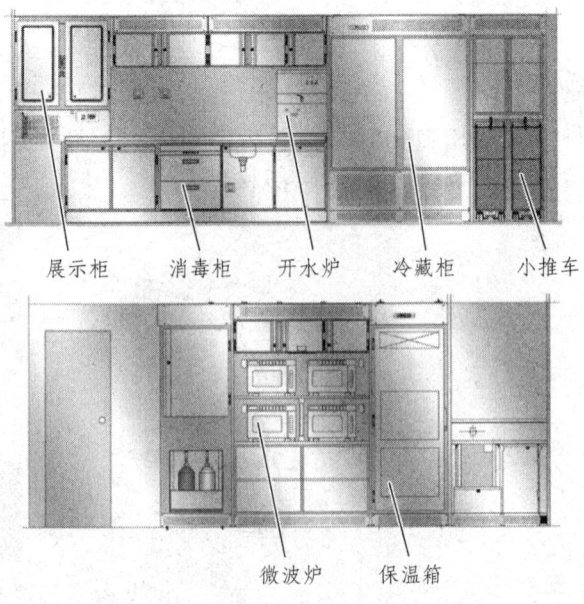

图 2-58　厨房

> **复习思考题**

1. CRH380A 型动车组车内设备主要有哪些？
2. CRH380A 型动车组内装结构有哪些部分？各有什么特点？
3. CRH380A 型动车组车窗有哪些种类？各有什么特点？
4. CRH380A 型动车组车门有哪些种类？各有什么特点？
5. CRH380A 型动车组座椅有哪些种类？各有什么特点？
6. CRH380A 型动车组卫生间有哪些种类？各有什么特点？

任务四　CRH380A 型动车组车顶设备

> **任务描述**

车顶高压设备与车下高压电器共同配合，为动车组提供动力。车顶高压设备暴露在外，易受环境因素影响发生故障，熟知受电弓及其他车顶高压设备的结构、工作原理与检修方法，以达到快速检查和正确处理故障的能力。

微课：CRH380A 型动车组车顶设备

> **背景知识**

CRH380A 型动车组车顶设备的结构为降低噪声，会尽量消除突起的部分，力求平滑化。在 4、6 号车车顶上安装受电弓、绝缘子、高压隔离开关、高压互感器、保护接地开关（EGS）及三分歧连接器。两头车（1、8 号车）上设置无线天线，5 号车上配置了 FM 天线。在 2~6 号车车顶设贯通特高压电缆，向各单元提供电力。特高压电缆设置在车顶上，车辆间采用直接头、三分歧连接器进行连接，如图 2-59 所示。

一、受电弓

受电弓是动车组从接触网获得电能的部件，列车运行时压缩空气通过车辆的各阀进入受电弓升弓装置气囊，升起受电弓，使受电弓滑板与接触网接触；为了保证高速动车组高速运行时的可靠受流，高速动车组受电弓还必须满足以下要求：

（1）滑板的材料、形状、尺寸适应高速要求，保证良好的接触状态以及更高的耐磨性能。

（2）保证滑板与接触网在规定的受电弓工作高度范围内保持大小合适的接触压力，以实现比常规受电弓更为可靠的连续电接触。

（3）结构设计上应尽量使作用在滑板上的空气阻力由其他部件承担，使受电弓滑板在其垂直工作范围内始终保持水平，减少甚至消除空气阻力对滑板与接触网间接触压力的影响。目前动车组主要采用单滑板受电弓和双滑板受电弓。

（4）除保证机械强度和刚度外，尽可能降低受电弓运动部分的重量，减小运动惯性，保证与接触网可靠的电接触。

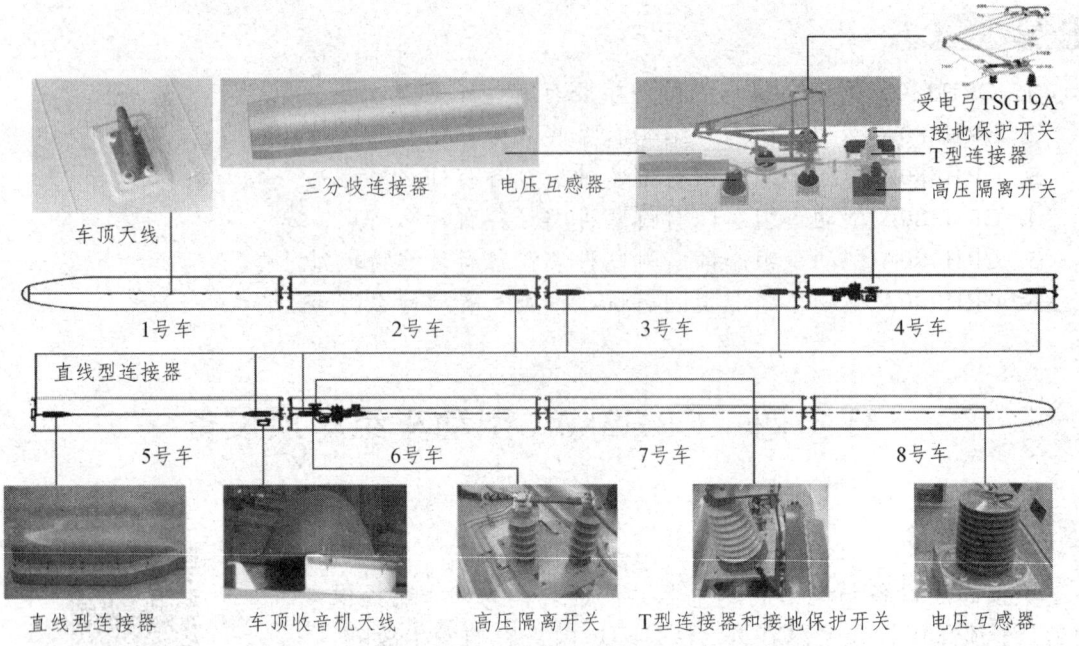

图 2-59　CRH380A 型动车组车顶设备布置

（5）升弓时，动作开始要快，但接触导线时要求缓慢，以减少对接触网导线的冲击；降弓时，离开接触网导线要快，避免产生拉弧，而到达落弓位时要慢，减少对车顶冲击力。

1. 受电弓结构

CRH380A 型和 CRH380A 统型动车组使用的受电弓均为 TSA19A 型受电弓（CRH380AL 型动车组使用的受电弓型号为 DSA380 型受电弓，两者基本结构相同），弓头长 1 950 mm，滑板长 1 576 mm，质量（不包括绝缘子和阀板）不超过 117 kg，其结构如图 2-60 所示。

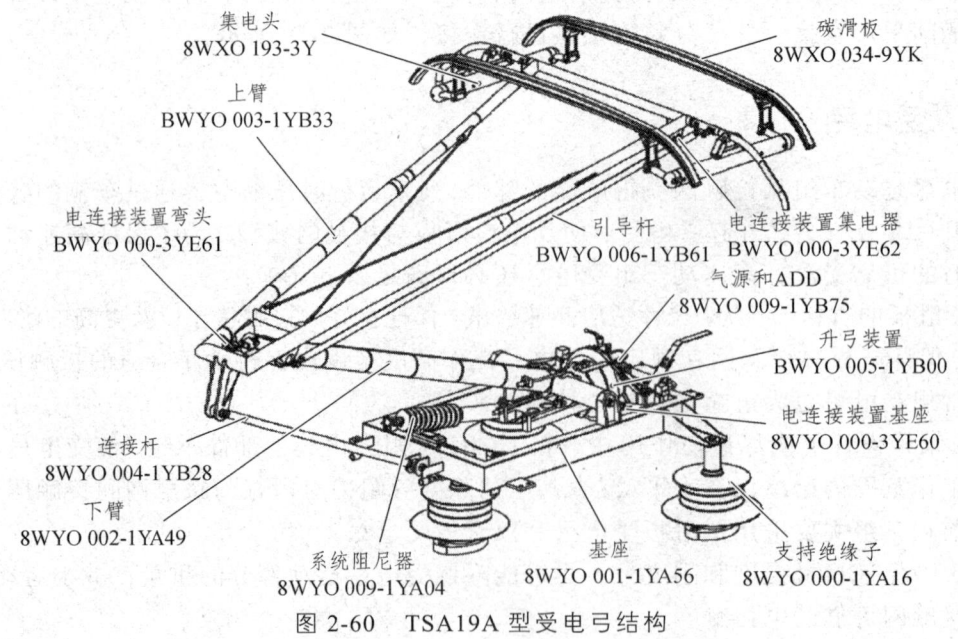

图 2-60　TSA19A 型受电弓结构

TSG19A 型受电弓主要由集电头（弓头）、上臂、下臂、基座以及升弓装置等构成，升弓装置包含气囊、钢丝绳、自动降弓装置等部件。受电弓通过两根风管与车内控制阀板连接。升弓时，车内控制阀板上的电磁阀动作，压缩空气经过阀板及风管给受电弓气囊充气，气囊膨胀后拉动钢丝绳及受电弓下臂，使受电弓升起。降弓时，气囊内的空气通过自动降弓装置或车内阀板上的 2 位五通阀排出至大气，受电弓由于自身重量下降。

2. 受电弓主要参数

参数	值
最小绝缘距离	≥310 mm
额定电流	700 A
短路电流	35 kA（60 ms）
车辆静止时最大电流	80 A
受电弓落弓时高度	650 mm
静态接触压力	80±10 N
最大集电头（弓头）宽度	1950^{+0}_{-10} mm
两根滑板中心线距离	约 597 mm
滑板材料	渗金属碳
弓角材料	部分绝缘
最大上升时间	10 s
最大下降时间	10 s
下降 310 mm 的最大时间	3 s
ADD 释放后，故障受电弓降到考核高度下 200 mm 处的最大时间	1.0 s
空气压力	0.5~1.0 MPa
连接形式及管径	内螺纹/G½

3. 受电弓工作原理

受电弓工作原理如图 2-61 所示。

当受电弓的电磁阀得电时，压缩空气经过减压阀、电控阀一路向气囊充气，同时另一路向受电弓的集电头上的滑板气腔内充气；当气囊内气压达到一定压力时，受电弓开始升弓，与接触网接触集取电流。

当电磁阀失电时，气囊中的压缩空气压力迅速减小，压缩气体由电磁阀口排向大气，受电弓靠自重落弓。

压缩空气通过受电弓升弓装置进入带有气腔的碳滑板，如果碳滑板出现空气泄漏，该故障会导致升弓装置（HU1）中的气体从快速降弓阀（SV1）中迅速排出，从而实现自动降弓。这样能有效地避免弓网故障的进一步扩大，保护受电弓特别是接触网。降弓原理如图 2-62 所示。

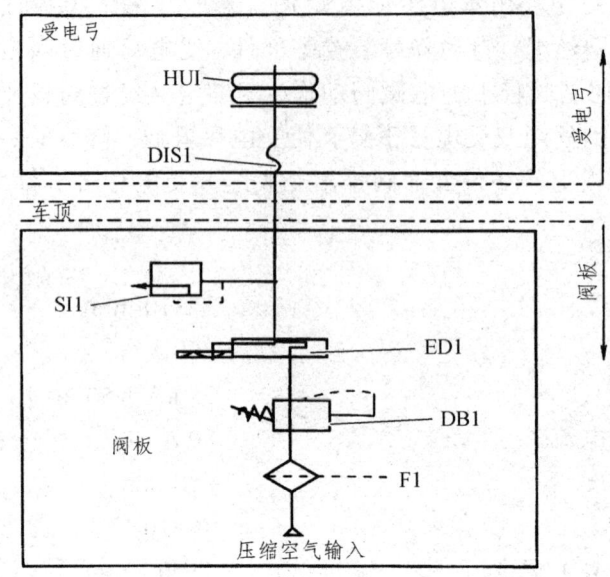

F1—空气过滤器；DB1—减压阀；ED1—电控阀；SI1—安全阀；
DIS1—绝缘管；HU1—气囊。

图 2-61　受电弓工作原理

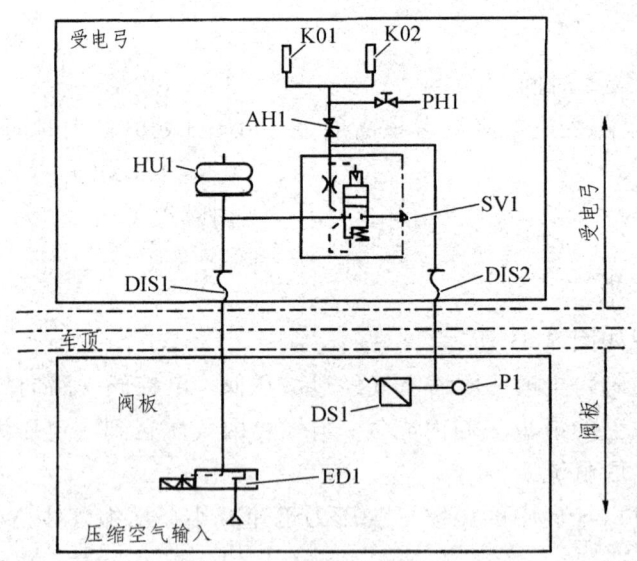

ED1—电控阀；DS1—压力开关；P1—测试口；DIS1—绝缘管 1；DIS2—绝缘管 2；
HU1—气囊；SV1—快速降弓阀；AH1—关闭阀；
PH1—试验阀；K01/K02—碳滑板。

图 2-62　自动降弓装置工作原理

4．阀板的功能和调节

阀板为受电弓系统的气动控制单元，其外形如图 2-63 所示。通过阀板，可以将来自车辆侧的压缩空气调整为适合受电弓正常工作的气压，通过安装在阀板上的压力开关，将受电弓的工作状态反馈给动车组。

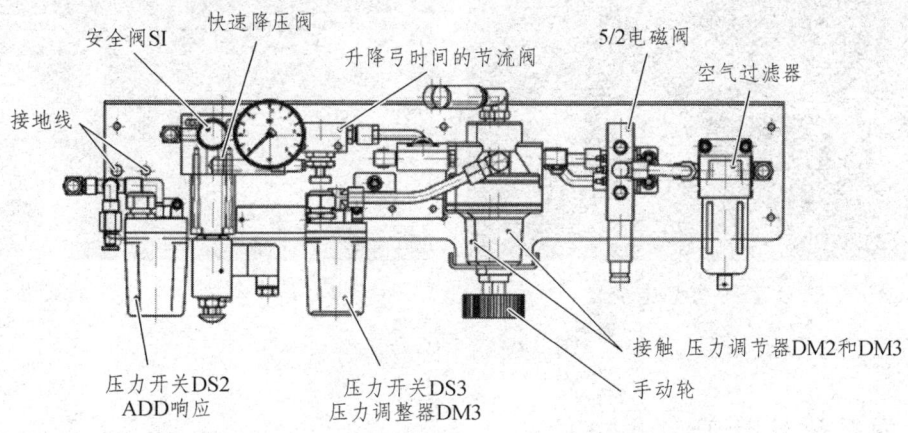

图 2-63　受电弓阀板

F1—空气过滤器；DB1—减压阀；ED1—电控阀；SI1—安全阀；
DS1—压力开关；P1—测试口；T1—直流电压；
B1—控制单元。

安装时，阀板用 6 个螺钉 M6 安装固定在 4、6 号车内尽可能接近受电弓（短距离是为了受电弓/对受电弓的快速响应）的地方。压缩空气流首先从阀板右侧进入空气过滤器。然后压缩空气通过 5/2 电磁阀，进入压力调整 DM2。压力调整器用于调整接触压力，通过压力调整器的手动轮改变接触压力。经过压力调整器后空气流入节流阀，节流阀控制受电弓的升降弓时间。此外阀板是装有安全阀的。此外在阀板上在 ADD 响应时用快速降弓阀。在阀板装置上有两个压力开关。

二、高压电缆及连接器

CRH380A 型动车组正常情况下只有 1 台受电弓升弓受流，而整列动车组有 2 台牵引变压器同时工作，因此，为了将 25 kV 高压电送至牵引变压器就需要在车顶和车厢之间安装高压电缆和高压电缆连接器，从 2 号车连到 6 号车前方。

CRH380A 型动车组除 2、3 车顶，3～4 车之间，各变压器到高压电缆连接器之间的电缆规格为 60 mm^2 外，其余电缆规格全部为 150 mm^2。电缆连接器类型包括：T 形连接器、直线形连接器、三分歧连接器和车底电缆连接器。

CRH380A 统型动车组连接 4 车车顶、5 车车顶、6 车车顶电缆为 120 mm^2，其余电缆全部为 95 mm^2。电缆连接器采用在 CRH1/3/5/380B 等动车组上广泛使用的：电缆组件（端部采用刚性终端或半刚性终端）、支撑绝缘子及跳线，如图 2-64 所示。

（a）三分歧及直线型连接器　　　　　　（b）半刚性终端及车间跳线

图 2-64　电缆连接器

三、保护接地开关

在 4、6 号车受电弓附近位置分别安装了两个保护接地开关。保护接地开关的作用是：当真空断路器（VCB）不能使主回路断路时，或者是当接触网发生异常、要求接触网变成无电压等情况下、操作此开关可以强制接触网接地。当检查高压设备箱的内部时，为了保护车辆安全，当发生受电弓上升的情况时也能事先让受电弓接地、防止触电事故的发生为目的而设置的。只要有电源和压缩空气、无论何时都可以接通（闭合）而不受其他限制，只有当高压设备箱完全闭合时才可断开。操作用电磁阀钥匙设置在车底的辅助电动空气压缩机内。通过驾驶台的保护接地开关和隔离开关，或者配电盘上的开关进行远程控制可以对隔离开关进行操作。

保护接地开关内部是由操作气缸、时钟脉冲触发器机构、辅助开关以及加热器、外部是由装备有锭杆的机构箱和固定接头部分构成的。机构箱是在箱的长度方向的两侧装有支脚、安装在车体侧面支架上的结构。固定接头部分装在 T 形接头上的导体上。开关闭合时、锭杆通过低噪声 T 形接头上的导体高压电路，如图 2-65 所示。

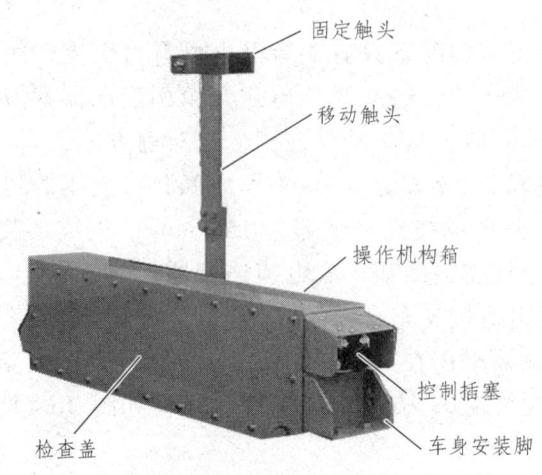

图 2-65　保护接地开关

技术参数：

额定电压	30 kV 单相
额定频率	50 Hz
额定瞬时电流	6 000 A（15 循环）
额定操作空气压力	785 kPa
额定操作电压	DC 100^{+10}_{-30} V
最低开关动作电压	DC 60 V
最低开关动作气压	0.628 MPa
投入操作压力变动范围	0.628 MPa
主接触压力	（0.82±0.08）N
接通容量	15 kA（峰值）1 次
闭合时间	≤0.5 s（气压 0.078 5 MPa，操作压力 100 V）

四、高压隔离开关

高压隔离开关的作用是优化配置 25 kV 电路内高压设备的运行工况，当车顶设备发生故障时，能将故障部分隔离，维持动车组运行。它的存在可大大减少因车顶设备故障而造成的机破事故，保证动车组的安全运行。

高压隔离开关主要由隔离闸刀、支撑瓷瓶和转动瓷瓶、底座安装板、传动机构、锁固机构、辅助接点、手柄等组成。高压隔离开关结构如图 2-66 所示。

图 2-66 高压隔离开关

技术参数：

标称电压	25 kV
额定电压	30 kV
额定电流	400 A
额定频率	50 Hz
短时耐受电流	8 kA×1 s
控制电压	DC 110 V

最小动作电压	DC 77 V
额定工作气压	400~1 000 kPa
最小动作气压	350 kPa
质量	50 kg

五、受电弓检测系统

CRH380A 统型动车组新增受电弓监测系统,实现对弓网运行状态进行高清拍摄。系统可提供机械师随时对运行中的弓网环境进行查看的功能,并对弓网运行线路做一个全记录,可随时调取历史信息,对沿途异物入侵、受电弓机械损坏等做高清图像查看,实时记录位置信息。

该装置有利于受电弓发生故障时进行事故原因分析,便于随车机械师做出正确的应急处理,从而缩短故障分析处理时间,将故障影响对行车调度和运输造成的影响降低到最小,系统同时有利于为车辆运行过程中出现的异常提供可靠的分析依据和预警信息。

弓网检测系统主要由车顶高清可见光摄像机、车内检测主机、显示控制触摸屏等组成。4 号车高清可见光摄像机在 4 号车车顶受电弓旁,6 号车高清可见光摄像机在 5 号车车顶 2 位端,车内检测主机分别装在 4、5 车 1 位端配电柜,显示控制触摸屏装在 5 车机械师室,车顶高清可见光摄像机如图 2-67 所示。

图 2-67　高清可见光摄像机

复习思考题

1. CRH380A 型动车组车顶设备主要有哪些?
2. 简述受电弓的工作原理。
3. 保护接地开关的作用是什么?
4. 高压隔离开关的作用是什么?

任务五　CRH380A 型动车组司机室设备

任务描述

司机室是动车组司机的工作场所,司机室设备是动车组正常运行的关键设备,要求掌握司机室设备的组成、功能及工作原理，能够进行司机室设备的试验，判断司机室设备是否发生故障并正确处理。

背景知识

司机室布置在动车组两端的头车上，是司机对动车组的主要操纵平台。列车在运行过程中，司机根据线路信号状态和周边情况，通过对司机室内相关设备的相应操作，完成动车组牵引、制动控制，同时控制全列动车组的空调、车门和广播等设备。

微课：CRH380A 型动车组司机室设备

一、概述

司机室设计为单人驾驶模式，司机操纵台在中央。司机室的设计执行 UIC651 标准，符合现代的人机工程学设计原则。

（一）司机室主要功能

（1）在每列编组的两端分别设置一个司机室，由前端司机室实施动车组控制，另一个非工作的司机室则可用作乘务员室。两个司机室具有相同的结构与功能。

（2）司机室布置了动车的主要操控设备，对全车进行牵引、制动控制，同时控制全动车组的空调、车门和广播等设备，检测动车组运行信息并进行故障诊断，保证动车组高速、准时、安全运行。

（3）司机室的设计除了要保证正常的功能需求，还要尽可能地使整个司机室显得整洁、美观、明快、舒适。

（二）司机室特点

1. 司机操作空间

司机室安装设备较多、设备结构复杂。为了拓展可利用空间，将气密隔墙至操纵台的空间设计为设备舱，安装布置了一些不常操作的设备，如司机室空调相关设备、气压开关、救援电源变换装置等。

为了方便操作，同时也为了扩大司机腿脚周围的面积，司机控制器采用小型化设计。操作手柄轴带动凸轮旋转，接通相应的触点，使对应的挡位线加压，向 MON 中央控制装置输出控制信号。

为了方便不同人对列车进行操控，采用高度及前后位置可调整的司机座椅，司机座椅设在司机室中间靠近操纵台的位置。

为了使整个司机室显得更加宽敞明亮，司机室电气柜全部采用矮柜结构，分布在操纵台的左右两侧。

2. 视野

动车组司机室的设计充分考虑了司机视野的开阔性；前窗坐姿视野符合 UIC651 标准

要求，保证了司机视线开阔，具体分析如图2-68所示。

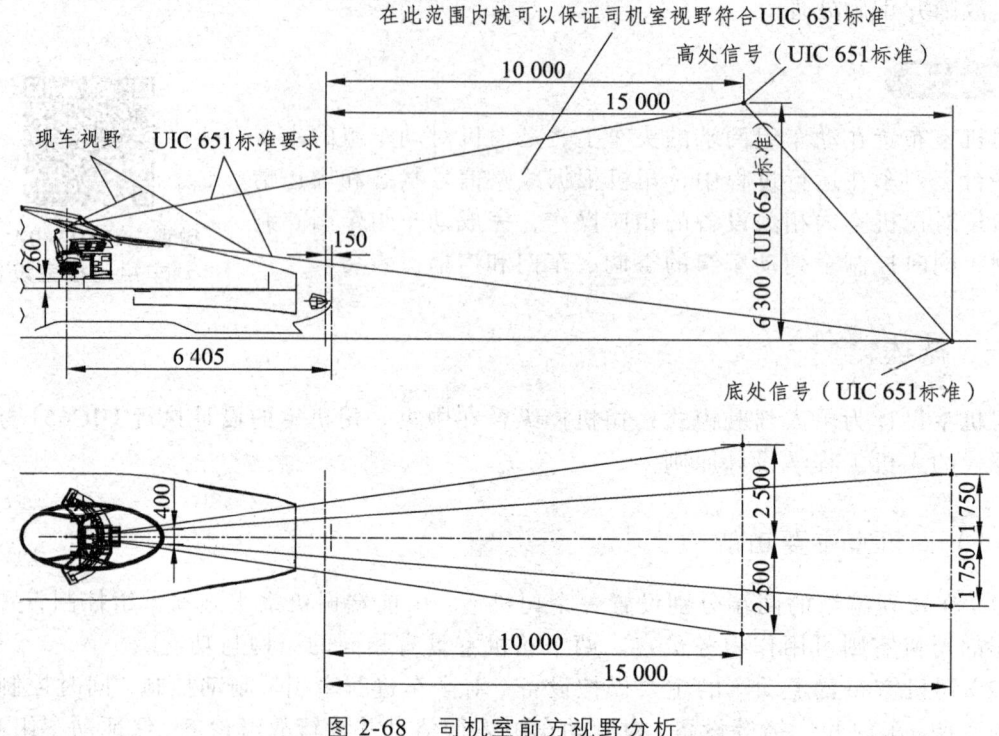

图2-68 司机室前方视野分析

司机坐姿驾驶时，高度方向可以观察到车钩前15 m的地面信号及车钩前10 m距地面6.3 m高的信号；水平方向可以观测到左右2.5 m的信号。动车组司机室视野坐姿驾驶时，完全满足标准要求。

同时针对我国铁路速度、停车标的设置和使用，在司机室两侧设有侧窗，满足司机驾驶瞭望和观察速度、停车标需求。针对侧面视野的分析如图2-69所示。

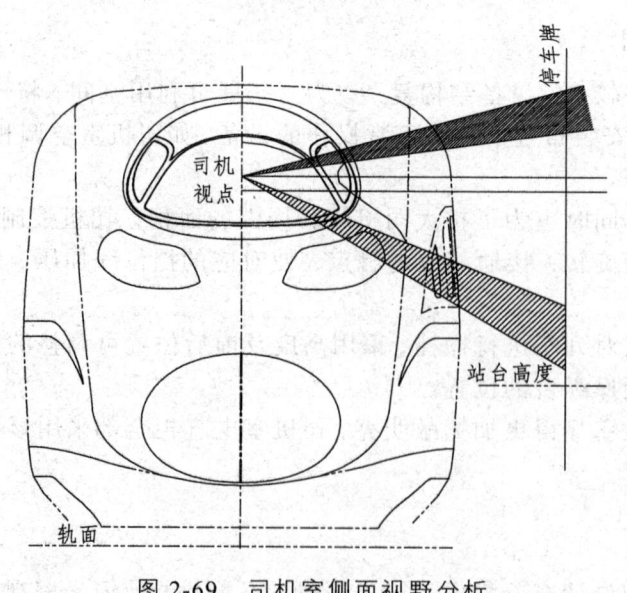

图2-69 司机室侧面视野分析

3. 手柄

操纵手柄包括制动手柄、牵引手柄及换向手柄等，制动手柄因使用率高，采用图 2-70 所示的形式，手把的结构可保持手的自然握持状态，以使操作灵活自如，手把的外表面平整光洁以保证司机的触觉舒适性。牵引手柄的设计充分考虑到使用的方便、舒适，采用了细长的水滴形，手感较好。换向手柄握手部也不是单纯的球形，而是采用了方便手掌包容的形状，如图 2-71 所示。

图 2-70　制动手柄

图 2-71　牵引手柄和换向手柄

4. 司机室温度与空气

为满足舒适度要求，司机室除了从客室的空调装置吸入新鲜空气之外，还单独设置了空调装置和暖风机，以实现司机室的制冷功能和制热功能。在司机操纵台面上设有冷气开关和暖气开关，可以根据要求对空调装置及暖风机进行控制，从而保证了司机室的温度和环境。

5. 玻璃窗

司机室的前窗采用了防眩目的透明安全玻璃，保证刺眼的直射光不会影响司机的操作，影像畸变率极低。

司机室前窗安装有刮雨器、加热器及遮阳装置。使用防混浊的导电膜、通过加热传感器和冷凝器来控制温度。具有防止结霜、结冰的功能，保证了司机的瞭望要求。

另外，侧窗的两层玻璃间采用了青铜色的中间膜，达到了遮光和使光线均匀的目的。

6. 照明环境

司机室内的照明通过顶板上的 LED 灯来实现。

7. 低噪声环境

流线型的车头设计，以及前窗及侧窗采用适应曲面的窗户玻璃和与车体外板平滑的固定窗，为降低司机室噪声提供了技术保证。

8. 安全保证

为保证司机室乘员的安全，司机室前窗结构充分考虑了鸟及道碴的冲撞。司机室材料均选用阻燃、低烟、无毒（低毒）、无卤的非延燃性材料或防火材料，电气设备、电线电缆等的绝缘性能优良。

司机室与观光区、观光区与头车通过台之间安装有端门，门上设有滚珠碰锁及暗锁。司机经过头车通过台、观光区及司机室玻璃后端门进入司机室。

司机室设有扶手、软梯，软梯放于工具箱中，用于紧急情况下逃生。

9. 仪表盘

仪表盘由设备安装件和聚氨酯面板构成。整个仪表盘采用面板背面安装设备的结构，大大提高了设备的检修及维护性。

为了防止在显示器画面上形成光线反射，仪表盘面板上方安装有遮阳帽檐，具有遮光功能。

10. 设备配合

司机室操作台设备简洁、配置合理，制动手柄置于左手位，司机脚边配置鸣笛用笛阀等细节，充分反映了司机室的人机工程学运用理念。

二、司机室设备布置

司机室如图 2-72 所示。

图 2-72　司机室

司机室分为 3 个区域：设备舱、操控区、电气柜。操控区位于司机室的中间，前窗玻璃的下方，操控区与气密墙之间为设备舱区，司机室电气柜位于司机的左右两侧。司机室区域的划分如图 2-73 所示。

为了更详细地了解司机室的布置，我们对司机室进行了剖面分析说明，包括窗、门、地板、灯、出风口等的布置。司机室的剖面图如图 2-74 所示。

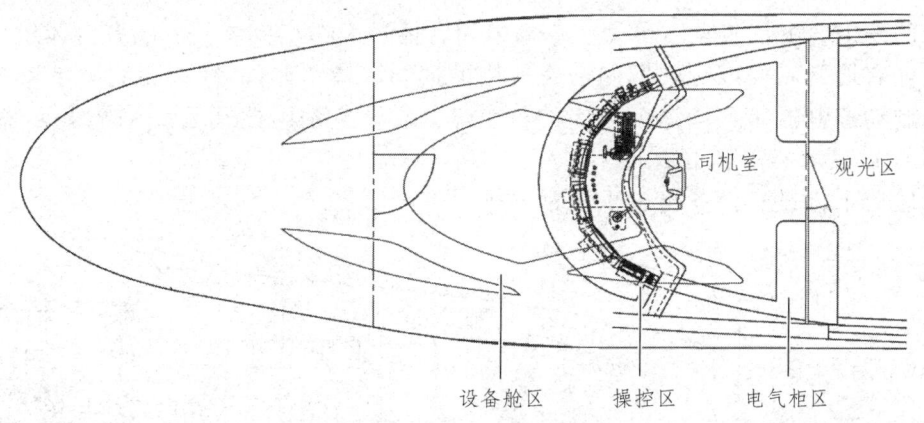

图 2-73　司机室区域划分图

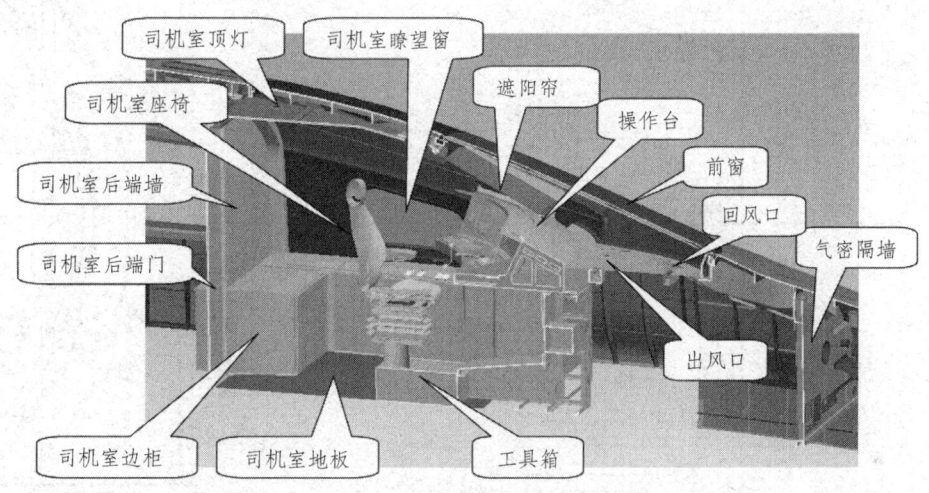

图 2-74　司机室剖面布置图

1. 设备舱

设备舱里主要安装平时行车很少用到或不经常操作的设备，从操纵台右侧检修门可进入设备舱。设备舱设备布置如图 2-75 所示。

设备舱里面安装有读替指令器、设备室灯、头灯电源控制盘、空调室内机、空调电源箱、空调变压器、辅助制动模式发生器等电气设备。

同时，为了方便配管、配线，与车头前部相关设备及窗玻璃相关设备均安装在设备舱里，如电源变换装置、刮雨器驱动装置、配管单元箱、气压开关、压力调节阀和缓冲风缸等设备。

另外，气密墙上安装有中继用连接器、配线用连接器、风笛加热器、气压开关、车内压力释放阀等设备。

设备舱前方为气密墙，正对设备舱入口位置设有活门，通向前舱与外部相通。

2. 操控区

操控区主要包含操纵台和司机座椅两部分，如图 2-76 所示。操纵台位于司机正前方，前窗玻璃的下方，由仪表盘、台面、下部中间台体、下部左台体、下部右台体组成。在操纵台上设置有通常需要或行驶期间需要使用的控制和指示元件。操纵台骨架上安装有司机控制器、制动控制器等，操纵台前面的仪表盘上安装有刮雨器开关、ATP 显示器、MON 显示器和 CIR 显示器等显示设备。

司机座椅下方设有设备箱，供日常的工具存放。

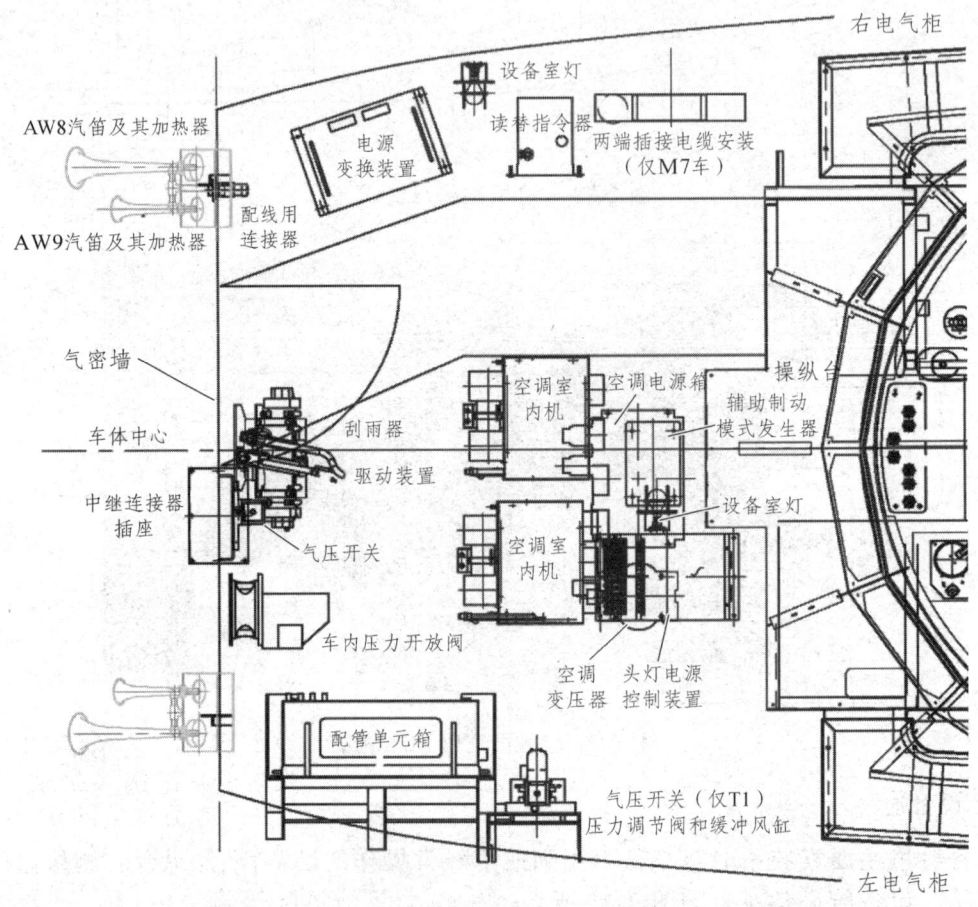

图 2-75　设备舱布置图

图 2-76　操控区

3. 电气柜

司机室电气柜位于司机的左右两侧，驾驶列车所需的电子和电气、空气和机械的设备设于司机室柜中。设备组件按功能分组安装。我们将电气柜划分为4部分：右前电气柜、右后电气柜、左前电气柜、左后电气柜。

右前电气柜（见图2-77）主要布置了头罩开闭控制盘、司机室电暖气、24 V电源等设备以及QE连接器和接线端子台等电气元件。

图 2-77 右前电气柜

右后电气柜（见图2-78）主要布置了司机室配电盘1、保护接地开关、IC卡控制装置、QE连接器、司机室配电盘2、司机室端子排盘、接地开关盘、接线端子台、大型端子台等设备。

 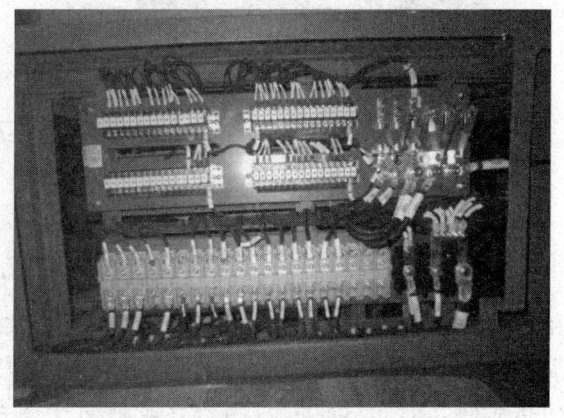

（a）前侧视图　　　　　　　　　　（b）后侧视图

图 2-78 右后电气柜

左前电气柜（见图2-79）主要布置了刮雨器系统的相关设备，包括刮雨器水泵、刮雨器用水箱、刮雨器控制装置、压力开关等，另外，左前电气柜还布置有司机室转换开关盘2、QE连接器、接线端子台等电气设备。

左后电气柜（见图 2-80）主要布置了救援切换开关、司机室控制放大器、司机室转换开关盘 1、灭火器、前照标识灯接触器盘、牵引制动数据记录装置、接线端子台、QE 连接器、LJB 接线端子盘 1、LJB 接线端子盘 2 等电气设备。

图 2-79　左前电气柜

（a）前侧视图　　　　　　　　　　　　（b）后侧视图

图 2-80　左后电气柜

三、前照灯

司机室前窗玻璃下方左右两侧布置有前照灯和标志灯。前照灯又称头灯，包括远光灯和近光灯，可以在夜间或遇有大雨、浓雾等能见度较低的天气条件下提供照明，方便司机瞭望，还可以提醒周边的行人和车辆。标志灯用于显示列车的运行线路和方向。车辆在起动状态时，前照灯就会自动打开。制动手柄解锁侧车头点亮，反向车头为红色标志灯（尾灯）。在两侧操纵台的制动手柄都未开锁的场合，两侧都为红色标志灯，如图 2-81 所示。

前照灯近光灯和远光灯通过操纵台右侧头灯减光开关控制，当主控钥匙插入时，减光开关处于"关"，远光灯亮，头灯减光开关处于"开"，近光灯亮，头车主控钥匙插入时，尾车标识灯亮。

司机室左后柜里开关盘上设前照灯开关，主控钥匙未插入状态，需要强制点亮前照灯时，可操作此开关强制性点亮前照灯。

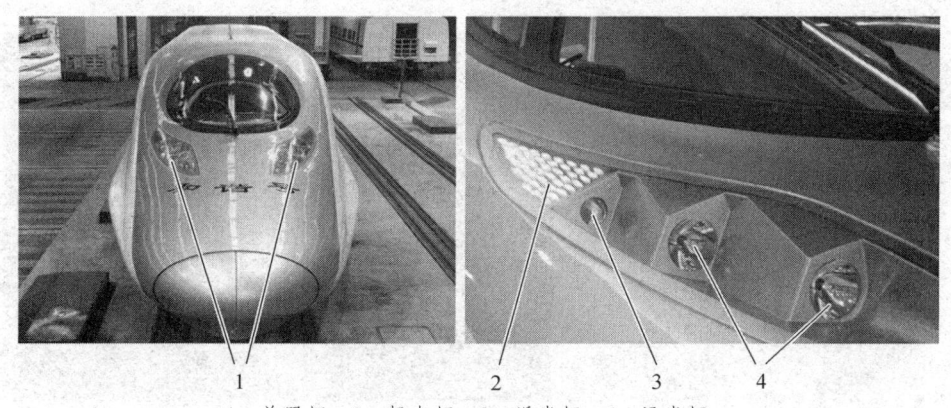

1—前照灯；2—标志灯；3—近光灯；4—远光灯。

图 2-81　前照灯

1. 前照灯基本性能

前照灯灯泡采用氙气灯泡，灯泡平均使用寿命不小于 3 000 h，标志灯采用 LED 灯。前照灯功率：远光工况：4×35 W；近光工况：2×35 W；尾灯工况：2×15 W。

在环境照度≤0.1 lx，前照灯远光工况下，距前照灯发光点 450 m 位置处最亮点光照度≥2.5 lx。标志灯的光电参数和颜色符合 TB/T 2878—1998 要求。在任何情况下，前照灯的光线不得影响信号灯及信号标志灯的色光质量，不得干扰动车驾驶员对各种行车信号灯的正确辨认。

前照灯所使用的材料必须满足耐高温的要求，既要满足照度透光的要求，也要满足前照灯灯泡使用时发光和发热的温度要求，并应充分考虑灯体散热的问题，灯体的壳体最高温度不超过 60 °C，保证前照灯正常照明的长期使用。

前照灯灯罩无色透明，透光率＞90%，使用寿命为 10 年。灯内装饰罩安装后要求美观，其材质耐温 143 °C，使用寿命为 10 年。前照灯灯体与铝合金车头的安装之间增加密封垫，耐温 300 °C，使用寿命为 10 年。

2. 前照灯结构

前照灯结构主要包括：PC 灯罩透光板、后壳组件、氙气灯组件、LED 标志灯组件、镀膜装饰框、反射器、直流变换器。前照灯安装于头灯座内，前照灯采用预埋螺栓与灯座进行固定连接。前照灯与灯座中间加密封垫进行密封。固定连接螺栓使用橡胶密封圈进行密封处理，避免水通过前照灯固定孔进入灯座内。

四、风笛

风笛分为高音风笛和低音风笛，安装在司机室气密墙外，司机操纵台上设有"风笛选择"开关，可以通过对双控笛阀的控制进行高、低音选择。风笛脚踏开关设置在操纵台下方，可以对风笛进行控制。高压风笛和低音风笛如图 2-82 所示。

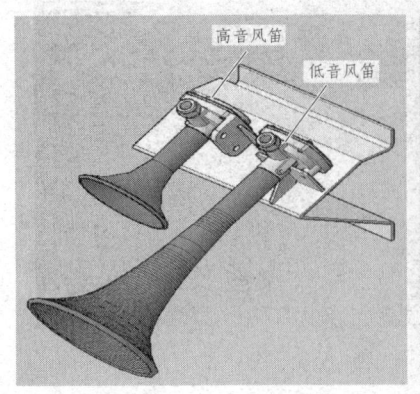

图 2-82　风笛及脚踏开关

风笛电气控制原理图如图 2-83 所示。

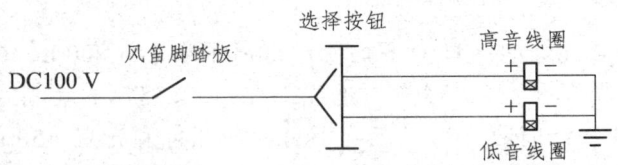

图 2-83　风笛电气控制原理图

司机在操作"高音"选择旋钮后,在需要鸣笛时,司机脚踩"风笛脚踏板",高音风笛电磁阀线圈得电,高音风笛响。

司机在操作"低音"选择旋钮后,在需要鸣笛时,司机脚踩"风笛脚踏板",低音风笛电磁阀线圈得电,低音风笛响。

风笛组成应满足的性能值如表 2-6 所示。

表 2-6　风笛组成性能

名称	音压测试距离/m	代号	空气压力为 8 kg/cm^2 时的音压/dB	周波数(频率)/Hz
高音风笛	距风笛口:30	CS-DCFD-G00	>102	450
低音风笛	距风笛口:30	CS-DCFD-D00	96±5	395

五、电源变换装置

放置在设备舱里的救援用电源变换装置是动车组发生重大故障需要机车救援时采用的应急供电设备,它把机车的 DC 110 V 电源转换成 DC 100 V 电源,主要为动车组必要的控制、制动、照明及生活设备提供紧急电源。该电源变换装置具有高可靠性、易维修易更换性,救援用电源变换装置本身有正常工作指示灯和故障指示灯。外观如图 2-84 所示。

整个装置由输入单元、功率变换单元、输出单元、控制调整及保护电路单元、辅助电源单元五部分组成。产品框图如图 2-85 所示。

图 2-84 救援用电源变换装置

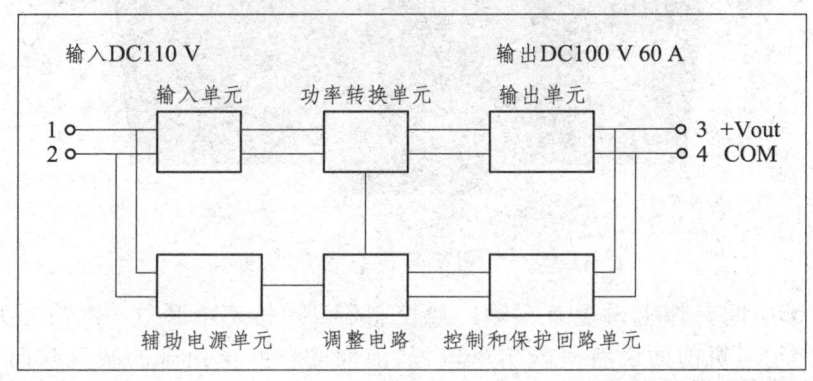

图 2-85 电源变换装置框图

六、操纵台

司机操纵台位于司机正前方，前窗玻璃的下方，在它上面设置有通常需要或行驶期间需要使用的控制和指示元件。司机室操纵台如图 2-86 所示。操纵台由仪表盘、台面、下部中间台体、下部左台体、下部右台体组成。操纵台骨架上安装有司机控制器、制动控制器等，操纵台前面的仪表盘上安装有开关、按钮及相关显示和控制设备。

仪表盘竖立在操纵台台面上部，与台面的角度为人机工程学最佳角度，主要安装行车时需要观察及操作的各种设备。司机前方仪表盘从左至右、从上到下分别设置有 ATP 显示器 2、TCMS 车辆信息显示器 2、ATP 显示器 1、TCMS 车辆信息显示器 1、广播话筒、刮雨器开关、联挂开关、解联开关（仅 T1 车）、电压表、压力表、关门显示灯、无线话筒、CIR 显示器、故障显示灯。

操纵台台面左边设置有制动手柄和主控钥匙，右边设置有牵引手柄和换向手柄，司机警惕装置手动开关。在司机正前方的操纵台台面上布置有紧急复位、复位 VCB 合、VCB 断、降弓、恒速切、恒速等按钮，这些按钮开关集中布置在司机正前方，通过颜色和标签区分；为了防止误操作，降弓按钮增加了透明保护罩。在操纵台的左侧台面上安装布置有电暖气 1 开关、电暖气 2 开关、开左门按钮、关左门按钮、空调控制开关等；在操纵台的右侧台面上安装布置有司机室灯开关、头灯减光开关、遮阳帘开关、开右门按钮、关右门按钮、停放制动旋转开关、监视器扬声器旋钮。此外,为了防止台面漆面被硬物划伤,在操纵台台面上铺设了软质保护膜,可以方便更换。

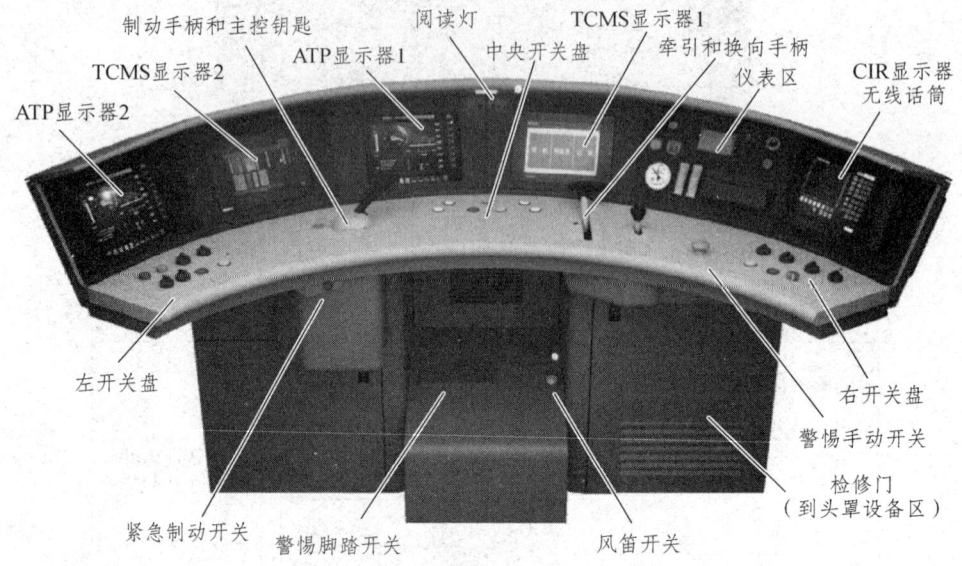

图 2-86 司机室操纵台布置图

操纵台下部中间台体上设置有车辆广播控制器、司机室电暖气、汽笛开关、司机警惕装置脚踏开关等。司机前面设有暖气出风口,从前面的百叶窗出来的暖气吹向司机小腿部。操纵台搁脚台的侧面,设有 AC 220 V 插入连接器。

操纵台下部左台体设置有上载用连接器、空调冷风出风口、空气管开闭器等。

操纵台下部右台体设有通向设备舱的通过门。台体右侧安装司机警惕装置报警。

仪表盘上各设备需要检修时,可以在卸下其对应面板上的 2 个螺钉后,将该设备向外掀起并向上提,即可将该设备从操纵台上拆下并检修,大大提高了检修效率。

操纵台主要设备功能如表 2-7 所示。

表 2-7 操纵台主要设备功能描述表

序号	名称	常位	功能	使用时机	备注
1	仪表显示盘		压力表、电压表、关门显示灯、刮雨器功能开关、广播话筒等		
2	ATP 速度显示器	开	显示运行速度等		与 3 互为冗余
3	ATP 速度显示器	开	显示运行速度等		与 2 互为冗余
4	中间开关盘		VCB 合断、恒速/切、复位、紧急复位、降弓等功能按钮	根据需要	
5	TCMS 车辆信息显示器		列车信息控制状态显示		与 7 互为冗余

续表

序号	名称	常位	功能	使用时机	备注
6	CIR 显示器、无线话筒、关门显示灯和故障显示灯		GSM-R 调度通信、通用数据传输、应用的操作、状态显示以及语音提示的功能 实现与外界通话 车门全部关闭与否 显示运行、制动、车门等状态		
7	TCMS 车辆信息显示器		列车信息控制状态显示		与 5 互为冗余
8	右开关盘		司机室灯开关、头灯减光开关、扬声器开关、遮阳帘开关、开关右门按钮等	根据需要	
9	换向手柄	关	设定动车组的运行方向，分前、关、后 3 档	根据需要	
10	牵引手柄	切	设定牵引力的大小，分为 P1～P10 挡	根据需要	
11	制动手柄	运行	设定制动力的大小，分运行、B1～B7、快速、拔取位	根据需要	
12	左开关盘		电暖气开关，空调控制开关及指示灯，开、关左门按钮等	根据需要	

七、司机座椅

司机室座椅采用格拉默的 MSG85/822 座椅，该座椅采用剪刀架式减振系统，座椅减振系统的悬浮减振器采用德国原装进口悬浮减振器，保证质量。减振系统外部采用皮裙包装，不易被外来污水污物污染侵蚀。悬浮系统同时具备高度调节功能，调节简单。减振系统的减振行程可以达到 100 mm，座椅使用起来更加舒适，如图 2-87 所示。

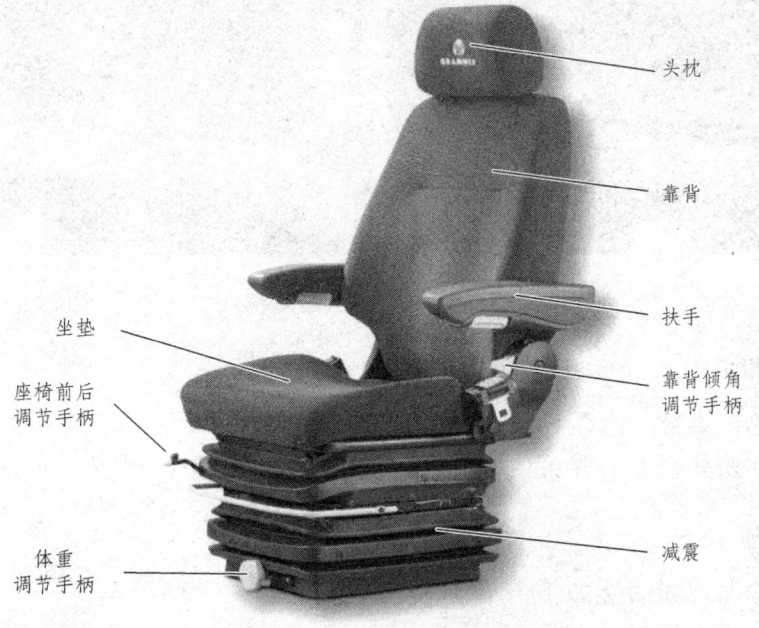

图 2-87 司机室座椅

主要技术参数：

座椅尺寸（长×宽×高）	624 mm×620 mm×1 132 mm（带头枕扶手）
座椅垂直高度调节量	80 mm（不含倾角调节）
座椅前后调节量	向前 110 mm，向后 100 mm
座垫高度调节范围	500～580 mm
靠背角度调整范围	基准位向后 80°，向前可折叠
座椅左右旋转角度	可 360°旋转
悬浮行程	100 mm
人体体重调节范围	50～130 kg
头枕高度调节	分为 6 级共 120 mm 可调（每级 20 mm）
扶手高度调节范围	40 mm
扶手倾角调节范围	40°
质量	62 kg（包括全部功能和头枕扶手）

八、遮阳帘

遮阳帘安装在司机室前窗玻璃下方，采用电动控制，可随前窗的开度变化，适用于前窗设计，如图 2-88 所示。

图 2-88　司机室遮阳帘

1. 遮阳帘组成

遮阳帘由遮阳系统、滑轨导向系统、电动驱动系统三大部分组成，如图 2-89 所示。遮阳帘通过设在操作台上的开关控制，即按即行，松开即停，如图 2-90 所示。

2. 工作原理

遮阳帘工作原理如图 2-91 所示。

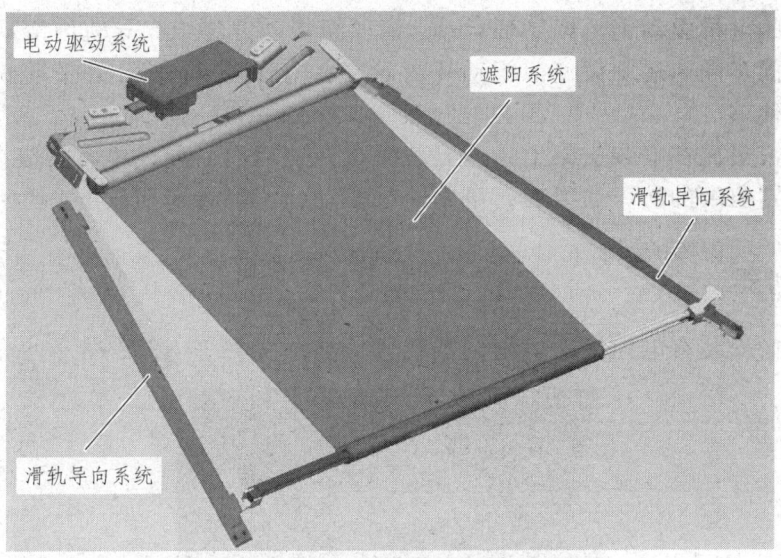

图 2-89 电动遮阳帘示意图

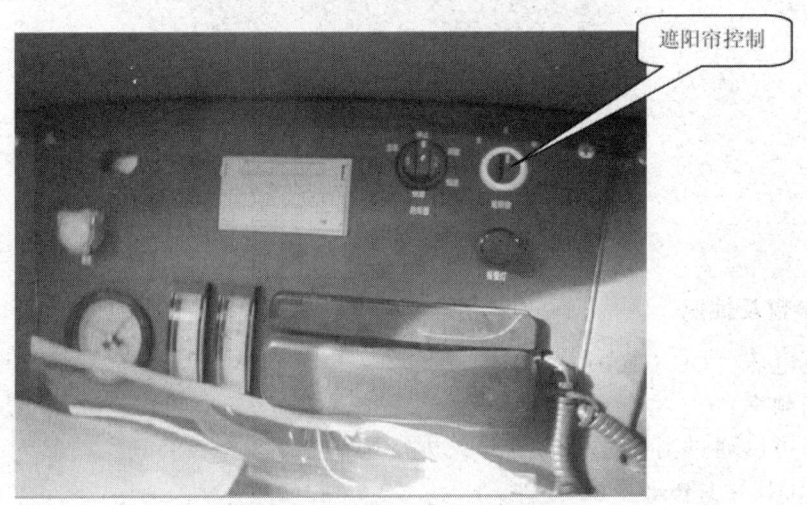

图 2-90 遮阳帘控制示意图

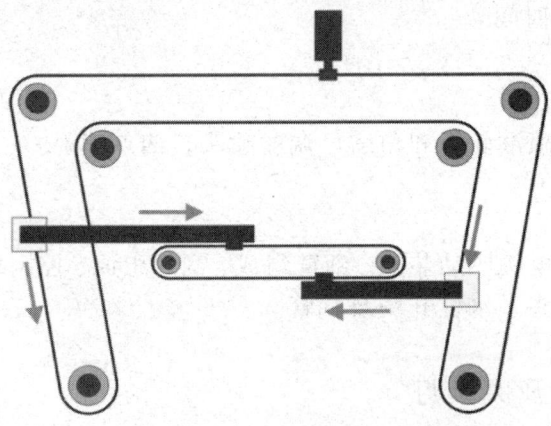

图 2-91 遮阳帘工作原理

带减速箱的电机驱动钢丝绳闭环运动，钢丝绳将动力传给在导轨内滑动的滑块，左右导轨内的滑块同步同向运动促使前驱动杆内的左右内管同步伸缩，并带动 3 个卷帘（主帘和两个辅帘）伸缩。

3 个遮阳帘集成在安装支架上，两导轨集成在侧墙内，形成单元安装在钢结构上。3 块帘布由成一定角度的纺织品组成，可用一根驱动杆一起卷起和放下。

九、雨刮器

驾驶室前窗安装有电控气动式雨刮器装置，如图 2-92 所示。

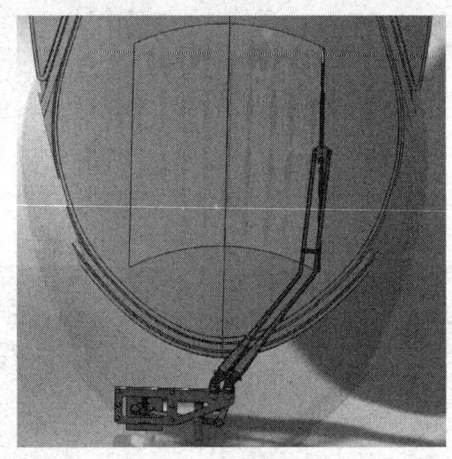

图 2-92　刮雨器

1. 主要参数及性能

（1）供电电压：DC（100±10）V。
（2）刮刷频率：
刮刷频率可以通过刮刷速度调节开关进行调节。
高速（HIGH）：（36±5）次/分钟。
低速（LOW）：（21±5）次/分钟。
间歇（INT）：间歇时间 4~7 s。
（3）刮刷摆角：
雨刷角度：42°。
（4）主动刮臂带有喷淋软管和角度可调的喷头，四点喷射。

2. 刮雨器装置组成

刮雨器装置包括单电机驱动装置、刮臂组成、刮片组成、控制箱、水泵、刮雨器开关、连接器组件、穿墙体接头、水位开关及软管。

十、司机室照明及阅读灯

司机室照明由安装在司机室顶部的 3 盏 LED 筒灯完成，这三盏灯同时也作应急灯使用。夜间上车时，在操作车辆前，应先要将应急灯打开，再操作车辆。司机室操纵台中间位置设有阅读灯。

1. 司机室灯

司机室 LED 灯安装在司机室顶部，共 3 个，其安装位置如图 2-93 所示，通过操纵台右台面上的司机室灯开关控制。

图 2-93　司机室 LED 灯安装位置

2. 操纵台阅读灯

阅读灯位于司机正前方的操纵台帽檐上，阅读灯与开关在一起，如图 2-94 所示。

图 2-94　阅读灯及开关的位置

十一、其他

1. 司机室后端墙

司机室后端墙为新开发产品，用于头车司机室与观光区之间，既能起到划分区域的作用，又能为乘坐在观光区区域内的旅客提供不同的服务；旅客可通过调节玻璃透光度，达到观光或隐私的目的。

后端墙由上横梁、（左右）立柱、门板、（左右）玻璃隔断组成，如图 2-95 所示。

后端墙控制开关位于观光区两侧多功能边柜上（见图 2-96），当开关接通时，玻璃透明；当开关断开时，玻璃呈乳白色不透明状。

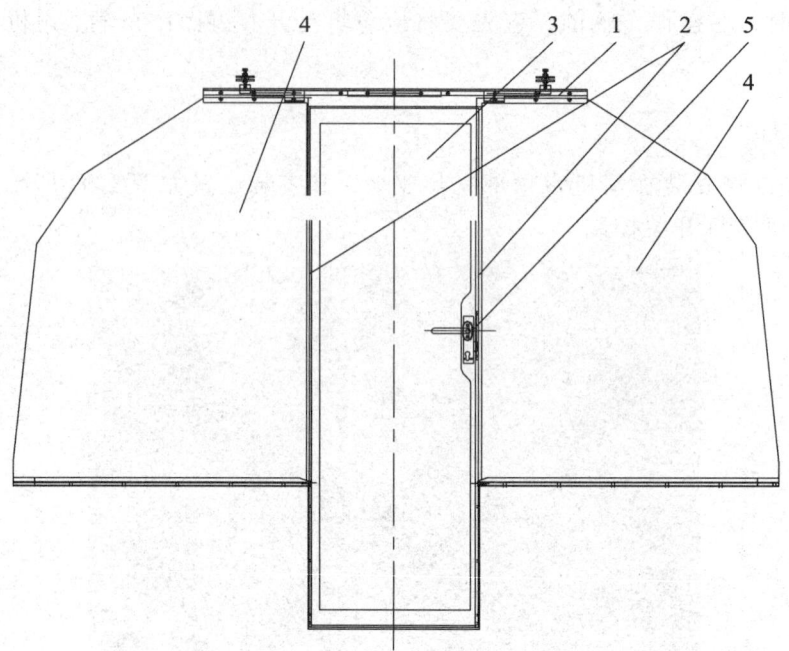

1—上横梁；2—立柱；3—门板；4—玻璃隔断；5—门锁。

图 2-95 司机室后端墙

图 2-96 后端墙控制开关

2. 司机室制冷与制暖

为满足司机室舒适度要求，司机室单独设置空调装置和暖风机，以实现司机室的制冷和制热功能，从而保证司机室的环境。司机室制冷和采暖出风口的位置如图 2-97～图 2-101 所示。

图 2-97 操纵台前方冷气出风口的位置

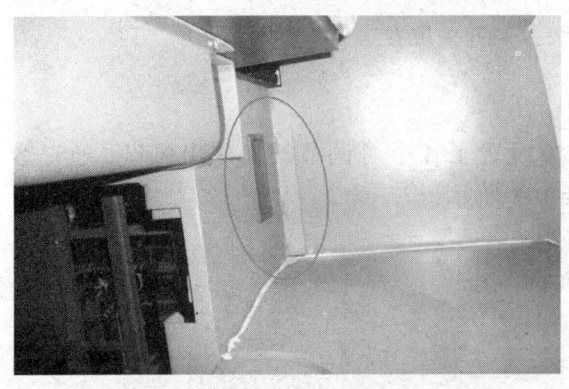

图 2-98 操纵台右侧边柜冷气出风口的位置

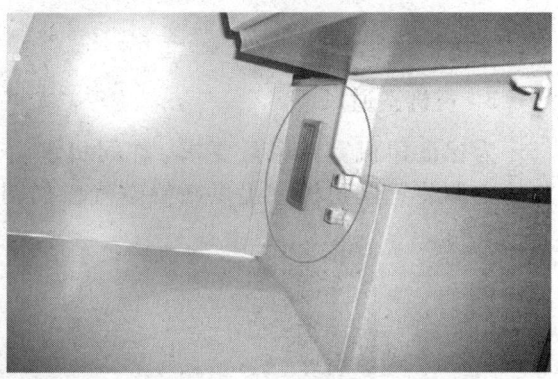

图 2-99 操纵台左侧边柜冷气出风口的位置

图 2-100 司机室座椅下方暖气出风口的位置

图 2-101 司机室右侧边柜暖气出风口的位置

在司机操纵台面左侧设有冷气开关和暖气开关，可以根据要求对空调装置及暖风机进行控制，冷气切换开关设置了温度设定旋钮和风量调节开关，通过设定旋钮进行调节，设定温度调节范围为 19~27 ℃，风量调节开关分为切、弱、中、强档。暖气切换开关分为切、弱、中、强档，如图 2-102 所示。

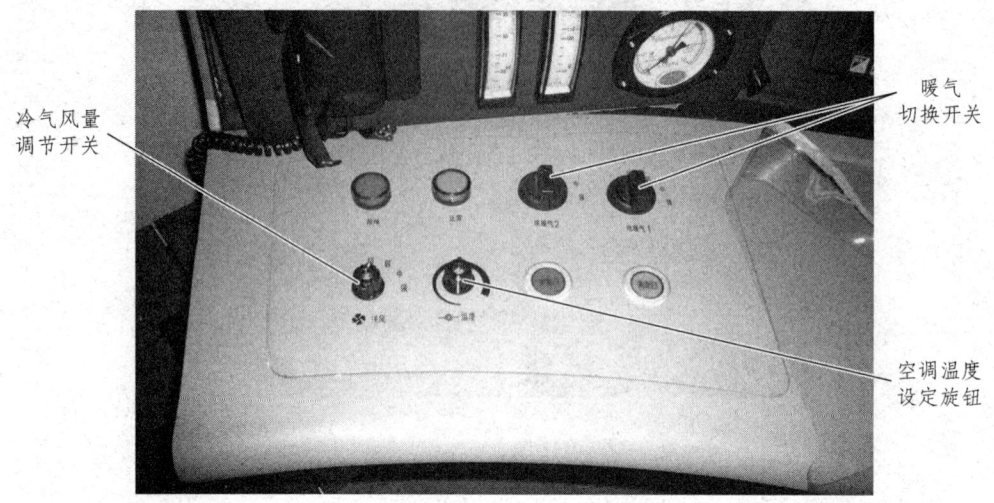

图 2-102　冷、暖气控制开关位置

3. 司机室通风

为保证司机室新风量要求,在司机室门上方设置了 4 个可调节的格栅出风口,通过客室的空调装置向司机室提供新鲜空气,如图 2-103 所示。

图 2-103　司机室新风入口

复习思考题

1. 司机室有哪些功能?
2. 司机室划分为哪几个区域?各有什么作用?
3. 车头前端有哪些车灯?各有什么作用?
4. 司机室操纵台由哪些部分组成?

知识拓展一　CRH380B 型动车组车体

一、车体

（一）车体结构

CRH380B 型动车组是 8 辆编组，由 2 辆头车和 6 辆中间车组成，车体结构采用车体全长的大型中空铝合金型材组焊而成，为筒形整体承载结构。铝合金车体可以概括为两大类，即头车铝合金车体和中间车铝合金车体，其断面均相同。其中中间车为基础车型，头车由车体加上司机室结构而成。

微课：CRH380B 型动车组车体

车体结构由底架、侧墙、车顶、端墙、司机室（仅头车）等部分组成。由 13 种 23 块与车体等长的铝合金挤压型材焊接而成一个筒形整体承载结构。头车和中间车的结构图和分解图如图 2-104～图 2-107 所示，车体断面如图 2-108 所示。

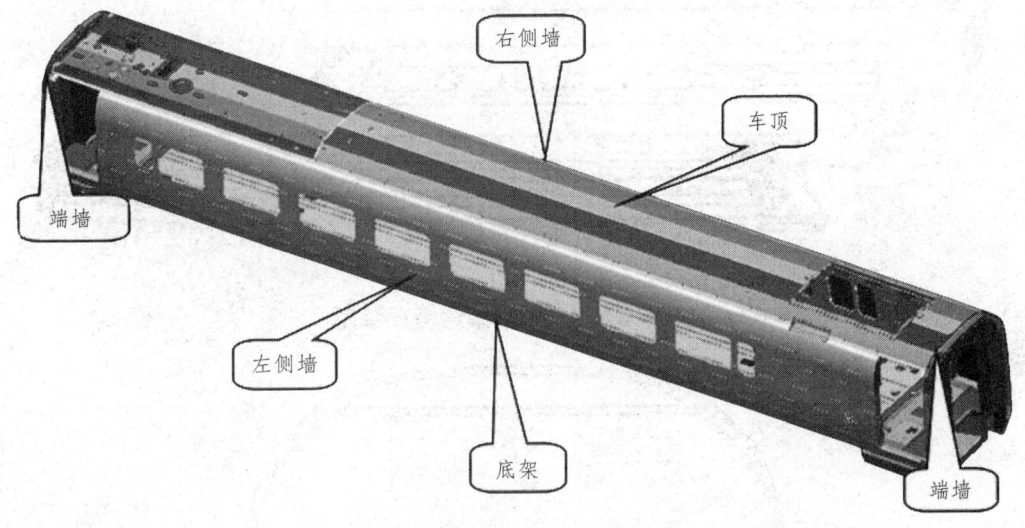

图 2-104　中间车车体结构图

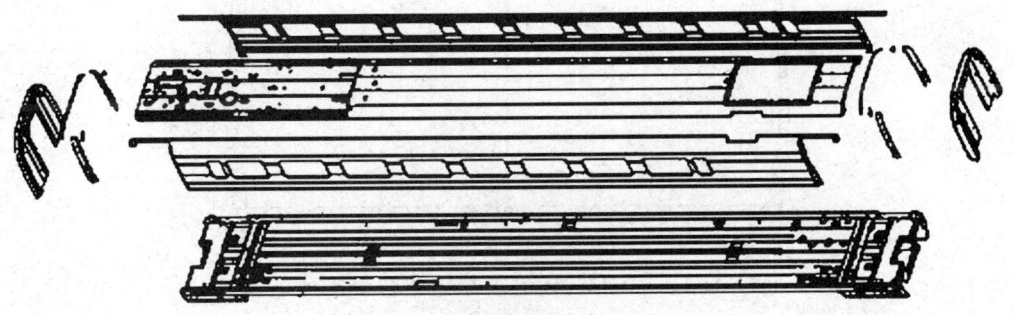

图 2-105　中间车车体分解图

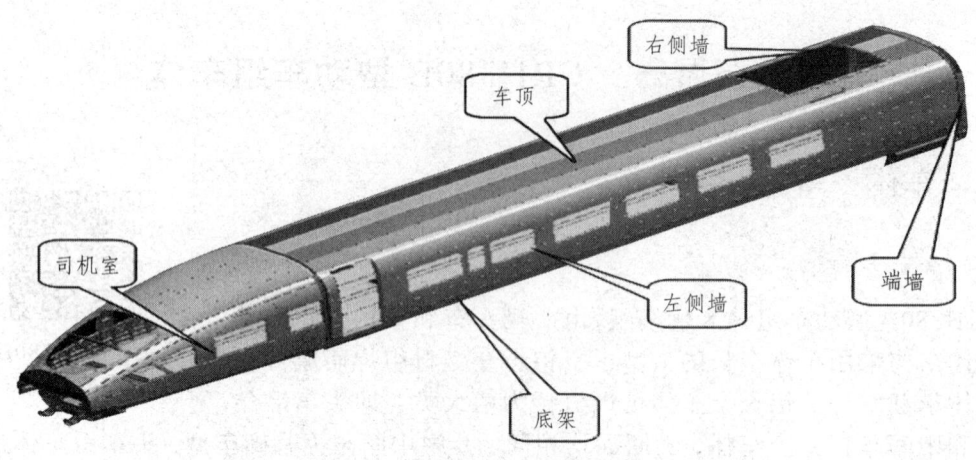

图 2-106 头车车体结构图

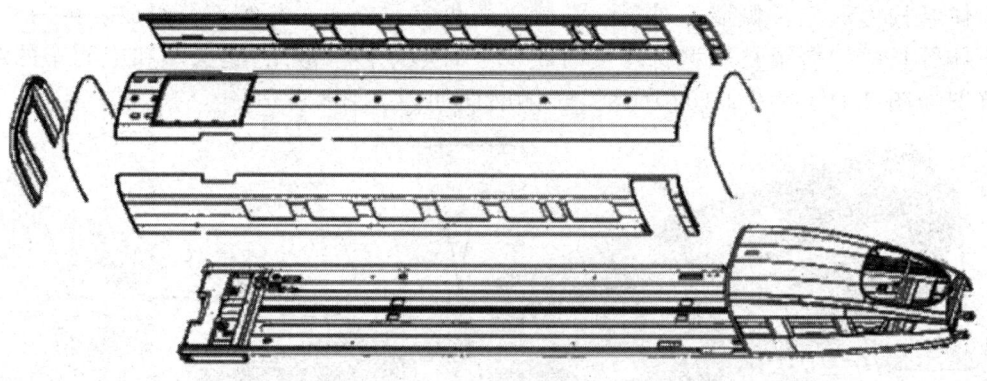

图 2-107 头车车体结构分解图

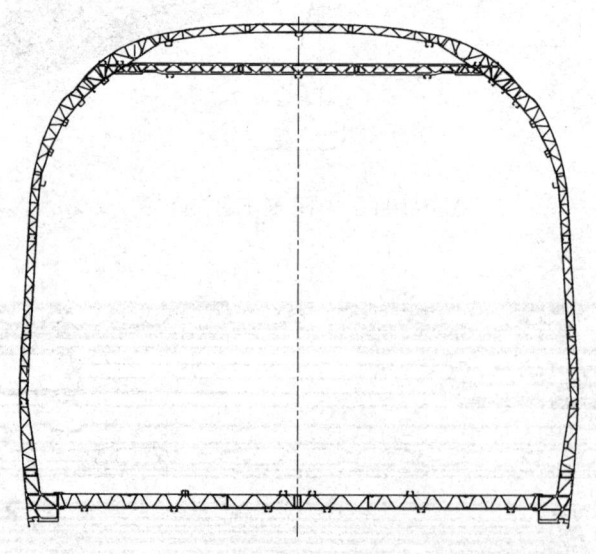

图 2-108 CRH380B 型动车组铝合金车体断面

为减少辅助结构的焊接连接，车体型材带有滑槽，用于吊装车下设备、固定车顶设备以及安装车内饰件等。侧墙与车顶、侧墙与底架通过型材的插接并焊接而成，插接及焊接形式如图 2-109 和图 2-110 所示。

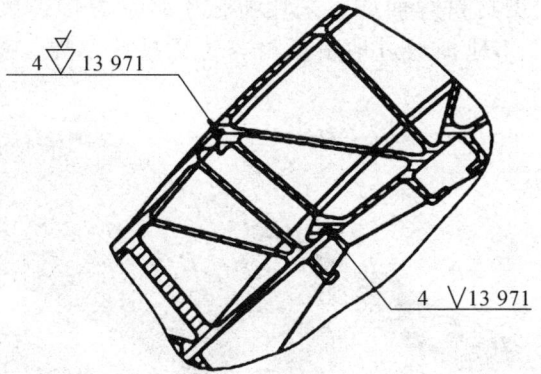

图 2-109　侧墙与车顶连接结构

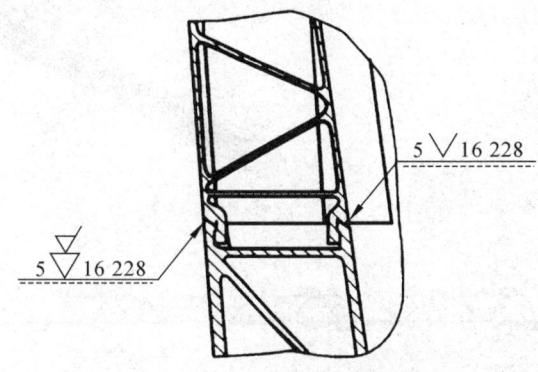

图 2-110　侧墙与底架连接结构

侧墙、车顶、底架形成的筒形结构与端墙、司机室靠弯曲的连接板焊接组成，连接板的宽度可以现车匹配，以便调整整个车体的长度尺寸，如图 2-111 所示。

1. 底架

底架主要由两大部分组成，即底架中部结构和底架前端结构，如图 2-111 所示。底架中部结构包括地板、边梁两部分，边梁纵向贯通，底架前端结构和地板均与边梁焊接。底架前端结构和地板通过连接梁、连接板相连，连接梁为型材，连接板可以调整宽度。

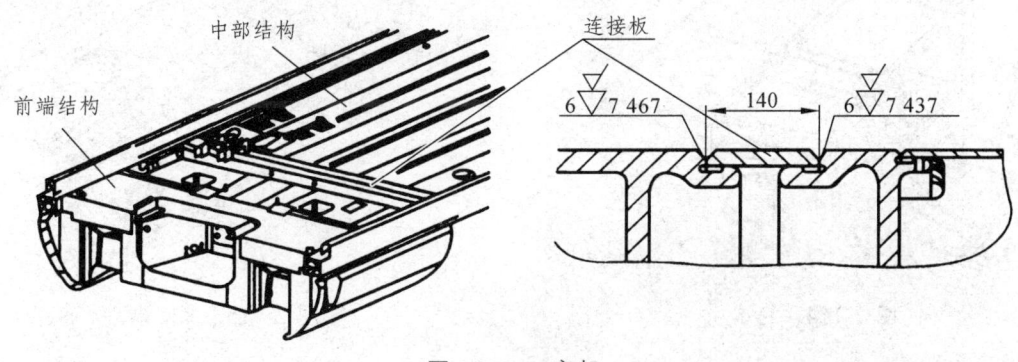

图 2-111　底架

1)底架中部结构

底架中部结构包括地板、边梁两部分,如图 2-112 所示。地板由 6 块 80 mm 厚的带有相同 C 形槽的挤压铝型材拼焊而成,采用机械手自动焊接,仅在端部采用手工焊接,组焊好的地板整体机加工。地板通过地板型材与边梁搭接角焊,强度能够得到保证,如图 2-113 所示。

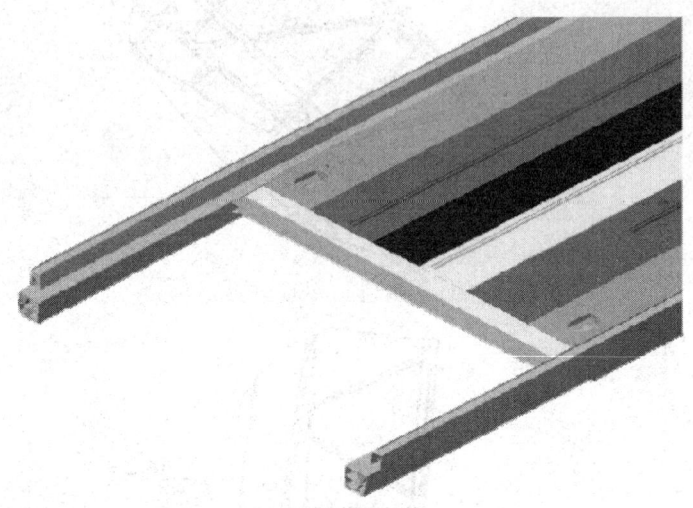

图 2-112 底架中部结构

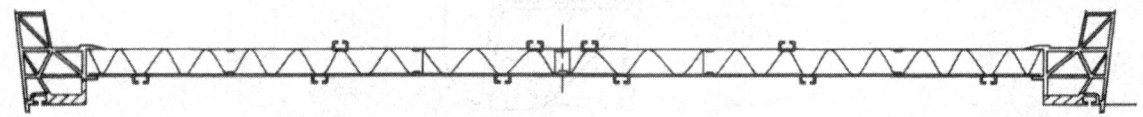

图 2-113 地板和边梁的连接形式

2)底架前端结构

底架前端结构分为 F 端和 KK 端(见图 2-114 和图 2-115),F 端用于司机室端,其余均为 KK 端,除了与车钩、排障器的安装接口不同外,其他结构基本相同。

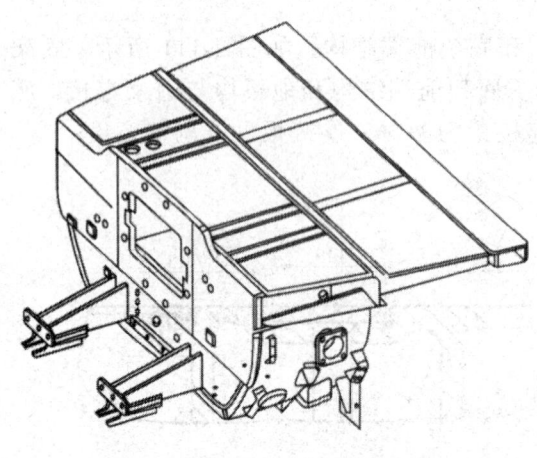

图 2-114 F 端

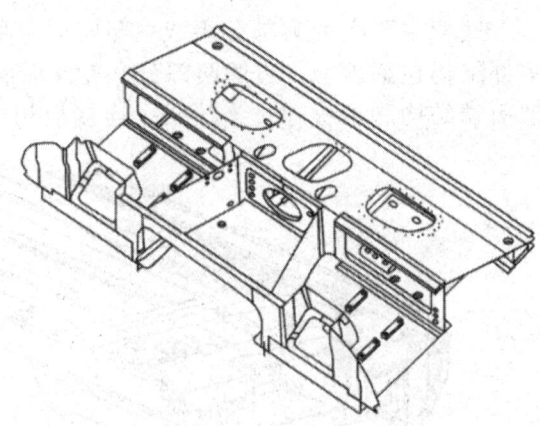

图 2-115 KK 端

2. 侧墙

侧墙主要由侧墙下部型材、窗口下部型材、窗间型材、窗口上部型材和侧墙上部型材 5 块大型中空铝型材拼焊而成。各车侧墙的外部轮廓及型材断面组成均相同，如图 2-116 所示。

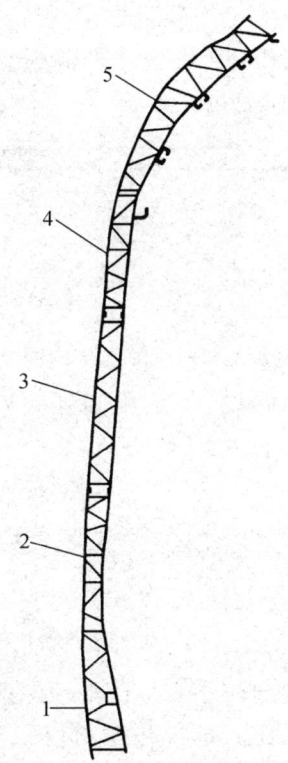

1—侧墙下部型材；2—窗口下部型材；3—窗间型材；4—窗口上部型材；5—侧墙上部型材。

图 2-116 侧墙结构图

除窗间型材 3 外，型材 1、2、4、5 均为连续通长的中空挤压型材。通过型材 1 和 2 的插接结构可以调节整个侧墙的公差和角度，如图 2-117 所示。

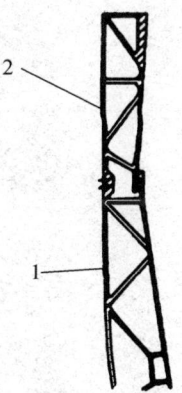

1—侧墙下部型材；2—窗口下部型材。

图 2-117 侧墙下部型材和窗口下部型材连接方式

3. 车顶

车顶为车体整体筒形结构的一部分，除考虑车体整体承受的纵向载荷及垂向载荷以外，还要考虑车内风道、线槽、顶板、行李架等内部设备的安装。车顶强度满足体重 100 kg 的工作人员在车顶行走而不发生永久变形。

车顶主要有高顶结构和平顶结构（安装受电弓等车顶设备）两种。

高顶结构主要由 1 块车顶中间板、2 块中间外侧板和 2 块侧顶板，共 3 种断面 5 块大型中空铝型材拼焊而成，如图 2-118 所示。

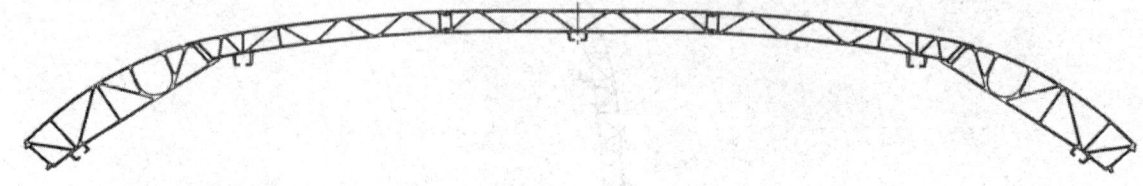

图 2-118　高顶结构图

平顶结构也主要由 1 块车顶中间板、2 块中间外侧板和 2 块侧顶板，共 3 种断面 5 块大型中空铝型材拼焊而成，如图 2-119 所示。

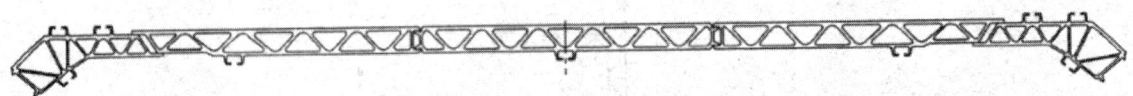

图 2-119　平顶结构图

由于平顶型材整体的截面厚度比较小，并且平顶轮廓不是便于承载的拱形结构，所以型材上下面及中间筋的材料厚度均比其他部位型材厚很多。

根据安装设备的不同，车顶分为 EC 车车顶，设有空调安装座及开孔，其总长度为 17 746 mm，TC 车车顶设有空调安装座及开孔和安装受电弓等设备的大平顶，其总长度为 23 820 mm；IC 车车顶设有空调安装座及开孔，其总长度为 23 785 mm；BC/FC/SC 车车顶设有空调安装座和开孔，以及安装其他设备的小平顶，其总长度为 23 820 mm，如图 2-120 ~ 图 2-123 所示。

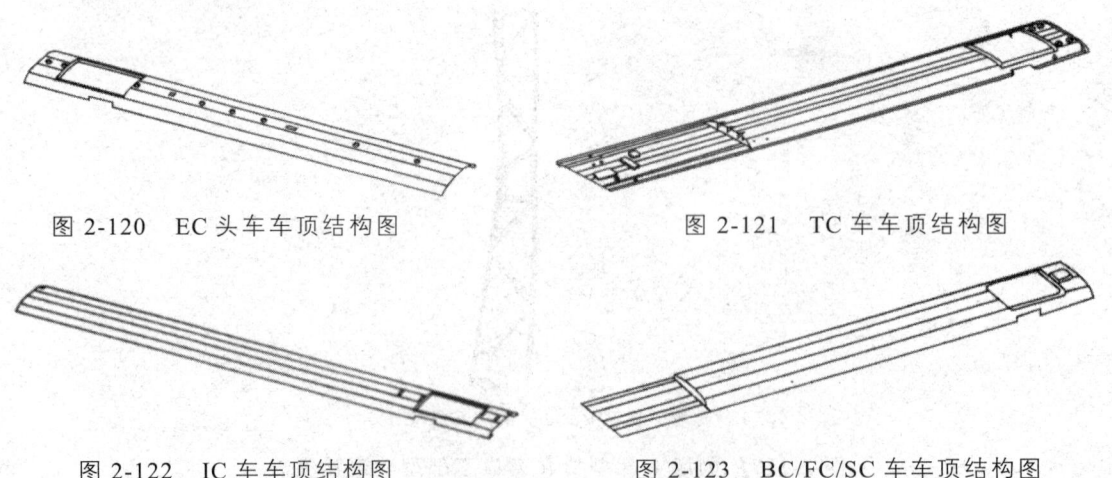

图 2-120　EC 头车车顶结构图　　　　　图 2-121　TC 车车顶结构图

图 2-122　IC 车车顶结构图　　　　　　图 2-123　BC/FC/SC 车车顶结构图

4. 端墙

端墙主要由4部分组成，即门框、端角柱、端墙板和端墙附件，如图2-124所示。

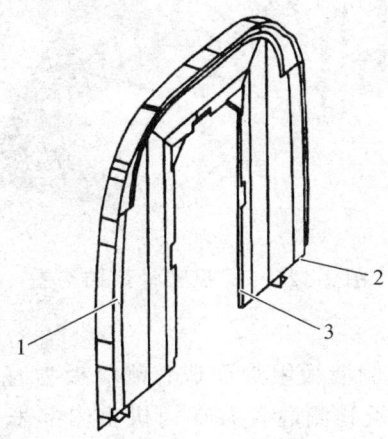

1—端角柱；2—端墙板；3—门框。

图2-124 端墙结构图

5. 司机室

头车的司机室为板梁结构，司机室的梁、柱、墙顶板基本是采用开口型材和板材。司机室由6部分组成，即司机室前端、司机室后框、司机室左侧墙、司机室右侧墙、司机室车顶和司机室前窗挡风玻璃安装框，如图2-125所示。

图2-125 司机室结构图

司机室的骨架由车顶骨架、侧墙骨架、前端骨架、后框和前窗挡风玻璃安装框组成，骨架结构如图2-126所示。

司机室的骨架除窗间立柱外，基本采用的是槽形和乙形的开口型材，各梁柱之间通过开V形或Y形坡口进行焊接。

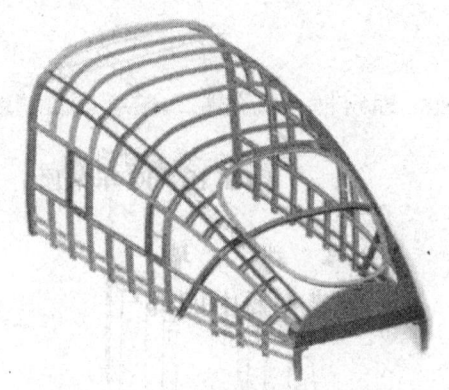

图 2-126 司机室骨架结构图

1）司机室侧墙

司机室侧墙由侧墙骨架和侧墙板组焊而成，侧墙板为有压筋的 4 mm 厚的铝板，侧墙骨架为槽形或乙形型材，侧墙板和侧墙骨架在司机室内部采用段焊，在司机室外部的侧墙板的连接焊缝采用封闭焊。司机室侧墙板如图 2-127 所示。

图 2-127 司机室侧墙板

2）司机室车顶

司机室车顶由车顶板和车顶骨架组成，车顶板由 5 块带压筋的顶板和前窗挡风玻璃安装框组成。前窗挡风玻璃安装框由 5 根型材拼焊而成，中间的隔框由方形铝型材弯制而成，如图 2-128 所示。

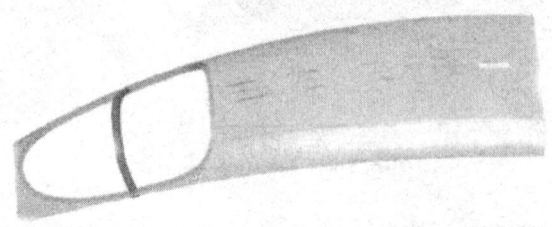

图 2-128 司机室车顶板

3）司机室与车体的连接方式

司机室安装在底架上，与底架组焊在一起，并与侧墙和车顶相连，如图 2-129 所示。

司机室组装在底架上后，司机室侧墙立柱和侧墙板与底架相连，与侧墙、车顶的连接通过连接板的方式进行，连接板在连接两个大部件时，在宽度上可调，具有良好的工艺性。

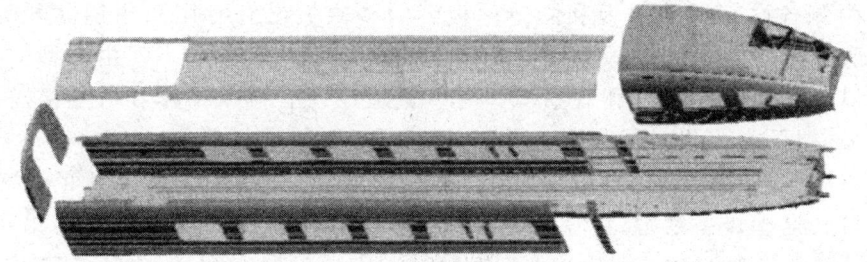

图 2-129　司机室与车体的连接

（二）车体附件

1. 设备舱

为减少空气阻力、保护车下设备、确保列车的安全运行，高速列车车下通常设计和安装具有导流、防护、检修功能的车下非承载结构的设备舱，如图 2-130 所示。

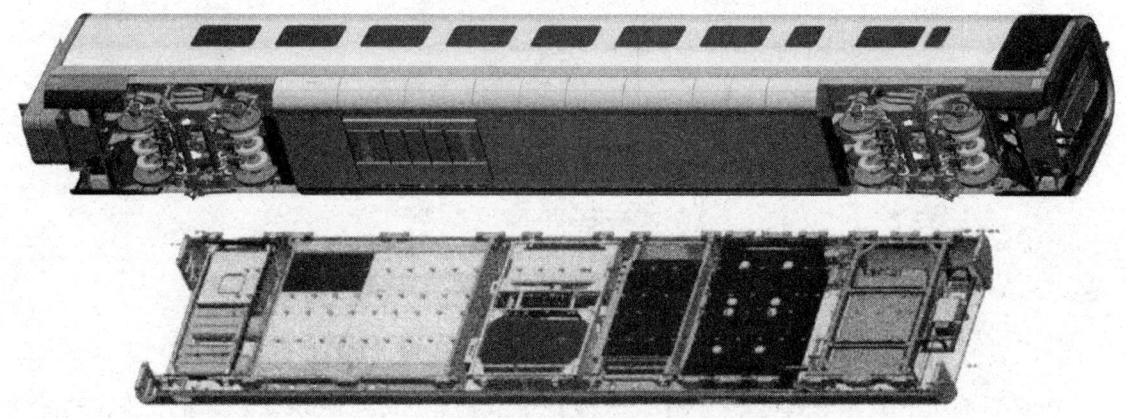

图 2-130　设备舱

设备舱主要由裙板、底板、设备舱支架等部分组成，如图 2-131 所示。

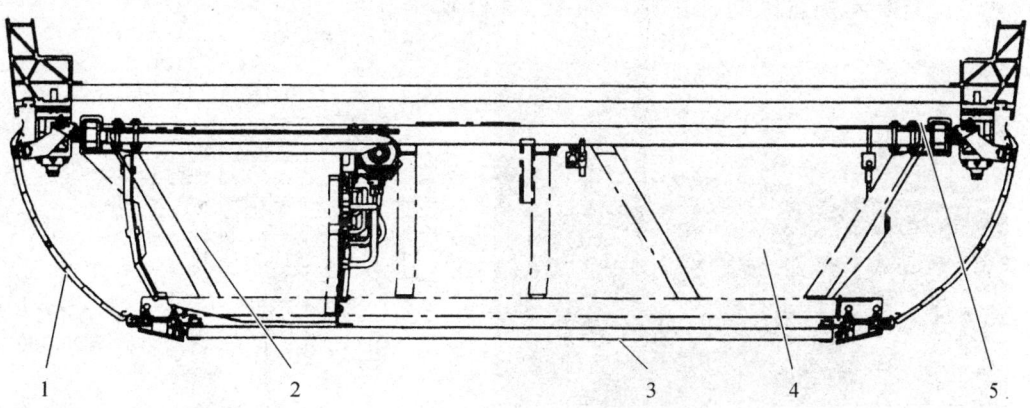

1—裙板；2—设备舱支架；3—底板；4—车下设备；5—车体底架。

图 2-131　设备舱组成断面图

设备舱两侧各设有活动裙板和固定裙板，活动裙板设有专用四角钥匙开闭的锁闭机构。设备舱底板采用上下面铝板、中间铝蜂窝夹层结构。设备舱支架由铝型材组焊而成。部分裙板上设置设备操作用门和观察口，有些裙板还设有排风格栅和散热格栅。

1）500 kg 以下车下设备吊装

500 kg 以下设备用地板滑槽吊装，滑槽有足够的强度。此种质量等级的代表设备有牵引电机通风机，这些设备通过 T 形滑块吊装在车体底架 C 形槽上。设备与吊座设有橡胶减震元件。滑块规格为 M10，螺栓采用 ISO3506-1 六角头螺栓 M10×40，如图 2-132 所示。

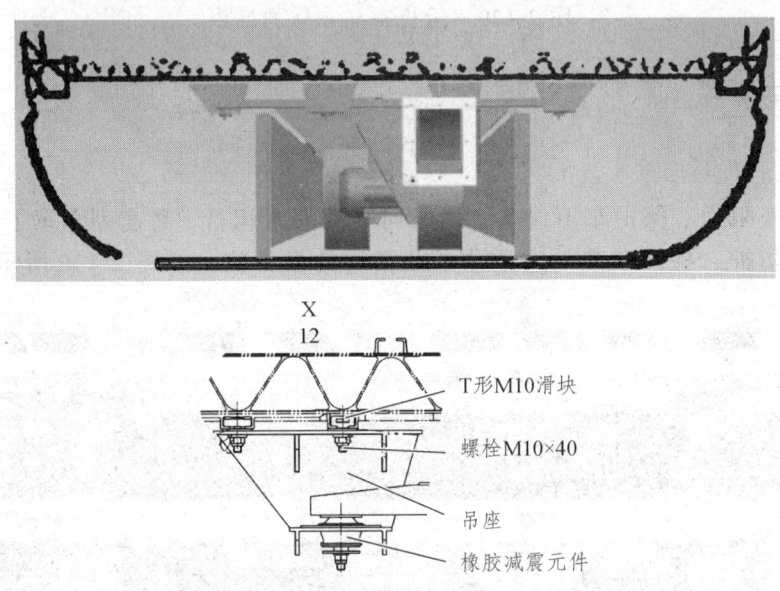

图 2-132　500 kg 以下车下设备吊装

2）500～1 000 kg 车下设备吊装

边梁断面大，且壁较厚，为了有效分散集中载荷，500～1 000 kg 设备吊装在边梁上。此种质量等级的代表设备为电池充电机。这些设备采用底架边梁吊装方式，每个吊点均配备橡胶减震元件。吊装螺栓采用 ISO898-1 六角头螺栓 M20×160 和 ISO898-1 六角头螺栓 M20×150，但是不配备纵向冲击座，如图 2-133 所示。

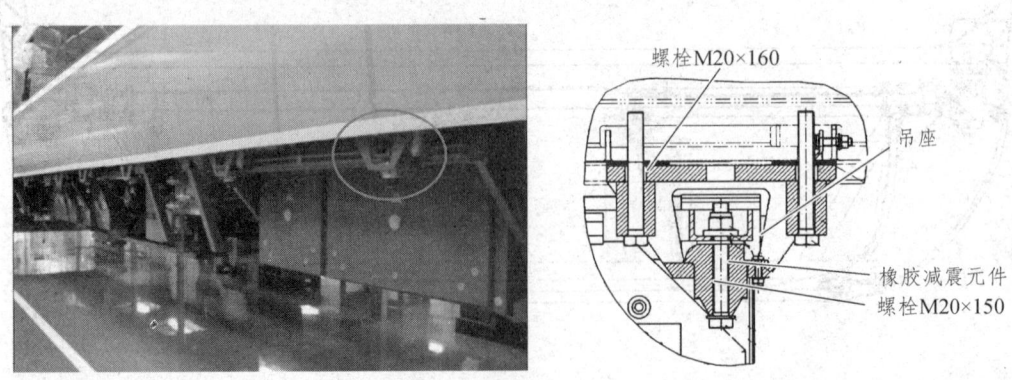

图 2-133　500～1 000 kg 车下设备吊装

（3）1 000 kg 以上车下设备吊装

1 000 kg 以上设备也吊装在边梁上。此种质量等级的代表设备有牵引变流器及冷却单元、主变压器及冷却单元、双辅助变流器等。这些设备均采用底架边梁吊装方式，每个吊点均配备 V 形橡胶减震元件，同时配备纵向冲击座。吊装螺栓采用 ISO898-1 六角头螺栓 M20×160 和 ISO898-1 六角头螺栓 M20×150，如图 2-134 所示。

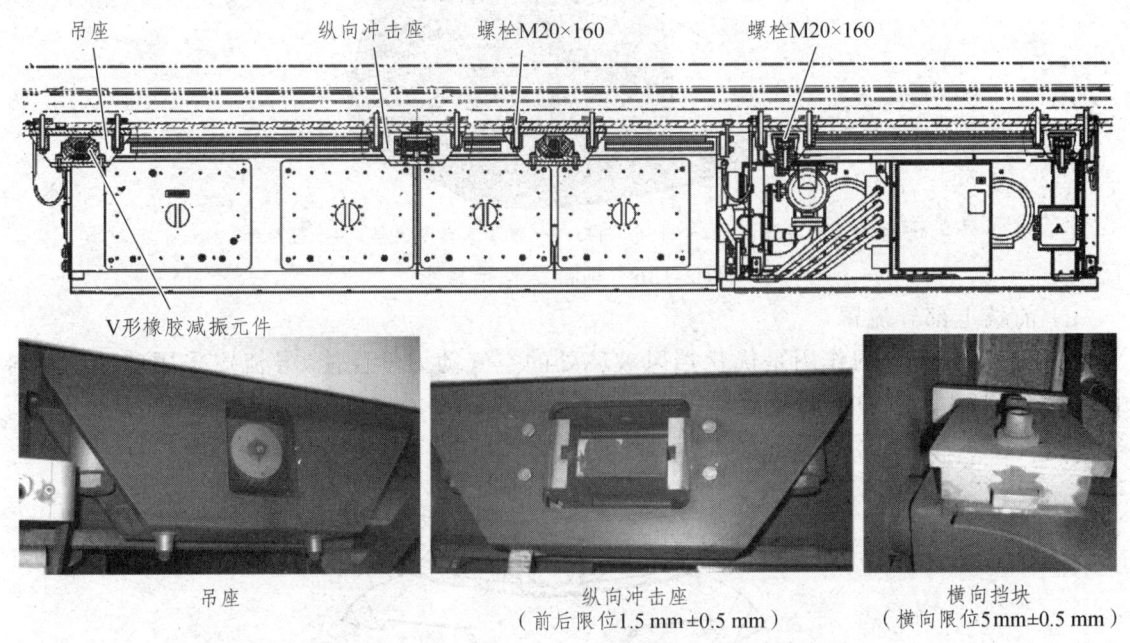

图 2-134　1 000 kg 以上车下设备吊装

2. 头车前部结构

列车头部外形的流线化直接影响整个列车的气动特性，良好的车头外形曲面设计可有效降低运行时的空气阻力及列车交会压力波等问题。CRH380B 型动车组车头外形的导流罩和开闭机构采取了鼻形圆锥体流线型结构，以减小列车在高速行驶过程中的空气阻力，如图 2-135 所示。

图 2-135　CRH380B 型动车组空气动力学车头外形

空气动力学的车头前部结构包括前端上部导流罩、开闭机构、前端底部导流罩、排障器几部分，如图 2-136 所示。

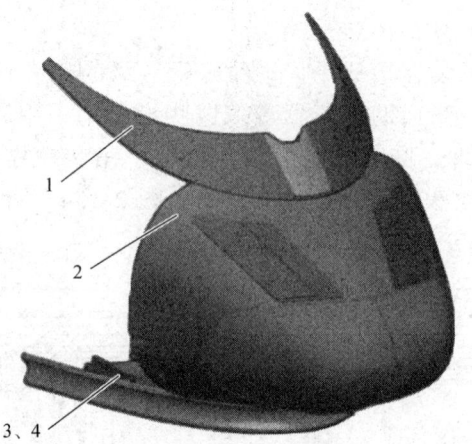

1—前端上部导流罩；2—开闭机构；3—前端底部导流罩；4—排障器。

图 2-136　前部结构示意图

1）前端上部导流罩

前端上部导流罩的作用是优化挡风玻璃处的空气动力学性能。导流罩采用玻璃钢材料制作，图 2-137 所示为上部导流罩组成图。

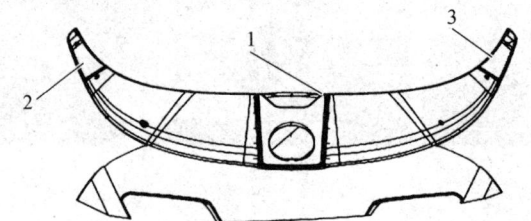

1—上部信号灯罩板；2—上部导流罩（右）；3—上部导流罩（左）。

图 2-137　上部导流罩组成图

2）开闭机构

每节头车（EC01/EC08）设有自动开闭机构（也可手动开闭），具有良好的空气动力学外形，在动车组正常运行期间，开闭机构处于关闭状态，以防止叶片、灰尘和冰雪的进入。在重联、回送和救援工况，可打开开闭机构，伸出自动车钩以实现车辆连挂。

开闭机构主要由舱门、机械结构、锁闭机构、玻璃钢前端等组成，如图 2-138 所示。

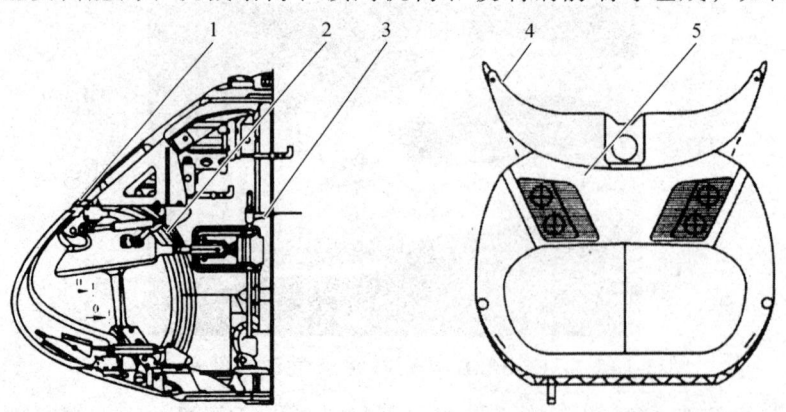

1—舱门；2—机械结构；3—锁闭机构；4—上部导流罩；5—玻璃钢前端。

图 2-138　开闭机构的组成图

开闭机构的玻璃钢前端通过螺栓与车体固定，为玻璃钢承载开闭机构。在机械机构上装有锁闭机构，通过气动气缸或人工操作，实现开闭机构舱门的打开和锁闭。

开闭机构打开后的空间应能满足车钩在正常牵引、压缩状态下的各种动作要求，车钩与开闭机构的相对位置示意图如图 2-139 所示。

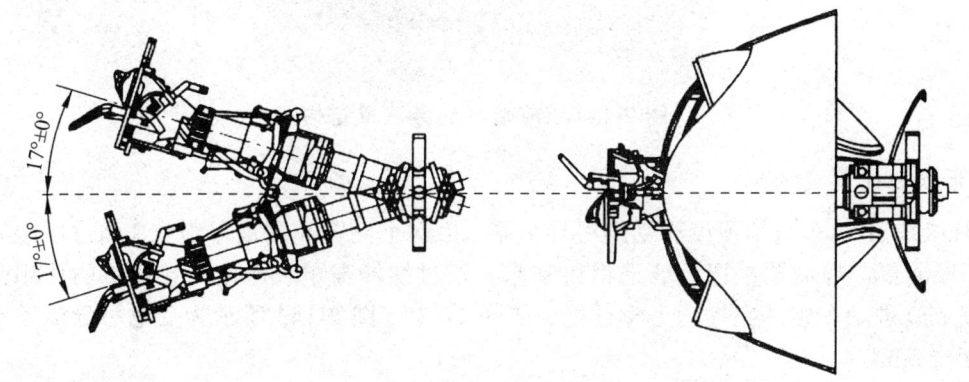

图 2-139　车钩与开闭机构相对位置示意图

3）排障器

司机室前端下方装有排障器，排障器中央的底部能承受 137 kN 的静压力。排障器由型材组焊而成，内置吸能管排通过螺栓固定在司机室的下方。其距轨面高度名义尺寸为 245 mm，并满足车轮踏面磨耗，图 2-140 为排障器结构图。

图 2-140　排障器结构图

4）前端底部导流罩

底部导流罩的作用是优化空气动力学性能并防止石头或小动物损坏导流罩后面的部件，采用玻璃钢材料制作。

底部导流罩分为左侧导流板、右侧导流板。它与排障器的连接通过嵌入式衬套实现，与开闭机构、侧导流罩没有机械连接，这样可以保证在与异物发生碰撞时可以及时更换，不会伤及其他部件，图 2-141 所示为前端底部导流罩结构图。

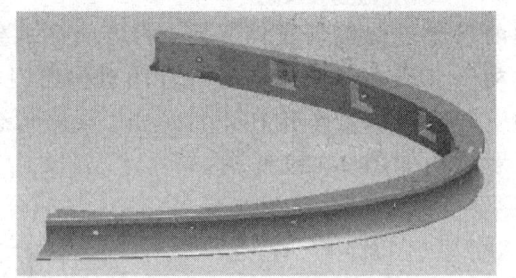

图 2-141 前端底部导流罩结构图

3. 车顶导流罩

CRH380B 型动车组车顶设有受电弓导流罩（由两个侧罩和圆顶罩组成）和过压限制电阻（MUB）导流罩。导流罩采用玻璃钢材料制作，通过螺栓与车顶连接。导流罩的作用是保护车顶设备、改进动车组的空气动力学性能，如图 2-142、图 2-143 所示为受电弓导流罩和过压限制电阻导流罩。

图 2-142 受电弓导流罩

图 2-143 过压限制电阻导流罩

二、车内设备

CRH380B 型动车组大部分车内设备与 CRH380A 型动车组相似，但车门系统差异较大。

1. 侧门

CRH380B 型动车组侧门采用带站台补偿器的压力密封型电动单扇塞拉门，门完全关闭时，门扇外表面与车辆的外表面平齐，如图 2-144 所示。

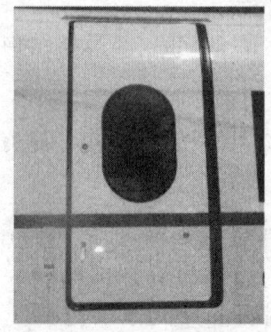
图 2-144 塞拉门

塞拉门因其门扇在开闭过程中有塞和拉的动作而得名。运动轨迹如图 2-145 所示。

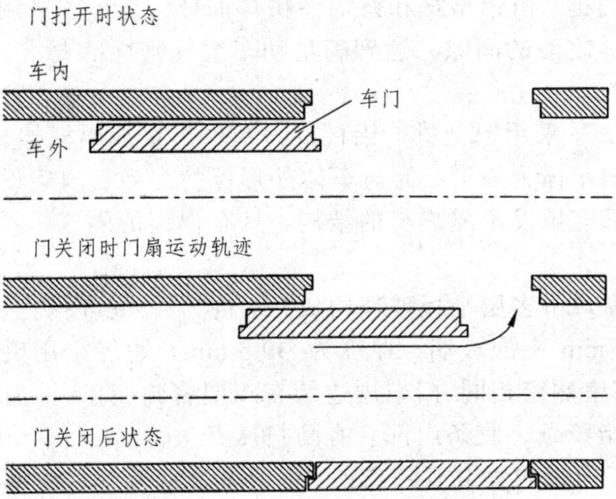

图 2-145 塞拉门运动轨迹

塞拉门设置在 EC01/08 车的中部，TC02/07 和 IC03/06 车的两端，FC04 车的 1 位端，餐车 BC05 不设塞拉门。塞拉门门宽约 900 mm，高约 2 050 mm。EC01/08 车的塞拉门向司机室的方向打开，其余塞拉门向转向架方向打开。

塞拉门主要包括：门框、驱动单元、设备安装架（又叫侧立集成机构）、门扇、内部操作面板、外部操作面板、电气部件等部分，如图 2-146 所示。

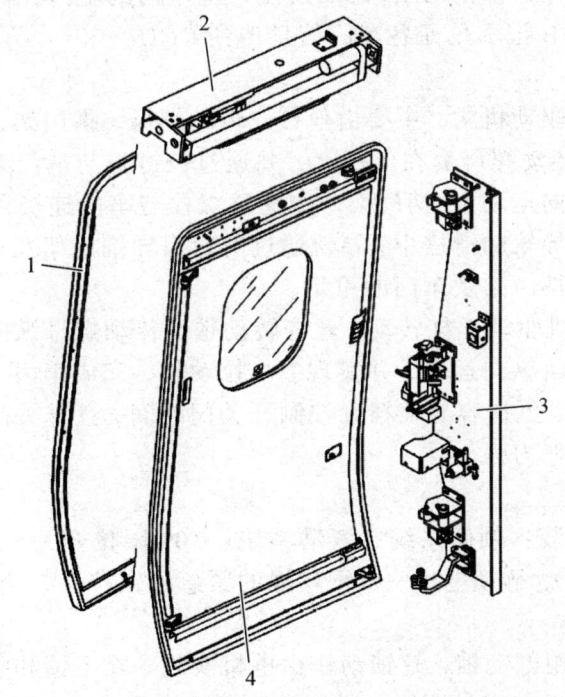

01—门框；02—驱动单元；03—设备安装架；04—门扇。

图 2-146 塞拉门结构

1）门框

门框采用整体式门框，由铝型材和铸铝件拼焊而成，与车体采用螺栓紧固连接，采用密封胶封堵门框与车体之间的间隙，达到满足动车组气密性的要求。

2）门扇

门扇厚度为43 mm，采用铝型材、铝板及铸铝件焊接成铝框架，内、外面覆盖铝板，中间层注入发泡剂。因车体为鼓形，为与车体外形保持一致，门扇设计为弧形，四角为圆弧形。因门扇采用内部充填发泡隔热材的结构，具有很高的隔音、隔热性能，也具有一定的气密性能。

门上设有窗户，窗户由多层平板玻璃构成，结构为：5 mm 钢化玻璃+24 mm 间隙（间隙中填充气体）+10.5 mm 夹层玻璃，厚度为 39.5 mm，边缘采用黑色丝网印刷，黏接在门板上，窗户颜色与客室侧窗相同。门扇周边装有双层密封胶条（即内层胶条和外层胶条）、外层胶条的前端为护指胶条，胶条内部装有防挤压开关。

门下部装有导轨。门板内集成有隔离锁，可通过方形钥匙从内部或外部手动操作进行侧门的机械隔离，并通过隔离锁锁舌触动设备架上的限位开关，实现电隔离。门板上设有接地线。内外部各设有一个扣手。门板外部中上部位置设有外部开关门按钮。

3）门控器（DCU）

每辆车中有一个门配有一个主门控器，其他门配备从门控器。门控器包括一个 CAN 总线接口和一个 RS232 服务接口。门控器相当于门的大脑，他可以接受 CCU 传出的集控开门、门释放信号，还可将门状态信息传回 CCU。

单个车内车门的门控器都由 CAN 总线连接，单车内的主门控器把本车各门的状态信息传给 MVB，通过 MVB 把本单元各车门信息传到 CCU。

4）驱动单元

驱动单元采用丝杠驱动机构，主要由丝杠、传动螺母、携门架、导轨、导管等部分组成，如图 2-147 所示。传动螺母套在丝杆上，并通过铰链板与携门架连接（铰链板允许传动螺母和携门架相对横向运动）；携门架一侧通过螺栓与车门连接，另一侧套在导管上，携门架上面的滑轮卡入导轨的滑槽中；导轨通过滑轮引导携门架及车门沿轨道运动；导管可横向移动，用于支撑携门架及车门的重量。

开关门时，驱动电机驱动丝杠转动，丝杆转动带动传动螺母纵向运动，传动螺母通过铰链板带动携门架沿导轨纵向运动，并实现塞、拉动作，完成车门开、关。丝杠驱动机构采用直流电机驱动，可以更加容易地精确控制开关门时间，且开关门的速度，在行程内可实现多段可调，耐低温能力强。

5）设备安装架

设备安装架主要安装：锁闭系统、气动系统、10%限位开关（门关闭和锁紧）、98%限位开关（门基本关闭）、解锁电机、带钢丝绳的紧急解锁拉手、"紧急操作"按钮和报警蜂鸣器等部件。

锁闭系统：主锁采用电动锁，解锁动作由电机实现。除主锁和隔离锁之外，上、下各设一个气动加压锁，可提高密封性能，增加系统可靠性。

内外操作装置设置了紧急操作手柄。在内外操作装置和主锁间的传动装置上设有电磁离合器，因此在列车高速运行时，即使操作紧急手柄也无法打开车门，提高了安全性能。

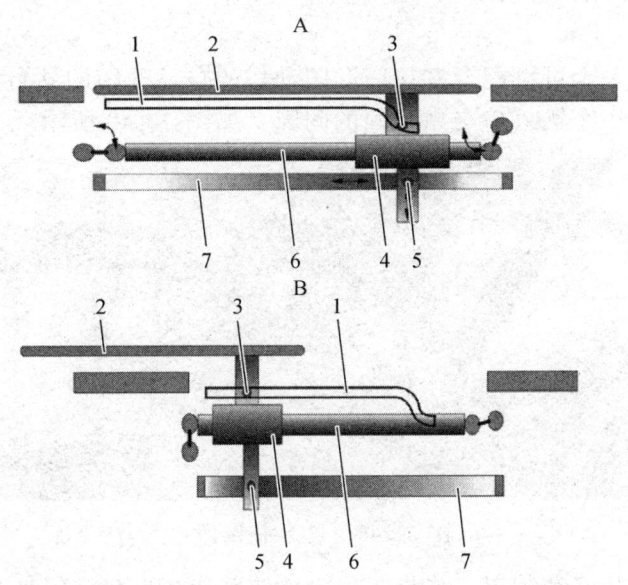

A—门关闭时的状态；B—门打开时的状态；1—导轨；2—门扇；3—滑轮；
4—携门架；5—传动螺母；6—导管；7—丝杆。

图 2-147 驱动单元

气动系统：为气动加压锁的供气单元，其压力表安装位置，设置在人目视高度，便于查看读数。

6）内部和外部控制单元

内部控制单元上设置开关门按钮、紧急开关、内部紧急解锁手柄、蜂鸣器等，外部控制单元上设置外部紧急解锁手柄、司机钥匙操作型开关（仅用于 EC01/EC08）等，如图 2-148 所示。

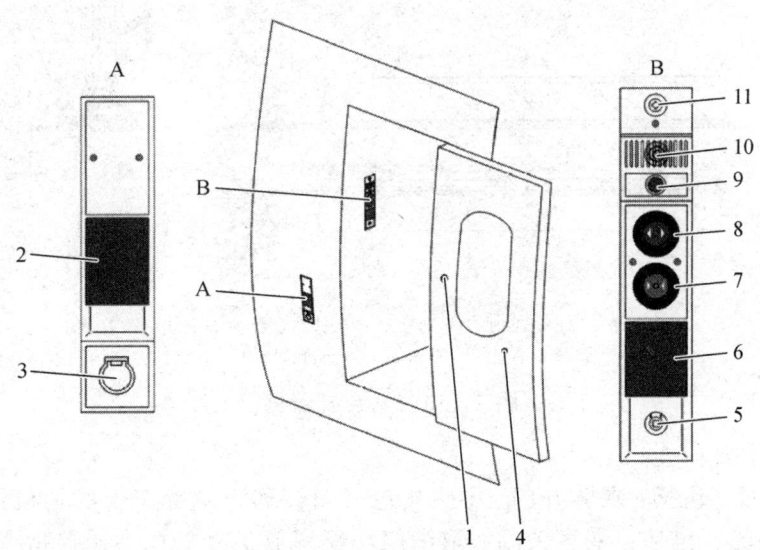

A—外部控制单元；B—内部控制单元；1—外部乘客按钮"本地开启外门"；2—紧急解锁手柄；3—司机钥匙操作型开关（仅用于 EC01/EC08）；4—方形钥匙操作型门锁；5—方形钥匙操作型开关"遥控关门"；6—紧急解锁手柄；7—乘客按钮"本地关闭外门"；8—内部乘客按钮"本地开启外门"；9—紧急开关（安全玻璃后面的压力开关）；10—声报警装置；11—紧急开关（用方形钥匙解除车门驱动）。

图 2-148 内部和外部控制单元示意图

7）站台补偿器

每个塞拉门配备一个可以配合塞拉门开闭动作的自动开闭的站台补偿器，在塞拉门处于打开状态时，可减小车辆入口与站台间的间隙，如图2-149所示。

图 2-149　站台补偿器

站台补偿器为电控气动装置，并与塞拉门协调动作。当塞拉门打开到150 mm时站台补偿器开始向下转动翻板，直至完全打开。当塞拉门关闭到仅剩约300 mm的开口宽度时站台补偿器向上转动翻板，直至完全收起。站台补偿器结构如图2-150所示。

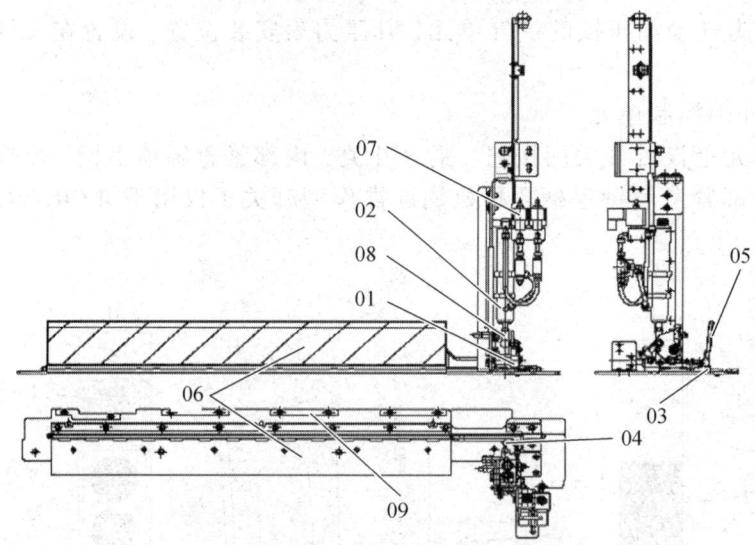

1—限位开关；2—汽缸；3—铰接杆；4—橡胶缓冲器；5—橡胶板；
6—防滑涂层；7—电磁阀；8—角接；9—止块。

图 2-150　站台补偿器

8）塞拉门主要功能

（1）开门功能，包括：乘客开门、中央集控开门及通过端部车上的司机钥匙开关开门。

（2）关门功能，包括：乘客关门、取消门功能释放信号关门、遥控指令关门、门控器服务按钮关门即通过速度信号关门。

（3）防挤压功能。

（4）故障隔离功能。

（5）紧急解锁功能。
（6）乘务员钥匙开关功能。
（7）故障指示、诊断和记录功能并可通过读出器读出记录数据。
（8）自诊断功能。
（9）零速保护。

2. 外端拉门

外端拉门（风挡门）位于中间车的两端和头车的尾端，是风挡与客室间的通道，外端拉门分手动和自动两种，除 EC01/EC08 车的 2 位端和 BC05 车的两端设有自动外端门外，其余为手动外端拉门（见图 2-151）。

图 2-151　外端拉门

自动外端门接受来自集成在门机构两侧的运动探测器的开门脉冲信号后开门。超过预设的保持开门时间（约 10 s）之后，门通过机械装置自动关闭。该驱动系统保证当其电气或气动源关闭或故障时门扇停在或移动至关闭位置。

可通过按下布置在门两侧的其中一个紧急按钮来关闭该门系统，也可使用方形钥匙将门锁在打开和关闭位置上。在此两个位置上，信号发送器会处于激活状态，进而对门系统实施程控切断。

自动外端拉门结构如图 2-152 所示，主要由门扇和上部的门机构组成，门机构如图 2-153 所示。

电机通过减速器驱动皮带轮旋转带动齿形带运动，齿形带拖动上导轨上的携门架运行，携门架带动门扇移动，通过 DCU、开关和传感器实现门的控制，双开门是通过齿形带实现同步开关的。

外端拉门是防火门，执行 DIN5510 标准，要求耐火不少于 15 min。因此，自动外端拉门的机械和电气部分均有特殊设计。电气部分在环境温度超过预定极限时，会自动切断总电源，防止产生误动作；机械部分具有自动关门功能；玻璃门扇的玻璃采用特种防火耐高温玻璃；门扇四周设有用特殊材料制成的遇火即膨胀的密封带，起到隔绝烟雾和火焰的作用。即使在电气或气动源失效或控制板故障情况下，自动外端拉门也可手动打开和关闭，以保证紧急撤离和逃生时可用。当有烟雾时，列车乘务员可激活装于门梁区的紧急按钮将门打开。

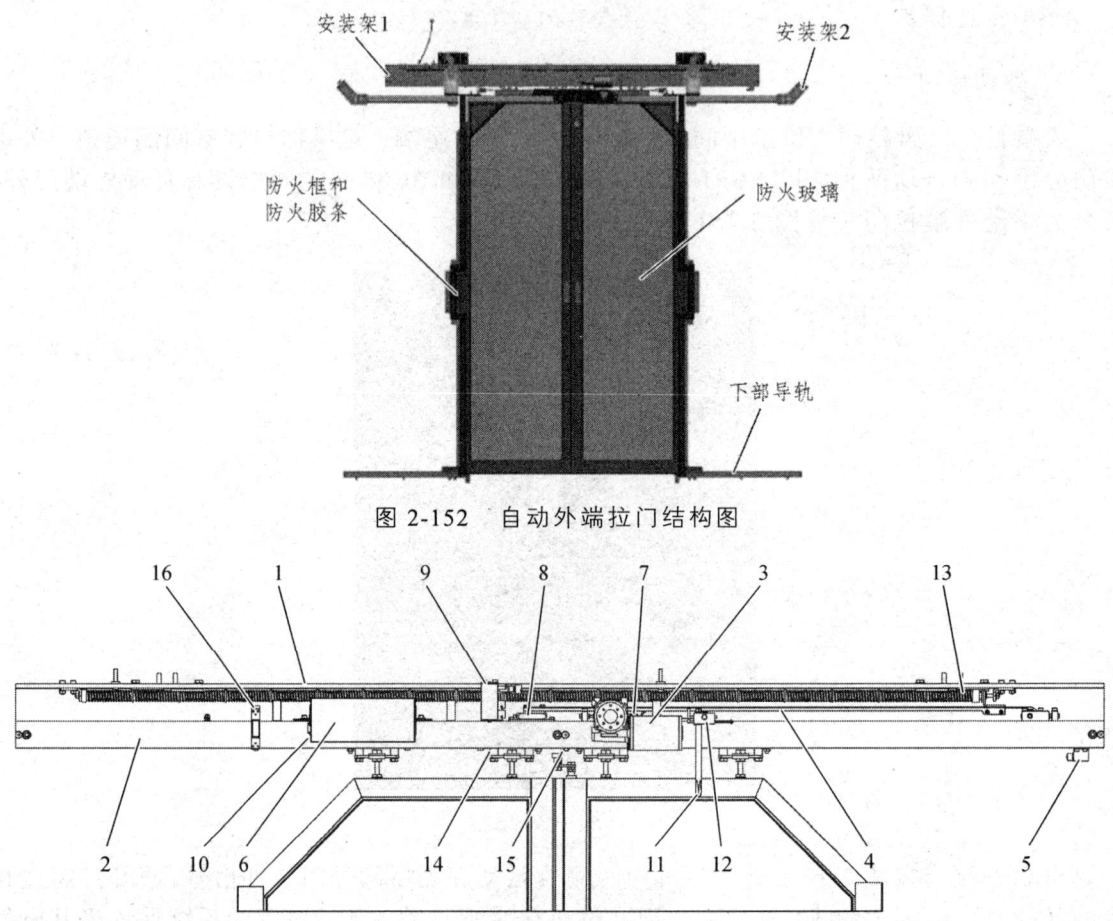

图 2-152　自动外端拉门结构图

1—框架型材；2—顶盖型材；3—电机单元；4—齿形带机构；5—开门止挡；6—带集成变压器的数字控制单元（DCU）；7—脉冲传感器；8—主传感器；9—连接器/电缆；10—电源开关；11—开门锁定装置；12—开门锁定指示器传感器。13—关门弹簧；14—携架；15—关闭锁紧指示器传感器；16—故障指示继电器。

图 2-153　自动外端拉门门机构结构图

自动外端拉门设双向防挤压装置，当门在打开与关闭过程中遇到障碍物时会退回。防挤压装置的敏感性设置成可识别 30 mm × 60 mm 的物体，挤压力小于 150 N。

手动外端拉门在正常运行情况下，门扇被锁定在打开位置上。如果此门被关闭，从门扇两侧均可使用方形钥匙将门锁定在关闭位置。手动外端拉门与自动外端拉门相比除无电器部分部件外，其他相同。

3. 内端拉门

内端拉门位于各车通过台与客室之间，设置在 EC01/08 车的观光区和两端，TC02/07、IC03/06 和 FC04 车的两端，BC05 的 1 位端，为单扇电动拉门。

内端门设置在 EC01/08 车的 1 位端，TC02/07、IC03/06 和 FC04 车的两端，座车 BC05 的 1 位端，餐车 BC05 不设内端门。其中单扇内端门设置在 EC01/08 车的观光区 TC02/07 和 IC03/06 车的 1 位端，FC04 车的两端，其余端部安装的内端门均为双扇内端门。内端拉门的门扇为普通玻璃（见图 2-154）。内端拉门系统原理与自动外端拉门基本相同，电机通过减速器驱动皮带轮旋转，带动齿形带运动，齿形带拖动上导轨上的滑车运行，滑车带动门扇移动，通过 DCU、开关和传感器实现门的控制。内端拉门也设置了防挤压装置。

图 2-154　内端拉门

三、车顶设备

CRH380B 型动车组车顶主要配置有受电弓、主断路器、保护接地开关、避雷器、高压隔离开关、电压互感器、电流互感器、支撑绝缘子、车顶高压电缆、车间跨线电缆、防护无线电天线、无线电信号天线以及 FM 天线等，主要是高压系统和天线。高压系统除车顶高压电缆和车间跨接电缆外，其余组件都位于两变压器车（TC02/TC07）的车顶，如图 2-155 所示。

微课：CRH380B 型动车组车顶设备

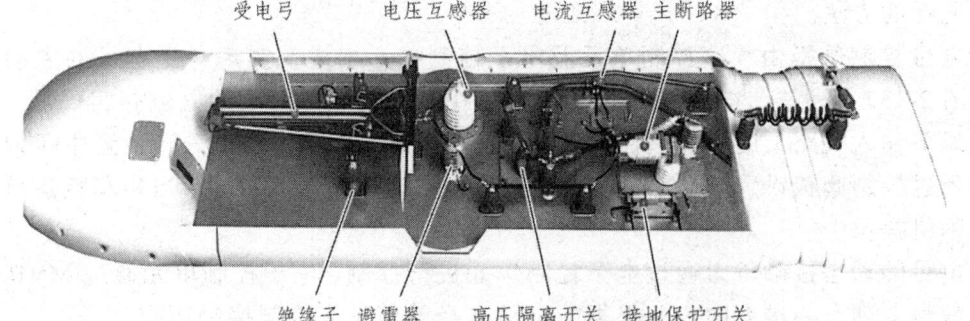

图 2-155　CRH380B 型动车组车顶主要设备

（一）受电弓

CRH380B 型动车组在两辆变压器车（TC02/TC07）车顶 2 位端设置受电弓以及与之相关联的高压设备，受电弓型号为 CX-PG 型，结构如图 2-156 所示。

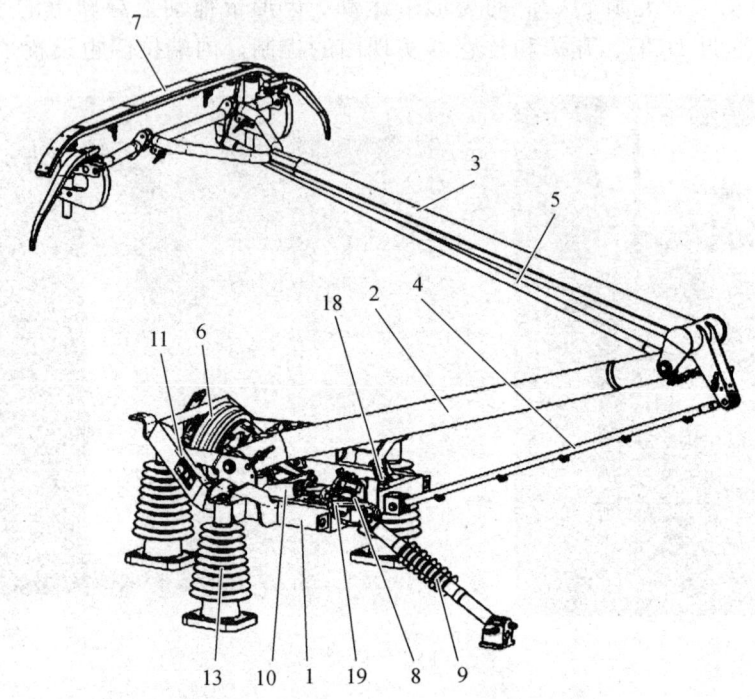

1—底架；2—下臂；3—上臂；4—下拉杆；5—上拉杆；6—平衡系统；7—弓头；8—自动降弓装置；9—APIM 装置；10—减震器；11—铭牌；13—绝缘子；14—M16×120 螺栓；15—16 号垫圈；16—16 号垫圈；17—衬垫；18—止挡；19—管路。

图 2-156 CX-PG 型受电弓结构图

受电弓设计为单臂受电弓。受电弓配备了一个压缩空气驱动的自动升降装置，当碳滑板破裂时驱动装置将快速降弓。在碳滑板的碳条中有一条沟槽，里面充满来自驱动装置的压缩空气，如果碳条断裂，压缩空气就会泄漏，底部驱动装置就会通过一个快速排气阀将受电弓降下，同时主断路器被断开以免由于拉弧引起设备损坏。当滑板托架被检测到损坏时采取同样的方法。

受电弓控制阀板由气路控制单元及电子控制单元构成，实现对受电弓的主动精确控制。如图 2-157 所示。受电弓升起是通过安装在电子控制单元上的电磁阀实现的。升弓时间通过调节输入气路上的可调阀门。降弓时间、静态接触力、自动升降装置中压力开关的压力均通过控制阀板设置。控制阀板所需的压缩空气由总风管提供，当列车整备时由辅助空气压缩机提供。

受电弓的动态接触压力通过电子控制单元进行控制，电子控制单元通过 MVB 接受列车速度信号、列车前进方向、并根据受电弓本身的地址来控制接触压力。

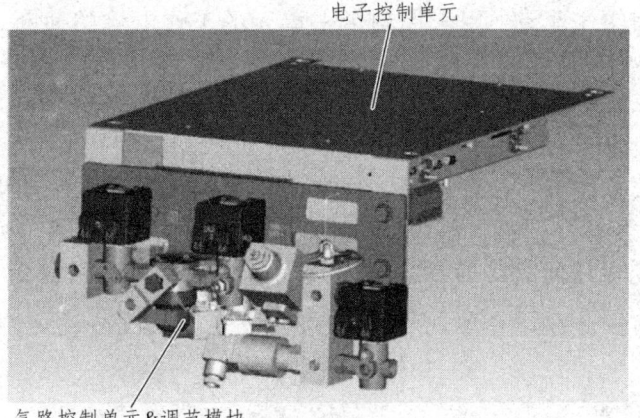

图 2-157 受电弓控制阀板

受电弓控制原理：

（1）升弓过程：受电弓的升弓动作信号由司机室通过激活主供风阀来实现。此阀提供的过滤压缩空气通过压力调节器进入受电弓气囊。大约 8 s 之后，受电弓上升到接触网高度，同时压力继续上升，直到它达到需要的静态接触力的要求。

（2）动态特性：受电弓的动态特性取决于与减震阻尼连接的两级悬挂。此系统能够保证高质量的受流性能。第一级悬挂由气囊完成功能。气动调节系统应确保保持气囊的压力恒定并与受电弓的升弓高度无关。第二级悬挂由弓头弹簧实现功能。

（3）降弓过程：降弓命令由司机室通过释放主供气阀而发出。通过该命令将气囊内的压力空气排出。受电弓开始向下移动，直至其完全降弓。

ADD 自动降弓装置工作过程：当受电弓滑板因长时间工作磨损或冲击产生裂纹、破损等损坏时，炭滑板内的压缩空气便会通过破损处泄漏。安装在底架上的 ADD 阀被打开，同时排空气囊中的压缩空气，受电弓降弓。

（二）其他高压设备

1. 主断路器

CRH380B 型动车组高压系统配置了两个主断路器，分别安装在 TC02 和 TC07 车车顶端部位置，如图 2-158 所示。

图 2-158 主断路器

主断路器由压缩空气驱动,用来控制牵引单元的工作电流的通断,以及在发生严重干扰(过流、互感器故障或线路短路)时安全断开主电路,同时断开列车的两个互感器(LCT/TCT)。避雷器(SA2)安装在互感器(LCT/TCT)上游,用于防止在主断路器断开时出现的过压损坏设备。

主断路器设计成单极真空主断路器,具有内置弹簧式压缩空气动作装置以及真空电弧放电室,如图2-159所示。监控、触发断路器以及断路器的保护通过列车控制实现。诊断系统确保主断路器发生任何故障时都能被发现而且发出相关的故障信息,接着发生故障的主断路器被锁闭。

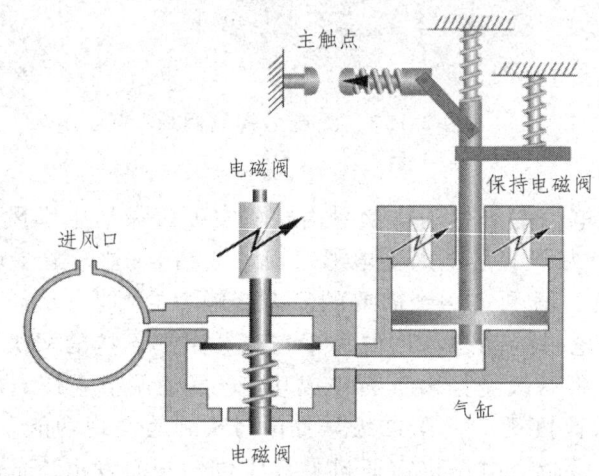

图 2-159　主断路器结构图

主断路器通过电磁阀线圈得电,压缩空气进入气缸推动作动器,主触点闭合,同时开启弹簧被锁住。断开过程通过保持电磁失电触发(通过切断保持电流)。主断动作气压从总风管获得。在列车整备时,可以从辅助空气压缩机获取压缩空气。

2. 保护接地开关

保护接地开关是双极无载荷开关,安装于主断路器旁边,可以在车内手动操作,带有安全联锁钥匙确保只有当列车高压系统与接触网断开后才能操作。用于主断路器两侧电路的接地,以进行维护操作,如图2-160所示。

图 2-160　保护接地开关

保护接地开关位于一个单独底座上，在不工作状态下开关手柄处于水平位置，当转到主断路器两端的接地触点时，手柄处于接地位置。

3. 避雷器

一个避雷器（SA1）安装在受电弓后面，用于保护列车以及后段的电气系统防止过压通过接触网进入列车（如，闪电过压）。另一个避雷器（SA2）位于变压器原边的前端用于防止主变压器中不能承受的开关产生的过电压。其外观如图 2-161 所示。

图 2-161　避雷器

4. 高压隔离开关

车顶高压线路可由隔离开关断开。如果一个牵引单元的主电路系统出现故障，列车控制系统可隔离车顶高压线路，从而使另一个牵引单元可操作。隔离开关由压缩空气操作，在正常情况下处于闭合状态，如图 2-162 所示。

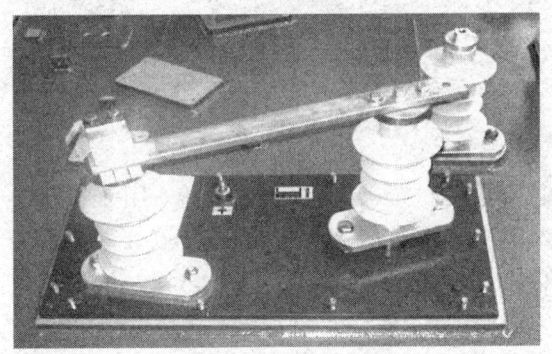

图 2-162　高压隔离开关

高压隔离开关是一个单极开关，在内部有气动装置。通过绝缘子的支撑实现电气绝缘。气动装置使隔离开关绕一个垂向轴转动，隔离叶片的两端分别接触车顶电缆以实现主电路的开关。

电磁阀控制气动装置的动作缸，在开关位置有两个控制阀。控制阀通过脉冲信号触发以及控制动作方向。隔离开关没有进一步的最终位置锁闭功能，在牵引状态下需要连续提供压缩空气，压缩空气从总风管中获得，列车在整备状态下通过辅助空气压缩机供风。

5. 互感器

1）电压互感器

一个电压互感器有两个次级绕组，每个绕组分别与一个受电弓连接，用于测量和监视接触网的电压，互感器位于受电弓与主断路器之间，如图2-163所示。

图2-163　电压互感器

（2）电流互感器

一个电流互感器同时被接到每一个主断路器下口，用于测量动车组的电流。电流互感器为直通式互感器，如图2-164所示。

图2-164　电流互感器

另外两个互感器（输入电流互感器和回流互感器）用于监测主变压器。这两个互感器用来测量主变压器的输入电流以及回流电流。输入电流互感器位于主变压器的输入端，回流互感器安装在主变压器原边回流端。

6. 车顶电缆

CRH380B型动车组高压系统的两个牵引单元通过车顶电缆相互连接，车顶电缆穿过所有中间车。

车顶电缆是一种柔软的无卤单芯电缆，电缆穿过车顶铝型材的型腔，电缆从车顶到型腔内部的通道是密封的。车顶电缆封端在车上过渡也是通过绝缘子支撑。

在变压器车上同样的电缆被用作供电电缆敷设至变压器。与车顶设备连接设计成端部热套热收缩密封。电缆在车顶部被布置成曲线状从车辆端墙处向下到达车底变压器区域。一个高压弯曲插头作为电缆的连接端子与变压器连接。

7. 车辆间的跨接电缆（车顶高压连接器）

车顶电缆在两车之间区域需使用跨接电缆连接，从而将两节变压器车之间的车顶电缆连为一体。跨接电缆由位于端墙上的支撑绝缘子和双螺旋形的跳线组成（跳线支架被固定在支撑绝缘子上），双螺旋形的跳线的布置要确保绝缘间距，如图 2-165 所示。

双螺旋设计能够满足车体间的最大相对运动。每单个螺旋跳线的容量能够满足最大运行电流要求。如果一个螺旋跳线断了，电流会通过另一个保持正常工作，而且通过目测就很容易检查断掉的跳线。

图 2-165　车辆间的跨接电缆

四、司机室

司机室位于 EC01/08 车，如图 2-166 所示。

图 2-166　司机室概览

CRH380B 型动车组司机室设计为单人驾驶模式，司机操纵台设置在中央位置，是动车组的主要操作设备。它的设计执行 UIC 651 标准，符合现代人机工程学设计原理。

司机室由司机操纵台（第一操作区）、右控制柜（第二操作区和故障面板区）、左控制柜（第三操作区）、司机间壁、司机室遮阳帘、司机座椅等组成，如图 2-167 所示。

司机驾驶列车所需的电子、电气、空气和机械等设备分别布置在司机操纵台、左控制柜和右控制柜中，通过它可以进行行车、通信、调节内部环境等控制活动。

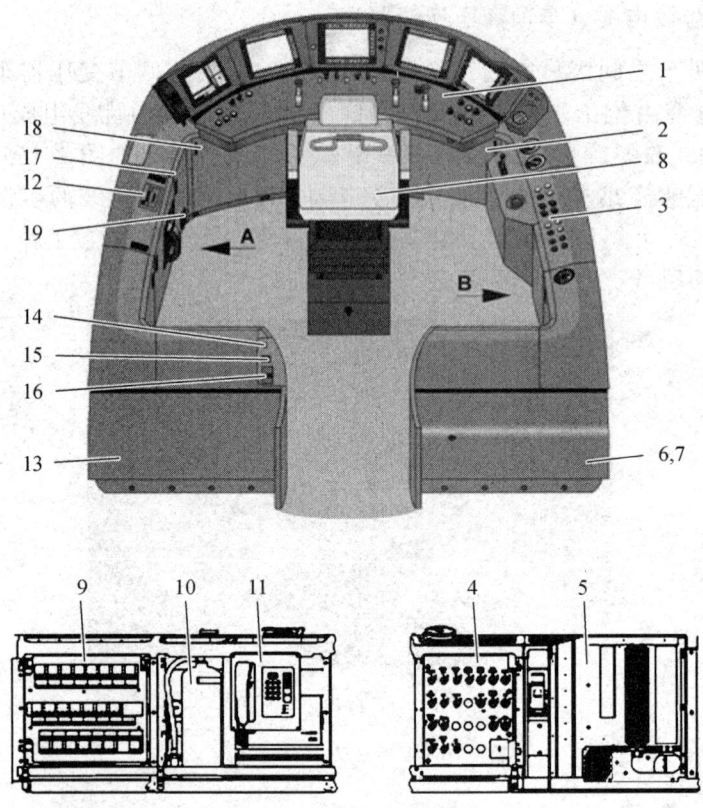

1—司机操作台；2—旋球雨刷控制系统，麦克风；3—第二操作区；4—故障面板区；5—CCU1/2；6—LSS 面板 115.10（休息区）；7—LSS 面板 115.20（休息区）；8—司机座椅；9—LSS 面板 112.11；10—灭火器；11—内部通信装置；12—CIR 中心用打印机；13—辅助座椅；14—MVB 服务插座；15—总计 km 计数器；16—旋转开关"电压调节"（−51−S01），有"更高"和"更深"两种设置；17—废物箱；18—手提灯；19—杯托。

图 2-167　司机室设备布置

1. 司机操纵台

司机操纵台位于司机正前方，布置了一些司机驾驶列车过程中常用的控制和信息显示零部件，如图 2-168 所示。

2. 右控制柜操作区

司机室右控制柜布置在司机的右手侧，安装了一些司机驾驶列车过程不常用的零部件；按照功能分，右控制柜操作区又可以分为第二操作区（或辅助操作区）和故障面板区域。

1）第二操作区

第二操作区又称为辅助操作区，布置了一些司机在驾驶时不需要，但必须进行监控以及部分操作的元件，如司机室空调的操作元件，如图 2-169 所示。

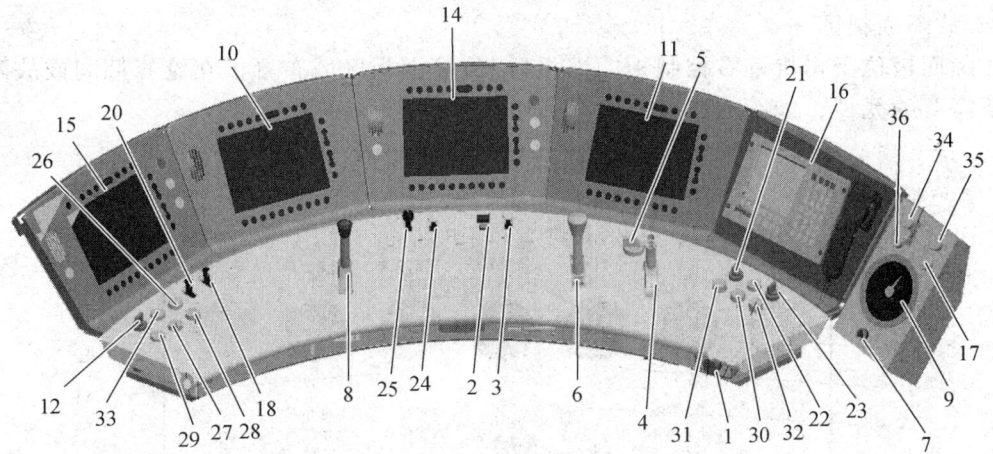

1—紧急停车红色蘑菇状执行按钮；2—受电弓拨动手柄；3—主断路器操作手柄；4—速度设定控制器；
5—列车行驶方向开关；6—牵引力控制器；7—司机占用钥匙；8—司机制动手柄；9—模拟速度表；
10—司机室左侧 HMI 显示器；11—司机室右侧 HMI 显示器；12—指示灯调节控制开关；
13—ASD 脚踏板；14—左 DMI 显示屏；15—右 DMI 显示屏；16—GSM-R 列车无线电对讲机和
CIR HMI；17—火警按钮；18—前照灯/信号灯/远照灯拨动开关；19—夜间照明灯；
20—司机室照明拨动开关；21—雨刷工作模式选择开关；22—清洗按钮；
23—雨刷速度选择开关；24—喇叭拨动开关；25—撒砂拨动开关；
26—前车钩罩开/ASC 2 km/h 按钮；27—左侧门释放；28—左侧关门；
29—左侧开门；30—右侧门释放；31—右侧关门；32—右侧开门；
33—GFX 按钮；34—GFX 工作指示按钮；35—GFX 故障；
36—GFX 分相区间预告按钮。

图 2-168 司机操纵台布置

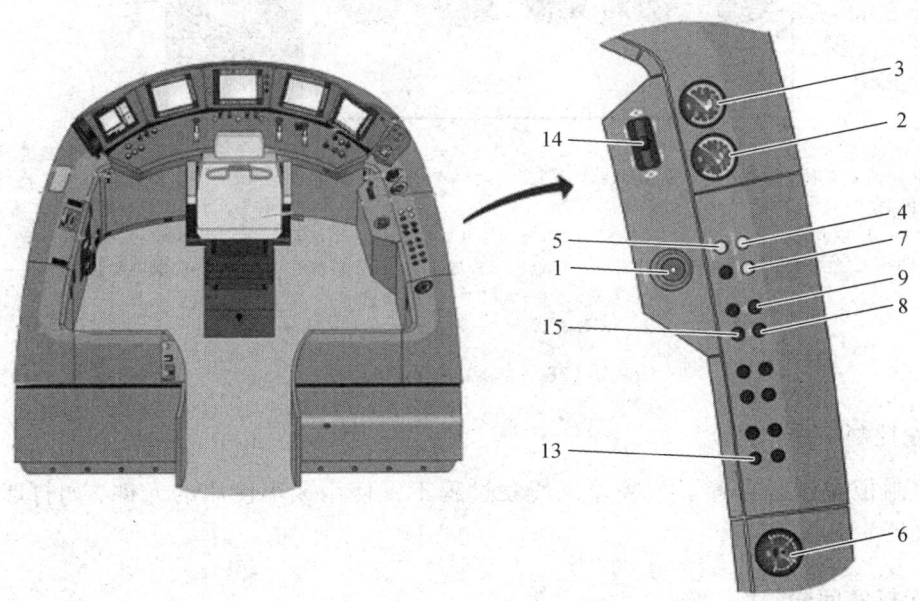

1—快速制动阀；2—双压力计；3—HFBV 压力计；4—实施停放制动；5—缓解停放制动；
6—电池电压表；7—检测指示灯；8—空调温度选择开关；9—空调风速调节开关；
13—电池电压转换开关；14—辅助制动阀；15—备用开关。

图 2-169 第二操作区

2）故障面板区

故障面板位于司机室右控制柜的面板后。故障面板区域布置了在维修期间或故障发生时主要需要的元件，如图 2-170 所示。

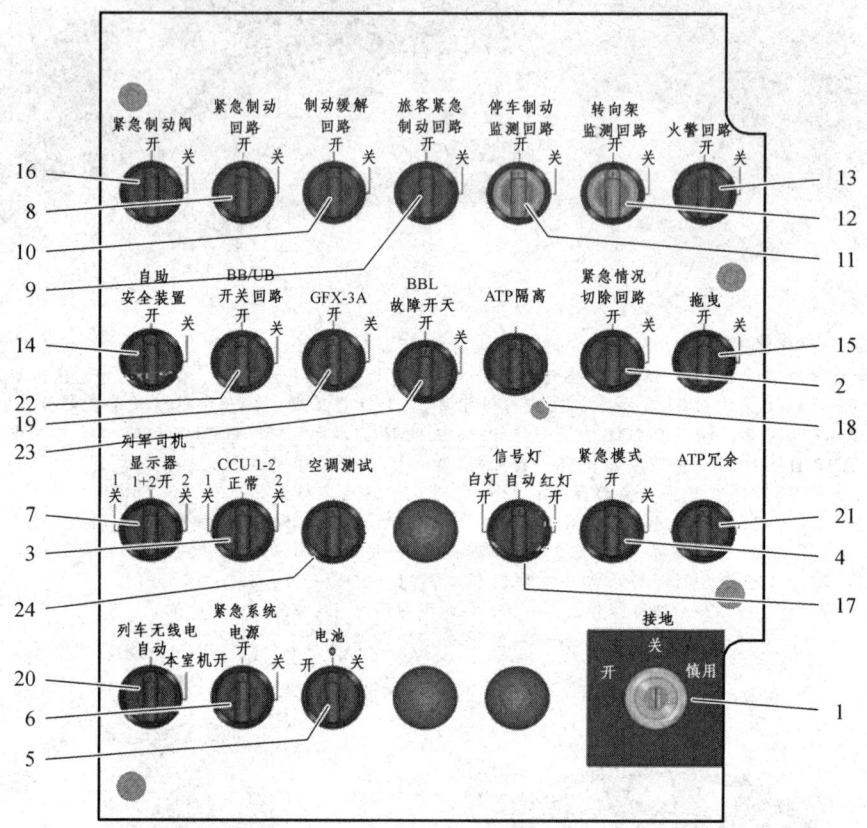

1—车辆接地 A 钥匙开关；2—紧急情况切除环路；3—"CCU 1-2"控制开关；4—紧急驱动模式开关；5—启动电池紧急模式；6—使用直连电池紧急系统；7—司机 HMI 控制开关；8—"紧急制动回路"控制开关；9—"PEBL"控制开关；10—"BRL"控制开关；11—"PBML"控制开关；12—转向架监测环路旁通；13—火警监测环路；14—"ASD"控制开关；15—拖曳控制开关；16—紧急制动阀控制开关；17—近前端或尾灯控制开关；18—"ATP"隔离开关红色控制开关；19—GFX-3A 控制开关；20—列车无线电控制开关；21—ATP 冗余控制开关；22—EB/UB 开关回路；23—EBL 故障开关；24—空调测试开关。

图 2-170　故障面板区域示意图

3. 左控制柜操作区

左控制柜操作区布置了一些司机驾驶过程不常使用或不使用的元件，如打印机、垃圾箱、灭火器、杯托等。

4. 司机室间壁

CRH380B 型动车组司机室间壁采用电控雾化玻璃结构，通过控制安装在休闲区扶手台上的按钮，就可以使司机室间壁玻璃在通电和断电之间转换，如图 2-171 所示。

（a）司机室间壁通电效果　　　　　　　（b）司机室间壁断电效果

图 2-171　司机室间壁

5. 司机座椅

CRH380B 型动车组每个头车里各设一个司机座椅。司机座椅符合现代人体工程学设计，可保证司机坐姿的舒适性并能在不同方向调整，使司机不易出现疲劳并能集中数小时的精力驾驶列车。司机座椅结构如图 2-172 所示。

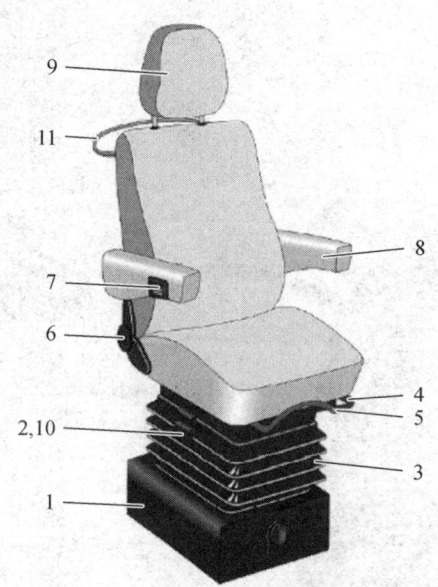

1—工具箱；2—底座；3—旋转附件；4—倾斜调节用把手；5—调节座椅高度的把手；
6—靠背调节的旋钮；7—调节靠背倾斜度的蝶形螺母；8—扶手折叠按钮；
9—安全头枕；10—可连续调节高度的把手；11—衣架。

图 2-172　司机座椅

除了司机座椅之外，司机室还设置了辅助座椅。它位于左控制柜后侧，打开折叠的面板即可使用此折叠座椅，如图 2-173 所示：

6. 司机室遮阳帘

CRH380B 型动车组司机室配有电动遮阳帘，可以通过遮阳帘控制开关调节遮阳帘的行程大小，如图 2-174 所示。

图 2-173 辅助座椅

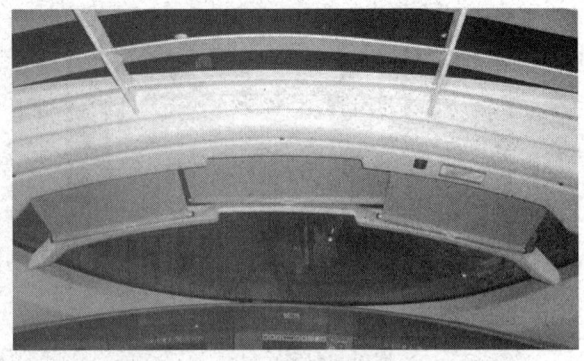
图 2-174 司机室遮阳帘

7. 司机室中的气动控制元件

司机室设风挡玻璃清洗用雨刷系统，风笛等辅助设施，其气动控制元件布置如图 2-175 所示。

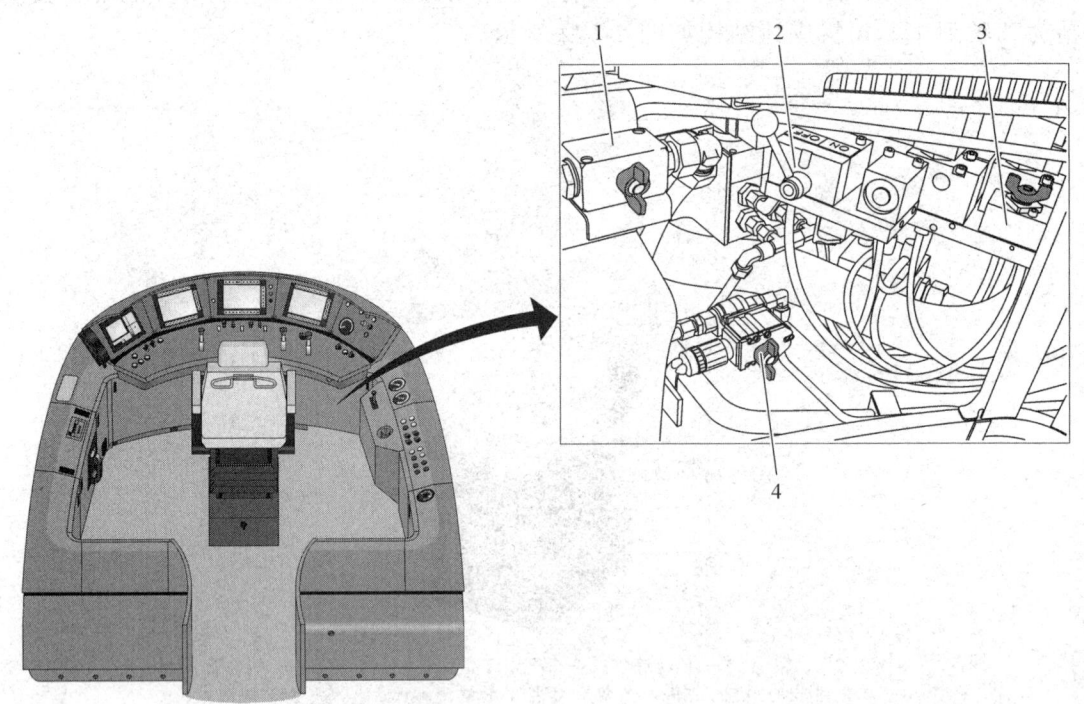

1—风笛球阀；2—雨刷器气动操纵阀；3—雨刷器清洁剂管路球阀；4—备用制动球阀。

图 2-175 司机室气动控制元件

雨刷系统用于前风挡玻璃清洗，驱动装置安装在前风挡玻璃下方，具备电动、电空控制清洗功能。在电动控制失效情况下，可通过气动操纵阀进行紧急操作，雨刷臂仍可连续运动。

风笛系统设置在动车组司机室前端，其信号装置由高、低音两个独立的气动喇叭组成，可分别单独使用。

知识拓展二　CR400AF 型动车组车体

一、车体

车体包括车体结构和车体附件，其中车体附件包含车下设备舱、头罩开闭机构、前端吸能装置、前头排障装置、受电弓平台隔声罩和高压接头箱活盖。车体构成如图 2-176 所示。各部分结构与 CRH380A 型动车组相比均发生了较大变化，取消了受电弓导流罩，增加了前端吸能装置、受电弓平台隔声罩和高压接头箱活盖。

图 2-176　CR400AF 型动车组车体构成

（一）车体结构

车体结构采用大型中空铝合金型材焊接组成的薄壁筒体结构，主要由底架、侧墙、车顶、端墙和司机室（仅头车）组成，如图 2-177 所示。

图 2-177　CR400AF 型动车组铝合金车体结构

根据车顶设备布置不同，分为头车、有受电弓中间车和无受电弓中间车三大类，车体结构如图 2-178 所示。

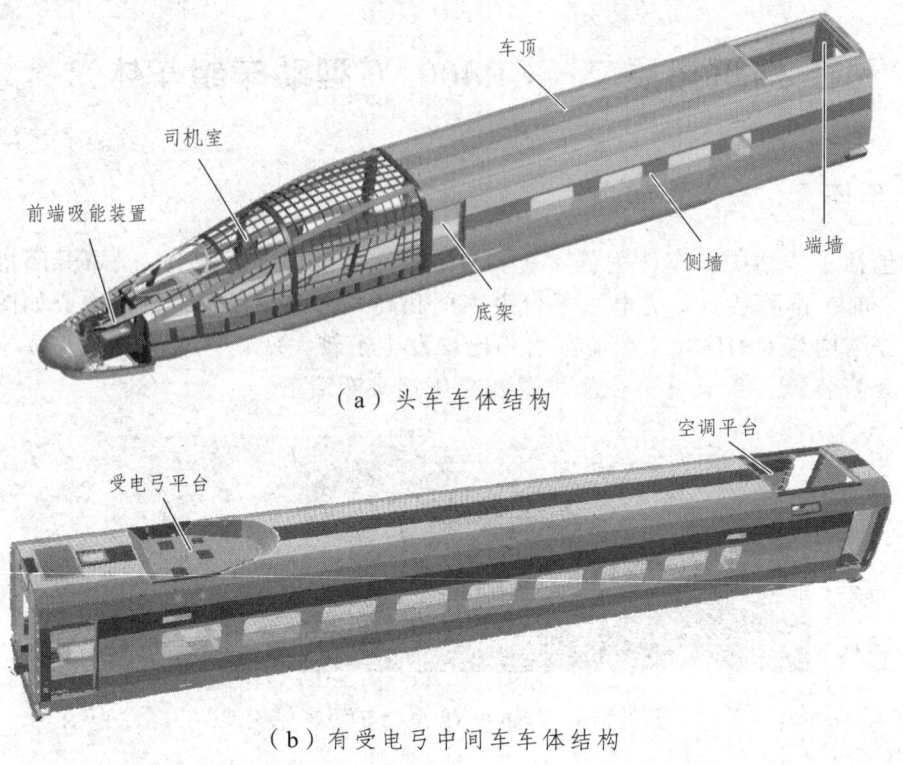

(a) 头车车体结构

(b) 有受电弓中间车车体结构

图 2-178 车体结构

车体断面设计统筹考虑车顶空调、车顶高压电缆、风道、内装墙板、塞拉门、行李架、电加热器、客室地板等部件的安装接口。车体断面型材上设有通长 C 形槽，方便安装各种部件。车体断面如图 2-179 所示。

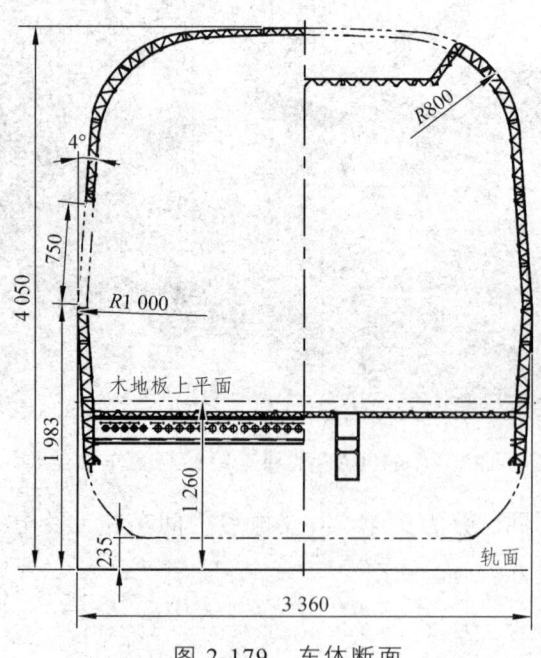

图 2-179 车体断面

CR400AF 型动车组车体为适应空调、门、窗、车钩等设备安装，对局部结构进行了针对性设计改进。牵引变压器采用纵梁（边梁）吊挂安装，其余车下设备采用横梁吊挂安装，与 CRH380A 型动车组相比主要技术改进如下：优化车体的耐冲击性能，全新开发高强度框架承载司机室，提高车体结构的被动安全性；司机室前端设模块化吸能结构安装接口，可根据需求灵活选配；受电弓、空调和高压设备下沉平顺化安装，取消受电弓导流罩。

（二）车体附件

1. 车下设备舱

车下设备舱分为 1 位端部模块、2 位端部模块、中部模块和防雪板四大部分，其中端部模块位于枕外（枕梁外侧），中部模块位于枕内，防雪板位于转向架区域车体地板下方。设备舱断面外形与车体统一。车下设备舱结构如图 2-180 所示。

车下设备舱端部模块和中部模块采用模块化结构，每个模块包括骨架（端部骨架、下边梁、弯梁、横梁、裙板锁扣梁）、裙板和底板，通过骨架连接成整体模块结构，实现车下预组、整体安装。其中，中部设备舱模块由 3 个独立模块组成，可根据需要单独拆装。设备舱骨架、裙板、底板为中空挤压铝型材结构，端板和防雪板为不锈钢板结构。除牵引变流器和污物箱外，其余设备与舱体分离，结构密封性更好。

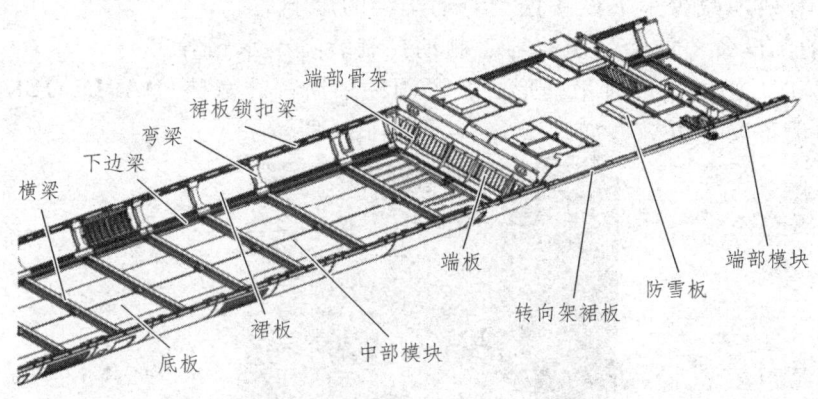

图 2-180　车下设备舱结构

底板为抽拉式结构，采用楔形块压紧，螺栓固定，固定螺栓捆绑防松铁丝；并且在设备舱两侧下边梁上设置防脱销，防止底板在紧固件安装失效情况下底板脱出，如图 2-181、图 2-182 所示。

图 2-181　底板结构图

图 2-182　底板

裙板为下部采用 C 形挂钩、上部采用裙板锁或螺栓固定的安装结构。根据功能需要，裙板上设排污口及注水口盖板、滤网、排风格栅等结构；排污口及注水口盖板采用内置滑道式结构，向内开启，确保其不会异常向外打开及脱落。裙板安装螺栓、锁均有防松标识或防松功能，裙板、底板有防脱落结构。设备舱裙板锁、安全吊带、裙板滤网、裙板密封条采用统型结构，如图 2-183、图 2-184 所示。

图 2-183　裙板结构图

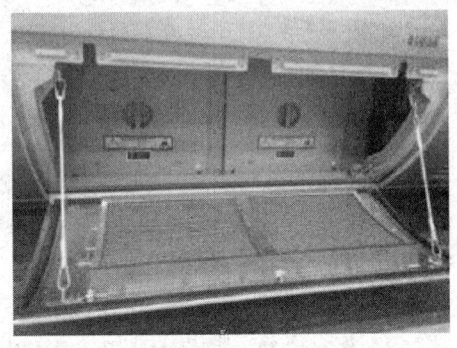
图 2-184　裙板

CR400AF 型动车组车下设备的安装大部分采用横梁刚性连接，安装固定点数量冗余。带振动源的大型设备采用边梁弹性吊挂方式，带振动源的小型设备采用横梁带橡胶减振器的连接结构，有效地减少车下设备振动对动车组的影响。

1）无振动源设备（如牵引变流器、制动控制装置、水箱等）

采用横梁 T 形槽刚性连接吊挂形式，紧固件采用特殊螺栓+HARDLOCK 强力锁紧螺母，确保车下设备安全可靠，如图 2-185 ~ 图 2-187 所示。

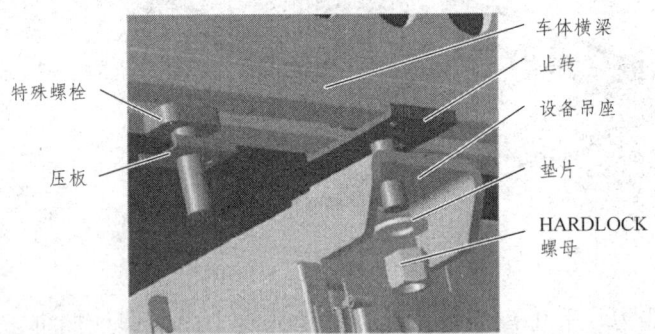
图 2-185　吊挂形式分解图

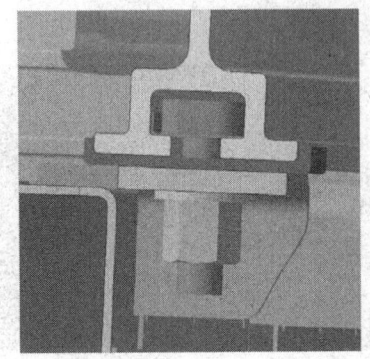
图 2-186　吊挂形式图

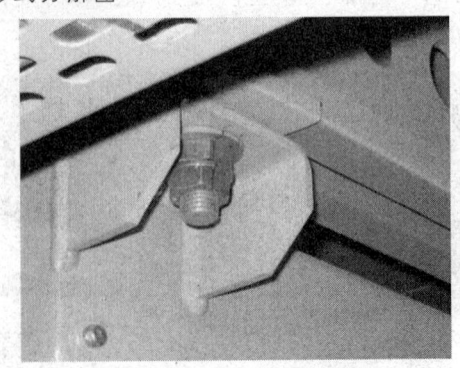
图 2-187　吊挂实物图

2）大型有振动源设备（仅牵引变压器）

安装方式与 CRH380B 型动车组 1 000 kg 以上设备相似，为边梁弹性吊挂安装。采用楔形减振器，并有纵向止挡和横向止挡。安装时，先保证变压器纵向止挡与保护托之间的安装关系，然后通过两侧的保护托上的定位销将变压器纵向定位，安装减振器座，控制变压器上横向止挡与车体纵梁之间的间隙，保证变压器横向定位，如图 2-188 所示。

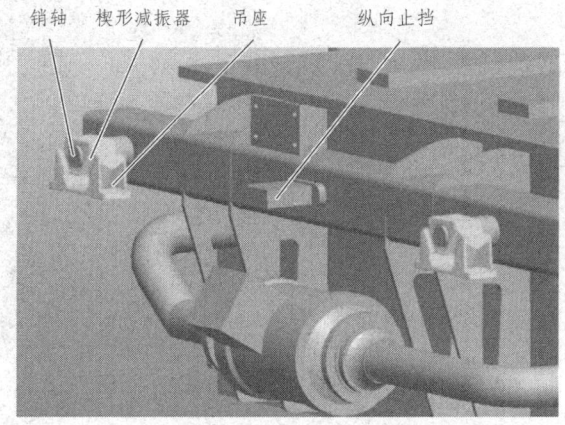

图 2-188　牵引变压器安装

3）小型有振动源设备（如空压机、空调室外机等）

带自振源的小型设备用橡胶减振器吊挂在横梁下。为防止设备与车体共振，防止振动传递到车体及客室，采用小型圆形减振器吊挂安装设备。设备安装如图 2-189 所示。

图 2-189　司机室空调室外机安装

2. 头罩开闭机构

司机室前端设有金属构架承载型头罩开闭机构，主要由流线型头罩与头罩开闭机构组成，头罩开闭机构具有自动和手动打开、关闭头罩的功能，同时具有自动和手动锁定、解锁头罩的功能，并在运动部位设有头罩打开、关闭到位传感器。在使动车组具有良好的空气动力学性能的同时，方便动车组重联及救援时的车钩连挂。在动车组正常运行期间，开闭机构处于关闭状态，以防止叶片、灰尘和冰雪进入。在重联、回送和救援工况，可打开开闭机构，伸出车钩以实现车辆连挂。

头罩开闭机构设计有两套技术方案：威奥方案与四方所方案，01 车采用威奥方案，08 车采用四方所方案，如图 2-190、图 2-191 所示。两种方案机械接口、电气接口和气路接口统一，具有整体互换性，且均采用气缸驱动头罩绕固定旋转轴旋转直接打开方式，其中：威奥方案采用单气缸驱动，四方所方案采用双气缸驱动。

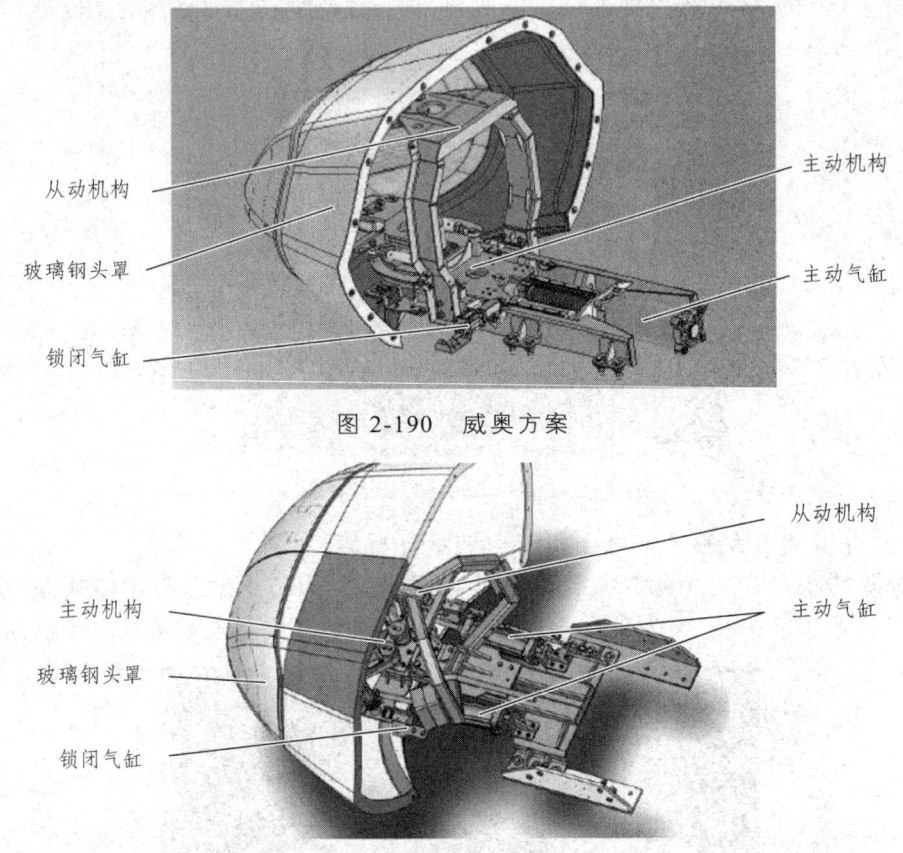

图 2-190　威奥方案

图 2-191　四方所方案

手动打开时，使用六角棘轮扳手带动锁闭杆至解锁位置，再手动搬动开闭罩至打开位置，松开六角棘轮扳手后锁闭杆至锁闭位置。威奥方案只需单侧操作锁闭杆即可同时实现两侧头罩开闭，四方所方案需分别操作两侧锁闭杆实现同侧头罩开闭，如图 2-192、图 2-193 所示。

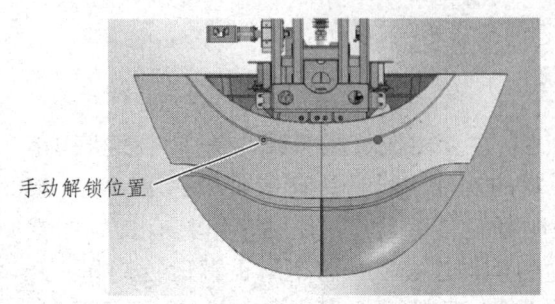

图 2-192　威奥方案解锁位置

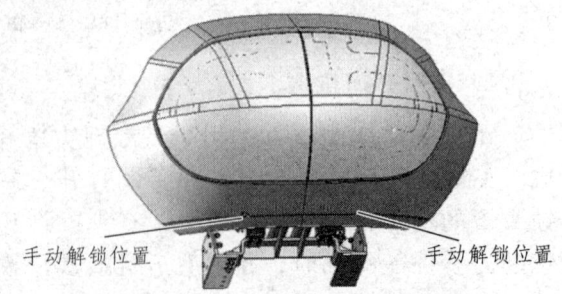

图 2-193　四方所方案解锁位置

3. 前端吸能装置

为满足 EN 15227 碰撞吸能要求，头车前端设置前端吸能装置，主要作用是吸收碰撞能量，包含主吸能模块和防爬单元（见图 2-194）。前端吸能装置前端设置车钩安装座，后部通过螺栓与司机室连接，主吸能模块上部设有防爬吸能单元。前端吸能装置五级修进行拆解检查，其余各修程只需做外观和紧固件状态检查。

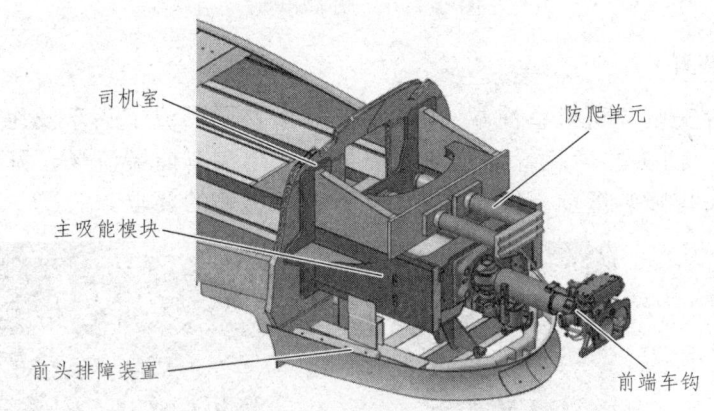

图 2-194　前端各部件空间关系

主吸能模块由主吸能管、导向部件、车钩安装座等组成（见图 2-195）。主吸能管在碰撞过程中产生稳定、有序、可控变形吸收能量。导向部件为吸能元件稳定、有序压溃提供支撑。车钩安装座为活动刚性墙，可将纵向冲击力有效传递到主吸能管。

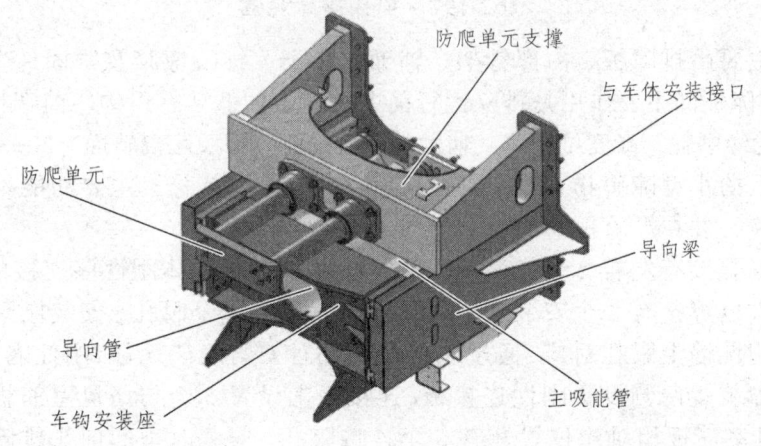

图 2-195　前端吸能装置结构

防爬单元采用双压溃管形式（见图 2-196），充分利用头车前端空间增加吸能量，在碰撞过程中能有效抑制爬车。

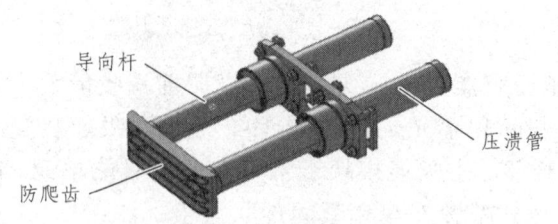

图 2-196　防爬单元

4. 前头排障装置

前头排障装置安装于司机室前端，与司机室曲面共同形成了头车及尾车优美的流线外形（见图 2-197）。前头排障装置的气动外形可以优化头车前端流场，降低气动阻力，抑制气动升力，前头排障装置前端满足 137 kN 静强度压缩的要求。

图 2-197　前头排障装置

排障装置主要由排障板、内部骨架、辅助排障器（排障橡胶及紧固件）等组成，如图 2-198 所示。排障板的主要作用是排除运行前方轨道上的低矮障碍物。前端排障板距离轨面 145 mm，随着轮缘磨耗，高度可调节。辅助排障器的排障橡胶距离轨面（20±3）mm，主要功能是排除轨面上的小型障碍物，排障橡胶高度可调节。内部骨架主要功能是为排障板提供必要的纵向支撑，并在严重碰撞时辅助吸能。

内部骨架上焊接有左右 2 个安装座，后方设置 5 个与车体刚性墙连接的固定点，在车体吸能元件下方也焊接有 2 个安装座，刚性墙前方设置 5 个眼孔，安装座眼孔分别与吸能元件上眼孔及刚性墙上眼孔对应，通过螺栓把内部骨架与吸能元件、刚性墙分别紧固连接。

在前头排障装置两侧设置刚性连接板，连接板上设置 5 个与司机室筋板相连的安装眼孔，同样在司机室筋板相对应位置开有 5 个连接眼孔，安装时举起前头排障装置使之紧固相连，紧固后主排障外形与司机室外形弧度相匹配，如图 2-199 所示。

5. 受电弓平台隔声罩

受电弓采用下沉式安装以减小阻力。另外为提高受电弓区域车体结构隔声量，受电弓平台上部设置隔声罩。采用外层不锈钢板、内部不锈钢骨架、中空部分填充发泡隔音材的"三明治"结构，使用螺栓安装与受电弓平台连接，如图 2-200、图 2-201 所示。

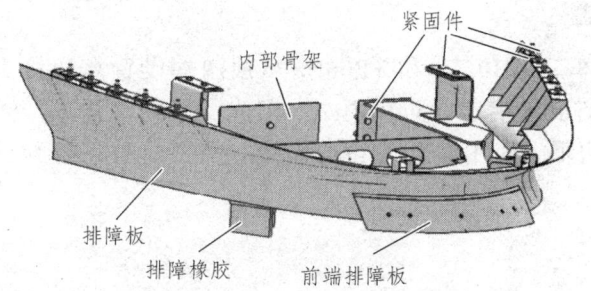

图 2-198 前头排障装置结构

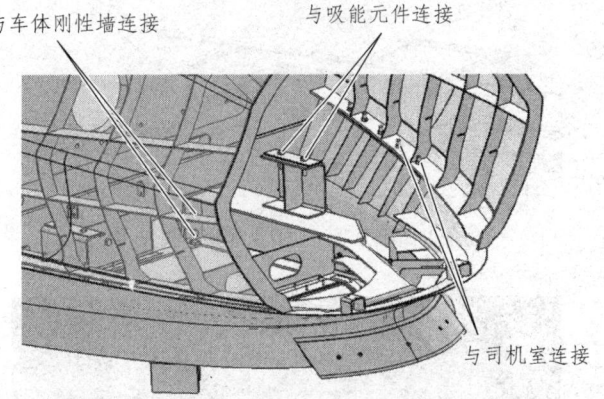

图 2-199 前头排障装置安装

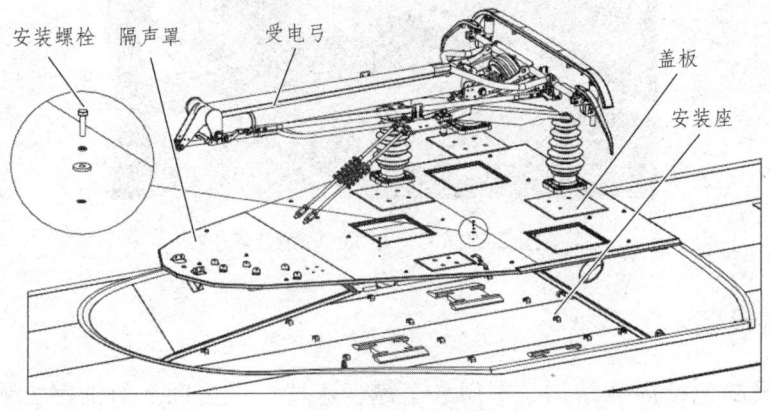

图 2-200 受电弓平台各部件空间关系

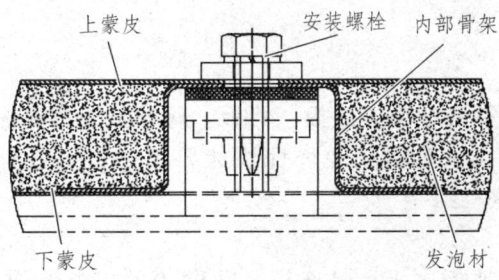

图 2-201 受电弓平台隔声罩内部结构

6. 高压接头箱活盖

TP03 车、MH04 车、MB05 车和 TP06 车车顶两端设置高压接头箱，车顶高压接头沉入箱内安装，箱体上部设置活盖，防止雨水、阳光、杂物等进入。活盖主体结构为铝蜂窝板，周圈设置铝合金边框，使用螺栓与箱框连接，用密封胶条密封，如图 2-202、图 2-203 所示。

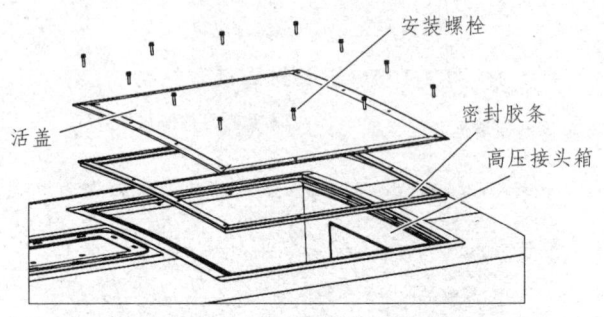

图 2-202　高压接头箱活盖结构

图 2-203　高压接头箱活盖

二、车内设备

车内设备设施包括内装结构、车门、车窗、座椅、卫生间、盥洗室、乘务员室、机械师室等。

（一）内装结构

车内内装结构主要包括：地板、顶板、墙板、间壁等。内装采用轻量化、模块化结构，还采取了隔音降噪措施，以满足防火及环保性能要求。

1. 地板

车内地板安装于车体地板之上，是座椅、间壁等的安装基准，地板厚度为 22 mm。车内地板布置为：客室部分采用铝蜂窝地板；端部转向架的上方采用复合隔音地板；牵引变压器的上方采用铁面铝蜂窝地板。车内地板沿车长方向布置，车宽方向无接缝，减少了地板数量，也简化了地板安装。两块地板之间通过铆钉将搭边型材连接在一起。要求间隙不大于 1 mm，高度差不大于 0.5 mm，以保证地板布的铺装，如图 2-204 所示。

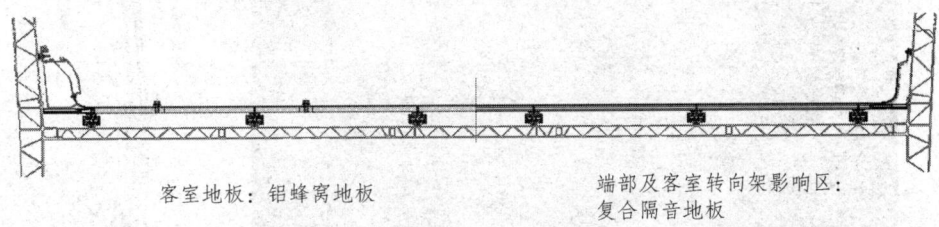

图 2-204 地板

车内地板分为三种类型：铝蜂窝地板、复合隔音地板及铁面铝蜂窝地板。其中铝蜂窝地板及铁面铝蜂窝地板的组成为：面板+铝蜂窝芯+下面板，四周有型材框架；复合隔音地板的组成为：面板+胶合板+隔音层+胶合板+下面板，四周有型材框架。

车内地板中预埋安装座椅用的丝套，座椅可用螺栓直接安装于预埋丝套上，简化了座椅安装。

车内地板安装采用浮筑结构，安装时先在车体地板滑槽中安装减振器，地板减振器由铝型材和橡胶硫化而成，车内地板通过固定螺钉安装在地板减振器的铝型材上，使车内地板与车体形成了一种浮筑结构，提高隔音降噪和减振性能，如图 2-205 所示。

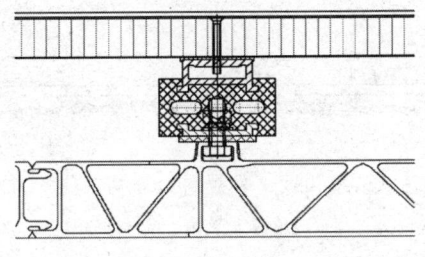

图 2-205 浮筑地板安装结构

车内地板表面铺装橡胶地板布，粘贴在地板上，具有耐磨、防火、寿命长、不开裂、防滑和无毒的特性，以及美观、易于清洁的特点。

2. 墙板

墙板造型与分块综合考虑区域空间、窗口，行李架等要素进行设计。墙板是由端部墙板、窗下墙板和窗口墙板构成。其中端部墙板和窗口墙板采用玻璃钢材料，表面喷漆处理，窗下墙板采用3D蜂窝材料。

墙板的安装主要是通过插接和螺钉固定在车体型材上，窗下墙板下端插接在废排风道型材中，上端用螺钉固定在过渡型材上；窗口墙板下端插接在固定窗下墙板的过渡型材上，上端通过螺栓固定在车体滑槽中，窗口四周通过胶条实现与玻璃密封。其中窗口墙板带有卷帘机构、衣帽钩，背面带有风道，如图 2-206 所示。

1—窗口墙板；2—窗下墙板；3—废排风道型材；4—过渡型材；5—车体滑槽。

图 2-206 墙板

3. 顶板

顶板造型与分块综合考虑区域空间、灯具、风道、骨架等要素进行设计。顶板由客室顶板、端部顶板和小间顶板组成。

客室顶板分为中顶板和侧顶板，如图 2-207 所示。

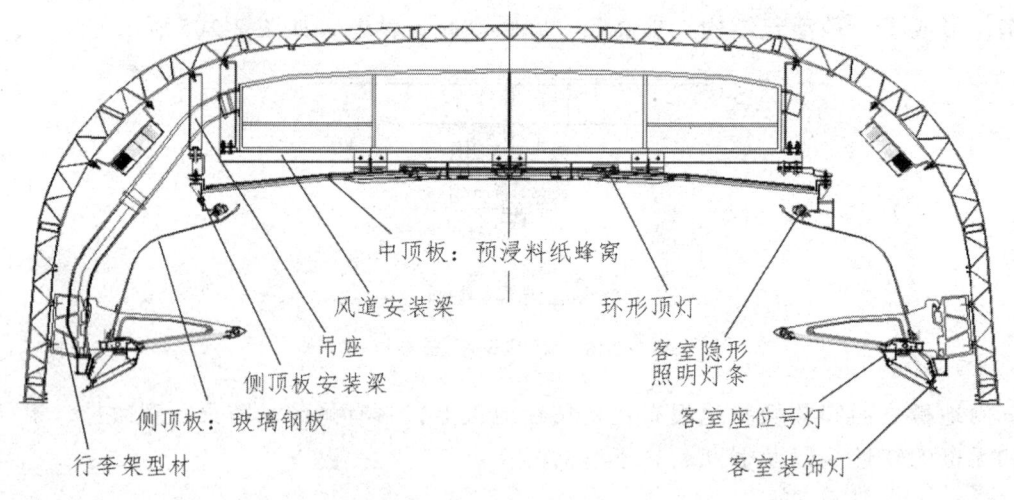

图 2-207 客室顶板

中顶板采用预浸料纸蜂窝材料，两侧采用弹性安装座与风道安装梁固定或者通过吊座与车顶型材固定。两块中顶板之间插接，并用螺钉固定。在第一节风道的电加热装置下面，中顶板开有检查门，检查门通过螺钉与顶板连接。一等客室中顶置了环形顶灯，部分二等客室中设置了椭圆形顶灯（3、6、8 号车有，其余车没有）。

侧顶板为玻璃钢材质，分为固定侧顶和活动侧顶两种。固定侧顶下端插接到行李架的型材上，上端固定于侧顶板安装梁上，客室隐形照明 LED 灯条安装在侧顶的型材中。车体上装有需检修的目的地显示器、车号显示器等的位置，安装活动侧顶。活动侧顶上端插接在侧顶板安装梁中，下端用螺钉固定在行李架型材上的安装座上，客室隐形照明 LED 灯条安装在侧顶板安装梁的型材上。检修侧顶板时，活动顶板无须拆卸 LED 灯条，固定顶板需先拆卸对应位置的 LED 灯条。

端部顶板位于车厢两端，分为走廊顶板和通过台顶板。采用 10 mm 厚轻质而且刚度高的瓦楞板，表面覆膜处理。大部分顶板集成了空调的出风口、筒灯、扬声器、摄像头和烟感等电器件，这些部件都是可更换件，如图 2-208 所示。

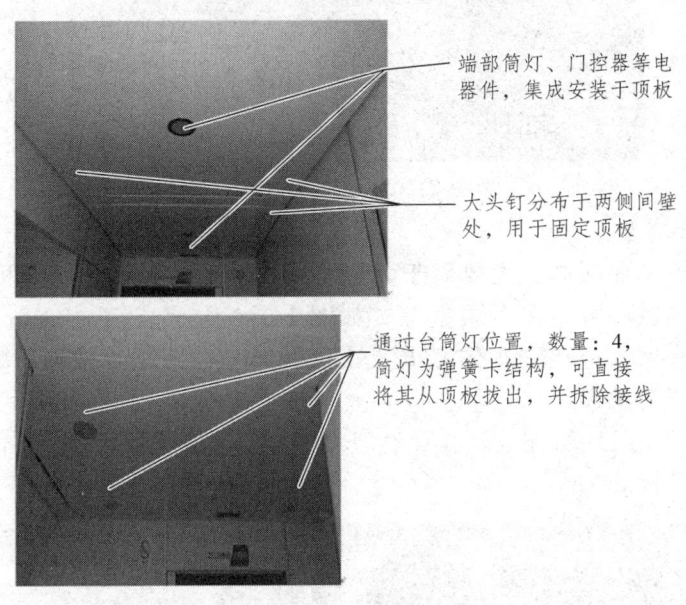

图 2-208　端部顶板

走廊平顶板通过大头防松螺钉固定在车顶对应位置的顶板骨架上，拆卸时需将大头螺钉从螺母中拆除，然后将顶板自带电器件的连接线断开，即可将顶板取下。

通过台平顶板通过筒灯后部的连接座固定至顶板骨架，顶板拆卸时需先将 4 个筒灯拆除，然后拆下露出的固定螺钉便可取下顶板。

乘务员室、机械师室等小间顶板为铝蜂窝复合顶板表面敷膜处理，集成出风口、扬声器和照明灯等电器件，通过螺钉固定在车顶对应位置的顶板骨架上，四周设有压条。

4．间壁结构

间壁结构位于车厢两端，包括内端间壁、功能柜间壁和外端间壁，间壁主要用于分隔端部功能柜，防护电气柜、卫生间等设备件，间壁自带检查门方便检修维护。

1）内端间壁

内端间壁位于客室和端部之间，包括客室侧间壁、走廊侧间壁和玻璃圆头，如图 2-209 所示。

间壁通过减振器与车体侧墙滑槽连接，下部骨架通过螺钉连接至地板；玻璃圆头上部通过骨架与车体连接，下部使用螺钉固定至间壁及内端拉门骨架。

客室侧间壁集成电视、紧急制动拉闸和对讲面板，玻璃圆头集成信息显示器、门控器等电器件，这些部件通过螺钉连接固定至内端间壁，都是可拆卸的。

图 2-209　内端间壁

2）功能柜间壁

功能柜间壁位于车厢两端，主要用于分隔不同功能间，包括：配电柜、洁具柜、备品柜、大件行李室、机械师室、乘务员室等，如图 2-210 所示。

间壁通过弹性减振器连接到车体侧墙及车顶骨架上，下部骨架通过螺钉连接至地板，上部通过骨架连接至车顶滑槽。

间壁集成检查门、通风格栅、锁具、垃圾箱投放口等功能件，这些部件通过螺钉连接固定于间壁，都是可拆卸的。

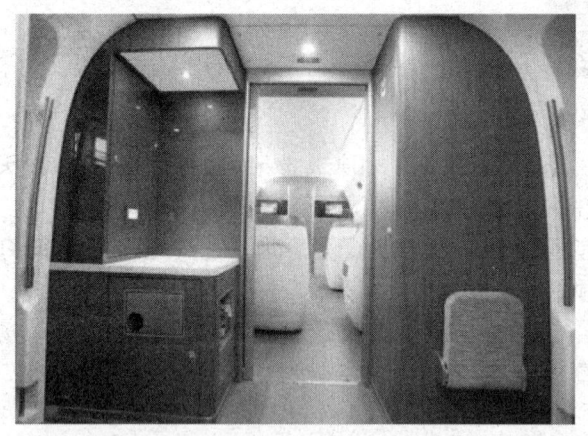 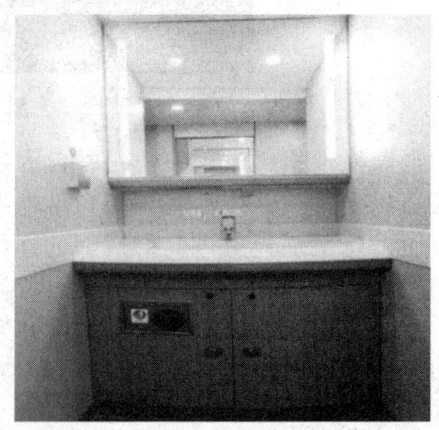

图 2-210　功能柜间壁

3）外端间壁

外端间壁位于外端拉门两侧，主要用于隔声、隔热、防火，保证乘客舒适度及可视界面。间壁侧面直接连接至车体连接座，下部骨架通过螺钉连接至地板。

外端间壁集成通风格栅和灭火器，两者通过螺钉固定至间壁，均可从外侧单独拆卸，如图 2-211 所示。

内端间壁和功能柜间壁使用铝蜂窝芯三明治板及铝型材复合加工而成，表面覆膜处理，间壁内部增加镶嵌件用于固定门板、折页、格栅等零部件。外端间壁使用泡沫芯复合结构板加工而成，表面覆膜处理，内部增加铝板补强用于固定门口立罩及其内部灭火器和格栅。

图 2-211 外端间壁

(二) 车门

1. 侧门

客室侧门采用电控电动单扇塞拉门,电控气动压紧密封,不设站台间隙补偿器,如图 2-212 所示。采用主、副门控器进行网络控制。车辆与主门控器采用 MVB 连接进行列车级网络通信,同一辆车副门控器与主门控器采用 CAN 线连接进行车辆级网络通信。关键控制指令(关门指令、开门指令、开门允许指令、速度信号、安全回路)采用硬线传输。

图 2-212 塞拉门

CR400AF 型动车组为 8 编组车辆,车门设置在每辆车的四角,1、5、8 车设置 2 套车门,其余车辆均设置 4 套车门,一列车共 26 套车门。其中 4 号车近 2 位端 2 套车门采用宽门(净开度 900 mm),其余 24 套门采用窄门(净开度 800 mm)。1、8 车设置有可在车内和车外操作的隔离锁,其他车门在正常情况下只从内部操作隔离锁。车门布置如图 2-213 所示。

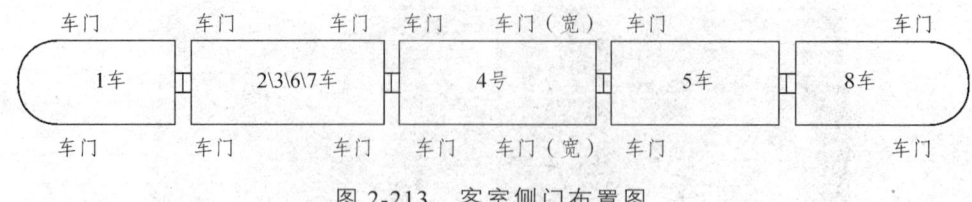

图 2-213 客室侧门布置图

塞拉门系统采用电控电动多点锁闭式塞拉门，主要由密封门框、门扇、侧立集成组件、承载驱动机构、内部操作装置、外部操作装置等大部件和机构支架、门口踏板以及下压条安装支架等小件组成，如图 2-214 所示。

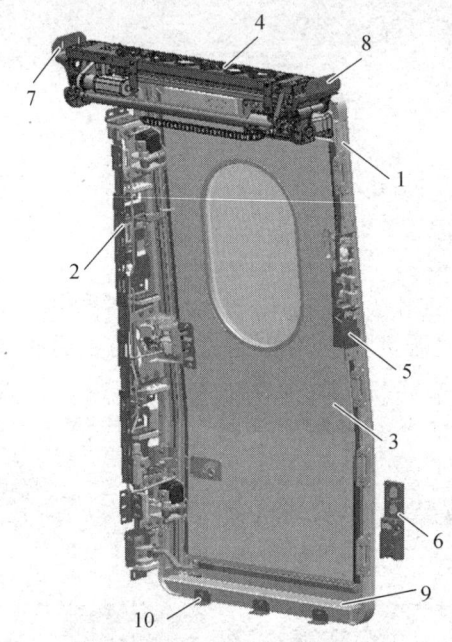

1—封门框；2—侧立集成组件；3—门扇；4—承载驱动结构；5—内部操作装置；6—外部操作装置；
7—机构安装板一；8—机构安装板二；9—门口踏板；10—下压条安装支架。

图 2-214 塞拉门结构图

塞拉门在动车组车上采用集中控制和本地控制两种方式来开关门，司机通过设置在驾驶台上的集控开关控制整列车门的动作；同时在每个门口设置有本地的开关门按钮，进行本地开关门控制。塞拉门主要功能如图 2-215 所示。

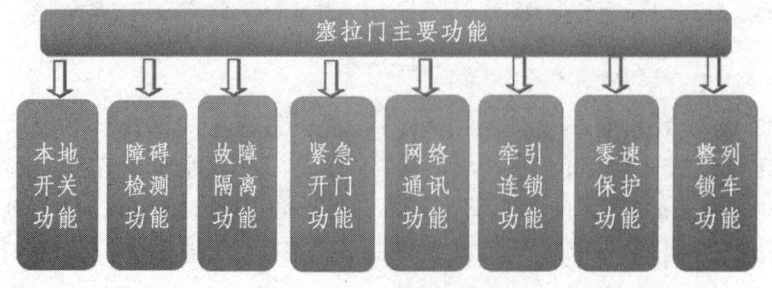

图 2-215 塞拉门主要功能

2. 外端拉门

在每辆车的端墙处设置有外端拉门，将车厢之间分隔开，以保证各车厢之间的相互独立性，是车厢间的贯通通道。全列共14套，采用双扇电动玻璃拉门，上电后常闭，手动按钮开门，延时10 s自动关门，具有障碍检测功能，为方便通过，同一车端的两个门具有联动开门功能。在正常运用中该门可处于电动状态，也可处于手动状态，通过手电动转换开关来设置其动作状态，如图2-216所示。

图2-216 外端拉门

外端拉门具有防火门功能，发生火灾时，能够自动关闭，并提供不少于15 min的防火墙功能，关闭的防火门也能够手动打开，便于逃生。外端拉门使用的材料均已通过防烟火试验验证，门系统通过防火墙试验验证。紧急情况下，可以使用列车上配置的安全锤将其打碎以便逃生。

外端拉门采用双扇电动拉门，主要由门扇、承载驱动装置、手动电动转换开关、下导轨、门框防火密封装置单元、开门按钮开关等组成。承载驱动装置包括上导轨、门控器、电机、同步装置、门止挡，滚轮等。门扇为铝型材骨架、大玻璃结构。门扇下部设置滑槽，与下导轨相匹配。门扇内、外侧应设扣手和按钮开关。

外端拉门主要功能如图2-217所示。

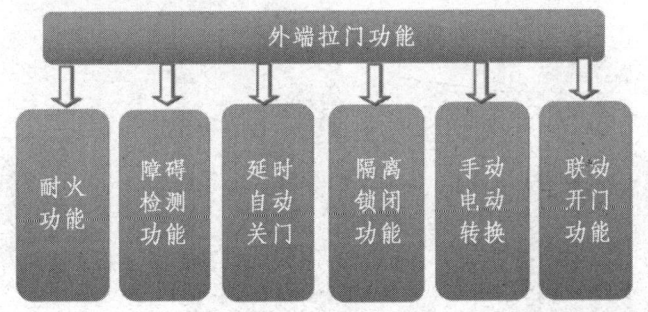

图2-217 外端拉门功能

3. 内端拉门

内端拉门位于客室两端，是客室两端与通过台之间的通过门，如图2-218所示。按门口净通过宽度可分为普通门和宽门，普通门净通过宽度为800 mm，具有残疾人通过功能的宽门净通过宽度为 900 mm（4 号车 2 位端）。内端拉门采用（5+0.76+5）mm 厚的夹胶钢化玻璃结构的门板，四周铝型材包边，门上部分的夹玻璃型材同时起到携门装置功能，门板上设有贴膜和丝印的防撞标记图案。

图 2-218　内端拉门

内端拉门是红外感应开关控制的电动开关门结构，人或物体通过时，门两侧的红外感应开关将检测信号传递给门控系统，从而实现自动开门，门开到位后，红外感应开关未探测到有物体时，门控系统控制延时 4 s 后（0～10 s 可调）自动关门，并且在开关门过程中具有障碍检测功能。自动开关门有故障时或停电时，用手动也能够轻松进行开闭。

内端拉门主要包括基础部件、门扇组件、承载驱动装置、电控系统等，具体结构如图 2-219 所示。

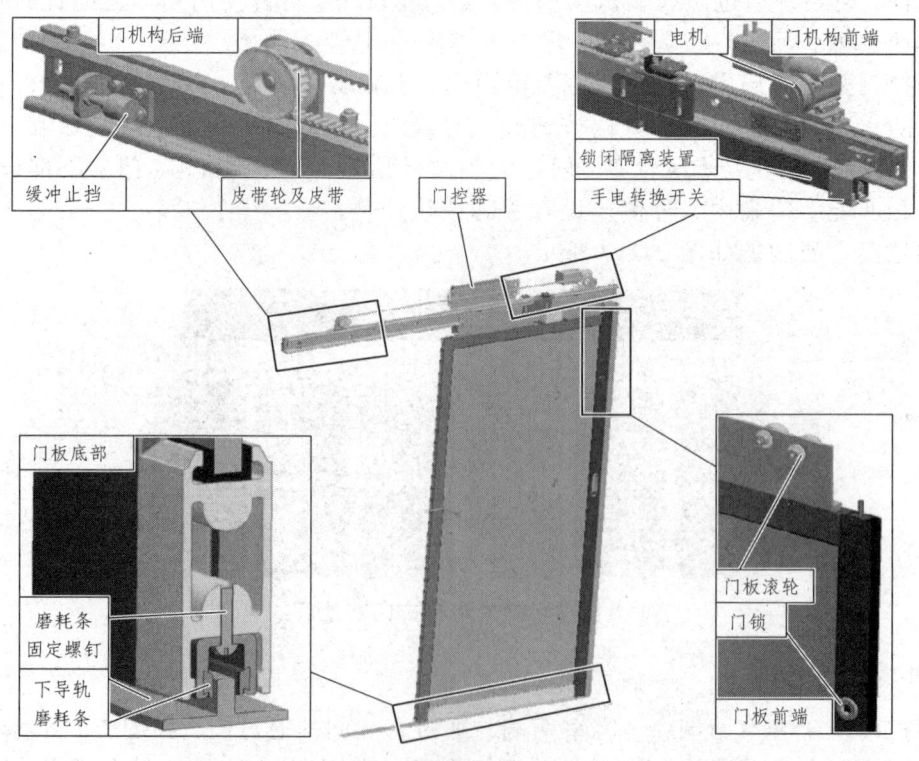

图 2-219　内端拉门结构

（1）基础部件：包括前门框压条组件、下导轨、前门框胶条、红外感应开关组件等零部件。

（2）门扇组件：包括承载小车、门窗、扣手、门前胶条、下滑块、门锁等零部件；其中承载小车包括携门架组件、压紧块组件、承载轮组件、防跳轮组件等零部件。

（3）承载驱动装置：包括上导轨组件、门控器组件、开关组件、传动机构、缓冲头组件、隔离锁组件等零部件。其中，传动机构包括从动带轮、齿形皮带、支架、电机、皮带夹紧机构等零部件。

（4）电控系统：包括电子门控器（门控器）、红外感应开关、手动电动切换开关、关到位隔离开关、电机等。

4．小间拉门

小间拉门均为手动拉门，主要包括卫生间拉门、机械师室拉门、乘务员室拉门，如图2-220所示。机械师室拉门、乘务员室拉门门板上设有乳白色聚碳酸酯玻璃窗和换气用的通风板且设专用锁，室内带内动把手锁闭功能，与司机室后端门采用同一把钥匙；卫生间拉门不设窗户，设置了换气用的通风格栅，同时设门把手和在内侧锁闭的暗锁。

图 2-220　小间拉门

小间拉门系统主要包括基础部件、门扇组件、承载驱动装置等，如图2-221所示。

（1）基础部件：包括前门框压条组件、护指胶条、前门框胶条组件、下导轨等零部件。

（2）门扇组件：包括承载小车、门窗、门前胶条、下滑块、门锁等零部件。其中，承载小车包括携门架组件、压紧块组件、承载轮组件、防跳轮组件等零部件。

（3）驱动装置：包括上导轨组件、传动机构、缓冲头组件。其中，传动机构包括从动带轮、齿形皮带、支架、皮带夹紧机构等零部件。

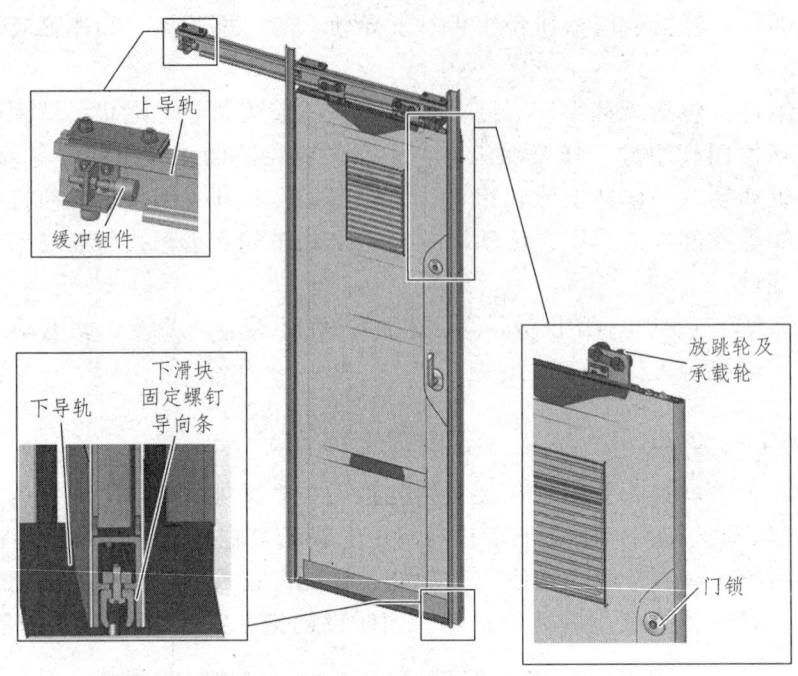

图 2-221　小间拉门结构

5. 残疾人卫生间门

残疾人卫生间门为按钮触发式单扇自动拉门,门板设有暗锁;设置于 4 号车无障碍卫生间处,主要为轮椅使用者设置。自动拉门有故障或停电时,用手动也能够轻松进行开闭,如图 2-222 所示。

图 2-222　残疾人卫生间门

6. 厨房门、司机室后端门

司机室后端门和厨房门为手动转轴门,结构形式相同,司机室后端门上设有观察窗,通过观察窗,在司机室侧可以看见通过台侧情况,反之则不行。厨房门上设有乳白色聚碳酸酯玻璃窗和换气用的通风格栅,厨房门为通用锁,司机室门为专用锁,如图 2-223 所示。

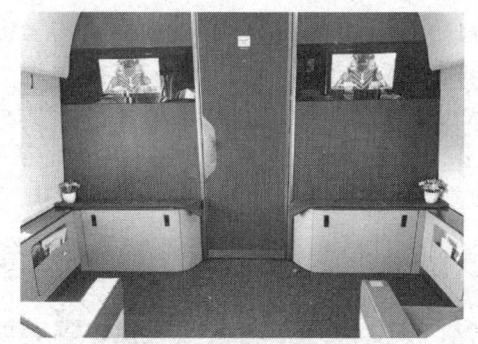

图 2-223　司机室后端门

（三）车窗

车窗主要分客室车窗和司机室车窗，均为气密构造，全部是固定窗。车窗玻璃外表面与车体外侧采用平顺化设计，有效降低气动噪声和空气阻力。

客室车窗按安装位置不同可分为观光区车窗和客室车窗。观光区车窗为 3D 曲面车窗。客室车窗为平面车窗，客室车窗有 2 种尺寸，为 1 450/700 mm × 750 mm。按照功能的不同车窗可分为普通车窗和紧急逃生窗，紧急逃生窗布置在观光区靠近客室的一端和客室四个角的 1 450 mm × 750 mm 尺寸车窗以及餐座合造车走廊靠客室端，其余均为普通车窗。

客室车窗玻璃使用夹层中空玻璃，在保证光学、隔音、隔热性能的同时，满足强度要求。紧急逃生窗玻璃为夹层物理钢化玻璃制成的中空玻璃，在发生紧急状况时，乘客能够使用破窗锤砸破紧急逃生窗玻璃，形成逃生通道。玻璃的内层和外层均设置有带荧光环的红色敲击点，荧光环可在黑暗中发光以指示敲击点位置，如图 2-224 所示。

司机室车窗包括司机室前窗、侧窗和司机室紧急逃生窗，均为 3D 曲面车窗。司机室前窗由曲面夹层玻璃与快速更换窗框组成，前窗玻璃内夹有电加热丝，并附有温度传感器对温度进行监控。司机室紧急逃生窗为夹层中空物理钢化玻璃，开口尺寸满足 500 mm × 400 mm，紧急状态下可使用破窗锤敲碎形成逃生通道，如图 2-225 所示。

图 2-224　客室车窗

图 2-225　司机室车窗

（四）座椅

头尾车观光区设置商务座椅，1 号车客室设 2+2 宽幅软座座椅（一等座椅）；其余车客室设2+3软座座椅（二等座椅），如图2-226所示。座椅均采用可旋转180°的结构，使得乘客总是可以面对车行方向乘坐。座椅的可旋转结构充分体现了人性化设计，提高了乘坐舒适性。商务座椅具备可坐可躺功能，坐、躺任意切换。一等座椅靠背可由个人手动控制从8°～30°自由调节；而且保证靠背的倾斜不会干扰到后面的活动空间。各座椅都设有供乘客使用的小桌和用于存放杂志的书报网。

图2-226 座椅

客室行李架下方或侧顶板（观光区）新增客室座位号灯，为旅客提供座位号指示和座位售票状态指示，车辆设备通过接入地面站车无线交互平台，获取当日车次座位售票情况。售票数据在开车前5 min生成，新数据生成后立即更新座位号灯状态，如图2-227所示。

绿灯表示未售
黄灯表示预售（当前站没人，后续区间有人）
红灯表示已售

图2-227 客室座位号灯

（五）餐饮设施

5号车为餐车，车辆1位端设有厨房，餐饮设施按供应快餐设置，供餐能力满足1.5 h内50%定员用餐需求。设置有操作台、吧台、储藏柜及其他设备，主要提供快速食品以及酒水、饮料等服务，如图2-228所示。

图2-228 餐饮设施

厨房供餐模式为冷链盒饭、热链盒饭和常温链盒饭，采用冷热链为主，常温链补充的供餐模式，配置成熟产品的厨房设备。厨房选配设备有：冷冻柜、冷藏柜、冷藏展示柜、微波炉、烤箱、电磁炉、保温柜、消毒柜、开水炉、冷饮机、制冰机等。厨房布置如图2-229所示。

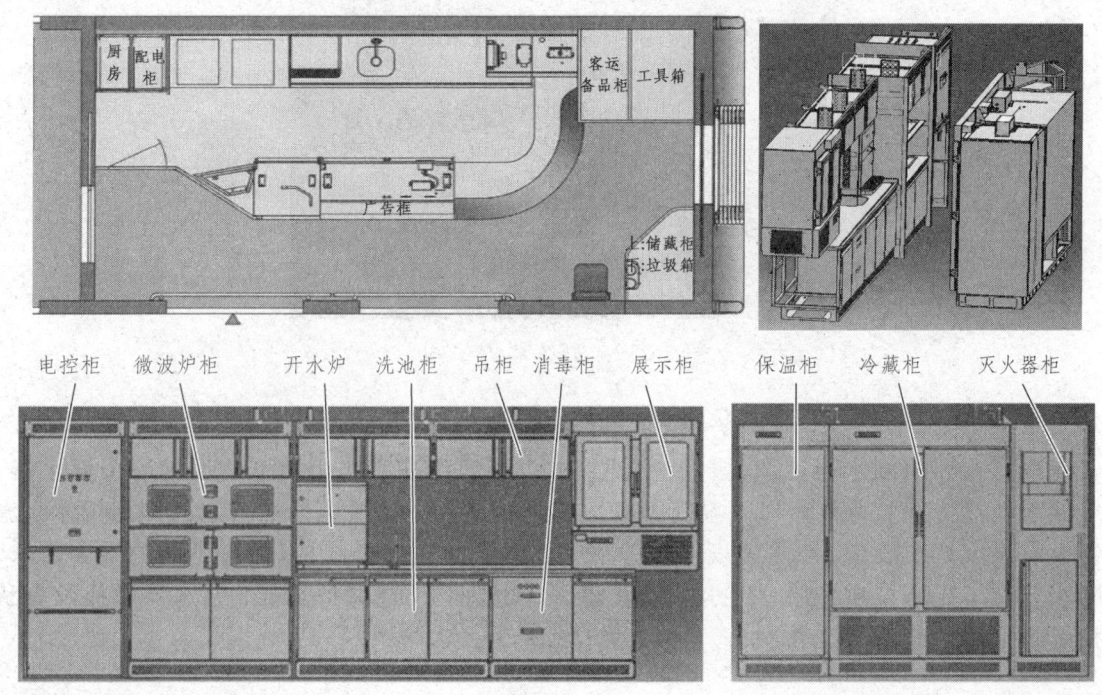

图 2-229 厨房布置

（六）卫生间及盥洗室

1. 卫生间

CR400AF 型动车组除了餐车外，每车均设置了卫生间，卫生间采用真空集便系统，分为坐式便器卫生间和蹲式便器卫生间，如图2-230、图2-231所示。

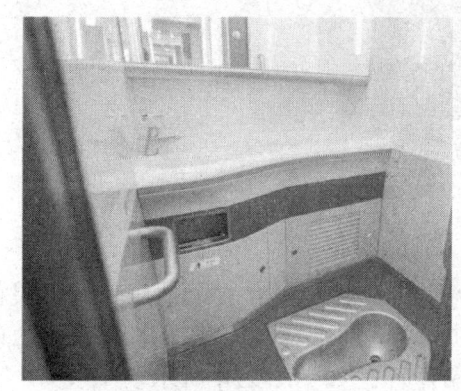

图 2-230 蹲式便器卫生间

图 2-231 坐式便器卫生间

同时，残疾人卫生间的拉门设置为按钮式的自动门，卫生间内安装了座便器、婴儿护理台、可折叠扶手等，如图 2-232 所示。

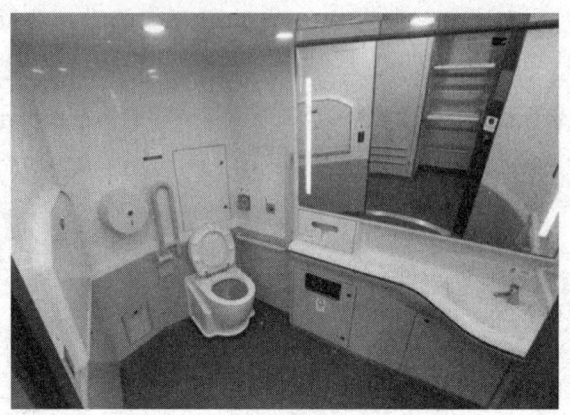

图 2-232　残疾人卫生间

2. 盥洗室

盥洗室主要由温水器、洗面台及镜子组成。动车组在每个盥洗室均设置一个温水器，采用储水加热方式，为乘客提供温度相对恒定的盥洗温水，按压冷热节水阀即出温水。温水器设有温度调节旋钮，加热温度在 30～75 ℃ 范围内连续可调，以适应不同的乘客需求。为防止异常工况下发生危险，温水器设有缺水、超温及干烧保护功能，温水器面板设有状态指示灯，用以查看其工作状态，如图 2-233 所示。

图 2-233　盥洗室

（七）乘务员室

乘务室位于 5 号餐车，内设置办公桌和旋转座椅，办公桌设置有 4 个抽屉，最下层抽屉用于存放急救箱；扬声器和应急灯挂于办公桌上方间壁上；上部设有供乘务员操作的电气设备柜；控制柜内设乘客信息显示屏、娱乐信息操作屏，如图 2-234 所示。

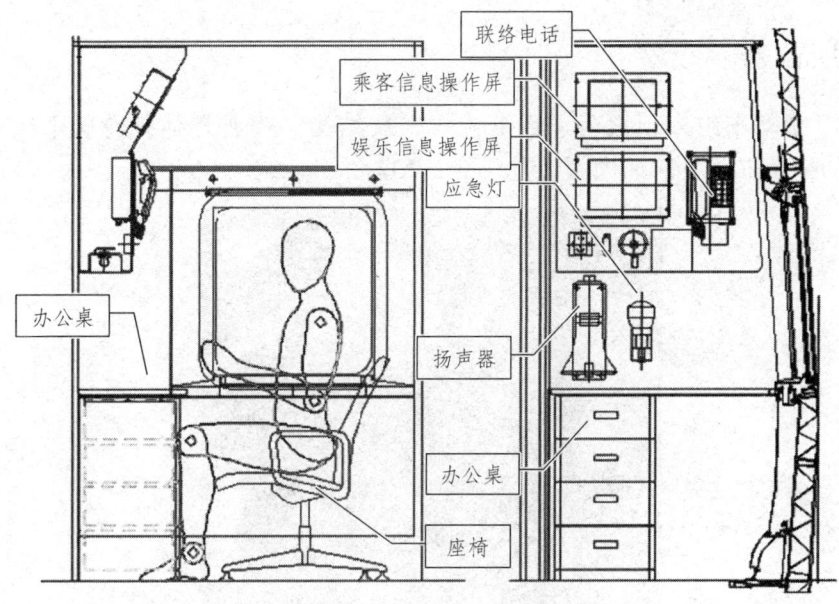

图 2-234 乘务员室布置图

（八）机械师室

机械师室也位于 5 号餐车，内设置办公桌和旋转座椅，联络电话等。办公桌设置有 4 个抽屉，上部设有供机械师操作的电气设备柜，包括视频监控显示屏、网络系统，如图 2-235 所示。

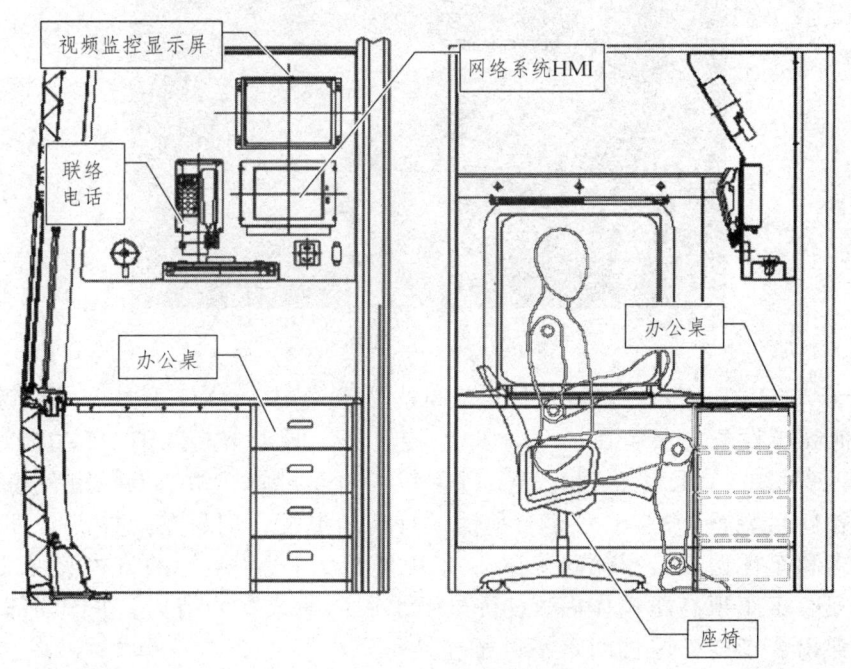

图 2-235 机械师室布置图

三、车顶设备

CR400AF 型动车组车顶设备采用沉入式安装结构,提升车体外轮廓平顺化水平,降低动车组运行阻力和噪声,如图 2-236、图 2-237 所示。

图 2-236 受电弓

图 2-237 空调机组

3、6 号车(TP03、TP06)车顶上安装高速受电弓(CX-NG 型号)、避雷器、受电弓摄像机(其他高压设备均安装在车下高压设备箱内)。两头车(TC01、TC08)上设置无线天线。5 号车(MB05)上设置 FM、Wi-Fi 天线。每车设置一组空调机组,并在机组两侧的车体上设置新风装置。3~6 号车车顶铺设特高压电缆,向各单元提供电力,特高压电缆内藏于车内和车体型腔,车辆间采用 L 形电缆接头+过桥电缆的方式实现过桥连接。L 形电缆接头安装于车顶高压箱体内,过桥电缆采用内藏式安装结构,车体端部开口,过桥电缆从开口穿出,于内外风挡间水平过桥连接。

四、司机室

CR400AF 型动车组为单人驾驶模式,司机操纵台在中央。司机室的设计执行 UIC 651 标准,符合现代的人机工程学设计原则。司机室布置了动车组的主要操控设备,对全车进行牵引、制动控制,同时控制全动车组的空调、车门和广播等设备,检测动车组运行信息并进行故障诊断,保证动车组高速、准时、安全运行。与 CRH380A 型动车组司机室的主要区别是操纵台采用统型布局,司控器采用牵引和制动控制集成的司控器,如图 2-238 ~ 图 2-240 所示。

图 2-238 司机室

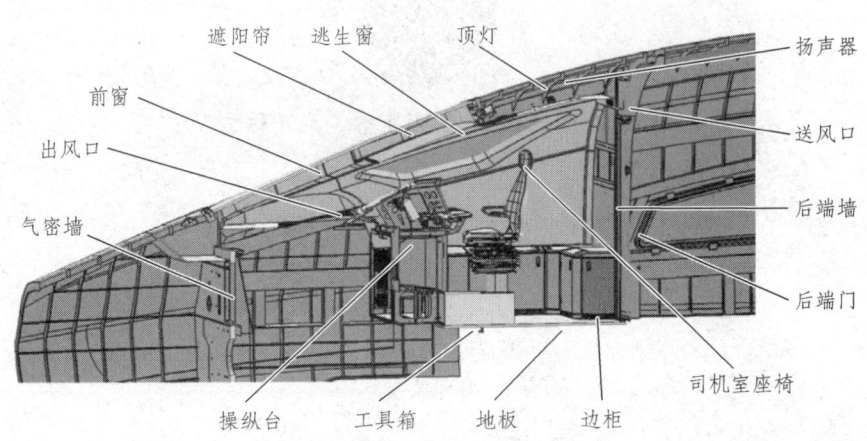

图 2-239 司机室剖视图

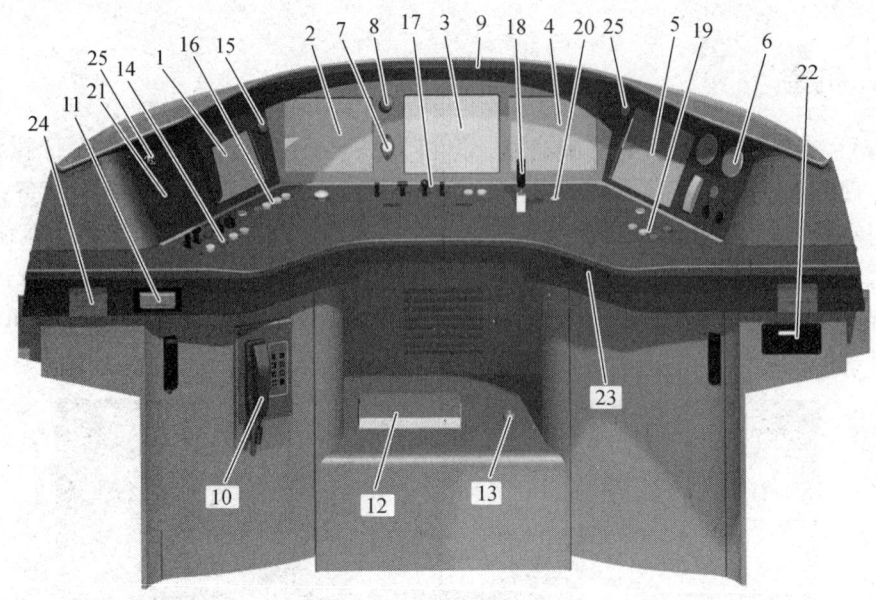

1—CIR 显示器及话筒；2—TCMS 显示器 1；3—ATP 显示器 1；4—TCMS 显示器 2；5—ATP 显示器 2；6—仪表区；
7—EOAS 抬音器；8—紧急制动按钮、9—阅读灯；10—PIS 话筒；11—CIR 打印机；12—DSD 脚踏开关；
13—风笛开关；14—左操作区（门控）；15—紧急断电开关；16—左操作区（制动按钮）；
17—中央操作区；18—主控手柄；19—右操作区；20—操纵模式选择开关；
21—7 寸显示器横屏（预留）；22—EOAS 数据转储装置；23—空调开关区；
24—空调格栅；25—EOAS 前置摄像头。

图 2-240 司机操纵台结构图

 思政课堂

董宏涛：与高铁一起奔跑的"动车医生"

项目三　动车组转向架维护与检修

项目描述

通过本项目学习，使学生正确掌握动车组转向架的结构原理，CRH380A、CRH380B 和 CR400AF 型动车组转向架的结构特点及区别，并能对其进行正确检修。

知识目标

（1）掌握动车组转向架的结构特点。
（2）掌握动车组转向架空气弹簧系统的结构和作用原理。
（3）熟悉动车组转向架的检修要求。

能力目标

（1）能够依据学习资料制作动车组转向架教学课件。
（2）能够按照标准化作业程序对动车组转向架进行维护与检修。
（3）能够应急处理动车组转向架的故障。

项目任务

任务一　动车组转向架基础知识
任务二　CRH380A 型动车组转向架
任务三　CRH380A 型动车组转向架构架
任务四　CRH380A 型动车组转向架轮对轴箱定位装置
任务五　CRH380A 型动车组转向架二系悬挂装置
任务六　CRH380A 型动车组转向架驱动装置
任务七　CRH380A 型动车组转向架基础制动装置
任务八　CRH380A 型动车组转向架辅助装置

任务一　动车组转向架基础知识

任务描述

在动车组机械设备维护与检修演练场内，以动车组模型、多媒体教学课件为载体，掌握动车组转向架的设计原则、作用、组成以及分类等基础知识。

> 背景知识

一、转向架的设计原则

微课：动车组转向架基础知识

转向架是机车车辆最重要的组成部件之一（见图 3-1），其结构是否合理直接影响机车车辆的运行品质、动力性能和行车安全。

由于各国铁路发展历史和背景的不同，以及技术条件上的差异，致使各国研制的高速动车组转向架结构类型相差较多，然而在设计原则上的共识和实践经验却导致高速动车组转向架在形式上具有众多相同之处，如采用空气弹簧悬挂系统、无磨耗轴箱弹性定位、盘形制动为主的复合制动系统等。

根据高速动车组转向架的设计经验，一般采用以下设计原则：

（1）采用高柔性的空气弹簧悬挂系统，以获得良好的振动性能。这种高柔性空气弹簧在速度 380 km/h 以下能表现出其优越性。

（2）采用高强度、轻量化的转向架结构，以降低轮轨间动力作用。

（3）采用能有效地抑制转向架蛇行运动，提高转向架蛇行运动临界速度的各种措施。

（4）驱动装置采用简单、实用、可靠、成熟的结构，尽量减小簧下质量和簧间质量，以改善轮轨间的动作用力，提高高速运行稳定性。

（5）基础制动装置采用复合制动系统。

图 3-1 动车组转向架

二、转向架的作用

（1）承载（或传力）：承受并传递从车体至轮对以及钢轨间的各种载荷和作用力，并使轴重均匀分配。

（2）驱动（或牵引）：保证必要的轮轨黏着，并把轮轨接触处产生的轮周牵引力传递给车体、车钩，牵引列车前进。

（3）缓冲（或减振）：缓和线路不平顺对车辆的冲击，保证车辆具有良好的运行平稳性和稳定性。

（4）导向（或转向）：保证轮对在钢轨上对中运行，并使车辆顺利通过曲线。

（5）制动：产生必要的制动力，以使车辆在规定的距离内减速或停车。

当然，拖车转向架并不产生驱动力，它是被动车拉着走的，因此它没有驱动作用。

三、组成及各部分的作用

动车组转向架通常可分为动车转向架（动力转向架）和拖车转向架（非动力转向架），常见的动车转向架结构如图 3-2 所示，其主要组成部分及其作用如下：

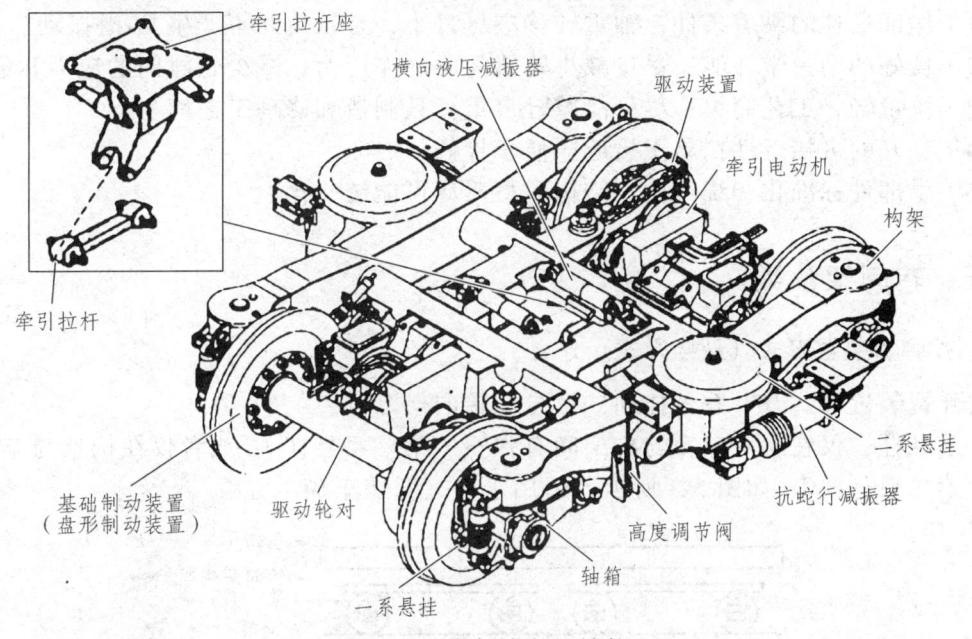

图 3-2 动车转向架结构

（1）轮对：直接向钢轨传递重量，通过轮轨间的黏着产生牵引力或制动力，并通过车轮的回转实现车辆在钢轨上的运行（平移）。

（2）轴箱：连接构架与轮对的活动关节，它除了保证轮对进行回转运动外，还能使轮对适应线路不平顺等条件，相对于构架上、下，左、右和前、后运动。

（3）一系悬挂（轮对与构架之间的弹性悬挂装置，也称轴箱悬挂装置）：用来保证一定的轴重分配，缓和线路不平顺对车辆的冲击，并保证车辆运行平稳。它包括轴箱弹簧、轴箱垂向减振器和轴箱定位装置等。

（4）构架：转向架的骨架，它将转向架的各零部件组成一个整体，并承受和传递各种力。它包括侧梁、横梁或端梁，以及各种相关设备的安装或悬挂支座等。

（5）二系悬挂（构架与车体之间的弹性悬挂装置，也称中央悬挂装置）：用以传递车体与转向架间的垂向力和水平力，使转向架在车辆通过曲线时能相对于车体回转，并进一步减缓车体与转向架间的冲击振动,同时必须保证转向架安定。它包括二系弹簧、各方向减振器、抗侧滚装置和牵引装置等。

（6）驱动装置（仅动车转向架有）：将动力装置的扭矩最后有效地传递给车轮,包括牵引电机、齿轮箱、联轴节（联轴器）或万向轴和各种悬吊机构等。

（7）基础制动装置：由制动缸传来的力,经放大系统（一般为杠杆机构）增大若干倍以后传给闸瓦（或闸片）,使其压紧车轮（或制动盘）,对车辆实施制动,包括制动缸（气缸或油缸）、放大系统（杠杆机构或空-油转换装置）、制动闸瓦（或闸片）和制动盘等。

一般动车组的拖车转向架与动车转向架的最主要区别是：拖车转向架没有驱动装置。

四、转向架的主要技术要求

对动车组转向架的主要技术要求包括：
（1）保证最佳的黏着条件：轴重转移应尽量小,且轮轨间不产生黏-滑振动。
（2）良好的动力学性能：尽量减小轮轨间的动作用力,减少轮轨间的应力和磨耗。
（3）质量轻,工艺简单：尽可能减轻自重,且制造和修理工艺简易。
（4）良好的可接近性：易于接近,便于检修。
（5）零部件标准化和统一化：结构和材质尽可能统一化。

五、转向架分类

1. 按弹簧装置形式（悬挂方式）分类

按弹簧装置形式有一系悬挂和二系悬挂转向架之分。

一系悬挂：仅在轮对轴箱与构架间有弹簧（第一系悬挂）,或者仅在构架与车体间有弹簧（第二系悬挂）,如图3-3所示,适用于中、低速车辆。

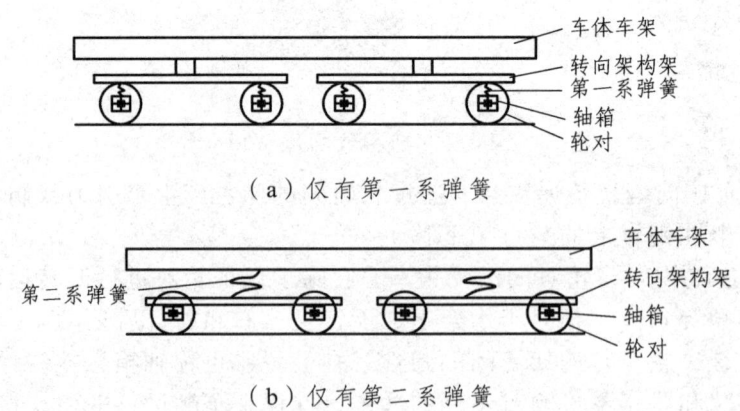

图3-3 一系弹簧悬挂转向架示意图

二系悬挂：除了在轮对轴箱与构架间有第一系弹簧外,还在构架与车体间设置第二系弹簧,如图3-4所示,一般适用于中、高速机车车辆。

高速动车组通常采用二系悬挂转向架。

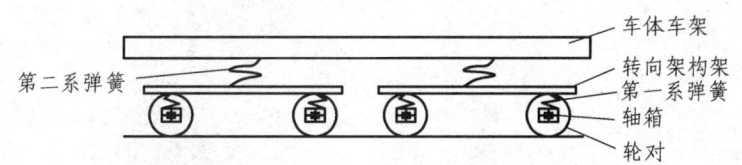

图 3-4　二系弹簧悬挂转向架示意图

2. 按轴箱定位形式分类

轴箱定位装置是指约束轮对轴箱与构架之间相对运动的机构。它对转向架的横向动力性能、曲线通过性能和抑制蛇行运动具有决定性的作用。

轴箱定位装置的纵向和横向定位刚度选择合适，可以避免车辆在运行速度范围内蛇行运动失稳，保证曲线通过时具有良好的导向性能，减轻轮缘与钢轨间的磨耗和噪声，确保运行安全和平稳。

常见的轴箱定位装置的结构形式有：拉板式定位（如日本 0 系和 100 系转向架）；拉杆式定位（如 CRH5 转向架）；转臂式定位（如 CRH380A/B 和日本 500 系转向架）；层叠式橡胶弹簧定位（又称八字形或人字形橡胶定位，如上海地铁转向架）；干摩擦式导柱定位等。

由于转臂式定位结构简单、拆装方便，因此在高速动车组转向架上得到了越来越广泛的使用。

3. 按车体与转向架间的连接装置形式分类

按车体与转向架间的连接装置形式来分，可分为有心盘（或牵引销）转向架、无心盘（或牵引销）转向架和铰接式转向架（亦称雅可比转向架）。

有心盘（或牵引销）式结构由于很难实现转向架相对于车体的横向弹性运动的要求，且结构比较复杂，因此在高速动车组转向架中几乎不被采用。CRH 系列动车组转向架均采用无心盘（或牵引销）转向架，如 CRH380A 采用非常简单的单拉杆结构，CRH380B 采用"Z"字形布置的双拉杆结构。

复习思考题

1. 转向架有哪些作用？
2. 转向架的组成及各部分作用是什么？
3. 转向架有哪些类型？

任务二　CRH380A 型动车组转向架

任务描述

在动车组机械设备维护与检修演练场内，以动车组模型、多媒体教学课件为载体，掌握 CRH380A 型动车组转向架的基本组成及各部分作用。

微课：CRH380A 型动车组转向架

> 背景知识

一、概述

CRH380A 型动车组的动车转向架型号为 SWMB-400，拖车转向架型号为 SWTB-400，动车转向架和拖车转向架的主要结构基本一致，采用 H 形构架、无摇枕、空心轴轮对、铝合金轴箱和铸铝齿轮箱等结构。动车转向架如图 3-5 所示。

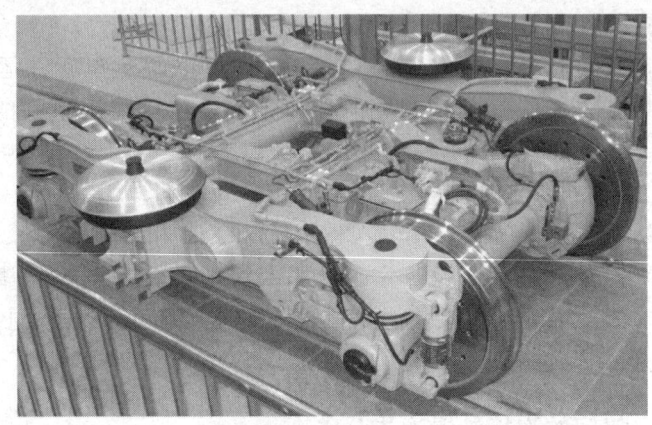

图 3-5　CRH380A 型动车组动车转向架

其主要特点如下：

（1）轮对：为检修探伤操作方便及减轻重量，采用了合金钢空心车轴。车轮直径为 $\phi 860$ mm。制动采用盘形制动。动车转向架采用轮盘方式。拖车转向架采用轮盘和轴盘并用方式。

（2）轴箱轴承：使用自密封式的双列圆锥滚子轴承（油脂润滑方式），以减轻重量和降低维修的频率。

（3）轴箱定位装置：采用转臂（轴梁）式定位方式，以减轻磨耗并简化调整方法，从而降低维修频率及减轻重量。

（4）牵引装置：牵引装置为单拉杆方式，以减轻重量和降低维修的频率。

（5）基础制动装置：采用气动式制动夹钳以及浮动式闸片，可使制动力分布更为均匀，有效地减少热斑、颤振，并可以进一步减轻重量。

转向架主要参数如表 3-1 所示。

表 3-1　转向架主要参数

主要参数	动车转向架 SWMB-400	拖车转向架 SWTB-400
转向架质量/t	7.328	端部车（不带清扫装置）：6.520 端部车（带清扫装置）：6.570
固定轴距/mm	2 500	
车轮直径/mm	新轮 860（最小使用直径 790）	

续表

轴承中心间距/mm	2 000	
转向架最大长度/mm	一般转向架：3 416	
	车头转向架：3 566	
转向架最大宽度/mm	3 102（两空气弹簧最大横向距离）	
空气弹簧左右间隔/mm	2 460	
空气弹簧有效直径/mm	520	
驱动方式	平行挠性齿轮联轴节，1级减速齿轮方式	—
齿轮比	2.379	—
轴箱轴承	ϕ130自密封圆锥滚珠轴承	
制动方式	空气制动 轮盘方式	空气制动 轮盘与轴盘并用方式
制动夹钳装置	RZKK Type18	RZKK Type12
制动倍率	8.46	
闸片	浮动式粉末冶金闸片	
轴箱定位方式	转臂式（轴梁式）轮对轴箱定位	

二、转向架结构

动车转向架主要由构架、轮对、轴箱、一系悬挂、二系悬挂、驱动装置、基础制动装置和踏面清扫装置等部分组成，配置在除头车外的中间车。其具体结构如图3-6和图3-7所示。

图3-6 动车转向架结构图

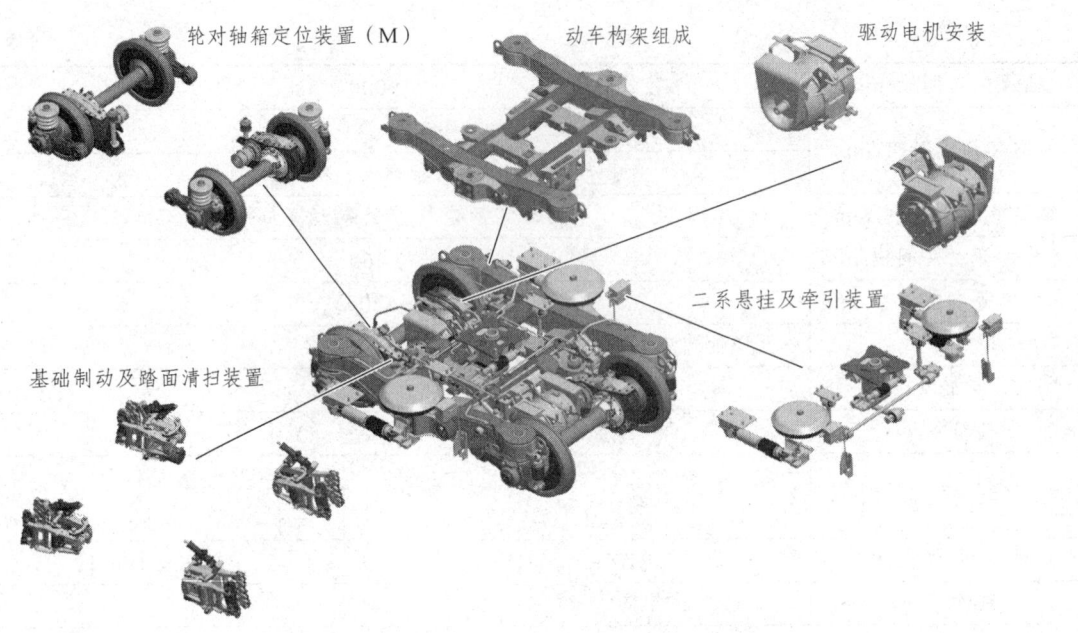

图 3-7　动车转向架分解图

拖车转向架可分为中间转向架和端部转向架两类，两者结构基本相同，只是端部转向架上装有排障装置。中间转向架主要由构架、轮对、轴箱、一系悬挂、二系悬挂、基础制动装置和踏面清扫装置等部分组成；拖车转向架配置在动车组头车。其具体结构如图 3-8 和图 3-9 所示。

图 3-8　拖车转向架结构图

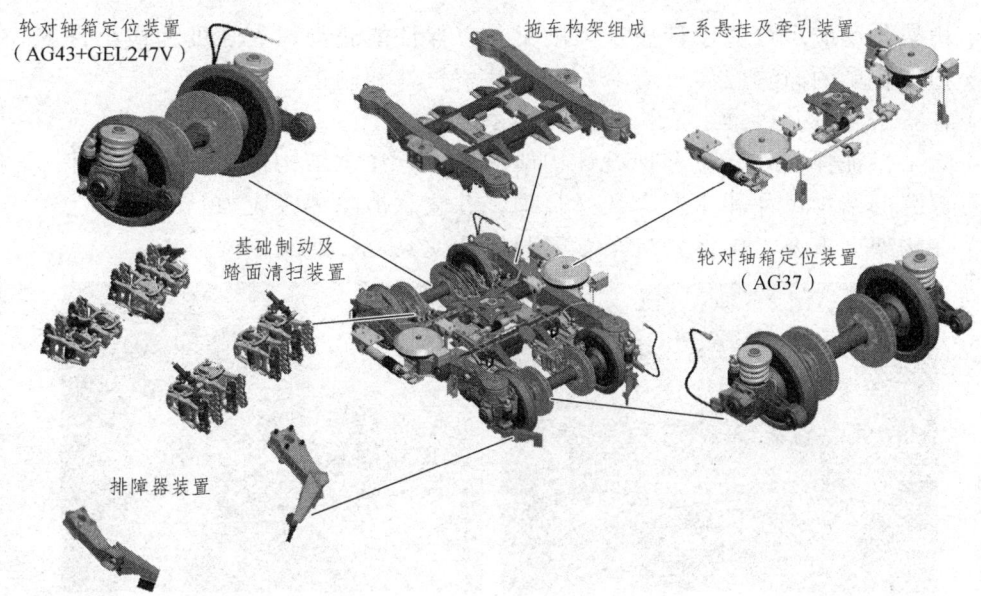

图 3-9 拖车转向架分解图

> **复习思考题**

1. CRH380A 型动车组转向架有哪些特点？
2. CRH380A 型动车组动车转向架与拖车转向架有哪些结构差异？

任务三　CRH380A 型动车组转向架构架

> **任务描述**

在动车组机械设备维护与检修演练场内，以多媒体教学课件为载体，掌握 CRH380A 型动车组转向架构架各部分名称、作用及特点。

微课：CRH380A 型动车组转向架构架

> **背景知识**

一、构架基础知识

构架是转向架的骨架，用以联系（安装）转向架各组成部分和传递各方向的力，并用来保持车轴在转向架内的位置，如图 3-10 所示。构架一般由左、右两根侧梁和一个或几个横梁（或端梁）等组成。侧梁的作用：不仅是向轮对（或轮组）传递垂向力、横向力和纵向力的主要构件，还用来规定轮对的相对位置。横梁的作用：保证构架在水平面内的刚度，保持各轴的平行及承托牵引电动机等部件。

动车组转向架构架设计必须遵循如下原则：
（1）必须全面考虑构架与各有关零部件的相互位置关系，合理布置结构。

（2）构架各梁应尽可能设计成等强度梁，以保证能获得最大强度和最小自重。
（3）构架各梁的布置应尽可能对称，以简化设计和制造。
（4）各梁本身以及各梁组成构架时，必须注意减少应力集中。
（5）除了保证强度外，应合理设计构架的刚度，注意结构模态频率的设计。
（6）焊缝的结构尺寸和布置应选择合理，并注意消除焊接应力。
（7）在构架上需要考虑设置机车车辆脱轨后使其复位的支承部位。

图 3-10 转向架构架

二、CRH380A 型动车组转向架构架

动车转向架构架和拖车转向架构架结构分别如图 3-11、图 3-12 所示。构架为焊接结构，主体框架由两侧梁和两横梁构成，呈 H 形。

构架由侧梁、横梁、纵向连接梁、空气弹簧支承梁及其他焊接附件组成。动车转向架构架和拖车转向架构架主结构相似，不同之处主要是动车转向架构架横梁上设有电机吊座和齿轮箱吊座，拖车转向架构架横梁上设有轴盘制动吊座。

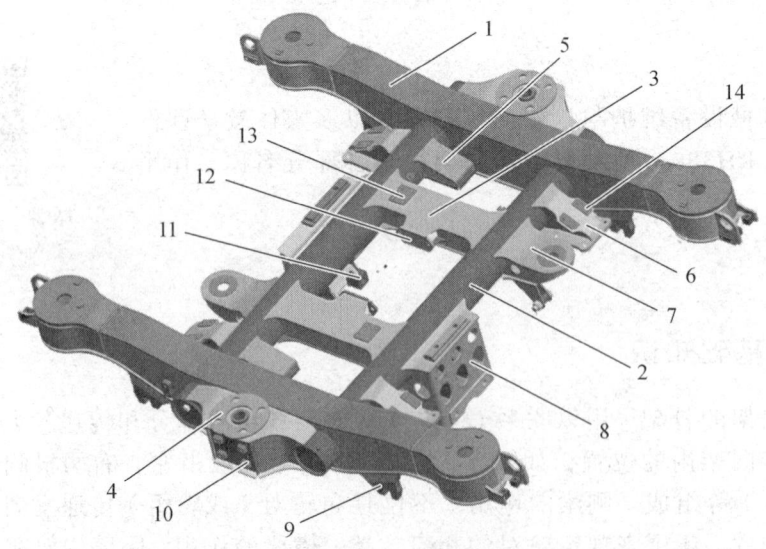

1—侧梁；2—横梁；3—纵向连接梁；4—空气弹簧支承梁；5—抗侧滚扭杆座；6—制动吊座（轮盘）；
7—齿轮箱吊座；8—电机吊座；9—定位转臂座；10—抗蛇形减振器座；11—牵引拉杆座；
12—横向缓冲器座；13—横向减振器座；14—踏面清扫装置安装座。

图 3-11 动车转向架构架

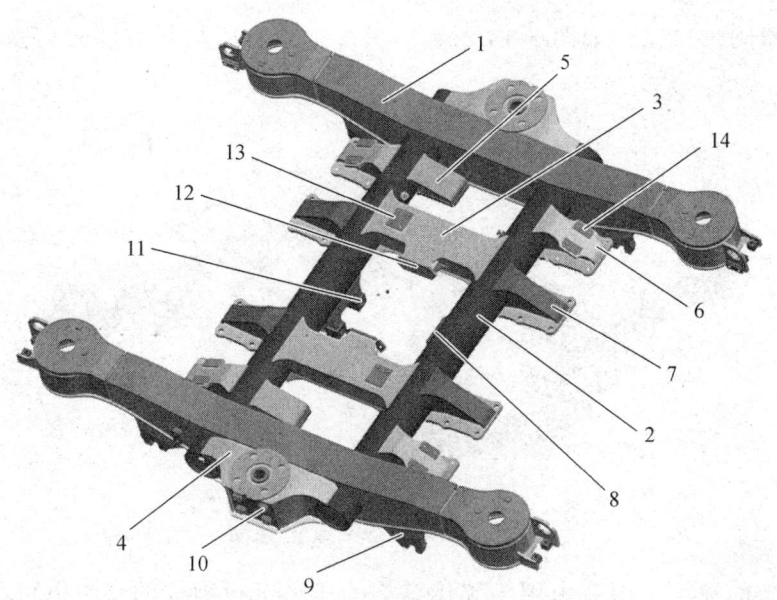

1—侧梁；2—横梁；3—纵向连接梁；4—空气弹簧支承梁；5—抗侧滚扭杆座；6—制动吊座（轮盘）；
7—制动吊座（轴盘）；8—垂向止挡；9—定位转臂座；10—抗蛇形减振器座；11—牵引拉杆座；
12—横向缓冲器座；13—横向减振器座；14—踏面清扫装置安装座。

图 3-12　拖车转向架构架

为保证动车组 20 年的使用寿命，在满足强度要求的前提下为降低转向架自重，构架的主要承载构件采用了符合 JISG 3114 标准的耐候钢材料，其他部位采用合金结构钢。转向架构架在焊接完成后，进行整体退火处理和整体机加工。

1. 侧梁

动车转向架和拖车转向架的构架侧梁为同一结构。其材质为用于焊接结构的耐候钢板，牌号为 SMA490BW。

侧梁为箱形断面，内设有筋板，以提高侧梁承载刚度。轴箱弹簧筒位于侧梁端部，其与侧梁主体相连接的过渡部分为柔滑面，以此达到减缓应力集中的目的，如图 3-13 所示。

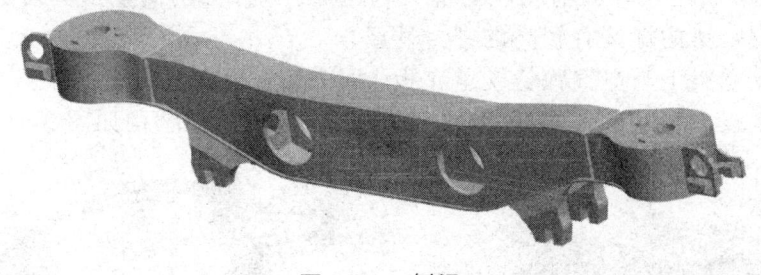

图 3-13　侧梁

2. 横梁

横梁采用与侧梁相同牌号的无缝钢管。

在侧梁外侧及两横梁间设置空气弹簧支承梁，两支承梁分别与两横梁连通，其内腔共同组成空气弹簧附加气室，如图 3-14 所示。另外，只有附加气室部分为密封结构。

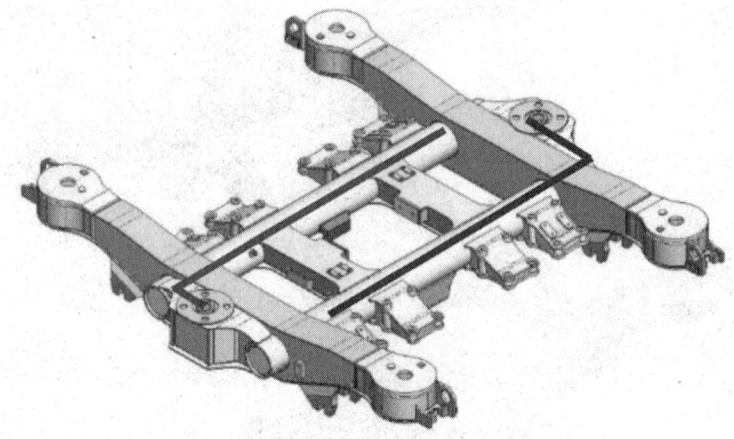

图 3-14　附加空气室示意图

动车转向架的横梁上焊有由用于焊接结构的压形钢板制成的牵引电机吊座、齿轮箱吊座、轮盘制动吊座等。靠近车端方向的牵引电机吊座还兼作牵引装置的单牵引拉杆座。

拖车转向架的横梁上焊有由用于焊接结构的压形钢板制成的轴盘制动吊座、轮盘制动吊座等，靠近车端的横梁上还焊有单牵引拉杆座。

动车转向架、拖车转向架靠近车端的横梁上还焊有由压形钢板制成的抗侧滚扭杆安装座，另一横梁上焊有垂向止挡。

3．纵向连接梁

在两横梁间设两纵向连接梁，以连接两横梁从而提高横梁刚度。纵向连接梁上设横向减振器安装座、横向缓冲器（横向止挡）安装座和差压阀安装座。

4．空气弹簧支承梁

空气弹簧支承梁沿纵向跨于两端横梁之间并与侧梁形成封闭腔体，成为空气弹簧的支承构件和附加空气室的一部分。梁体内有一钢管型材制成的空气弹簧座导筒，用于空气弹簧与气室的连通和定位。导筒与相应的横梁相连通，以保证两侧空气弹簧附加气室相互独立。空气弹簧支承梁的焊接有较高的密封性要求。

空气弹簧支承梁上为空气弹簧支承座板，加工后安放空气弹簧。为了安装抗蛇行减振器，在支承梁上设有抗蛇形减振器安装座。空气弹簧支承梁结构如图 3-15 所示。

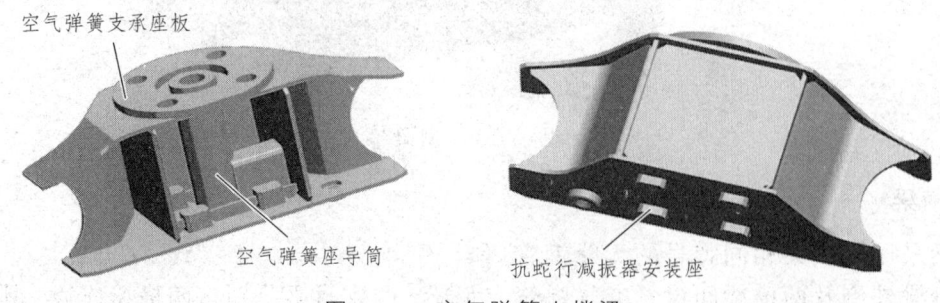

图 3-15　空气弹簧支撑梁

复习思考题

1. 构架的作用是什么？
2. CRH380A 型动车组构架的组成及各组成部分的作用是什么？
3. CRH380A 型动车组动车转向架构架与拖车转向架构架有哪些区别？

任务四　CRH380A 型动车组转向架轮对轴箱定位装置

任务描述

在动车组机械设备维护与检修演练场内，以动车组模型、多媒体教学课件为载体，掌握 CRH380A 型动车组转向架轮对轴箱定位装置各部分的名称、作用及特点。

微课：CRH380A 型动车组转向架轮对、轴箱及一系悬挂装置

背景知识

轮对轴箱定位装置包括轮对、轴箱及一系悬挂装置，分为动车轮对轴箱定位装置和拖车轮对轴箱定位装置，如图 3-16、图 3-17 所示。

图 3-16　动车轮对轴箱定位装置

图 3-17　拖车轮对轴箱定位装置

一、轮对

(一) 轮对基础知识

两个车轮和一根车轴按规定的压力和尺寸牢固地压装在一起叫作轮对。在轮轴接合部位应采用过盈配合，使两者牢固地结合在一起，为保证安全，决不允许有任何松动现象发生。

轮对是车辆的重要部件之一，它承受着来自车辆的全部静、动载荷，并传递给钢轨，引导车辆沿钢轨运行，还与钢轨相互作用产生各种作用力。其技术状态的好坏直接影响到行车安全，因此对轮对的制造、检修均有严格的要求。首先，要求轮对有足够的强度，以保证在容许的最高速度和最大载荷下安全运行；在保证安全的条件下，使其质量最小，并有一定的弹性，以减小轮轨之间的相互作用力；应具备阻力小和耐磨性强的优点，这样可节省牵引力并能提高使用寿命；应能适应车辆直线运行，同时又能顺利通过曲线，还应具备必要的抵抗脱轨的安全性。

1. 车轮

车轮是车辆直接与钢轨接触的部分，它将车辆的载荷传给钢轨，并在钢轨上滚动，使车辆运行。车轮各部位名称如图 3-18 所示。

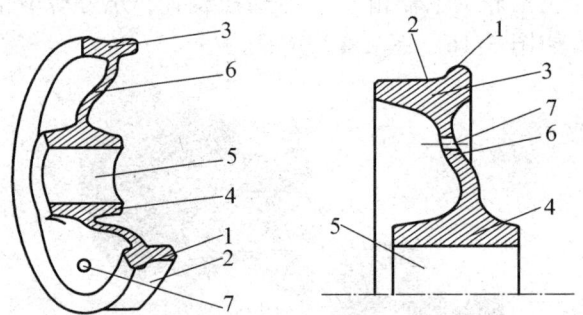

1—轮缘；2—踏面；3—轮辋；4—轮毂；5—轮毂孔；6—辐板；7—辐板孔。

图 3-18 车轮各部位名称

车轮各部位的作用如下：

（1）踏面：车轮与钢轨接触的外圆周面，具有一定的斜度，其与轨面在一定摩擦力下完成滚动运行。

（2）轮缘：车轮内侧面的径向圆周突起部分称为轮缘，这是保持车轮沿钢轨运动、起导向作用、防止脱轨的重要部分。

（3）轮辋：车轮具有完整踏面的径向厚度部分，以保证踏面具有足够强度的同时也便于加修。

（4）轮毂：轮与轴相互配合的部分。轮毂保证车轮和车轴相互结合且保证有足够压装力。

（5）轮毂孔：安装车轴的孔，与车轴上的轮座部分实现过盈配合。

（6）辐板：连接轮辋和轮毂的部分。

（7）辐板孔：便于轮对在切削加工时与机床固定和吊运轮对而设（新造车轮已取消）。

2. 车轴

车轴是轮对的中枢。由于车轴各部位受力状态不同及装配的需要，其直径也不一样。车轴各部位名称如图3-19所示。

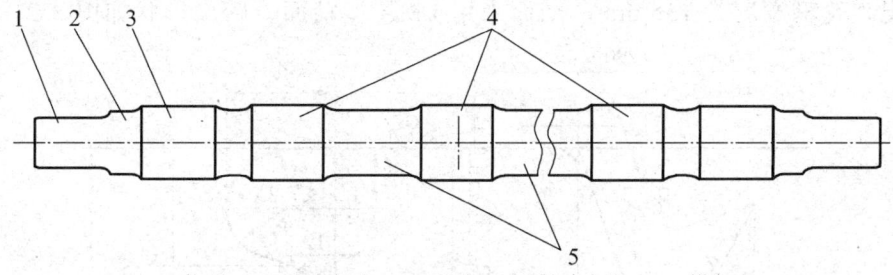

1—轴颈；2—防尘板座；3—轮座；4—制动盘座；5—轴身。

图 3-19　车轴各部位名称

车轴各部位的作用如下：
（1）轴颈：安装滚动轴承和承载的部位。
（2）防尘板座：为车轴与防尘板配合部位，其直径比轴颈直径大，比轮座直径小。
（3）轮座：车轴和车轮配合的部位，是车轴受力最大的部位。
（4）制动盘座：供压装制动盘用。
（5）轴身：两轮座的连接部分，为增加其强度和减少应力集中，车轴轴身呈圆柱形。为检修探伤操作方便及减轻重量，动车组车轴一般采用空心车轴，如图3-20所示。

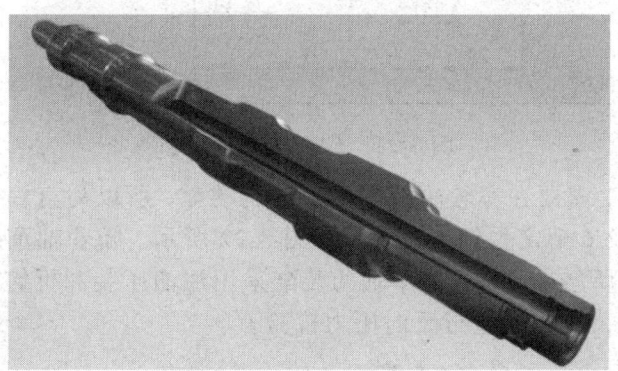

图 3-20　空心车轴

（二）CRH380A型动车组轮对

CRH380A型动车组轮对分为动车轮对和拖车轮对，动车轮对的车轴一侧安装齿轮箱，而拖车轮对的车轴则安装轴盘（轴制动盘）。此外，拖车轮对因轴端安装不同速度传感器也略有差异。由于采用了带自密封的轴承，因此轴承可预先压装在轴颈上。轮对组装后，需逐个进行动平衡试验。

动车轮对由车轴、车轮（带有制动盘，简称轮盘）、齿轮箱及轴承构成。拖车轮对由车轴、车轮（也带轮盘）、轴盘及轴承构成。为确保安全性和可靠性，车轮、大齿轮（齿轮箱的部件）、轴盘等采用冷压法压装到车轴上。

1. CRH380A 型动车组车轮

CRH380A 型动车组车轮采用整体轧制车轮，动车车轮和拖车车轮可互换。新造车轮滚动圆直径为 860 mm，最大磨耗直径为 790 mm，在轮辋外侧面 790 mm 圆周上，设有磨耗到限标记。轮辋宽度为 135 mm，踏面采用 LMA 型踏面，踏面形状如图 3-21 所示。

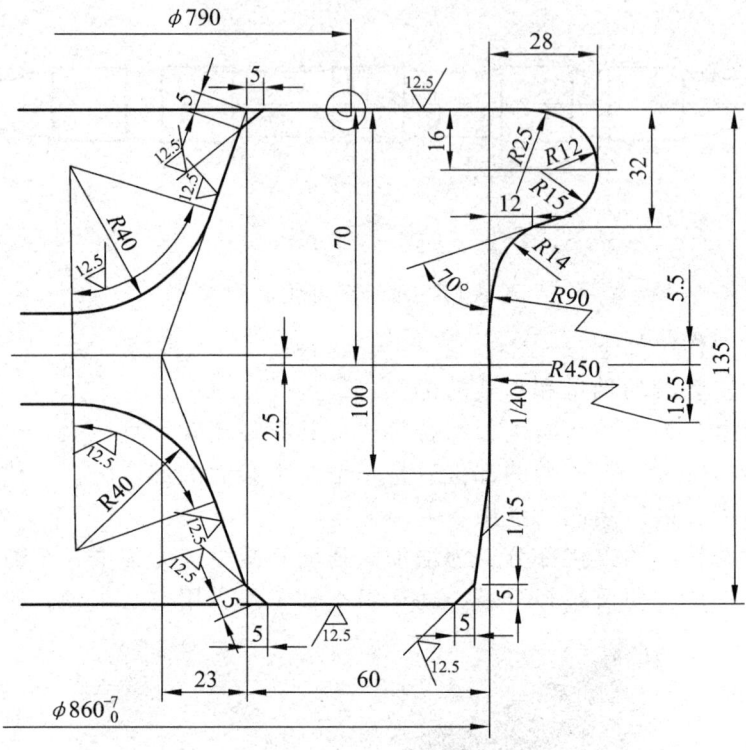

图 3-21　LMA 踏面形状

因采用轮盘制动，需要在车轮辐板两侧安装制动盘，所以为直辐板车轮，在辐板中部有 12 个螺栓安装孔及 6 个定位销安装孔，如图 3-22 所示。随着轴重的增加，与轮毂连接的直辐板根部厚度有所增加。车轮与车轴的装配采用注油压装和拆卸。为保证轮轴在装配后形成规定的压装力，装配后进行反向压力检验。

图 3-22　CRH380A 型动车组车轮

2. CRH380A 型动车组车轴

CRH380A 型动车组车轴为减轻质量，采用了 $\phi 60$ mm 的直线镗削空心车轴。可利用镗削内孔面进行超声波探伤，内孔采用 M65 尼龙轴端防尘盖封堵，便于探伤时拆卸。轴端防尘盖与内孔间采用 O 形圈密封，孔内涂挥发性防锈油，避免内孔锈蚀。为了防止轴端防尘盖缓慢地窜出，内置有孔用弹簧挡圈。车轴端面上进行 C4 倒角，车轮修正时，使用专用的中心顶尖。此外，为了对轴承进行定位，轴端上有紧固轴端螺母用的连接用螺纹（间距为 4 mm），车轴结构如图 3-23 所示。

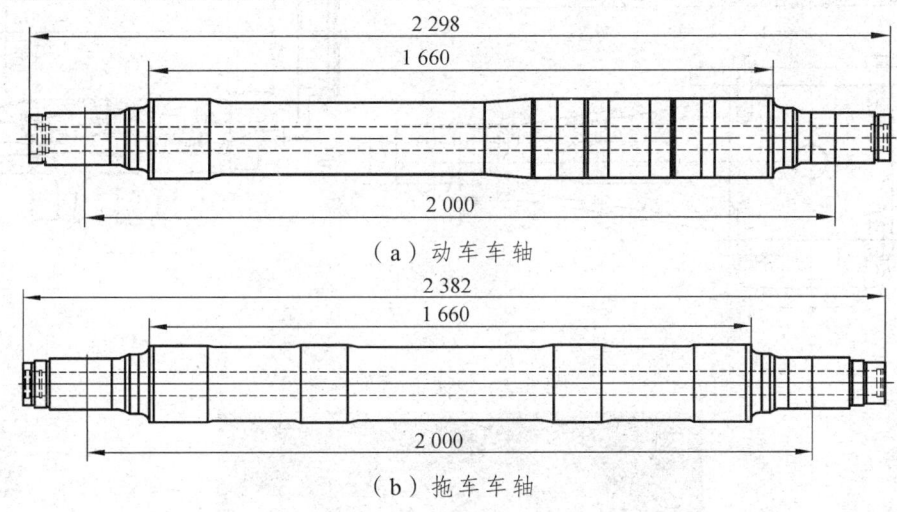

图 3-23　CRH380A 型动车组车轴

二、轴箱装置

轴箱装置主要包括：轴箱体、定位节点压盖、轴箱前盖、轴箱后盖、轴承组、橡胶弹性定位节点、轴温传感器及橡胶盖等。为减少质量，轴箱体和后盖由锻压铝合金制造，前盖由铸造铝合金制成。轴箱组成如图 3-24 所示。

1. 轴箱体

轴箱体采用轴箱与转臂一体式结构，其目的是简化结构，降低自重、便于维护检修，同时有利于提高车辆的运行稳定性以及便于组装，如图 3-25 所示。箱体内安装轴承，其顶部用于安装轴箱弹簧。轴箱体另一端和定位节点压盖之间夹有橡胶定位节点，装配后将组件安装在转向架构架的定位转臂上，构成轮对的定位装置。轴箱内的轴承外圈通过轴箱前后端盖来定位。另外，轴箱体的侧面设置有对轴箱轴承状态进行监视的轴承温度传感器。当轴承温度达到一定值以上时，温度保险丝就熔断并发出轴温异常报警。

2. 轴箱前盖

前盖可用来安装速度传感器。安装的速度传感器种类有 AG37、AG43、GEL247Y（或其他类型）三种，三者之间无互换性。因轴端安装传感器的不同，有不同类型的轴端结构，如图 3-26 ~ 图 3-28 所示。

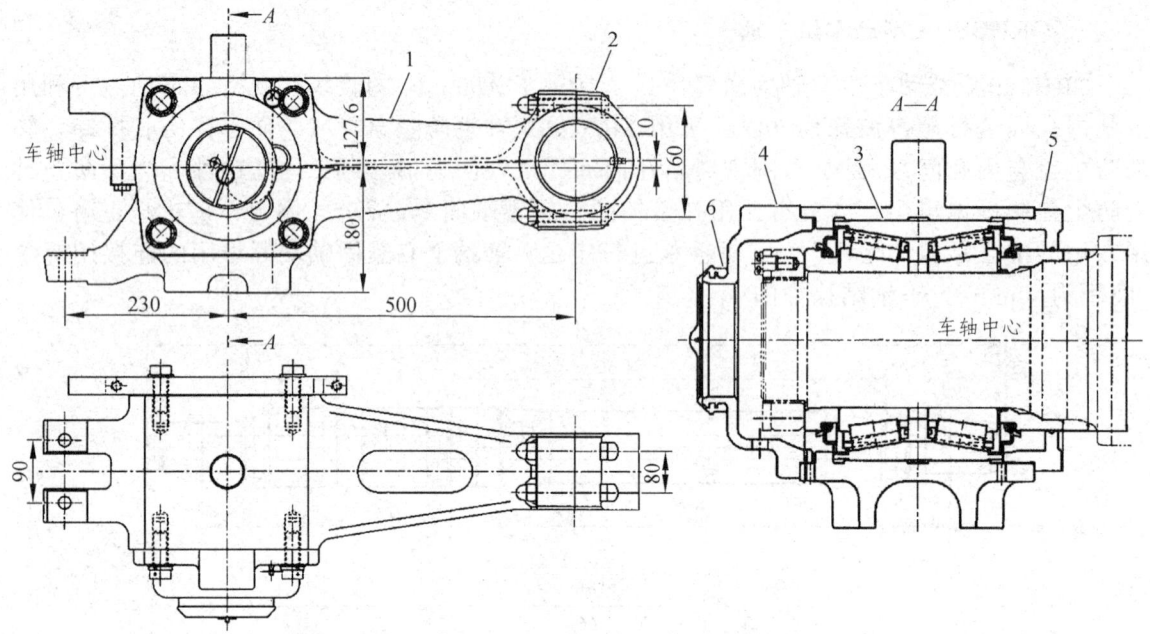

1—轴箱体；2—定位节点压盖；3—轴承组件；4—前盖；5—后盖；6—橡胶盖。

图 3-24 轴箱组成

图 3-25 轴箱体

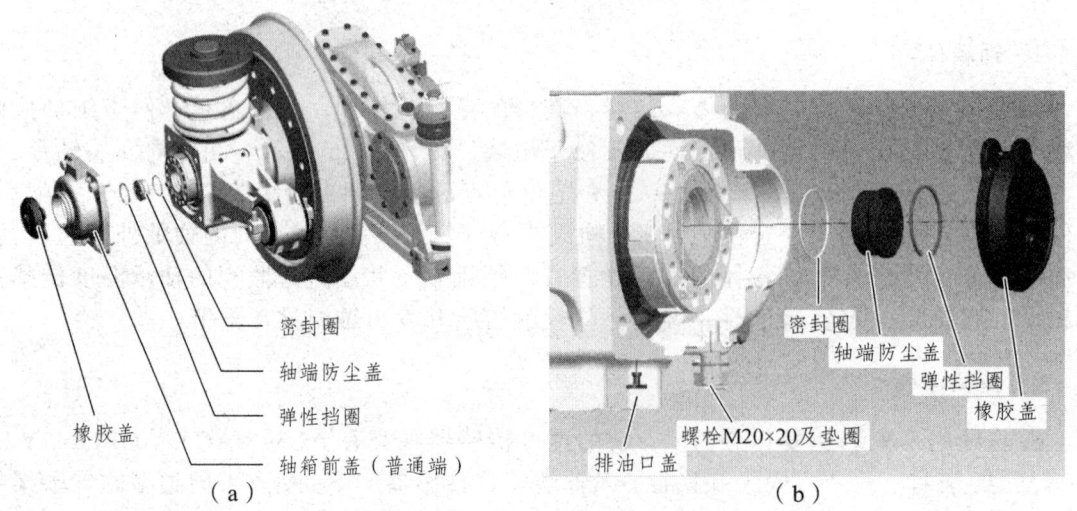

图 3-26 普通轴端分解图

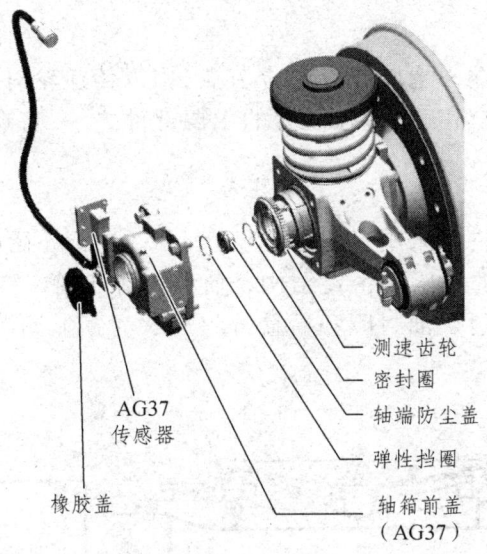

图 3-27 AG37 轴端分解图

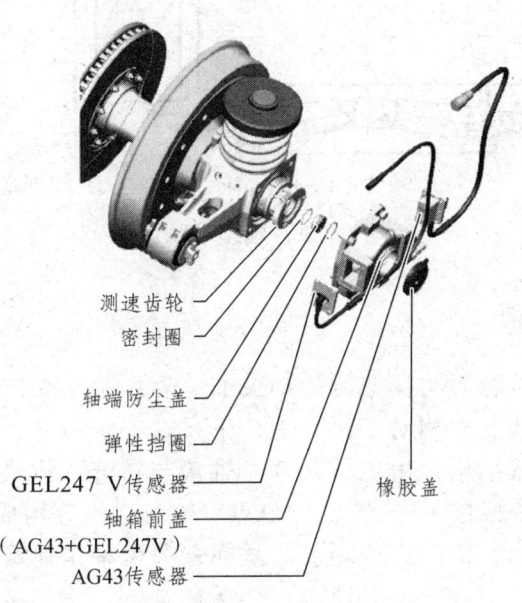

图 3-28 AG43+GLE247V 轴端分解图

前盖上设有橡胶盖，橡胶盖上有吸潮器，吸潮器能防止因轴承温度上升引起的压力增加及防止漏油。前盖底部有一孔，用于排出车轴超声波探伤时使用的润滑油。通常情况下前盖的孔用螺栓塞住，以防运行时灰尘进入。

3. 轴箱后盖

轴箱后盖采用上下分体结构，先上下形成完整的挡圈后，再与轴箱通过螺栓连接。轴箱后盖设有迷宫式结构以防止雨水及尘埃等的侵入。

4. 橡胶弹性定位节点

轴箱与构架连接的一端为橡胶弹性定位节点,用以传递轮对与构架之间的牵引力和制动力。橡胶弹性定位节点作为一系悬挂装置的主要部件之一,将在一系悬挂部分详细叙述。

5. 轴承

CRH380A型动车组转向架采用双列圆锥滚子轴承,轴承外径ϕ240 mm,内径ϕ130 mm,油脂润滑,采用轻接触式的双唇自密封结构,轴承组由外圈、双列圆锥滚子、保持架、内圈、防止磨损的隔板、油封、油封圈和后盖等组成,为预加润滑脂的全密封型单元轴承,结构如图3-29所示。

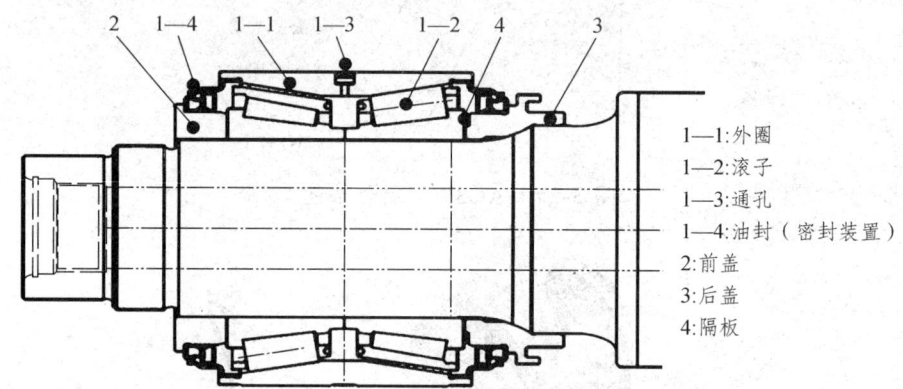

1—1:外圈;1—2:滚子;1—3:通孔;1—4:油封(密封装置);2:前盖;3:后盖;4:隔板。

图3-29 轴承结构图

三、一系悬挂装置

一系悬挂装置是连接轮对与构架的活动关节,除了传递各个方向的力和振动外,必须保证轮对能够适应线路状况而相对于构架上、下、左、右和前、后运动。CRH380A型动车组一系悬挂采用转臂式结构,由定位转臂(轴箱与转臂一体式结构)、轴箱弹簧、轴箱垂向减振器(一系垂向减振器)、弹性定位节点、轮对提吊等构成,如图3-30所示。弹性定位节点具备相应的纵向、横向定位刚度。垂向载荷由轴箱弹簧全部承担。

(一)轴箱弹簧

轴箱弹簧安装在轴箱和转向架构架之间,传递垂直方向的力,通过调整垫片调整轴箱弹簧使每个车轮的载荷均匀。轴箱弹簧主要包括弹簧、弹簧夹板、橡胶垫、绝缘罩、调整垫及防雪罩,如图3-31所示。

1. 弹簧

弹簧采用双圈钢圆弹簧组,由内、外圈弹簧组成,内、外弹簧的旋向相反,如图3-32所示。

图 3-30　一系悬挂装置结构

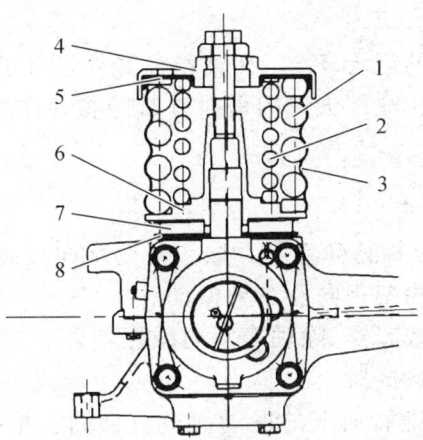

1—外圈弹簧；2—内圈弹簧；3—防雪罩；4—上弹簧夹板；5—绝缘罩；
6—下弹簧夹板；7—橡胶垫；8—调整垫。

图 3-31　轴箱弹簧

图 3-32　弹簧

2. 弹簧夹板

为了便于转向架的组装，设置上下弹簧夹板，使圆簧组保持在规定的预压缩高度，并保证转向架构架和轴箱之间的正位,下弹簧夹板上设置了螺纹,以方便弹簧组与转向架的组装、分解和调整。

3. 橡胶垫

安装在下弹簧夹板和轴箱体之间,橡胶垫为上下硫化黏结钢板结构,用以吸收高频振动。

4. 绝缘罩

上夹板内侧还套上了防止电气腐蚀的绝缘罩,上部镶嵌了防尘帽。绝缘罩用于将圆簧和转向架构架从电气上进行绝缘,以免漏电电流通过轴箱轴承而对轴承产生电腐蚀。

5. 调整垫

作为调节车辆作用于轮对的重量差以及为了达到消除轴箱弹簧载荷不平衡的目的,将调整垫插入轴箱体和防振橡胶垫之间,通过拔出和插入调节垫进行高度调整,使得转向架四处位置的圆弹簧高度达到规定的尺寸。

6. 防雪罩

为应对动车组雨雪天气的运行环境,在轴箱弹簧外设置了防雪罩,采用热缩材料可明显改善轴箱弹簧的工作条件,减缓天气因素对弹簧的腐蚀作用。

(二)轴箱垂向减振器

在构架与轴箱之间,每组轴箱弹簧各并联了一个垂向减震器,构成一系悬挂的阻尼元件,主要作用是衰减转向架构架垂向及点头振动。

轴箱垂向减振器为油压减震器,除轴箱垂向减振器外,二系悬挂系统中的横向减振器、抗蛇形减振器等也都是油压减振器。

轴箱垂向油压减振器伴随转向架的振动而进行伸缩,根据活塞速度产生相应的阻尼力。轴箱垂向油压减振器主要由下列部分组成:活塞部分、进油阀部分、缸端密封部分、上下联结部分、油缸和储油缸(外油缸),减振器内部装有油液。为防止减振器的安装方向错误,减振器上下联结部分的橡胶弹性节点芯轴的安装尺寸设计为不同值,以保证其方向的正确性。为防止沙尘和其他杂质进入减振器,在内、外筒之间安装了橡胶防护罩。具体结构如图 3-33 所示。

1. 油压减振器工作原理

油压减振器是一个密封、充满油液的油缸,油缸内有一活塞,把油缸分为上下两部分,活塞上有小孔称为节流孔。如果把油缸固定在轴箱上,活塞固定在构架上,当构架做上下振动,活塞杆向上运动时,油缸上部分体积缩小导致上部油液的压力增大,而油缸下部分的体积增大导致下部油液的压力降低。油缸上下两部分的压力不同,于是压力高的上部分的油液通过节流孔流到油缸下部分填充活塞移动后产生的空间,油液通过微小的节流孔时要产生阻力,阻力大小和油液流动的速度以及节流孔的形状和大小有关。油液流动的速度越大,阻力也越大。当活塞向下运动时,则油缸上部体积逐渐增大,而油缸下部体积减小,油液通过活塞上的节流孔由下部流向上部,产生阻力。因此,车辆振动时,油压减振器起减振作用，如图 3-34 所示。

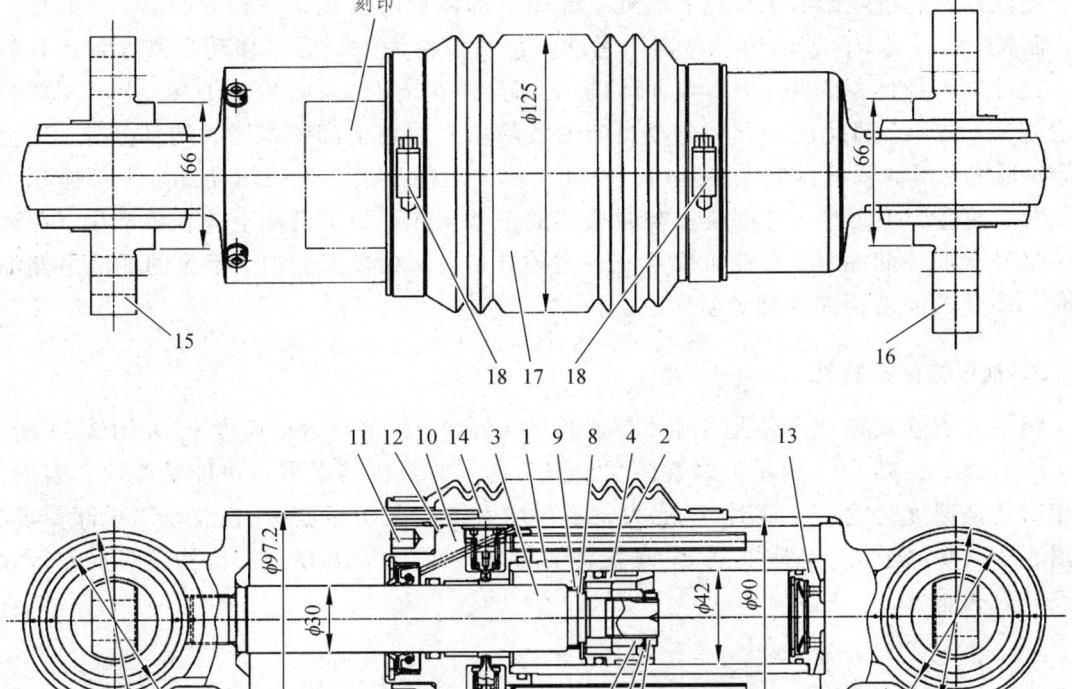

1—内油缸；2—外油缸组件；3—活塞杆组件；4—活塞；5—六角螺母；6—防松垫圈；7—螺母；8—阀；9—阀簧；10—内油缸盖组件；11—外油缸盖；12—O形密封圈；13—底板；14—防尘筒；15—橡胶节点（活塞杆组件侧）；16—橡胶节点（外油缸组件侧）；17—防尘罩；18—喉箍。

图 3-33　轴箱垂向油压减振器结构

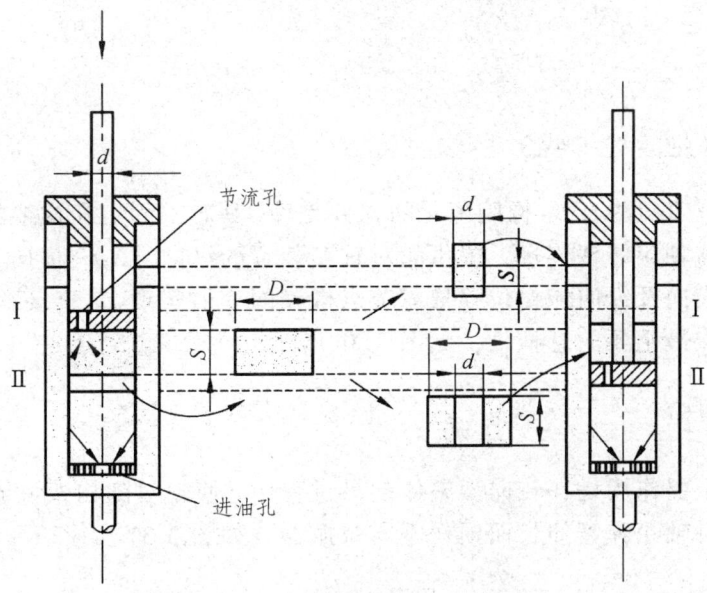

图 3-34　油压减振器工作原理

以上所说的情况是在假设活塞杆不占据油缸体积的情况下的作用,而实际的活塞杆具有一定的体积,当减振器工作时,油缸上部和下部体积的变化是不相等的。设油缸直径为D,活塞杆直径为d,若活塞杆做向下运动,最初位置为Ⅰ,后来移动距离S到达Ⅱ的位置,则油缸下部体积缩小$\pi SD^2/4$,而油缸上部分体积增大$\pi S(D^2-d^2)/4$,上下两部分体积之差为$\pi Sd^2/4$。因此油缸下部分排出的油液除填充油缸上部体积增大的部分外,还会有剩余。反之,当活塞杆做向上运动时,油缸上部排出的油液不足以填充油缸下部体积增大的部分,便会产生真空。这都会影响减振器的正常工作,为了避免上述现象产生,在减振器油缸外增加一储油缸,在油缸底部有一进油孔,当减振器工作时,不足的油液由储油缸补充,多余的油液存储在储油缸中。

2. 油压减振器特性

阻尼力F主要取决于阻尼系数(节流孔的大小)q和相对运动速度v,如图3-35所示,即:$F=qv$。图3-35(a)所示为线性阻尼情况,真实的减振器阻尼不可能呈线性无限增大,当相对运动速度达到一定值时,阻尼力将不再增大或增大明显放缓,也就是出现卸荷现象,如图3-35(b)所示。当速度到dv时就出现卸荷,卸荷力为dF。卸荷特征对抗蛇行减振器设计尤为重要。

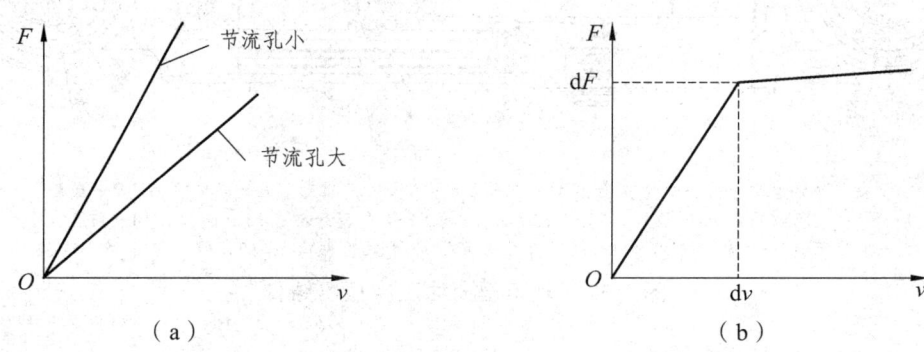

图3-35 油压减振器阻尼特性曲线

(三)橡胶弹性定位节点

橡胶弹性定位节点为金属-橡胶硫化的弹性元件,其芯轴固定在构架的定位转臂座上,外套及芯轴橡胶与轴箱转臂连接,提供轮对轴箱装置的纵向(X)、横向(Y)定位刚度。轮对与构架间的横向及纵向相对位移依靠节点橡胶的变形实现,是直接影响车辆运行稳定性和曲线通过性能最主要的悬挂件,如图3-36所示。

(四)轮对提吊

轮对提吊的主要作用是在转向架整体起吊过程中,使轮对随构架形成整体,同时,防止在转向架拆卸时轴箱弹簧伸长而损伤垂向减振器,如图3-37所示。

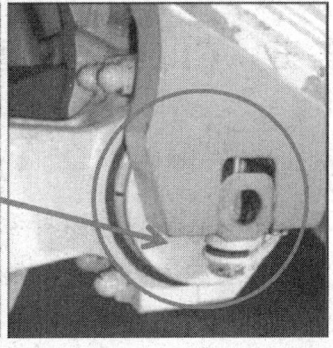

图 3-36　橡胶弹性定位节点

图 3-37　轮对提吊

转臂式轴箱定位装置的特征：

（1）轴箱与构架间无自由间隙和滑动部件（磨损部件），可以减少维修工作。

（2）构成的零件很少，分解、组装容易，且维修方便。

（3）轴箱纵向、横向刚度由橡胶弹性定位节点确定。垂向刚度由轴箱弹簧确定，弹簧刚度选择范围大，并且与纵向、横向刚度几乎无关，可以单独设计。比较容易满足转向架悬挂系统的最佳设计要求，即在确保良好乘坐舒适度的情况下，能够同时确保稳定的高速行驶性能和良好的曲线通过性能。

复习思考题

1. CRH380A 型动车组轮对的组成及各部分的作用是什么？
2. CRH380A 型动车组轴箱的组成及各部分的作用是什么？
3. CRH380A 型动车组一系悬挂装置的组成及各部分的作用是什么？

任务五　CRH380A 型动车组转向架二系悬挂装置

任务描述

在动车组机械设备维护与检修演练场内，以动车组模型、多媒体教学课件为载体，掌握 CRH380A 型动车组转向架二系悬挂装置的各部分名称、作用及特点。

微课：CRH380A 型动车组转向架二系悬挂装置

背景知识

二系悬挂装置是转向架构架与车体之间的连接装置，主要作用是传递车体与转向架间的垂向力、纵向力和横向力，通过合理的参数匹配达到车辆要求的运行品质，使转向架与车体之间实现横向弹性连接，允许转向架相对于车体回转，以满足转向及运行性能要求。CRH380A 型动车组转向架二系悬挂装置主要包括：空气弹簧系统、牵引装置（中央牵引拉杆座和牵引拉杆）、半主动横向减振器、抗蛇行减振器、抗侧滚扭杆装置等，如图 3-38 所示。

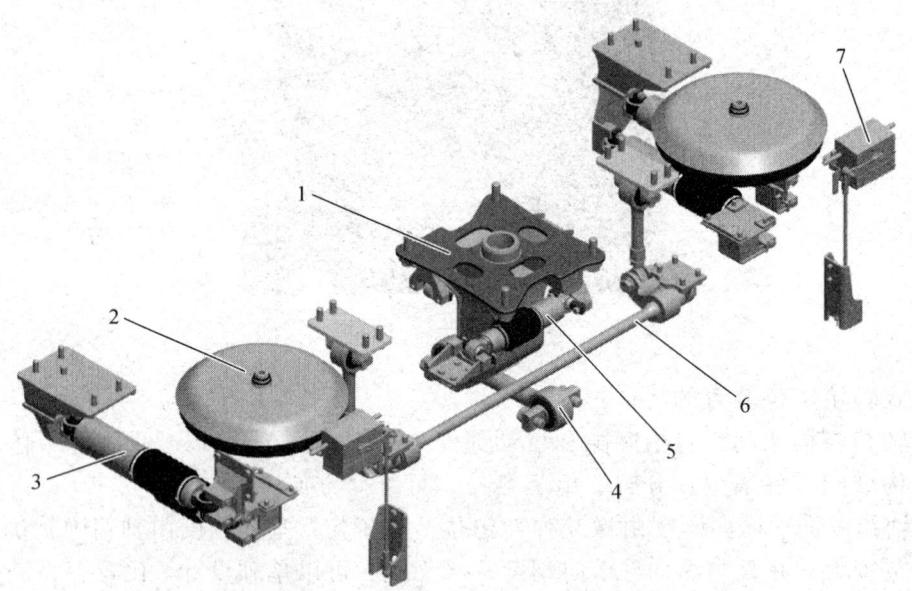

1—中央牵引拉杆座；2—空气弹簧；3—抗蛇行减振器；4—牵引拉杆；
5—半主动横向减振器；6—抗侧滚扭杆装置；7—高度控制阀。

图 3-38　CRH380A 型动车组转向架二系悬挂装置

空气弹簧是车体与转向架之间的重要悬挂元件，车体所有重量通过前后转向架上的 4 个空气弹簧支承并传递给转向架，其主要作用除支承车体载荷外，还可以隔离转向架的振动，并在过曲线时通过变形实现车体与转向架间的相对旋转和横移，是二系悬挂中的关键部件，是影响车辆运行平稳性的关键因素。牵引装置将转向架的纵向力（牵引力或制动力）传递到车体。而横向力则由空气弹簧和横向缓冲器共同传递。由于是无摇枕转向架，通过抗蛇行减振器提供转向架回转力矩。为了弥补空气弹簧垂向刚度下降导致抗侧滚刚度降低，加装了抗侧滚扭杆装置。

一、空气弹簧系统

（一）空气弹簧的特点

悬挂装置采用空气弹簧的主要优点是：

（1）刚度小，当量静挠度大。空气弹簧能大幅度地增加当量静挠度，可使弹簧悬挂装置设计得很柔软，这样可降低车辆的自振频率。

（2）具有非线性特性。空气弹簧具有非线性特性，可以根据车辆振动性能的需要，设计成具有比较理想的弹性特性（曲线）。在平衡位置振动幅度较小时（正常运行时的振动），刚度较低；若位移过大，刚度显著增加，可限制车体的振幅。

（3）刚度随载荷变化。空气弹簧的刚度随载荷而变化，从而可基本保持空、重车时，车体自振频率几乎相等，使空、重车不同状态的运行平稳性几乎相同。

（4）高度可调节。空气弹簧和高度控制阀并用时，可使车体在不同静载荷下保持地板面距轨面的高度基本不变。

（5）可充分利用其横向弹性。同一空气弹簧可以同时承受三维方向的载荷，利用空气弹簧的横向弹性特性，可以代替传统转向架的摇动台装置，从而简化结构，减轻自重。

（6）能产生适宜阻尼。在空气弹簧本体与附加空气室之间设有适宜的节流孔，可以产生适宜的阻尼，以代替垂向液压减振器。

（7）具有吸振和隔音性能。空气弹簧具有良好的吸收高频振动和隔音的性能。

采用空气弹簧的缺点是：由于它的附件（如高度控制阀、差压阀）较多，结构复杂，因而使用成本较高，并增加了检修和维护的工作量。然而，采用空气弹簧的显著优点使它在高速动车组转向架上得到广泛应用。

（二）空气弹簧系统组成

一般空气弹簧系统由列车主风管、T形支管、截断塞门、滤尘止回阀、空气弹簧贮风缸、连接软管、高度控制阀、空气弹簧本体、差压阀和附加空气室等组成，如图3-39所示。空气弹簧系统工作原理（即压力空气传递过程）：压力空气由列车主风管 1→高度阀排风塞门 3→高度控制阀 4→空气弹簧排风塞门 2→空气弹簧 5→节流阀 8→附加空气室 7。

（三）空气弹簧

CRH380A型动车组转向架空气弹簧结构如图3-40所示。空气弹簧采用上进气设计，空气弹簧上进气口（锥形状）与车体（车体下面的进气口）连接。压缩空气经过高度控制阀进入橡胶气囊和构架内腔形成的附加空气室，橡胶气囊和附加空气室间设直径为14 mm的固定节流孔，空气通过节流孔时产生的节流效应构成二系悬挂的垂向阻尼。

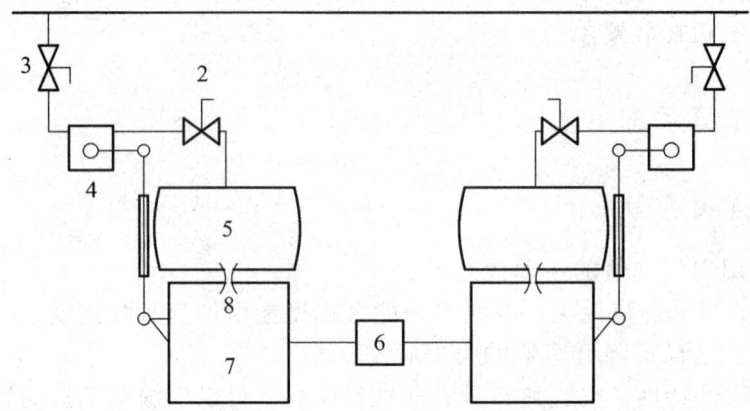

1—列车主风管；2—排风塞门（空气弹簧）；3—排风塞门（高度阀）；4—高度控制阀；
5—空气弹簧；6—差压阀；7—附加空气室；8—节流阀。

图 3-39　空气弹簧系统组成

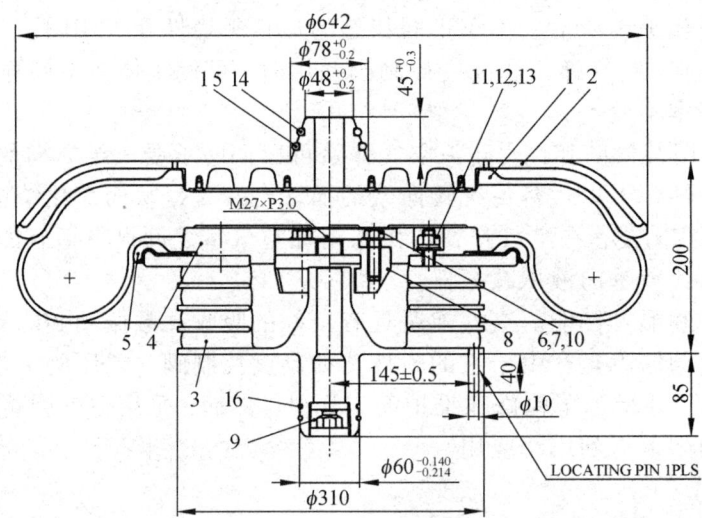

1—橡胶气囊；2—上盖板；3—橡胶堆；4—下盖板；5—橡胶座；6—止转垫片；7—止转垫片；
8—内止挡；9—可更换节流孔；10—六角螺栓；11—六角螺母 M12×1.75；12—垫圈；
13—弹性垫圈；14—O 形圈 P50A；15—O 形圈 P60；16—O 形圈 G55。

图 3-40　空气弹簧结构图

当车体上下振动时，引起空气弹簧上盖板相对于下盖板产生垂向位移，橡胶气囊内的气体容积发生变化，引起压力的变化。橡胶气囊与附加气室之间产生的压差迫使气体流过节流阀。由于气体流过节流阀时流通面积减小，节流阀对气体的流动产生阻碍作用。同时空气弹簧垂向变形时由于橡胶气囊形状的改变，引起气囊与上盖板和下盖板接触面积的改变，因此空气弹簧的垂向动态特性比较复杂。节流阀对气体流动的阻碍作用引起空气弹簧的动态刚度和阻尼相对于静态刚度产生较大的变化，而且随激扰频率的改变而改变。动态刚度和阻尼的改变影响到车体振动的固有频率和衰减率，影响到车体振动的衰减特性，从而影响到车辆运行的舒适性。由于空气弹簧垂向动态特性规律具有一定的复杂性，因此节流阀参数对空气弹簧振动特性的影响有着非常重要的意义。

空气弹簧水平方向的性能可满足，列车直线行驶时左右刚性低，列车曲线行驶时缓和因超速离心力导致的撞击。水平方向的非线性特性是通过设置在橡胶堆与下面板之间的限制橡胶堆左右方向运动的机械制动装置（内止挡）实现的，当达到规定的左右位移水平时开始停止橡胶堆的左右方向变形，使橡胶堆的刚体化来实现的。空气弹簧左右方向的非线性特性，提升了列车在高速行驶状态下通过曲线时的乘坐舒适度。

由于非线性空气弹簧左右方向特性具有非线性特点，因此将防止转向架误搭载专用的定位销安设在橡胶堆的下面。

空气弹簧的有效直径为 527 mm，向上移动量是 70 mm，向下移动量是 40 mm。

空气弹簧采用自密封方式，通过橡胶气囊内部压缩空气的内压，使上盖板以及下盖板的密封部位（截头圆锥形）紧贴橡胶气囊的密封以保持气密性。

空气弹簧上盖板、下盖板以及橡胶堆夹层金属使用铝合金材料，从而实现轻量化。

空气弹簧橡胶堆的下板和插口部与转向架构架连接在一起。转向架的高度调整（车轮旋削后），通过在橡胶堆和转向架构架之间放入调整板来进行调整；橡胶堆作用是与橡胶气囊串联，在车体与转向架产生大位移时补偿橡胶气囊本身的变形不足，并且使空气弹簧在橡胶气囊无气时仍具有一定的弹性，起到应急弹簧的作用。橡胶气囊无气时，焊接在上盖板下面的不锈钢滑动板和粘接在下盖板上面的摩擦系数很小的聚四氟乙烯摩擦板之间产生滑动，从而降低回转摩擦力矩，允许上下盖板之间产生相对纵横向位移。下盖板、橡胶堆和橡胶座如图 3-41 所示。

图 3-41　下盖板、橡胶堆和橡胶座

（四）高度控制阀

高度控制阀是根据载重的变化自动调整空气弹簧的内压，保持车体高度一定的装置，如图 3-42 所示。高度控制阀通过阀座和保温箱安装在车体上（为了高度控制阀的耐寒、耐雪，安装有加热器及保温箱），调整杆与转向架构架上的托相连接。另外，为了强化车体与转向架之间的绝缘，在调整杆的部分插入硬质尼龙的绝缘板。旋修车轮后，有必要在空气弹簧下面插入调整垫板。在调整垫板的总厚度超过 20 mm 的情况下，将高度阀调整杆与托的连接位置由下部更换至上部的孔内。

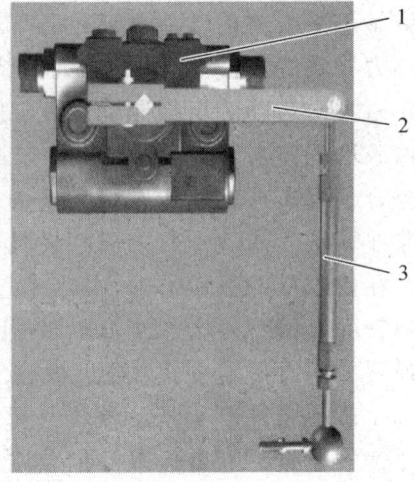

1—高度控制阀；2—杠杆；3—调整杆。

图 3-42　高度控制阀

1. 高度调节原理

高度控制阀通过调节空气弹簧橡胶气囊中的压缩空气（充气、放气或保持压力），使车辆地板面不受车内乘客的多少和分布不均的影响，始终与轨面保持一定的高度。

调节原理如图 3-43 所示：

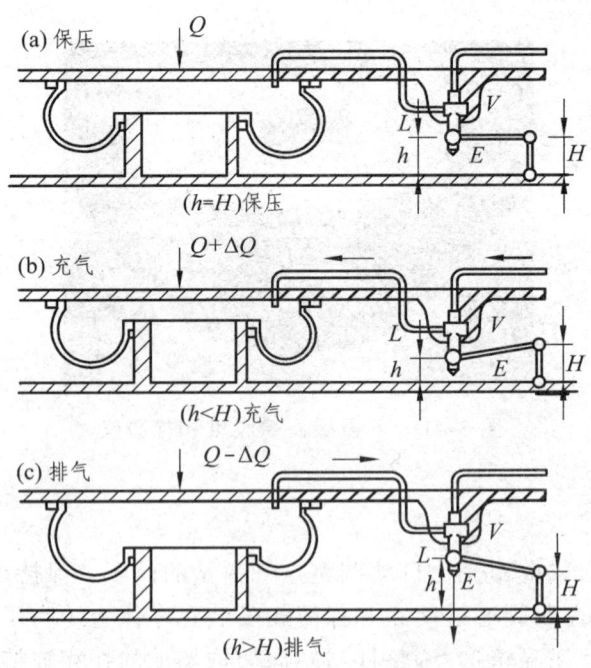

h—地板实际高度；H—地板标定高度。

图 3-43　高度调节原理示意图

（1）在正常载荷位置，即 $h=H$ 时，充气通路 $V→L$ 和放气通路 $L→E$ 均被关闭。

（2）当车体载荷增加时，此时 $h<H$，阀动作，使 $V→L$ 通路开启，压缩空气向空气

弹簧充气，直至地板面上升到标定高度（即 h 达到 H 高度）为止。

（3）当车体载荷减小时，此时 $h>H$，阀动作，使 $L \to E$ 通路开启，空气弹簧向大气排气，直至地板面下降到标定高度（即 h 达到 H 高度）为止。

2. 高度控制阀工作过程

高度控制阀工作过程分进气过程和排气过程，如图 3-44 和图 3-45 所示。

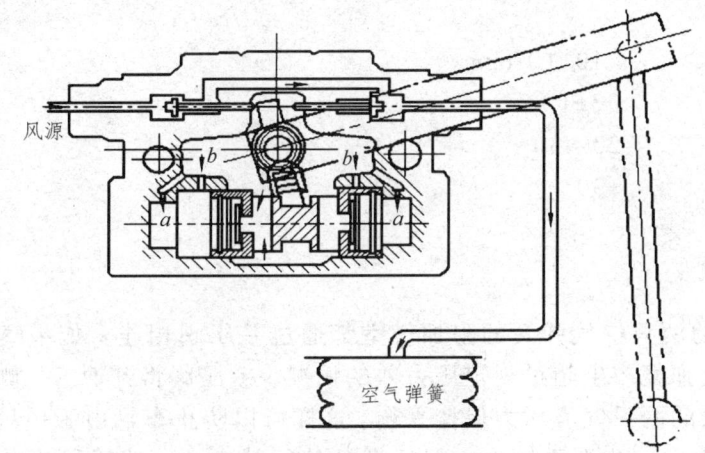

图 3-44　载荷增加——进气过程

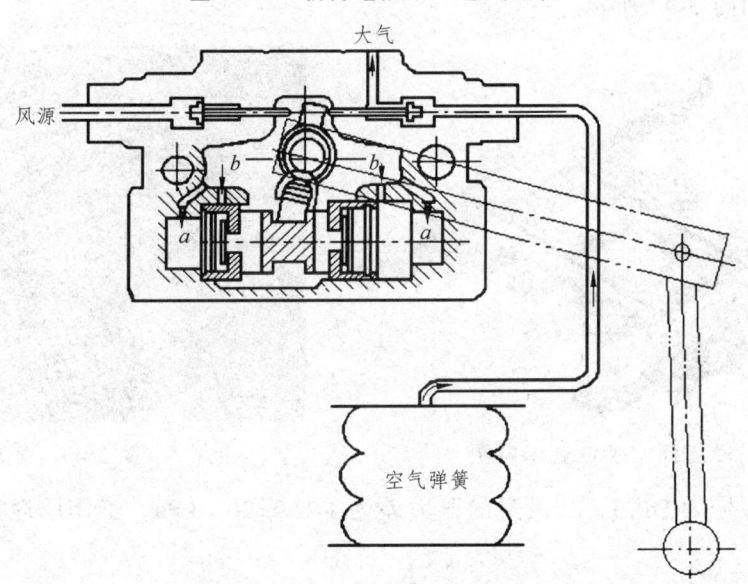

图 3-45　载荷减少——排气过程

为防止空气弹簧在车辆正常的振动情况下发生进、排气作用，高度控制阀装有延时机构，延时机构一般是由缓冲弹簧和阻尼减振器（油阻尼或空气阻尼）组成，该机构使得车辆运行时，空气弹簧在正常的振动情况下，即空气弹簧高度（幅度）虽有变化，但不发生进、排气作用。此时仅仅是该机构的缓冲弹簧伸缩变形，而进排气阀并不作用。但是，当振动的频率低于某一值时（该频率值要低于车辆正常振动的频率，又称为截止频率），进排气阀工作，使空气弹簧进、排气，为此，须选取适宜的缓冲弹簧刚度和减振器阻尼值。这样，就可实现车辆运行时在正常振动中（振动频率高于截止频率），空气弹簧不进气或不排气，而当静载荷变化或车辆通过曲线时（变化频率低于截止频率），空气弹簧会进气或排气。虽然，高度控制阀的开启需要一定时间的延时，但是，高度控制阀的关闭却迅速得多，这便是高度控制阀的最大特点。

CRH380A 型动车组采用 LV5B-2 型高度控制阀，其使用的工作油为硅油。高度控制阀的特性如下：

无感区　　　　　　（10±1）mm
时间延迟　　　　　（3±1）s
空气流量　　　　　20～30 s
工作角度　　　　　±30°

（五）差压阀

每台转向架的两只空气弹簧的附加气室都通过差压阀相连。如果气囊突然破裂或泄气，使左、右空气弹簧产生超过规定压力差的情况，差压阀将开通，一侧的压力空气流向另一侧，使转向架的两只气囊压力保持平衡。这样可以防止车辆由于一只气囊充气而另一只气囊没有充气而向一边严重倾斜，保证车辆的行驶安全。差压阀的安装位置如图 3-46 所示，差压阀如图 3-47 所示。

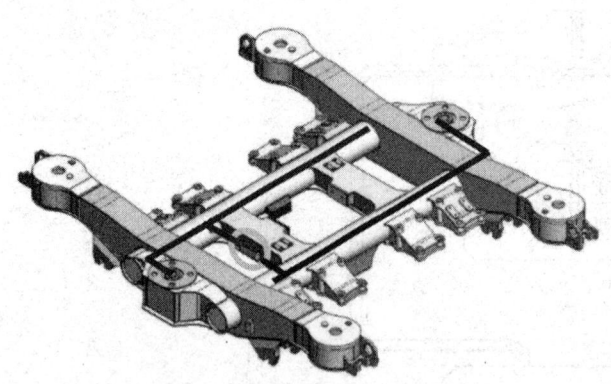

图 3-46　差压阀安装位置示意图

图 3-47　差压阀

差压阀的型号为 DP-5，其设定的压力差为（150±20）kPa，工作原理如图 3-48 所示。

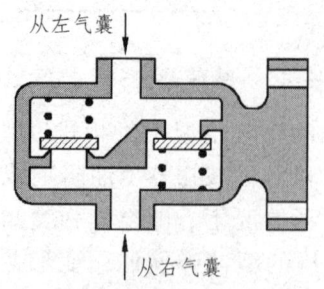

图 3-48　差压阀的工作原理

为什么要用差压阀而不直接用一根气管将左右两只气囊连通起来呢？这是因为：
（1）在曲线上时，左右两只气囊必须保证一定的压差，否则车体将会发生倾斜。
（2）车体左右摇摆振动时，也必须保证一定的压差，否则将加剧摇摆。

二、牵引装置

牵引装置由中央牵引拉杆座（中心销）和牵引拉杆组成。中央牵引拉杆座安装在车体枕梁中央，牵引拉杆的一端与中央牵引拉杆座相连，另一端与转向架构架横梁上的牵引拉杆座相连，牵引拉杆两端带有橡胶节点，是传递纵向载荷（牵引力和制动力）的装置，如图 3-49、图 3-50 所示。

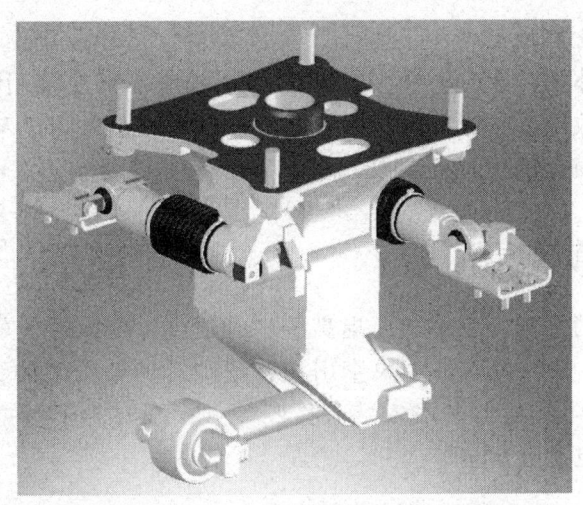

图 3-49 中央牵引拉杆座及牵引拉杆

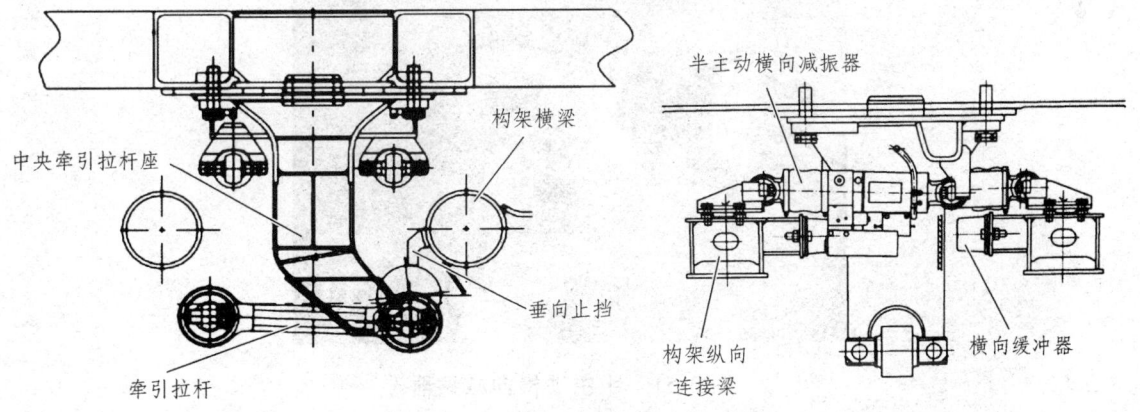

图 3-50 牵引装置位置示意图

中央牵引拉杆座为钢板焊接结构，材料采用耐候钢。由于车体采用铝合金型材，中央牵引拉杆座与车体枕梁的安装接触面因异种金属材料将产生电化学腐蚀，为此，在中央牵引拉杆座组装前，须在安装面涂装铬酸锌底漆。同时，为避免中央牵引拉杆座对车体底架的损伤，要求周边加工倒角以消除毛刺和锐棱。

需注意的是牵引拉杆的安装有方向性要求，其设计原则是与两侧的抗蛇行减振器的方向保持一致，即牵引拉杆和中央牵引拉杆座的连接点与抗蛇行减振器的车体安装点处于同一侧。

对牵引拉杆两端橡胶节点的要求是：在满足纵向载荷传递的同时，不影响拉杆与中央牵引拉杆座连接端的垂向和横向位移。

中央牵引拉杆座及牵引拉杆是传递转向架与车体间纵向力（即牵引力或制动力）的重要部件，这里采用了非常简单而实用的单拉杆结构。该结构具有如下特征：

（1）转向架的转向依靠牵引拉杆两端橡胶节点的变形。

（2）转向架左右横动的复原力除依据空气弹簧的横向弹性之外，也依据牵引拉杆两端的橡胶节点的弹性。

（3）需要的空间比其他的牵引装置小，零件数量少且轻量化。

（4）转向架和车体的分离通过拆除中央牵引拉杆座下部连接用螺栓来进行。

当空气弹簧出现故障，车体上升一定高度后，牵引拉杆端部（牵引拉杆与中央牵引拉杆座相连一侧）将与横梁的垂向止挡接触，以防止车体异常上升。

三、半主动横向减振器

为了改善动车组的横向振动性能，提高乘坐舒适度，在每辆车车体和转向架之间安装了半主动横向减振器，安装位置在中央牵引拉杆座和转向架构架的纵向连接梁之间，如图3-51 所示。半主动横向减振器两端安装有橡胶节点，同时为了根据车体振动调整阻尼，在减振器下部集成了电磁比例阀。

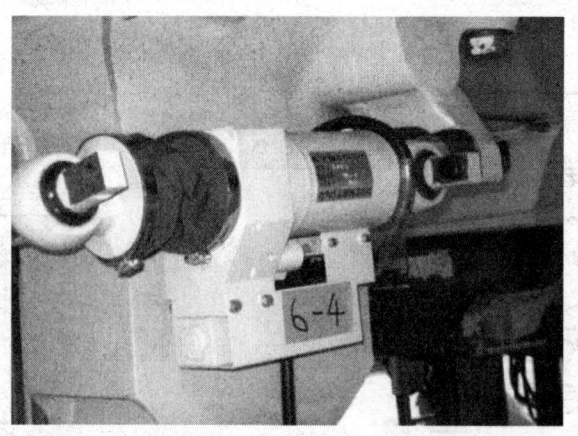

图 3-51　半主动横向减振器

半主动横向减振器根据"天棚"原理设计，是一种可变阻尼的减振器。相对于主动控制装置，半主动控制装置的结构简单，无需外界能源驱动，可靠性高，易于实现，一旦控制环节有故障时可以进行切除，切除后成为普通的横向减振器，工作原理如图3-52所示。

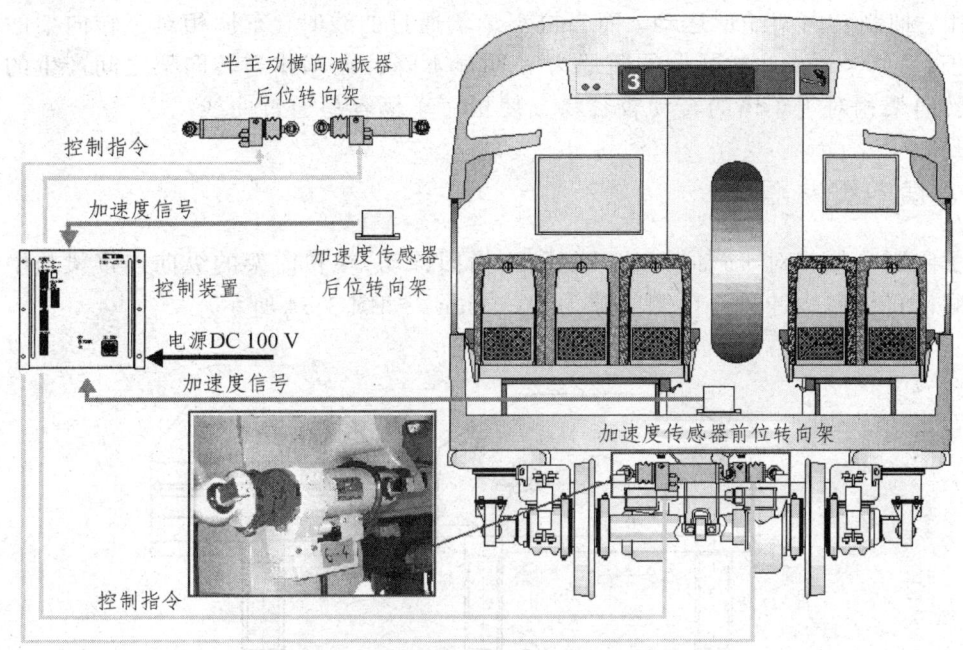

图 3-52　半主动横向减振器工作原理

四、抗蛇行减振器

抗蛇行减振器是为了防止动车组在高速运行时的蛇行失稳而专门设置的,它安装在转向架构架侧梁的外侧,呈纵向水平布置,也称纵向减振器。CRH380A 型动车组为了提高高速运行时的可靠性,转向架采用了单侧双抗蛇形减震器结构,如图 3-53 所示。

图 3-53　单侧双抗蛇行减振器

与一般垂向或横向油压减振器相比,抗蛇行油压减振器节流孔的结构差异较大,这就造成其节流特性发生变化,即抗蛇行减振器的卸荷速度 v_0(约为 0.003 m/s)远远小于一般液压减振器的卸荷速度 v_0(0.1~0.3 m/s)。这样,就有可能同时满足有效抑制蛇行失稳和利于通过曲线的要求,即:当车体相对于转向架蛇行运动增大(即在直线上高速运行)时,其相对运动速度 v 很容易超过 v_0,使减振器阻尼力 $F = F_{max}$(饱和阻力),产生强大的阻尼作用，抑制转向架蛇形运动。而当机车车辆通过曲线时，车体相对于转向架的回转速度 v 较小，且 $v<v_0$，此时减振器阻尼力 F 明显下降，在车体与转向架之间产生的阻力矩较小，转向架相对于车体的转动较容易，使机车车辆容易通过曲线。

五、横向缓冲器

为了限制车体相对于转向架构架的较大横向移动，在转向架的纵向连接梁与中央牵引拉杆座间设置横向缓冲器，单侧间隙为 40^{+20}_{0} mm，如图 3-54 所示。

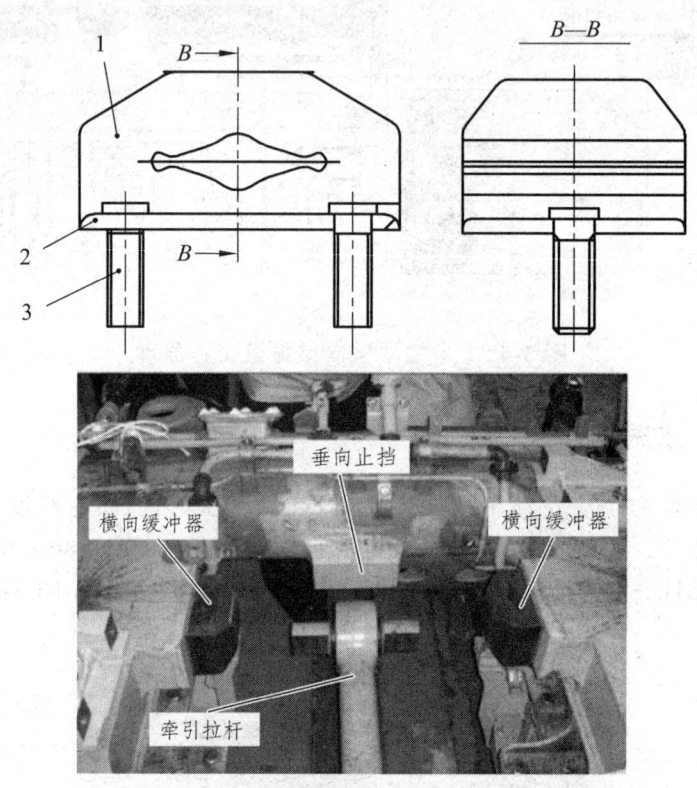

1—缓冲橡胶块；2—连接板；3—固定螺栓。

图 3-54　横向缓冲器结构及安装位置

当车体与转向架之间的横向位移超过 40 mm 时，中央牵引拉杆座侧面与横向缓冲器接触，继而产生反向压缩力，以限制其横向位移。该横向缓冲器实际上就是一块缓冲橡胶，且缓冲橡胶呈非线性特性，刚度随挠度的增加逐渐提高。

六、垂向止挡

如果空气弹簧产生缺陷，作为异常上升情况下的防过冲设计，当车体上升 70 mm 时，牵引拉杆端头（牵引拉杆与中央牵引拉杆座相连一侧）与动车构架横梁上垂向止挡相接触，能够防止空簧异常上升。

七、抗侧滚扭杆装置

为了提高乘坐舒适度而降低空气弹簧的垂向刚度,则车辆侧滚刚度也随之降低;采用抗侧滚扭杆装置能够有效提高侧滚刚度。当车体发生侧滚时,通过连杆和扭臂带动扭杆产生扭转变形,因扭转变形而产生对抗侧滚的抵抗力(复原力),从而起到抑制侧滚的作用。

1. 抗侧滚扭杆装置组成

抗侧滚扭杆装置由1根扭杆、2个扭臂、2个连杆(长度可调)、2个支承座和2个连杆安装座组成,如图3-55所示。

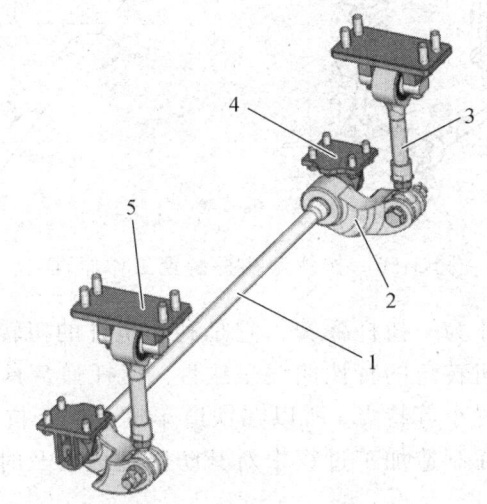

1—扭杆;2—扭臂;3—连杆;4—支撑座;5—连杆安装座。

图3-55 抗侧滚扭杆装置

2. 结构特点

(1)扭杆与扭臂的连接采用圆锥直齿渐开线花键连接及外加防松垫圈和圆螺母紧固,该连接能使扭杆与扭臂之间紧密无间隙,连杆便于安装与拆卸。

(2)在支承座中采用了自润滑聚四氟纤维关节轴承,避免了因扭杆弯曲而影响轴承的使用寿命。

(3)连杆与扭臂的连接采用杆端轴承,连杆与连杆安装座的连接采用橡胶节点。

(4)连杆采用长度可调结构,安装时只需调节1根连杆的长度即可使平衡位置时扭杆不受扭矩的作用。

3. 抗侧滚扭杆装置的设置位置

抗侧滚扭杆装置的作用特性,确定它应设置在空气弹簧的上、下支承部分之间。因转向架结构形式不同,它可以设置在摇枕与弹簧托梁之间;或者设置在摇枕与构架之间;还可以设置在车体与构架之间,如无心盘、无旁承、无摇动台装置的高速客车转向架。CRH380A型动车组转向架的抗侧滚扭杆装置就设在车体与构架之间。

4. 工作原理

如图 3-56 所示，当车体发生侧滚时，一根连杆向上运动带动扭臂向上转动，另一根连杆向下运动带动另一扭臂向下转动，两扭臂反向转动作用于扭杆一个力矩，使得扭杆发生扭转变形，扭杆产生的反力矩抵抗车体侧滚，从而改善车体侧滚性能。

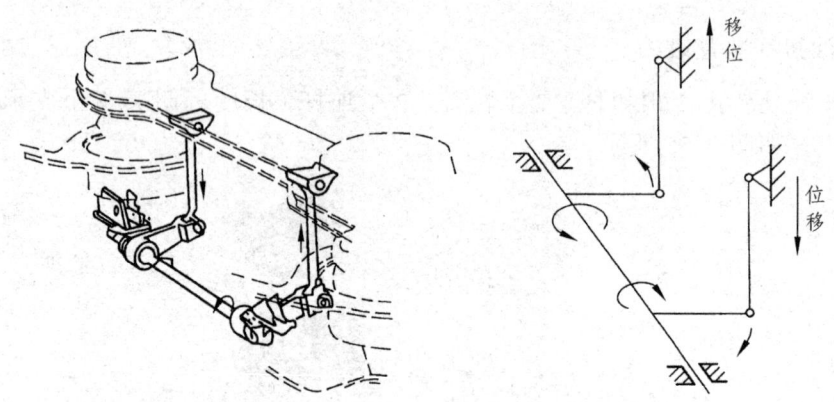

图 3-56　抗侧滚扭杆装置工作原理

抗侧滚扭杆装置的主体为一扭杆弹簧，它是利用扭杆的扭转弹性变形起弹簧作用的。在实用范围内扭转力矩与扭转角的特性曲线呈线性。扭杆弹簧具有自重轻、结构简单、单位体积变形大及占空间位置小等特点，所以在铁道车辆上用于抗侧滚装置。扭杆弹簧的材质和制造精度要求较高，在制造加工过程中对其防腐处理要及时，并需进行探伤检验。

5. 主要性能要求

不同转向架抗侧滚扭杆装置安装的位置有所不同，但都有相同的主要性能要求：

（1）应具有前述的作用特点和适宜的抗侧滚扭转刚度，同时应具有能适应空气弹簧上、下支承两部分之间相对运动的随动性。

（2）在垂向、横向及纵向 3 个方向上，均应尽量减小对二系悬挂装置刚度的影响。

（3）扭杆与转臂之间应有足够大的刚度。

（4）应注意防止车辆高频振动的传递。

抗侧滚扭杆装置的最佳抗扭刚度值如何选择，应根据车辆结构、车体重心的高低、转向架结构及悬挂参数、运行速度、线路条件、通过道岔的型号及速度等诸多因素来考虑，通过必要的理论计算和试验工作来确定。

复习思考题

1. 简述转向架二系悬挂装置的组成。
2. 空气弹簧系统的工作原理是什么？
3. 高度控制阀的工作原理是什么？
4. 差压阀的作用是什么？
5. 抗侧滚扭杆装置的工作原理是什么？

任务六　CRH380A 型动车组转向架驱动装置

任务描述

在动车组机械设备维护与检修演练场内，以模型、多媒体教学课件为载体，掌握 CRH380A 型动车组转向架驱动装置的各部分名称、作用及特点。

微课：CRH380A 型动车组转向架驱动装置

背景知识

CRH380A 型动车组转向架驱动装置采用简单而实用的挠性浮动齿式联轴节式牵引电机架悬结构，主要由牵引电机、齿轮箱和联轴节组成，即通过挠性浮动齿式联轴节将牵引电机输出轴与齿轮箱的输入轴（小齿轮轴）联结起来，在传递扭矩的同时，允许两者间的相对运动。挠性浮动齿式联轴节式牵引电机架悬结构如图 3-57 所示。CRH380A 型动车组转向架驱动装置组成如图 3-58 所示。

这种驱动装置具有以下结构特点：

（1）簧下质量小（电机质量全部悬挂于构架横梁上成为簧上质量，但齿轮箱质量的一部分仍然属于簧下质量），减小了轮轨间的动作用力。

（2）改善了牵引电机的工作条件。

（3）与刚性轴悬式驱动装置相比，结构稍复杂。但与其他架悬式和体悬式驱动装置相比，结构要简单得多。

（4）拆装简单，检修维护方便。

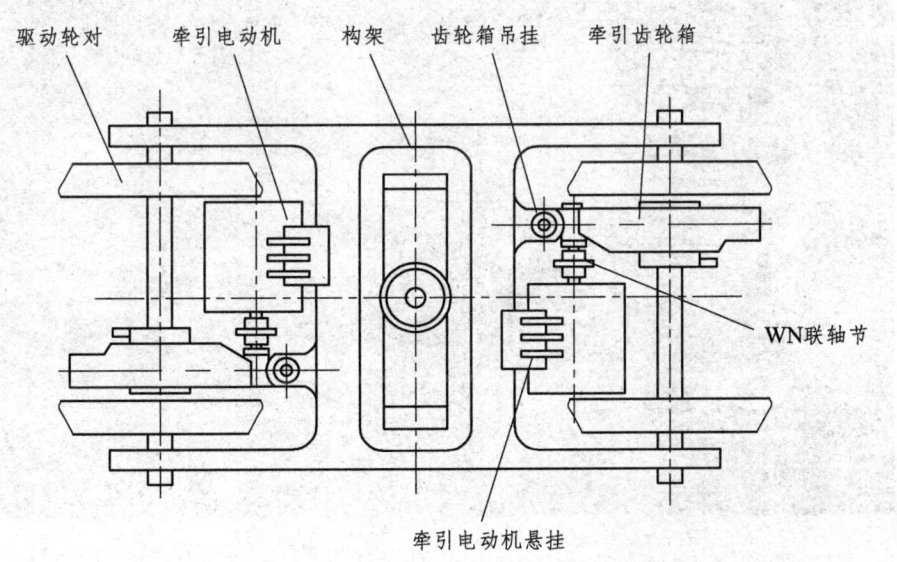

图 3-57　挠性浮动齿式联轴节式牵引电机架悬结构示意图

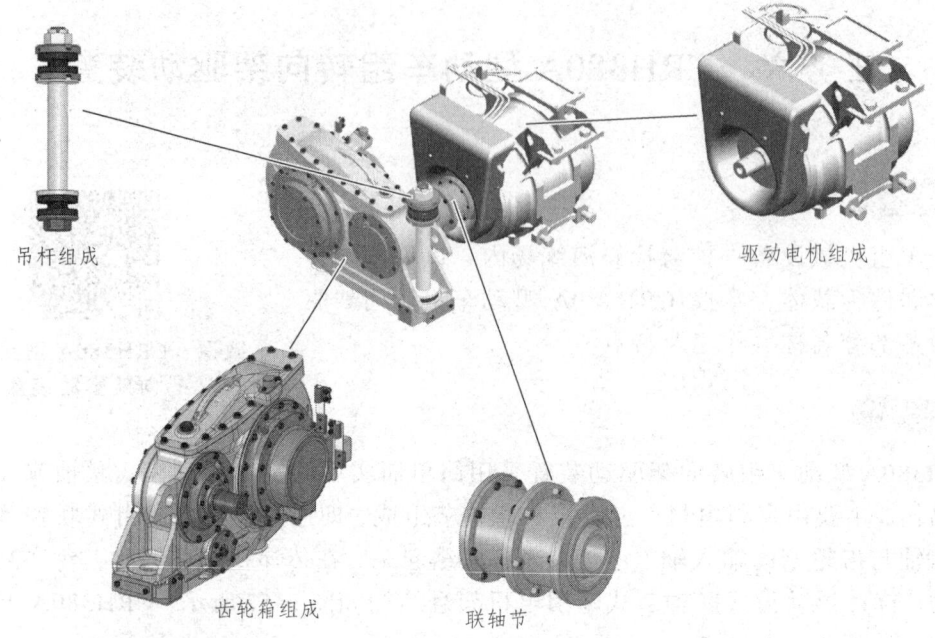

图 3-58　CRH380A 型动车组转向架驱动装置

一、牵引电机

牵引电机采用三相鼠笼型感应电机，额定输出功率为 365 kW，最大扭矩为 1 800 N·m，额定转速为 4 142 r/min，质量为 465 kg。冷却方式采用强制风冷方式，冷却风量 25 m³/min，冷却风通过车体风道从软风道进入，排气部安装了排风罩以防止雪进入。在结构设计方面不仅最大限度地追求轻量化，同时也追求保养的简易性。牵引电机冷却系统如图 3-59 所示。

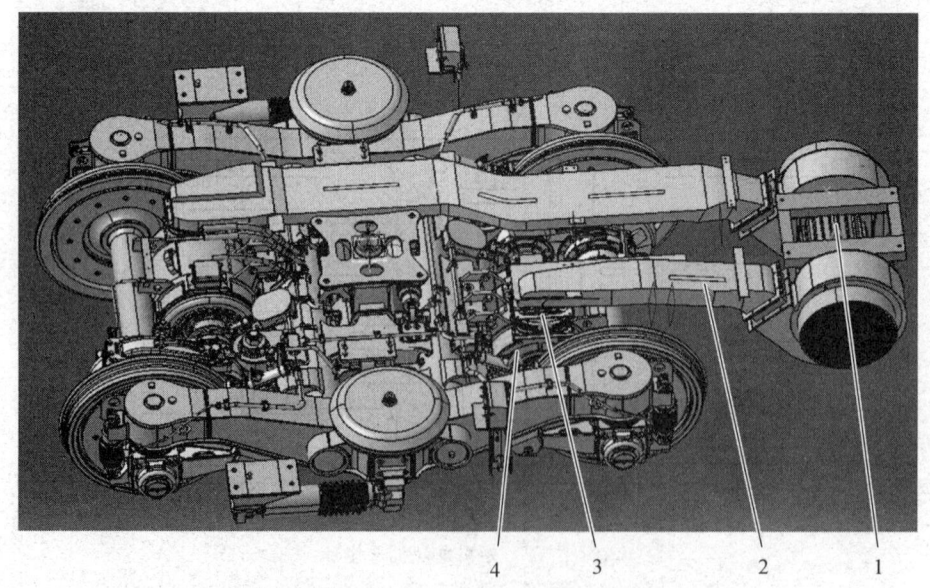

1—牵引电机冷却风机；2—车体风道；3—软风道；4—牵引电机。

图 3-59　牵引电机冷却系统

二、齿轮箱

齿轮箱的作用是将牵引电机的扭转力矩有效地传递到车轴而产生牵引力，或者是将车轴的转矩传递给发电机化的牵引电机而产生制动力。

齿轮箱由箱体、大齿轮、小齿轮、轴承、悬吊装置、通气装置、接地装置、油位表等构成。齿数比为 69/29=2.379。齿轮箱分解图如图 3-60 所示，齿轮箱各部位名称如图 3-61 所示。

为了使齿轮箱轻量化，采用了铝合金材质，因此在组装、分解及搬运时尤其要特别小心处理（例如撞伤痕迹等）。大盖的把手也是铝合金铸件产品，因此，不要施加高载荷（通过杠杆式起钉器支撑齿轮装置等）。

齿轮箱为一体化部件。小齿轮轴通过拆卸轴承压件盖等，能把整个轴承都取出。只要不从车轴加油压，大齿轮就不可能拆下。

小齿轮牵引电机侧为了防止漏油，除了迷宫式密封圈结构外，还设置有水密封和油密封。此外，装备了通气装置，以减轻因温度变化而引起的齿轮箱内的压力变化，防止漏油。

齿轮和各轴承的润滑均使用相同的润滑油 JRK·65，采取大齿轮旋转带动的飞溅润滑方式，润滑油使用油量约为 3.1 L。配有油量自动调整装置，油量自动调整装置安装在小齿轮下部的储油箱内，高温（约 40 ℃ 以上）时开始运行，通过减少搅拌油量控制温度的上升，并增大对漏油的防范。另外，还有减小因搅拌油而带来的动力损失。

由于齿轮箱采用铝合金制造，所以，轴承的轴向间隙及轴承盖等的相互镶嵌，因外界温度而不同，应加以注意。

为了确保接地，同时为了防止各轴承的电腐蚀，接地装置设置在齿轮箱的牵引电机侧，使用弹簧压着接地装置的电刷，用导线与车体的端子进行连接。

磁铁栓是通过磁铁来收集齿轮箱内的金属磨耗粉等的装置。

悬吊装置是把齿轮箱固定在转向架构架上的部件，在齿轮箱和转向架构架的齿轮箱吊座部分别通过缓冲橡胶进行安装。

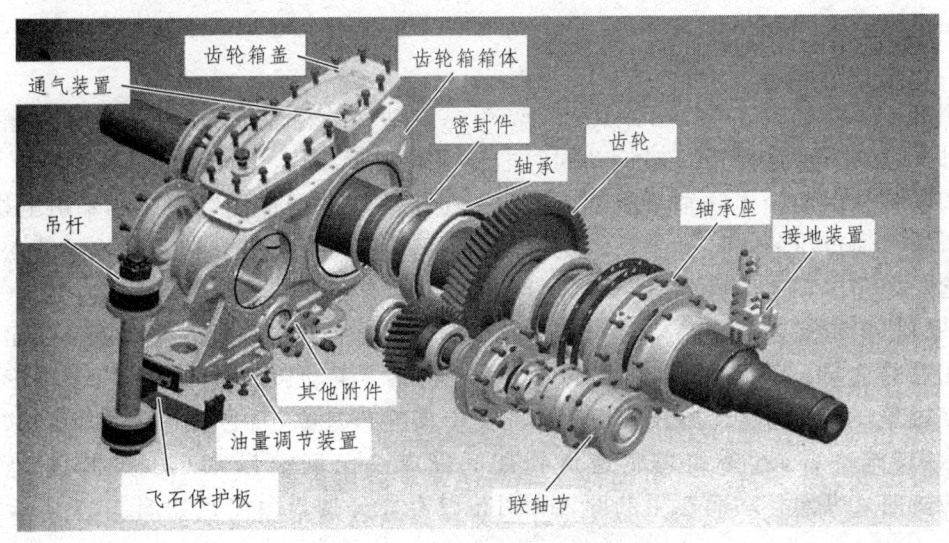

图 3-60　齿轮箱分解图

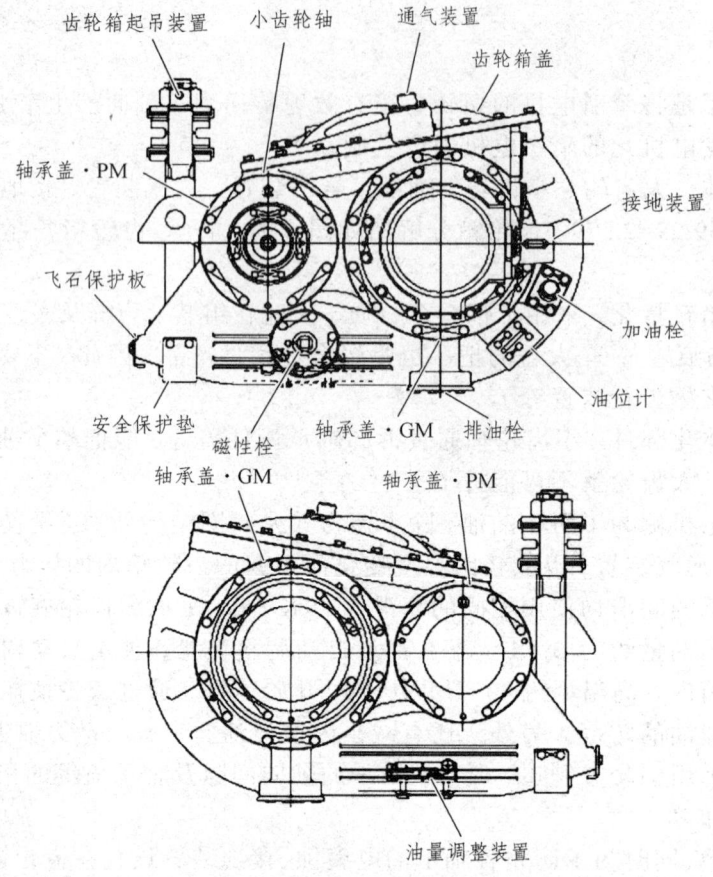

图 3-61 齿轮箱各部位名称

此外，把轴承温度检测装置设置在齿轮箱大端靠近牵引电机侧，与装备在轴箱体上的传感器是同一产品。

三、联轴节

采用鼓形齿联轴节，将轴箱弹簧上的牵引电机轴和轴箱弹簧下齿轮箱的小齿轮轴（主动齿轮轴）联结，准许两轴相对运动同时能传递动力。

齿式联轴节由两个半联轴节组成，其中一个半联轴节通过压装组装到牵引电机轴上，另半个联轴节通过压装组装到主动齿轮轴上，两个半联轴节之间靠特制螺栓及防松螺母联结在一起。如图 3-62 所示。

联轴节扭矩传递靠鼓形齿啮合结构，齿顶加工成球面，内齿轮齿宽加长，满足所联两轴线间相对的轴向、径向、角向位移的要求。电机轴、主动齿轮轴与半联轴节鼓形齿内孔采用锥度过盈连接，能够传递较大扭矩，且安装及拆卸简单。牵引电机通过齿式联轴节将动力传给齿轮箱，并通过齿轮箱传递到车轴，驱动轮对。联轴节对转向架弹簧的弯曲变化及轮对的横向、纵向移动而产生的两轴相对位移有充分的自由度，如图 3-63 所示。

图 3-62 联轴节

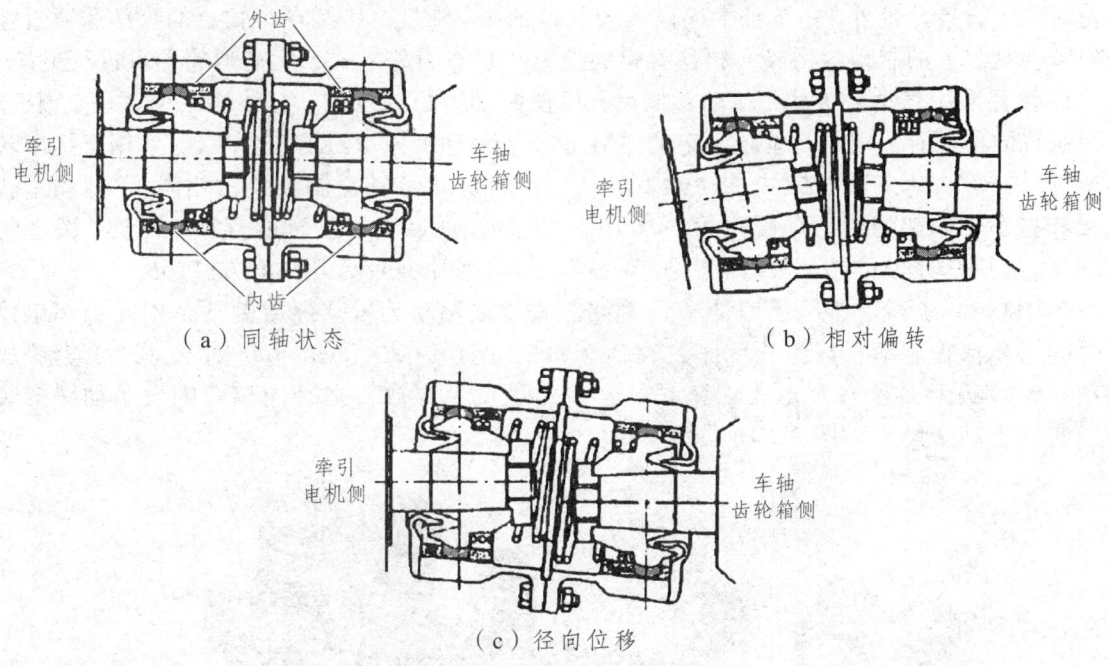

（a）同轴状态　　（b）相对偏转

（c）径向位移

图 3-63 联轴节运动分析

复习思考题

1. 简述 CRH380A 型动车组转向架驱动装置的组成及作用。
2. 简述 CRH380A 型动车组转向架齿轮箱的组成及作用。
3. 简述 CRH380A 型动车组转向架联轴节的组成及作用。

任务七　CRH380A 型动车组转向架基础制动装置

任务描述

在动车组机械设备维护与检修演练场内，以模型、多媒体教学课件为载体，掌握 CRH380A 型动车组转向架基础制动及踏面清扫装置的各部分名称、作用及特点。

微课：CRH380A 型动车组转向架基础制动及踏面清扫装置

> 背景知识

一、基础制动装置

CRH380A 型动车组转向架基础制动装置采用盘形制动。

在动车轮对和拖车轮对的车轮辐板两侧均安装整体式锻钢制动轮盘,内外侧轮盘通过均匀分布的连接螺栓安装在车轮辐板上。轮盘的背面设散热筋,可提高盘片的承载刚度。为了有效释放在制动过程中产生的热量,盘片与车轮辐板安装侧预先设置了反向翘曲。拖车轮对除了设置轮盘外,在车轴上还设两套制动轴盘。轴盘由压装在车轴上的盘毂和通过螺栓安装在盘毂上的制动盘构成,轴盘材料为锻钢,盘体为分半式,无需退轮即可进行更换。

该装置采用气动式夹钳、浮动式闸片,可使制动力更为均匀,有效地减少热斑、颤振。夹钳装置的种类有:用于动车转向架的"M 车轮盘制动夹钳 RZKK TYPE18"、用于拖车转向架的"T 车制动夹钳 RZKK TYPE12"(轮盘制动夹钳和轴盘制动夹钳相同)。因动车转向架和拖车转向架的制动盘所需的制动力是不同的,所以夹钳气缸的直径也不同。关于制动闸片,动车转向架与拖车转向架是相同的,制动闸片型号为Ⅱ48487/17105。

CRH380A 统型动车组还增加了弹簧储能式停放制动装置。停放制动是用在动车组停放时的一种保护制动,以防止溜车,在拖车每轴轴盘和 M2、M6 车每轴轮盘设 1 套停放制动夹钳,最大夹紧力为 40 kN/套,满足 20‰坡度上停放,在转向架两侧设手动缓解装置,实现手动缓解,如图 3-64 所示。

1—常用制动夹钳;2—停放制动夹钳;3—手动缓解装置;4—踏面清扫装置。

图 3-64 基础制动装置

(一)制动盘

1. 轮装制动盘

轮装制动盘为一体式,动车轮盘、拖车轮盘相同,如图 3-65 所示。轮盘的材质是耐热性高的铸钢。轮盘摩擦盘的圆周上有一个凸面,据此可以判断摩擦盘是否已经达到磨损极限,是否需要更换。轮盘的磨耗极限量为:动车轮盘、拖车轮盘均为 3 mm。

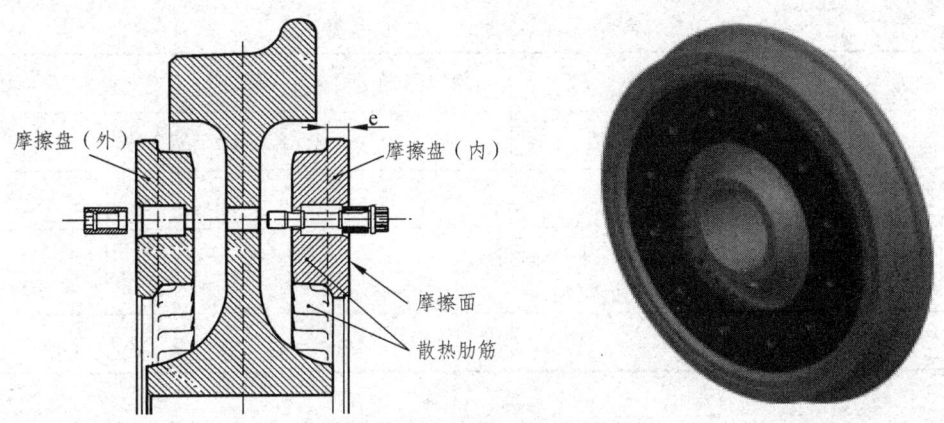

图 3-65 轮装制动盘

2. 轴装制动盘

轴装制动盘通过排布在摩擦盘之间的散热肋片保证足够的散热,如图 3-66 所示。冷却气流在离心力作用下从轮毂通过散热肋片导向外部。轴盘摩擦盘的圆周上有一个凸面,据此可以判断摩擦盘是否已经达到磨损极限,是否需要更换。轴盘的磨耗极限量为 5 mm。

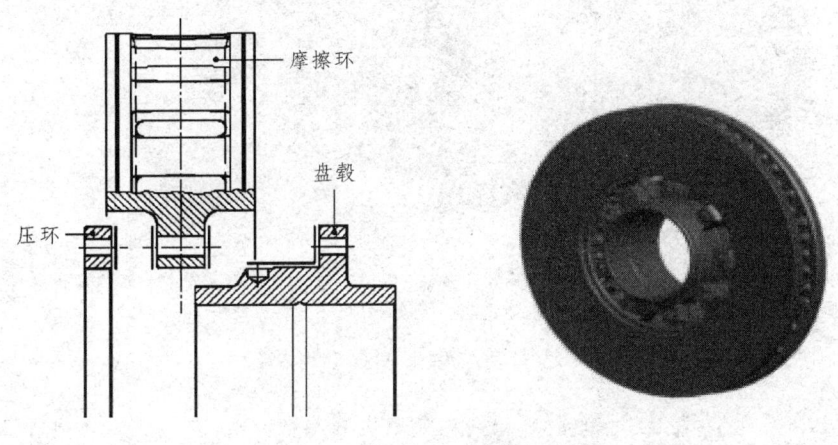

图 3-66 轴装制动盘

(二)制动夹钳

1. 常用制动夹钳装置

常用制动夹钳装置带自动间隙调整机构,制动夹钳的主要参数如表 3-2 所示,其基本结构如图 3-67 所示。

2. 停放制动夹钳装置

同常用制动夹钳相同,停放制动夹钳装置带自动间隙调整机构,制动夹钳的主要参数如表 3-3 所示,其基本结构如图 3-68 所示。

表 3-2　常用制动夹钳装置主要参数

使用场所	M 车 轮盘	T 车 轮盘	T 车 轴盘
型号	RZKK TYPE18	RZKK TYPE12	
气缸有效面积/cm²	112	77.4	
制动盘尺寸/mm	ϕ710×128×150（外形×厚度×宽度）	←	ϕ670×80×145（外形×厚度×宽度）
作用半径	280	←	263

1—安装座；2—支撑销；3—进气口；4—推杆调整器；5—自动间隙调节装置；6—六角头复位螺栓；7—膜板风缸；8—平行滑杆；9—壳体；10—夹钳臂；11—闸片托；12—闸片。

图 3-67　常用制动钳夹装置结构

表 3-3　停放制动夹钳装置主要参数

使用场所	T 车 轴盘
型号	RZKK TYPE12
气缸有效面积/cm²	77.4
制动盘尺寸/mm	ϕ670×80×145（外形×厚度×宽度）
作用半径/mm	263
缓解压力/kPa	550
停放夹紧力（每夹钳）/kN	40

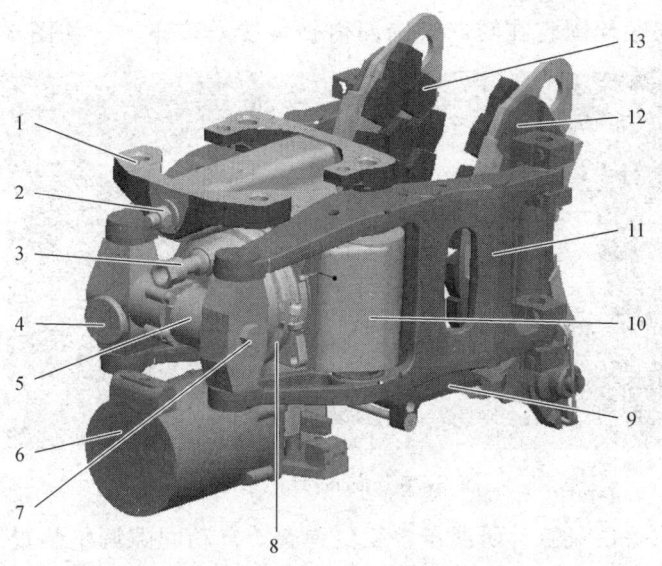

1—安装座；2—支撑销；3—进气口；4—推杆调整器；5—自动间隙调节装置；6—停放缸；7—六角头复位螺栓；
8—膜板风缸；9—平行滑杆；10—壳体；11—夹钳臂；12—闸片托；13—闸片。

图 3-68　停放制动钳夹装置结构

（三）制动闸片

制动闸片为浮动式闸片 ISOBAR400，型号为Ⅱ48487/17105，如图 3-69 所示。

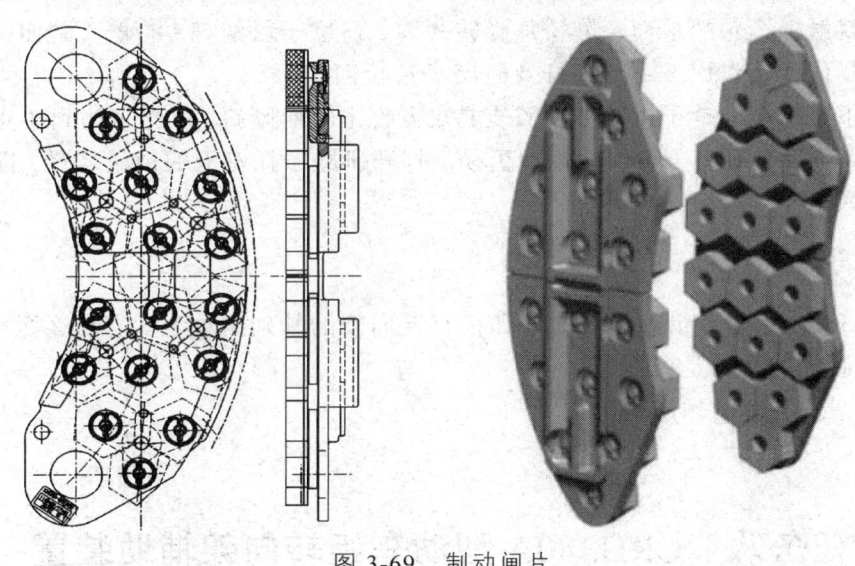

图 3-69　制动闸片

二、踏面清扫装置

CRH380A 型动车组转向架在每个车轮的斜上方设置了踏面清扫装置，设置踏面清扫装置的目的是改善轮轨接触面黏着条件，清除表面附着的油污等杂质，同时可以改善车轮踏面的圆度，对车轮踏面上的微小表面损伤起到修复作用，但装置不承担任何制动功能。

踏面清扫装置由 4 根螺栓固定在转向架踏面清扫装置安装座上，如图 3-70 所示。

图 3-70　踏面清扫装置

踏面清扫装置主要由气缸、研磨子、复位弹簧、自动间隙调整装置等组成，作为耐寒防雪对策，为防止装置阻塞，将气缸、复位弹簧、自动间隙调整装置合成一个单元。研磨子的材质采用树脂系列。

踏面清扫装置为空气直动式，清扫装置的动作受控于踏面清扫控制系统的指令，踏面清扫的动作在 3 种条件下施行：车轮发生空转（驱动工况）、滑行（制动工况）和施行制动过程中速度在 30 km/h 以上。

踏面清扫装置的动作如下：通过连接器进行加压后，活塞杆被顶出，安装在活塞杆头部的研磨子就触抵车轮的踏面，车轮每旋转一周，研磨子就清扫（打磨）踏面一次。压力去除后，在复位弹簧作用下，活塞杆及研磨子被拉回。

与研磨子座结合的销子由防振橡胶支持，吸收车轮的倾斜，以此来达到防止研磨子的偏磨耗和缓解振动。研磨子可以方便地更换，打开研磨子托座上的锁闭装置，即能将研磨子由内向外取出。

复习思考题

1. CRH380A 型动车组动车转向架和拖车转向架的基础制动装置有什么区别？
2. 停放制动的作用是什么？
3. 踏面清扫装置的作用是什么？

任务八　CRH380A 型动车组转向架辅助装置

任务描述

在动车组机械设备维护与检修演练场内，以多媒体教学课件为载体，掌握 CRH380A 型动车组转向架各辅助装置的组成及作用。

微课：CRH380A 型动车组转向架附件

> 背景知识

一、转向架失稳监测装置

CRH380A 型动车组转向架安装了失稳监测装置（BIDS），通过安装在转向架构架对角处的水平加速度传感器的检测，当转向架产生蛇形运动时，构架横向加速度峰值有连续 10 次以上达到或超过极限值 8~10 m/s² 时，司机台的警告灯亮灯，而且在司机台的车辆信息控制装置的显示画面上提示转向架异常、设备故障，并且提示加速度传感器异常和发生异常的传感器的位置。水平加速度传感器如图 3-71 所示。

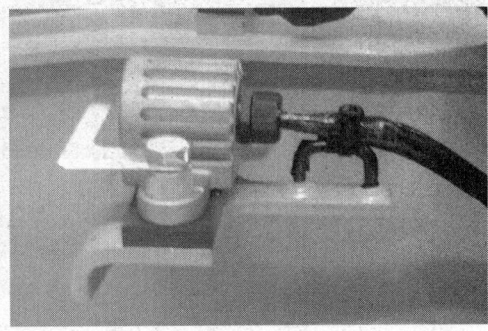

图 3-71　水平加速度传感器

BIDS 系统结构如图 3-72 所示。加速度信号由转向架上的加速度传感器传输至处理器。每节车辆分别设置 1 台处理器。处理器将数据传输至车辆信息控制装置。

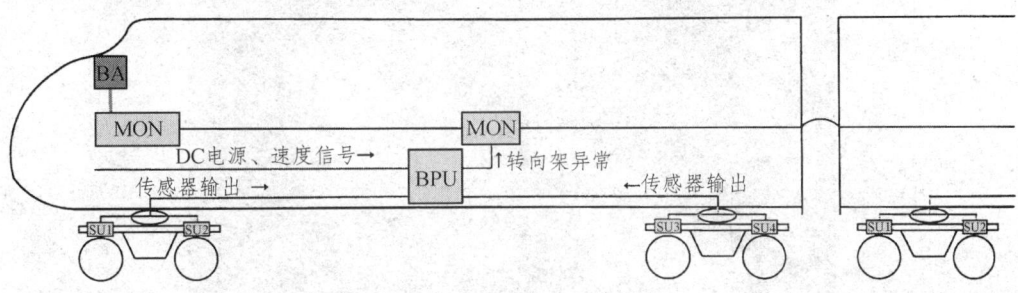

BPU—处理器；SU—水平加速度传感器；MON—车辆信息控制装置；BA—转向架异常显示灯。

图 3-72　BIDS 系统结构

二、轴温检测

CRH380A 型动车组转向架设熔断式轴温报警系统，通过在每个轴箱体筒体的外侧安装的轴箱温度传感器，在异常情况时能够立即发出警报或快速制动，如图 3-73 所示。该装置由热敏开关构成，当轴温升高至设定值时，热敏开关使报警电路打开。开关的激活温度设置为 155~165 ℃，温度梯度为 5 ℃/min。除轴箱外，动车转向架的每个齿轮箱上也安装了齿轮箱轴承温度传感器，检测齿轮箱轴承温度有无异常。

CRH380A 统型动车组除熔断式轴温报警系统外，增设实时温度监测系统及超温自动停车功能，两套系统相互独立。实时轴温传感器如图 3-74 所示。实时温度监测系统还可实时监测齿轮箱轴承、牵引电机轴承及定子温度。

图 3-73 熔断式轴温传感器

图 3-74 实时轴温传感器

三、接地装置

CRH380A 型动车组仅在动车转向架的齿轮箱上安装接地装置，电机接地电缆与齿轮箱上的接地线安装座通过螺栓连接，拖车转向架不再设置接地。接地装置如图 3-75 所示。

图 3-75 接地装置

四、速度检测

CRH380A 型动车组的动车转向架由安装在牵引电机上的 PG、SS 传感器获得速度信号，轴端不配置速度传感器。

拖车转向架包括配置在 2、8 轴端的速度传感器 AG37 和 4、6 轴端的速度传感器 AG43。

其中 AG37 速度传感器是为制动系统提供速度信号，车轮转动时，通过安装于车轴轴端的齿轮与安装于轴箱前盖上的传感器探头之间产生脉冲信号。AG37 速度传感器的齿轮齿数为 60，模数 3；AG43 速度传感器是为列车安全保障装置（ATP）提供速度信号，速度信号同为脉冲信号，AG43 速度传感器的齿轮齿数为 72，模数 3。除 AG37、AG43 之外，还配置了车载设备用速度传感器 AG43、GEL247V、HS22G1A（CRH380A 统型动车组）或其他类型（注：车载用速度传感器依据其采用的车载设备而确定）。另外 CRH380AL 型动车组在 5、13 车 4 位轴端配置有受电弓压力调节用的速度传感器。轴端速度传感器如图 3-76 所示。

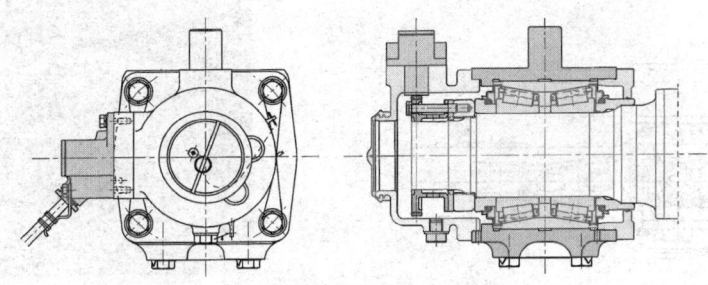

图 3-76　轴端速度传感器

五、转向架排障装置（排障器、扫石器）

CRH380A 型动车组转向架排障装置安装在不受轴箱弹簧挠度影响的轴箱体下面，位于两头车靠近车端部的车轮外侧，如图 3-77 所示。其目的是排除轨道上的道砟等小型障碍物，更大的障碍物由车头排障装置排除。

排障装置主要由安装臂、排障板支座、排障板等构成。由于排障装置安装在轴箱的下面，因此应具备足够的强度，即使承受较大的振动，也不易发生破损。

为了能够在车轮直径磨耗后减小的条件下保持排障板与轨面的高度，在支座上设计了齿配合的调节结构。排障板高度应调整到距离轨面 5~13 mm 的位置。在轴箱保持水平的状态下，排障板下端与钢轨面的距离高度可调节为大约 10 mm。

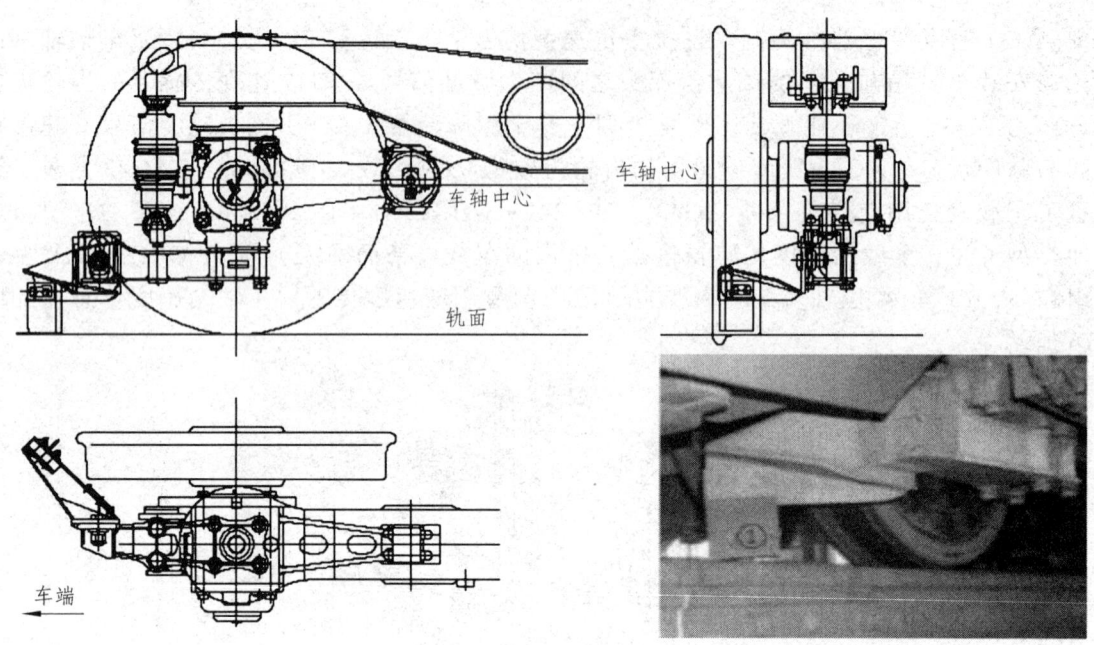

图 3-77 转向架排障装置

六、撒砂装置

CRH380A 统型动车组增设撒砂装置，在 1 车 3 轴、2/7 车 2/3 轴、8 车 2 轴设置撒砂装置，由 BCU 控制，行车撒砂时有 3 根轴的撒砂装置动作（上行：1/2/7 车 3 轴动作；下行：2/7/8 车 2 轴动作）。撒砂装置用砂采用国内通用的石英砂，砂箱容积为 8 L，带加热装置，在转向架轮对两侧位置设撒砂口。撒砂装置分布及结构组成如图 3-78 所示。

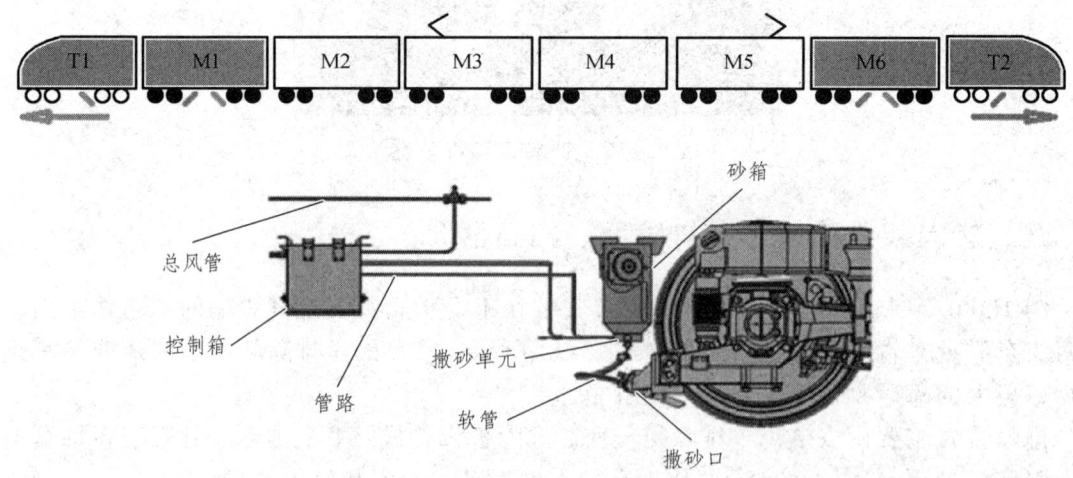

图 3-78 撒砂装置

撒砂装置作为制动系统的重要组成部分，可以改善轮轨接触面的工作环境，改善黏着系数，提高运行品质。如果动车组的撒砂装置不能正常工作，轮轨间不能提供合理、有效的黏着力，将会大大降低动车组功率的有效发挥。特别是遇到雨、雪等恶劣气候，极易发生动车组轮对空转，致使动车组牵引力下降，给铁路运输造成极大的安全隐患，因此撒砂装置对动车组的安全运行起到一定的保障作用。撒砂口如图 3-79 所示。

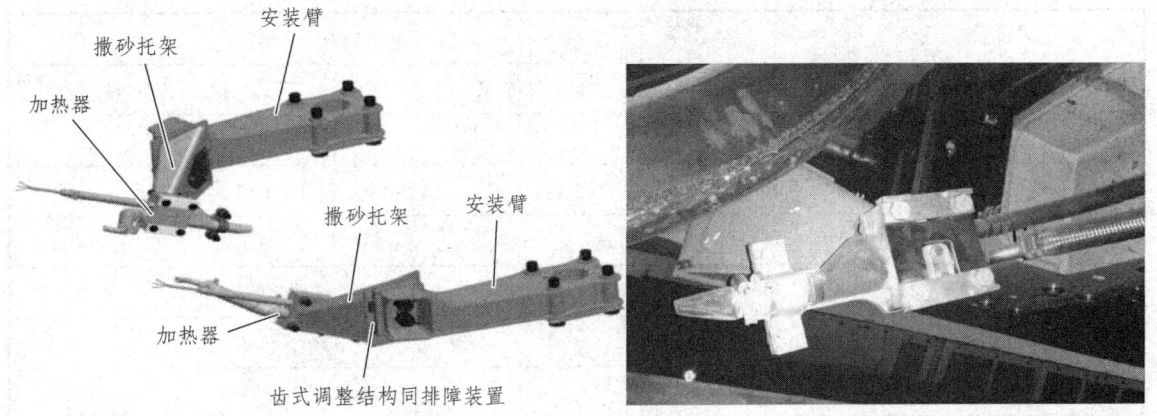

图 3-79　撒砂口

复习思考题

1. 简述 CRH380A 型动车组转向架失稳监测装置的组成及作用。
2. 简述 CRH380A 型动车组转向架排障装置的组成及作用。
3. 简述 CRH380A 型动车组转向架撒砂装置的组成及作用。

知识拓展一　CRH380B 型动车组转向架

一、转向架概述

CRH380B 型动车组以成熟的高速转向架结构型式为基础，针对不同车辆载荷的要求，对转向架各部件的重量、重心以及悬挂参数进行了调整，使其运行品质更加优越。

CRH380B 型动车组转向架分动车转向架（简称 M）和拖车转向架（简称 T）两种类型。两种转向架不可互换，

微课：CRH380B 型动车组转向架总体及构架

但其结构型式基本一致。转向架构架为 H 形箱形焊接结构，由两个中间为凹形的侧梁以及横梁组成；一系悬挂为螺旋钢弹簧加垂向减振器，转臂式定位方式；二系悬挂采用带有应急橡胶堆的空气弹簧支撑车体，在车体和转向架之间装有双抗蛇行减振器、横向减振器、垂向减振器、抗侧滚扭杆装置以及 Z 形双拉杆牵引装置。动车转向架采用轮盘制动方式，拖车转向架采用轴盘制动方式。转向架轴箱轴承采用自密封式圆锥滚动轴承。动车转向架与拖车转向架的主要区别如下：

（1）动车转向架有 2 根动力轴，动力轴上装有两个制动轮盘和一组齿轮箱。

（2）拖车转向架有 2 根非动力轴，非动力轴上装有 3 个制动轴盘。

（3）动车转向架比拖车转向架多一个电机吊架。

CRH380B型动车组转向架主要技术参数如表3-4所示。

表3-4 CRH380B型动车组转向架主要技术参数

项目	转向架	
	动车转向架	拖车转向架
轨距/mm	1 435	
最小曲线半径——连挂时（困难条件下）/m	低速时：250（150）	
最小曲线半径——单车调车/m	步行速度时：150	
S形曲线/m	180+10过渡+180	
持续运行速度/(km/h)	350	
最高运行速度/(km/h)	380	
最高试验速度/(km/h)	420	
未平衡离心加速度/(m/s^2)	0.79	
固定轴距/mm	2 500	
车轮直径新/旧/mm	920/830	920/860
最大净载重/t	17×(1±4%)（最大17.68）	17×(1±4%)（最大17.68）
转向架质量，包括枕梁及其零部件/kg	≤10 000	≤8 000
一系悬挂	螺旋钢弹簧+垂向减振器	
二系悬挂	空气弹簧+抗侧滚扭杆+横向减振器+垂向减振器+双抗蛇形减振器	
二系纵向力传递方式	Z形双拉杆牵引装置	
转向架距轨面高度（新车轮、空气弹簧充风状态下）/mm	1 010（枕梁上表面）	
传动	平行轴+齿轮传动装置	—
持续轴功率/kW	约560	—
机械制动	轮盘盘形制动	轴盘盘形制动
停放制动	—	弹簧蓄能制动

1. 动车转向架

动车转向架主要由焊接构架、轮对轴箱定位装置、二系悬挂装置、驱动装置、基础制动装置以及辅助装置组成，如图3-80、图3-81所示。

2. 拖车转向架

拖车转向架主要由焊接构架、轮对轴箱定位装置、二系悬挂装置、基础制动装置以及辅助装置组成。如图3-82、图3-83所示。

图 3-80 动车转向架结构图

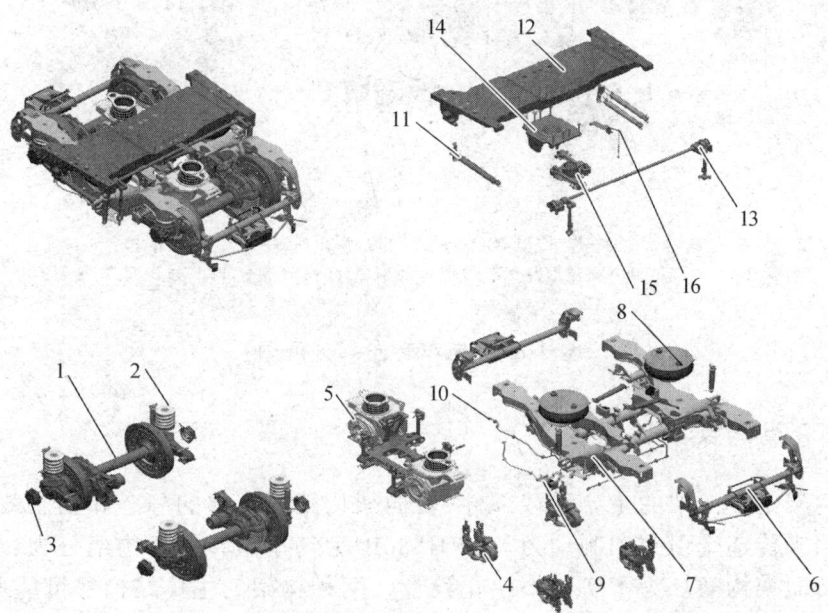

1—动车轮对；2—一系悬挂装置；3—轴端装置；4—基础制动装置；5—驱动装置；6—天线梁；7—构架；8—空气弹簧；9—感应接收器组成；10—制动配管；11—抗蛇形减振器；12—枕梁；13—抗侧滚扭杆装置；14—牵引中心销；15—Z形牵引拉杆；16—高度控制阀。

图 3-81 动车转向架分解图

图 3-82 拖车转向架结构图

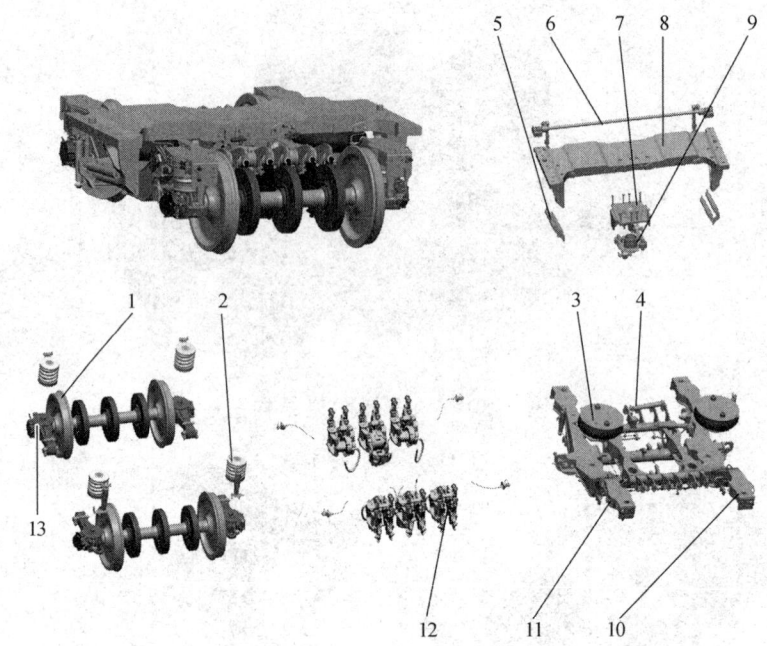

1—拖车轮对；2——系悬挂装置；3—空气弹簧；4—横向减振器；5—抗蛇形减振器；6—抗侧滚扭杆装置；
7—牵引中心销；8—枕梁；9—Z形牵引拉杆；10—构架；11—拖车管路布置；
12—基础制动装置；13—轴箱装置。

图 3-83　拖车转向架分解图

二、转向架构架

转向架构架是转向架的主要承载部件，转向架构架将车体的静态和动态载荷传递给车轮，同时也用来传递牵引力和制动力。CRH380B型动车组转向架构架分为：动车转向架构架和拖车转向架构架。为了实现模块化设计，两种构架的主体结构尽可能通用。

1. 动车转向架构架

动车转向架构架又分为头车端部动车转向架构架和其他动车转向架构架，两种动车转向架构架的主要区别是由于头车端部动车转向架构架设置有安装 ATP 天线的天线梁，因此两种构架侧梁端部的轴箱弹簧帽筒（一系弹簧帽筒）立板厚度不同。

动车转向架构架由两个侧梁、两个横梁和两个纵梁组焊而成，呈双 H 形结构。侧梁由钢板焊接而成下凹的 U 形结构，钢板材质为 S355J2G3。侧梁上焊有转臂定位座、一系垂向减振器座、一系弹簧帽筒、空气弹簧座、抗蛇行减振器座、连杆座、二系垂向减振器座、轮盘制动缸吊座等；横梁为无缝钢管，横梁上焊有牵引拉杆座、齿轮箱吊座、板簧安装座等，如图 3-84 所示。

构架所用材质均符合 EN 10025 标准中的非合金结构钢标准。焊接在构架上的安装座（定位座、弹簧座等）均采用质量可靠的锻件加工而成。构架焊接后，加工之前，无需进行热处理。构架强度计算依据 UIC 515—4 和 UIC 615—4 标准进行计算，许用应力标准依据 DIN15018 中的规定。设计构架时，确保能采用最适宜的焊接工艺；重视构架外表面的防腐处理以及焊接时需采取防潮措施等。

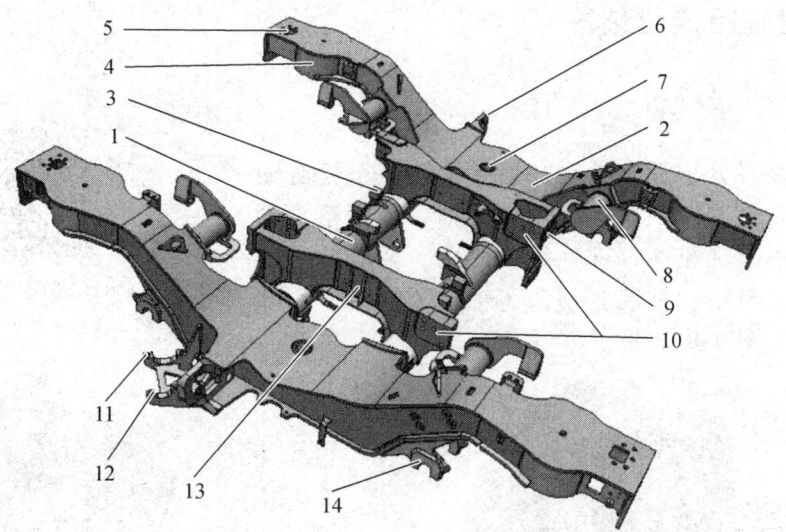

1—横梁；2—侧梁组成；3—牵引拉杆座；4——系弹簧帽筒；5——系垂向减振器座6—抗蛇形减振器座；
7—空气弹簧座；8—轮盘制动缸吊座；9—齿轮箱吊座；10—板簧安装座；11—连杆座；
12—二系垂向减振器座；13—横向缓冲器座；14—转臂定位座。

图 3-84 动车转向架构架

2. 拖车转向架构架

拖车转向架构架分为带停放制动拖车转向架构架和不带停放制动拖车转向架构架，两种构架的主要区别是侧梁外侧是否焊接紧急缓解安装座。与动车转向架构架相比，拖车转向架构架横梁上取消了齿轮箱吊座、板簧安装座和轮盘制动缸吊座。而在横梁上焊接了制动梁，制动梁上又焊接了 3 个轴盘制动缸吊座，如图 3-85 所示。

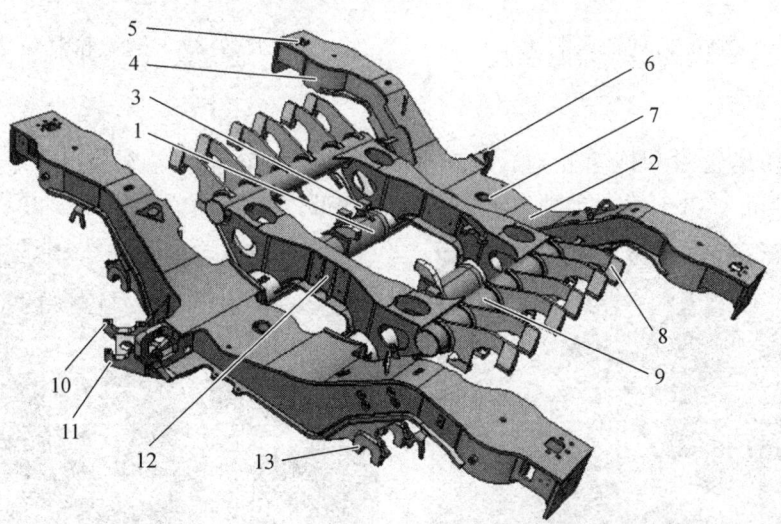

1—横梁；2—侧梁；3—牵引拉杆座；4——系弹簧帽筒；5——系垂向减振器座；6—抗蛇形减振器座；
7—空气弹簧座；8—轴盘制动缸吊座；9—制动梁；10—连杆座；11—二系垂向减振器座；
12—横向缓冲器座；13—转臂定位座。

图 3-85 拖车转向架构架

三、轮对轴箱定位装置

（一）轮对轴箱装置

轮对轴箱装置分为动车轮对轴箱装置和拖车轮对轴箱装置，动车轮对轴箱装置由车轮、车轴、齿轮箱、轮装制动盘、轴承及轴箱体等部件组装而成。拖车轮对轴箱装置由车轮、车轴、轴装制动盘、轴承及轴箱体等部件组装而成，如图 3-86、图 3-87 所示。

微课：CRH380B 型动车组转向架轮对、轴箱及一系悬挂装置

图 3-86　动车轮对轴箱装置

图 3-87　拖车轮对轴箱装置

1. 轮对

轮对分为动车轮对和拖车轮对，动车轮对由车轮、车轴、轮装制动盘、齿轮箱等部件组装而成，拖车轮对由车轮、车轴、轴装制动盘等部件组装而成，如图 3-88、图 3-89 所示。

图 3-88　动车轮对

图 3-89　拖车轮对

车轮为整体结构。车轮上设有标识直径磨耗限度的沟槽，并标识有车轮制造序列号，车轮踏面形状采用 S1002CN 型，原型车轮直径值为 920 mm。正常使用条件下，车轮的使用寿命为运行 240 万 km。车轮分动车车轮、拖车车轮两种。动车车轮采用直辐板结构，在辐板 605 mm 圆周处均匀设置 6 个直径 25 mm 和 12 个直径 22 mm 的安装孔，用于安装轮装制动盘，直径磨耗到限值为 830 mm；拖车车轮采用曲辐板结构，辐板表面设有降噪涂层，防止辐板表面受打击，直径磨耗到限值为 860 mm。

动车组车轴采用空心轴结构，车轴中心孔直径为 30 mm。车轴轴颈中心距为 2 000 mm，轴颈直径 130 mm。车轴表面设有降噪涂层，防止轴身表面受打击。车轴分动车车轴、拖车车轴两种。每个动轴带有齿轮箱安装座，每个拖轴带有 3 个制动轴盘安装座。

2. 轴箱

轴箱由球磨铸铁制成，采用分体式结构，主要由转臂、转臂箍两个部分组成，使用螺栓连接，方便轮对的拆卸与安装，如图 3-90 所示。轴承为圆锥滚子轴承，自密封圆锥结构，组装时不需要注入润滑脂。为保护轴承，轴箱要与转向架构架电气绝缘。轴箱上设有轴箱弹簧安装座和一系垂向减振器座，轴箱上安装有轴温传感器，部分轴端安装有速度传感器。

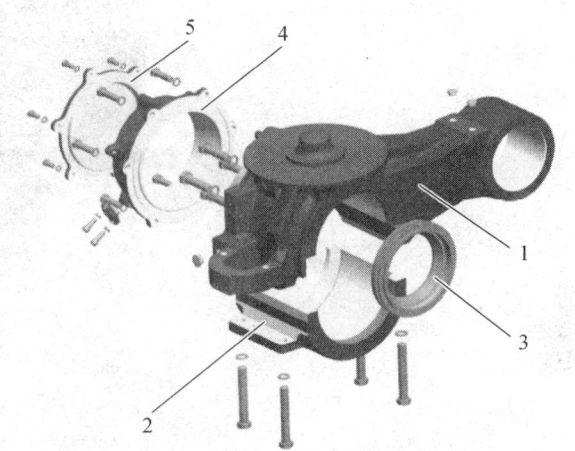

1—转臂；2—转臂箍；3—防尘挡圈；4—轴箱盖；5—轴箱端盖。

图 3-90 轴箱组成

CRH380B 型动车组全列车共有 64 个轴端，其中根据轴端配置的防滑速度传感器、拖轴速度传感器、ETCS 传感器、接地装置等的配置不同共分成 13 种，13 种轴端配置中又可分为如下几类：

（1）普通防滑速度传感器轴端。
（2）带运行控制的防滑传感器轴端。
（3）带 ETCS 或（ETCS+LG）速度传感器轴端。
（4）保护接地装置轴端。
（5）不带任何装置的普通轴端。

例如，带 ETCS+LG 速度传感器轴端和保护接地装置轴端结构如图 3-91 所示。

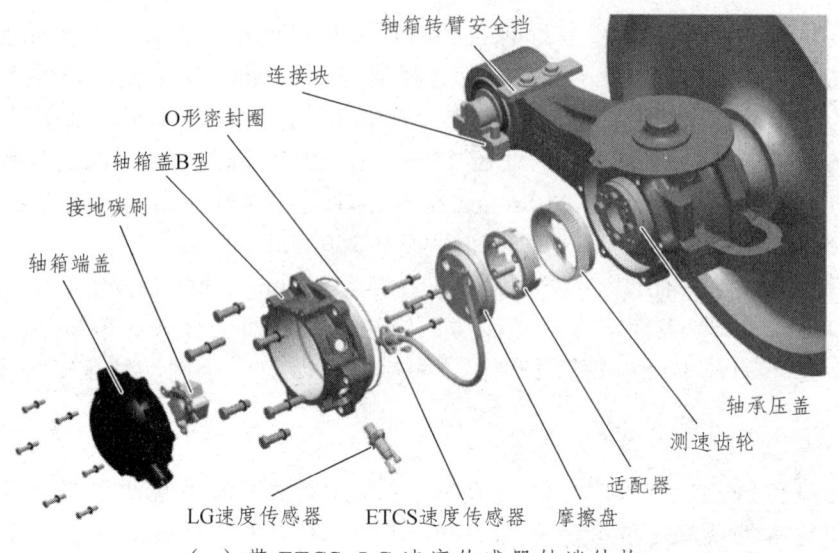

(a)带 ETCS+LG 速度传感器轴端结构

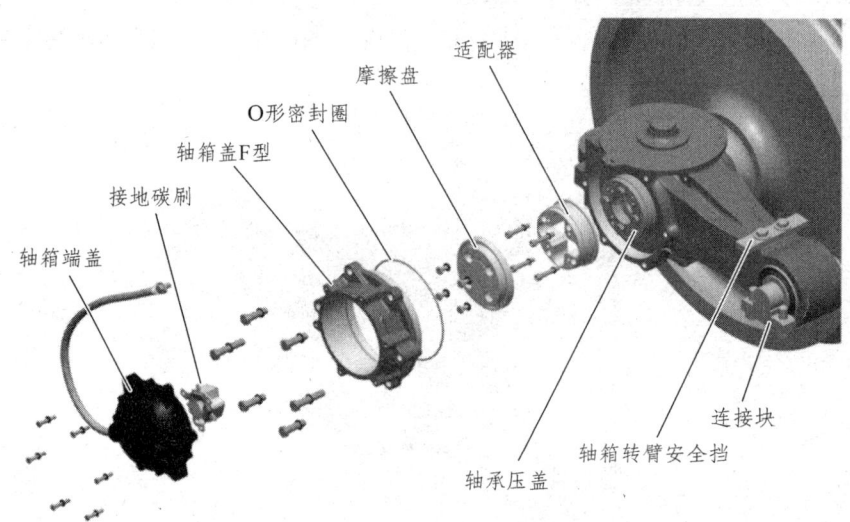

(b)保护接地装置轴端结构

图 3-91　轴端结构

(二)一系悬挂装置

一系悬挂装置采用转臂式轴箱定位结构。由轴箱弹簧、一系垂向减振器(轴箱垂向减振器)和弹性定位节点等组成,如图 3-92 所示。

1. 轴箱弹簧

轴箱弹簧为双卷螺旋钢弹簧,置于轴箱顶部,弹簧上半部伸到构架侧梁的轴箱弹簧帽筒里面,在弹簧下部与轴箱顶部弹簧座之间设有叠层橡胶弹簧,用以吸收来自钢轨的冲击和高频振动(见图 3-93)。在螺旋钢弹簧内装有止挡销,既可以防止弹簧被压死,如果弹簧意外断裂时,也可以起到支撑作用,避免更危险的事故发生。

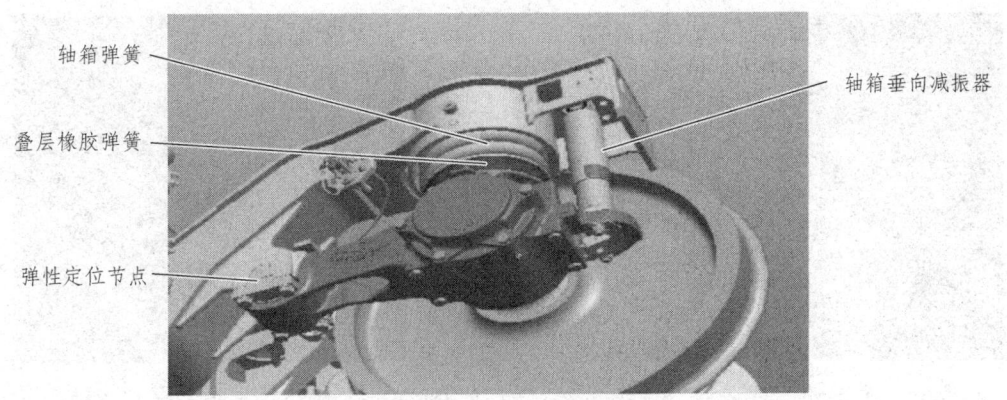

图 3-92　一系悬挂装置

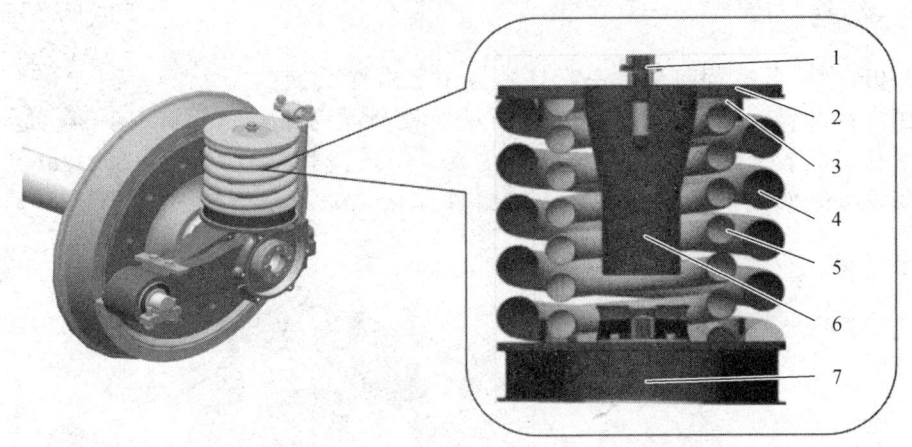

1—螺栓、垫片；2—调整垫；3—弹簧挡板；4—外圈弹簧；5—内圈弹簧；6—止挡销；7—叠层橡胶弹簧。

图 3-93　轴箱弹簧

2. 轴箱垂向减振器

为减小来自钢轨的振动，在轴箱和构架间还加装了轴箱垂向减振器，它主要用来消耗振动能量。同时，轴箱垂向减振器还起着起吊拉杆的作用。

3. 弹性定位节点

弹性定位节点压装于转臂式轴箱小端，并通过连接块固定在构架的转臂定位座内，定位节点为金属橡胶减振元件，当轮对轴箱相对于构架在纵、横向产生位移时，弹性定位套中的橡胶层发生变形，从而起到弹性定位作用。弹性定位节点的刚度、钢弹簧的刚度和垂向减振器的参数根据动力学计算进行了优化选择，以减少和缓冲由于线路的不平顺引起的对构架的激扰作用。

为确保连接块与弹性定位节点正确安装，在连接块与构架上的转臂定位座留有间隙 0.5~2 mm，为避免连接块安装螺栓裸露部位被腐蚀，螺栓在连接块与构架的缝隙部位套有 O 形密封圈，连接块如图 3-94 所示。在轴箱体上安装有轴箱转臂安全挡，用于在连接块螺栓失效时，起到紧急止挡的作用，如图 3-95 所示。

图 3-94 连接块

图 3-95 轴箱转臂安全挡

四、二系悬挂装置

CRH380B 型动车组转向架二系悬挂装置主要由枕梁、空气弹簧、横向缓冲器、横向止挡、牵引中心销、Z 形牵引拉杆、抗侧滚扭杆装置、二系横向减振器、二系垂向减振器、高度控制阀、安全阀及供风管路等组成，如图 3-96 所示。

微课：CRH380B 型动车组转向架二系悬挂装置

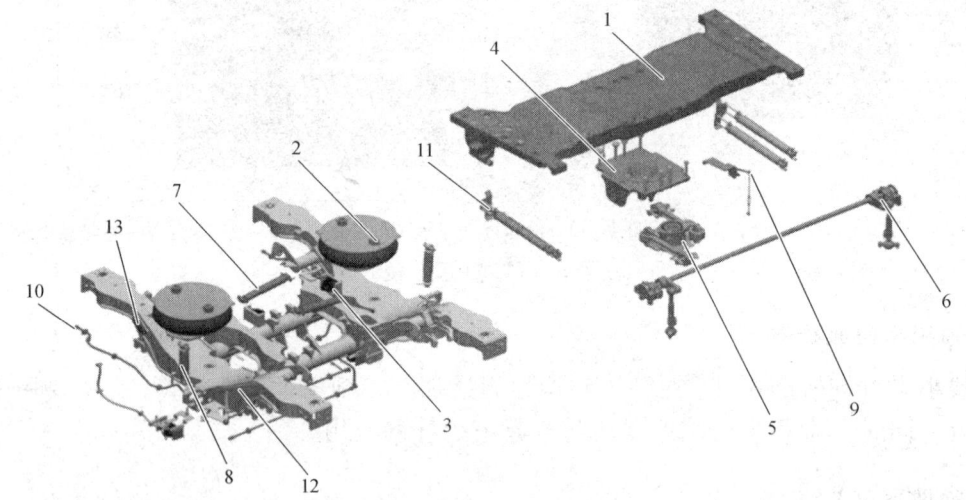

1—枕梁；2—空气弹簧；3—横向缓冲器；4—牵引中心销；5—Z 形牵引拉杆；6—抗侧滚扭杆装置；
7—二系横向减振器；8—二系垂向减振器；9—高度控制阀；10—制动配管；
11—抗蛇形减振器；12—构架；13—横向止挡。

图 3-96 二系悬挂装置

每个转向架上的 2 个空气弹簧坐落在侧梁上，空气弹簧上设有枕梁，枕梁采用铝合金铸造结构，枕梁与构架间牵引装置采用牵引中心销+Z 形双牵引拉杆。每个转向架有一套抗侧滚扭杆装置、2 个横向减振器、2 个垂向减振器以及 4 个抗蛇行减振器，其中抗侧滚扭杆装置根据车型的不同进行了参数选择，以使车辆获得良好的乘坐舒适性。

1. 枕梁

枕梁的功能是连接车体与转向架，传递车体和转向架之间的各种力和力矩。这一结构的采用实现了车体与转向架的快速落成与分离,可以提高动车组的使用效率。枕梁是铝合金铸造成的箱形结构,同时作为二系悬挂空气弹簧系统的附加空气室。

车体与枕梁之间通过枕梁上的2个定位销进行定位,同时通过每侧4个螺栓与枕梁相连。枕梁和构架之间通过空气弹簧、牵引装置、抗侧滚扭杆装置、二系横向减振器、二系垂向减振器、抗蛇行减振器相连,此外,枕梁还包括压缩空气用螺纹连接,如用于空气弹簧高度控制阀和安全阀。枕梁与车体和转向构架之间配有两个接地用连接端子。枕梁如图3-97所示。

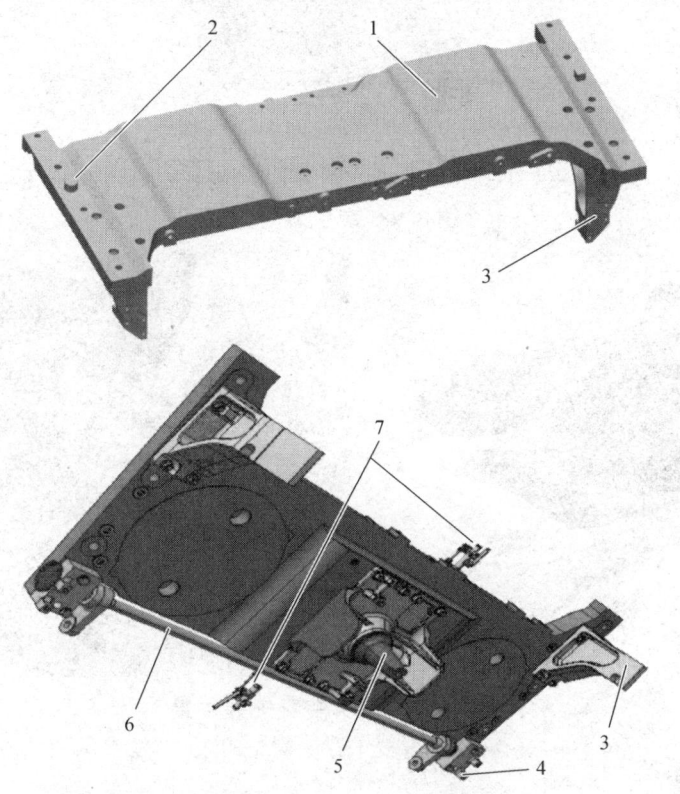

1—枕梁;2—定位销;3—抗蛇形减振器座;4—二系垂向减振器座;5—牵引中心销;
6—抗侧滚扭杆装置;7—高度控制阀(主阀和副阀)。

图3-97 枕梁

2. 牵引装置

牵引装置用于转向架架构与枕梁间牵引力和制动力的传递。牵引装置可满足转向架与车体间悬挂所需要的旋转和横向运动。牵引装置包括:牵引中心销和Z形牵引拉杆。牵引中心销为铸钢制成,通过螺栓安装在枕梁上。Z形牵引拉杆包括:牵引梁和两个牵引拉杆,呈"Z"形布置。牵引梁内装有弹性中心销衬套,底部有压板,中心销衬套通过压板和螺栓压在牵引中心销的锥形体上。牵引拉杆为合金钢锻造,通过牵引拉杆座和构架连接,拉杆两端压装橡胶弹性节点。

车体在整体起吊时,则可利用二系垂向挡将转向架整体吊起。二系垂向挡由两个焊接于转向构架横梁中心的止挡和牵引梁上的两个支撑面共同组成。牵引装置组成及安装位置如图3-98、图3-99所示。

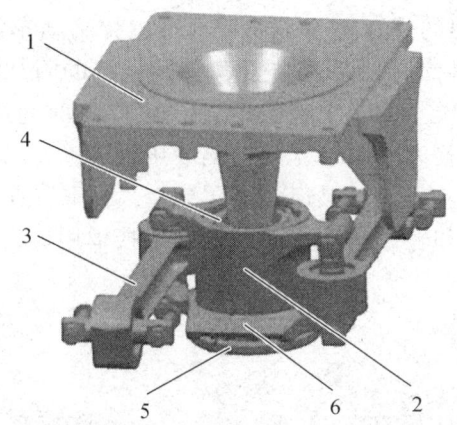

1—牵引中心销；2—牵引梁；3—牵引拉杆；4—中心销衬套；5—压板；6—支撑面。

图 3-98 牵引装置组成

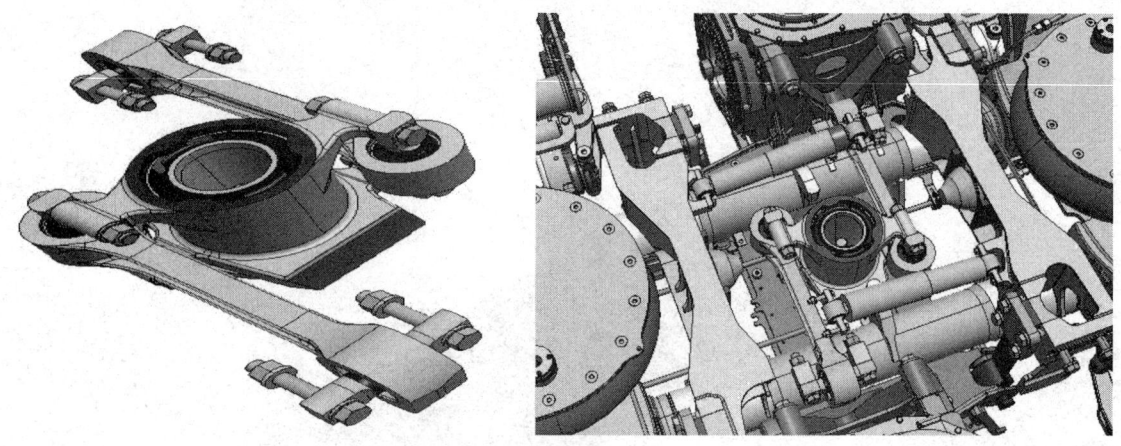

图 3-99 牵引装置安装位置

3. 空气弹簧系统

空气弹簧安装在构架与枕梁之间，如图 3-100 所示。空气弹簧主要吸收垂向力和某些横向力。空气弹簧随转向架与车身之间的相对运动而运动。可调节车辆行驶时车体的高度，确保在不同静载荷作用时均与轨面保持一定的高度。空气弹簧系统主要由空气弹簧、高度控制阀、高度阀调整杆、安全阀和附加气室等组成。

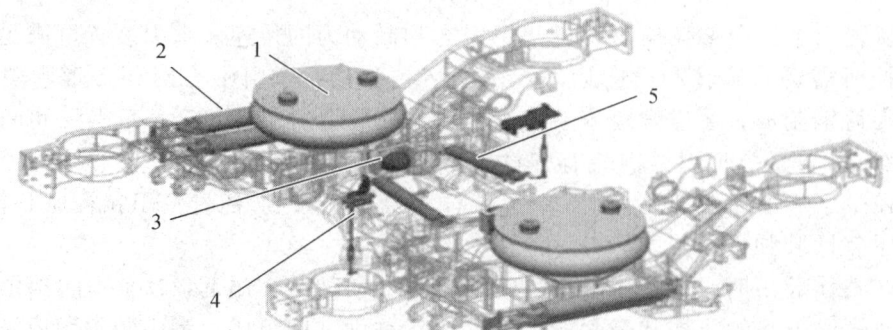

1—空气弹簧；2—抗蛇形减振器；3—横向缓冲器；4—高度控制阀；5—横向减振器。

图 3-100 空气弹簧安装位置

1）空气弹簧

空气弹簧是影响车辆运行品质的重要因素之一。采用高柔性大曲囊式空气弹簧，横向跨距为 1 900 mm。空气弹簧结构如图 3-101 所示，由橡胶气囊、上盖板、夹紧环、摩擦块、下座、应急弹簧、底座等组成。其中橡胶气囊是空气弹簧的重要部件，一般由内层橡胶（气密层）、外层橡胶、帘线层和成形钢丝圈硫化而成。空气弹簧下部有橡胶应急弹簧，当橡胶气囊破裂后，枕梁将下降到橡胶应急弹簧上，应急弹簧起到一定的弹性支撑作用，保证车辆的安全运营。空气弹簧系统设有安全阀，可防止空气弹簧中气压过高，其动作值为 8 bar。

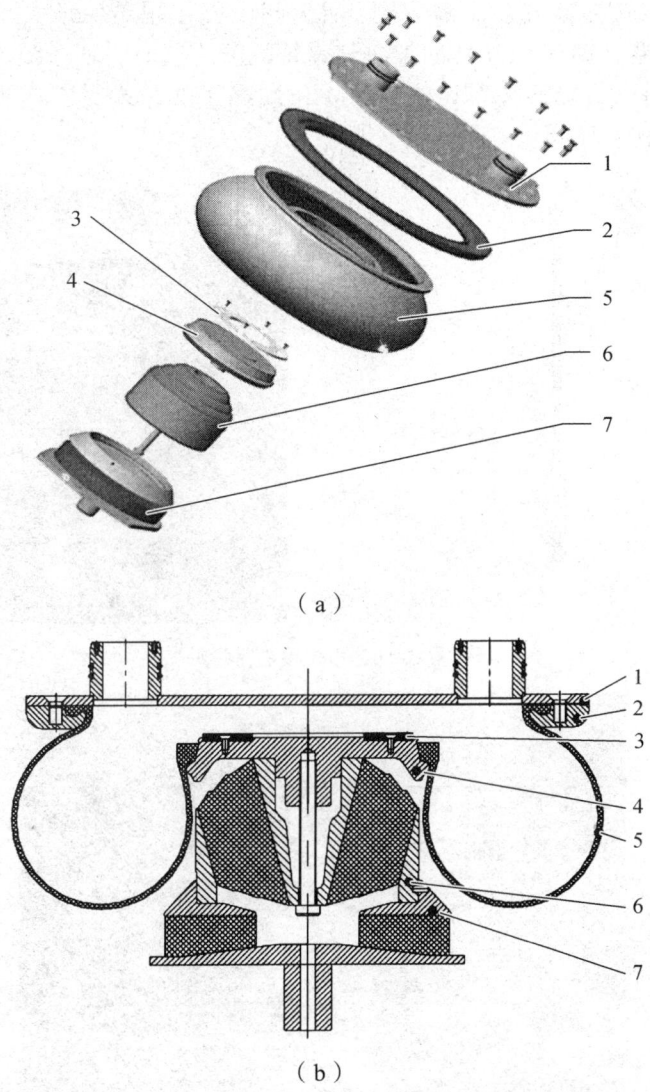

1—上盖板；2—夹紧环；3—摩擦块；4—下座；5—橡胶气囊；6—应急弹簧；7—底座。

图 3-101　空气弹簧结构

空气弹簧通过上盖板上的导柱与枕梁内腔附加气室相连接，之间不设节流孔，导柱上有两个 O 形密封圈进行密封。两侧空气弹簧和枕梁内腔附加气室形成两个独立的密闭气室。

2）空气弹簧控制组成

空气弹簧控制组成用来调节车辆行驶时车体的高度，以确保在任何载荷条件下，车体地板都会保持在轨道上方某一恒定高度范围内。主要由高度控制阀、高度阀调整杆、溢流阀、安全阀等零部件组成。

CRH380B 型动车组转向架的空气弹簧控制组成共分三种类型：① 头车 2 位动车转向架；② 其他动车转向架；③ 拖车转向架。动车转向架的高度控制阀（主阀和副阀）分布于转向架枕梁两侧，拖车转向架的高度控制阀（主阀和副阀）分布于枕梁同侧，高度控制阀如图 3-102 所示。头车 2 位动车转向架与其他动车转向架的主要区别为该处高度控制阀水平杆是弯曲的，同时该转向架安装了溢流阀，溢流阀主要作用是保证头车 1 位端无论在何种情况下都高于 2 位端，即 1 位端转向架空气弹簧故障排气时，通过溢流阀即可对 2 位端转向架空气弹簧立即排气，确保头车始终保持 1 位端高于 2 位端，避免头车 1 位端与轨道接触，溢流阀如图 3-103 所示。

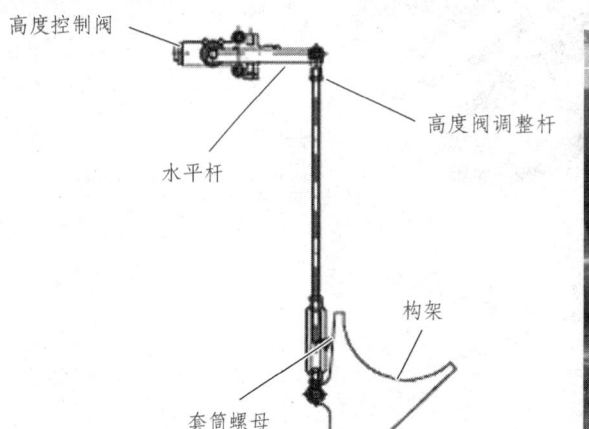 

图 3-102　高度控制阀

图 3-103　溢流阀

CRH380B 型动车组空气弹簧采用两点控制方式，即一个转向架上的两个空气弹簧由一个高度阀进行控制，如图 3-104 所示。每个转向架还设有一个防过冲安全阀。

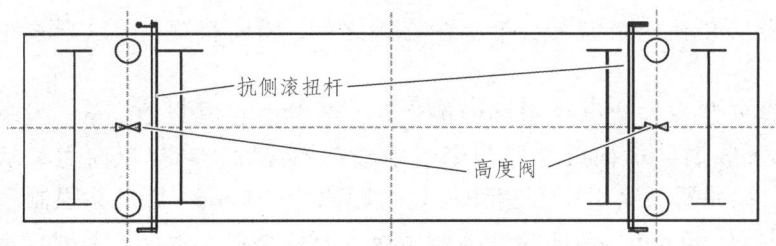

图 3-104 两点控制方式示意图

4. 横向止挡

横向止挡为枕梁和构架间的固定止挡，用于限制枕梁与转向架构架之间的横向运动或转向架旋转所造成的较大移动。当车辆出现过度扭转和非正常位移时，横向止挡与枕梁上抗蛇行减振器座接触，起到限位作用，横向止挡仅在紧急情况时起作用，正常运行时不起作用，如图 3-105 所示。

图 3-105 横向止挡

5. 横向悬挂组成

横向悬挂组成提供车体和转向架之间横向上的刚度。横向悬挂组成由横向减振器和横向缓冲器组成，如图 3-106 所示。

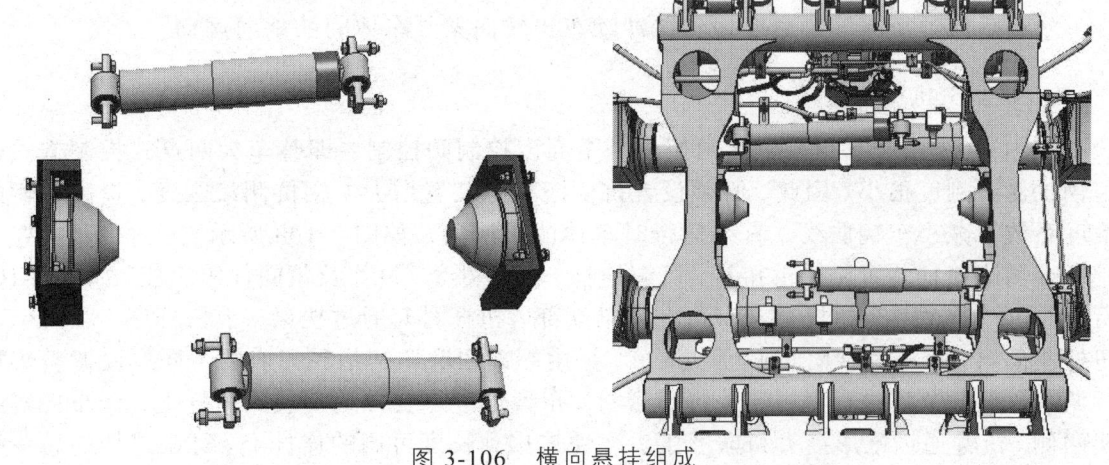

图 3-106 横向悬挂组成

横向减振器安装在构架纵梁与牵引中心销之间，横向布置，用以衰减车体与转向架之间的横向振动。

横向缓冲器安装在构架纵梁中部内侧，距离牵引中心销侧 20 mm，当车体与转向架横向位移超过 20 mm 时，横向缓冲器与牵引中心销侧接触，产生反向力，从而限制横向位移。同时，横向缓冲器与牵引中心销侧压死时距离为 70 mm，因此，限制车体与转向架横向相对位移不超过 90 mm。横向缓冲器座后设计有调整垫，保证安装时横向缓冲器与牵引中心销侧的相对距离。

6. 抗蛇行减振器

为抑制转向架相对于车体的快速旋转运动，避免发生蛇行运动，在车体与转向架之间设有抗蛇行减振器。由于抗蛇行减振器直接影响高速列车安全性，转向架的抗蛇行减振器为冗余设计，即在转向架每侧各有两个抗蛇行减振器，即使有一个抗蛇行减振器出现故障，也能保证至少 50%的阻尼参与工作。抗蛇行减振器的大端通过抗蛇行减振器座与枕梁连接，小端与构架连接，如图 3-107 所示。

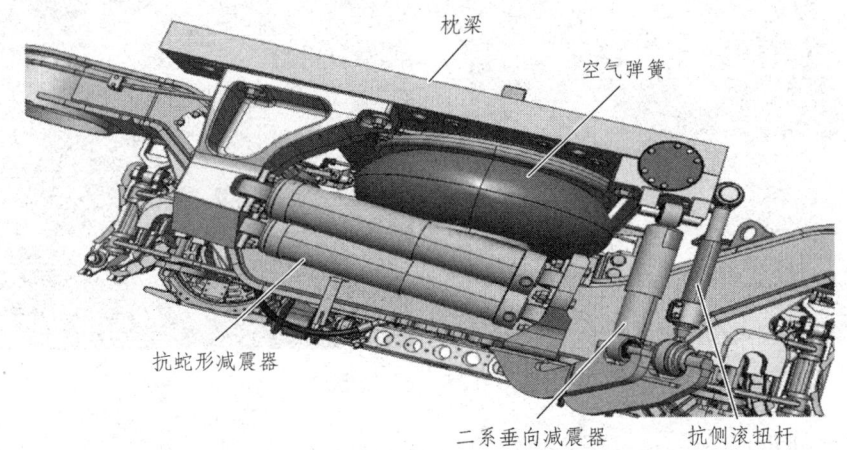

图 3-107 抗蛇行减振器安装位置

7. 二系垂向减震器

二系垂向油压减震器主要用于缓冲动车组转向架与车体间的垂向震动。

8. 抗侧滚扭杆装置

CRH380B 型动车组每个转向架由一个高度控制阀控制，即整车为两点式控制方式，车辆抗侧滚刚度很小。因此，必须设置抗侧滚扭杆装置增大车辆抗侧滚刚度，提高车辆的柔度系数，减小车辆曲线、直线运行时车体的侧滚角，如图 3-108 所示。

抗侧滚扭杆装置主要由扭杆、可调连杆、扭杆衬套、垫片及紧固件等组成，如图 3-109 所示。扭杆通过两个扭杆衬套安装在枕梁端部。扭杆衬套通过枕梁（上扭杆座）和两个下扭杆座固定。扭杆的轴向间隙可以调节，是由端部耐磨调整垫和相应的不同厚度调整垫进行调节。耐磨橡胶衬套利用端盖进行密封。扭臂通过热装方式安装到扭杆上，分布在转向架两侧。扭臂通过锥形接头和球形接头挠性连接到长度可调的连杆上。可调连杆的另一端通过球形接头连接到转向架构架上。通过上述设计安装方式，绕车身中心线侧滚的曲线运动被转换为扭杆的扭力，因此，扭转刚度减小了车身的侧滚倾向。

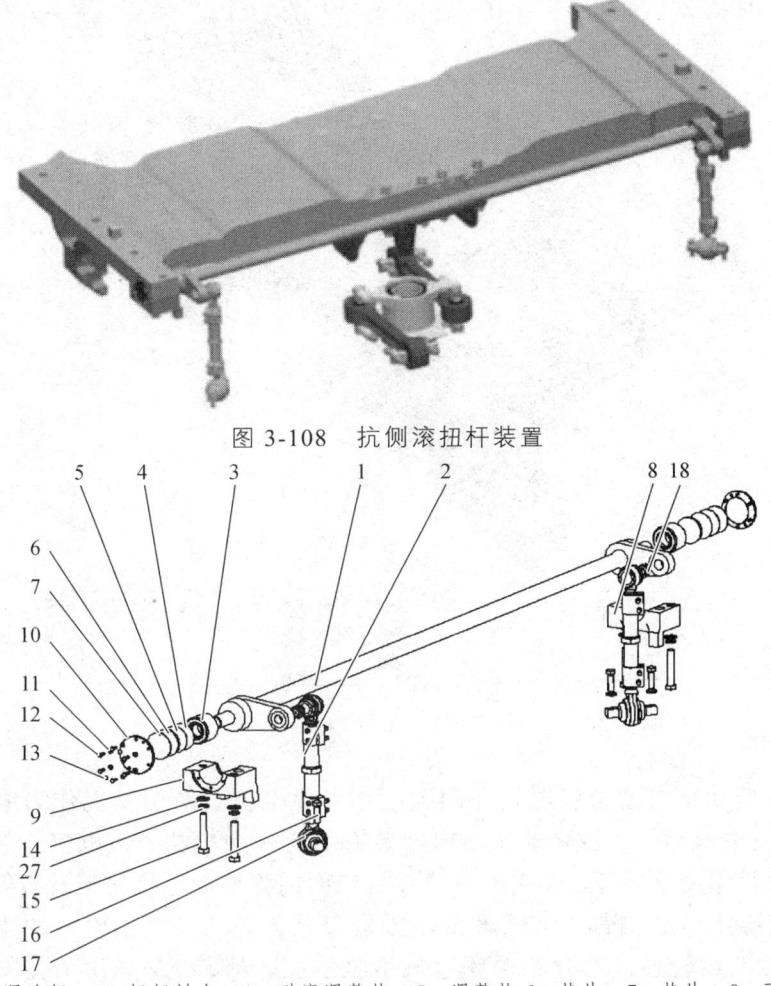

图 3-108 抗侧滚扭杆装置

1—扭杆；2—可调连杆；3—扭杆衬套；4—耐磨调整垫；5—调整垫 6—垫片；7—垫片；8—下扭杆座（左）；9—下扭杆座（右）；10—端盖；11—六角螺栓；12—垫圈；13—螺堵；14—垫圈；15—螺栓；16—米制细牙螺纹六角头螺钉；17—垫圈；18—垫片；27—垫圈。

图 3-109 抗侧滚扭杆装置结构

动车组使用的扭杆长度和刚度需根据车体的宽度和载荷进行适当的调整，整列车使用的扭杆共有四种，其长度和刚度各不相同。其中两端的头车因车体较窄，采用较短的扭杆。同时，头车转向架的可调连杆与其他转向架的可调连杆也不同。

五、驱动装置

驱动装置功能是将牵引电机输出的转矩通过联轴器传递给齿轮箱小齿轮，再通过齿轮箱大小齿轮啮合驱动车轮转动，仅安装于动车转向架上。驱动装置主要由牵引电机、齿轮箱、联轴器、电机吊架、板簧组成、安全销、横向挡、电机横向减振器和电机位移止

微课：CRH380B 型动车组转向架驱动装置

挡等部分组成，弹性安装在转向架上以增强运行的稳定性，如图 3-110 所示。

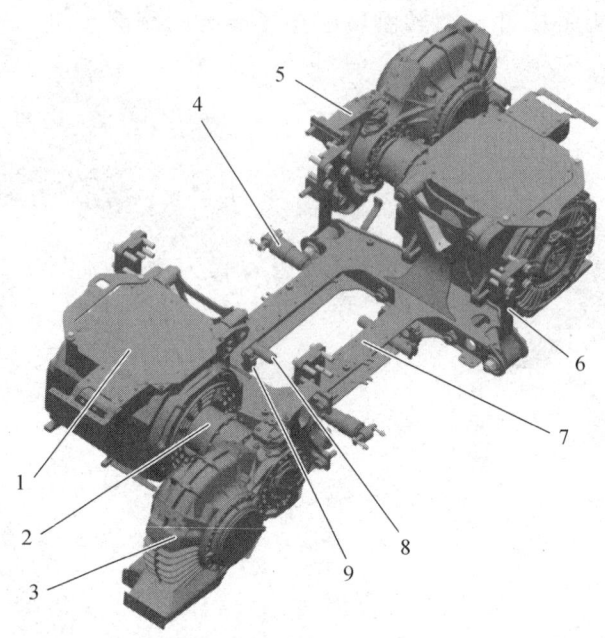

1—牵引电机；2—联轴器；3—齿轮箱；4—电机横向减振器；5—C 形支架；6—板簧组成；
7—电机吊架；8—安全销；9—横向挡。

图 3-110　驱动装置

1. 牵引电机

CRH380B 型动车组的牵引电机为四极三相异步电机，牵引工况作为电动机运行，再生制动时作为发电机运行，每台动车转向架装有 2 台牵引电机，该电机具有结构坚固、质轻、噪声低、设计紧凑等特征。牵引电机通过具有横向弹性的电机吊架及板簧安装在转向架的构架上，采用轴向、径向都具有柔性的联轴器以及齿轮箱将牵引电机的驱动力矩传递到轮对。采用弹性波纹管连接的开路循环通风系统强迫冷却，冷却风由吊挂安装在转向架附近车体底板下的牵引电机冷却风机提供，每台牵引电机冷却风机为转向架上的两台牵引电机供风，冷却风经电机顶部进风口进入，之后流过定子冷却风道、定子与转子间隙，以及转子铁心上的冷却风孔，经传动端端盖上的出风口排出。牵引电机及进风口如图 3-111 所示。

图 3-111　牵引电机及进风口

在牵引电机上装有温度监测元件和速度监控元件，必须使用监控系统以保证电机不超过最大速度、最大电压和最大电流值，以预防电机过热，确保行车安全。

牵引电机通过 4 个螺栓安装在电机吊架上，牵引电机吊架通过板簧组成连接到转向架构架的板簧安装座上，板簧组成由板簧和衬套组成，主要作用是为电机自重造成的电机垂向加速力减振。安全销为电机吊架提供垂向保护。横向挡为电机吊架的横向悬挂元件，并同板簧和电机横向减振器配合来吸收电机吊架的横向加速力。横向挡的行程将被转向架构架上的止挡所限制，电机横向减振器安装在电机吊架和转向架构架之间，主要为电机吊架的横向运动减振。电机位移止挡起到电机横向运动紧急止挡的作用，可防止发生过多的横向位移。电机吊架如图 3-112 所示，牵引电机安装位置如图 3-113 所示。

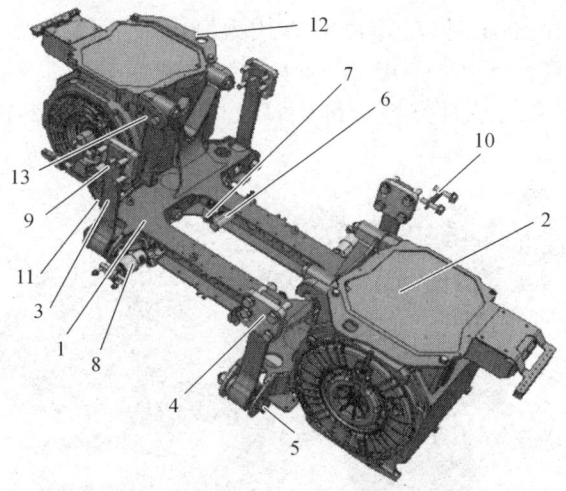

1—电机吊架；2—牵引电机；3—板簧组成；4—压板；5—悬挂螺栓；6—安全销；7—横向挡；
8—电机横向减振器；9—平行销；10—连接键；11—高度阀支架；
12—电机位移止挡；13—电机垂向止挡。

图 3-112 电机吊架

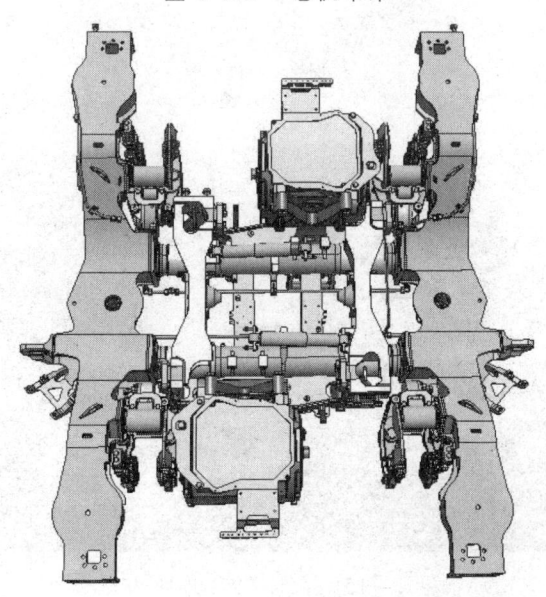

图 3-113 牵引电机安装位置

2. 齿轮箱

齿轮箱是动车组驱动系统的重要部分，齿轮箱通过齿轮配合将动车组牵引电机输出的转矩传递至轮对，产生牵引力、制动力，并实现牵引电机高转速与车轮低转速之间的转换。

CRH380B 型动车组转向架齿轮箱采用一对斜齿齿轮和分体式箱体，传动比约为 2.429，主要包括大齿轮、小齿轮、轴承、箱体、轴承盖、C 形支架、温度传感器等。该齿轮箱一端（大齿轮端）通过两个轴承支撑在车轴上，另一端（小齿轮端）通过 C 形支架（也称扭力杆）与转向架构架上的齿轮箱吊座相连，因此，约 2/3 的齿轮箱质量为簧下质量，1/3 的质量为簧间质量（通过 C 形支架悬挂在转向架构架上）。构架上有一安全止挡用于 C 形支架损坏时防止齿轮箱掉到轨道上。C 形支架的两端加入橡胶节点，以缓和齿轮箱与构架间的冲击和振动。齿轮箱润滑方式为润滑油飞溅润滑，齿轮箱还配有油位观察窗以检查油位位置。目前 CRH380B 型动车组使用的齿轮箱主要有福伊特（VOITH）、弗兰德（FLENDER）和采埃孚等类型。齿轮箱及内部结构如图 3-114、图 3-115 所示。

1—箱体；2—C 形支架；3—橡胶节点；4—联轴器；5—注油孔螺栓；6—排油孔螺栓；
7—油位观察孔；8—温度传感器。

图 3-114 齿轮箱

图 3-115 齿轮箱内部结构

3. 联轴器

联轴器主要有福伊特（ZK177）和弗兰德（ZBG240）两种联轴器，包括电机侧和齿轮箱侧法兰接头两部分，主要作用是将牵引电机转矩由电机传递至齿轮箱，并在动车组运行中补偿牵引电机轴与齿轮箱小齿轮轴垂向、水平、横向偏移。联轴器还设有打滑保护装置，能够实现过载保护。其外观如图 3-116 所示。

图 3-116　联轴器

六、基础制动装置

CRH380B 型动车组转向架基础制动装置为盘形制动，包括动车转向架的轮盘制动和拖车转向架的轴盘制动，拖车轴盘制动又分为带有停放制动和不带停放制动。动车转向架的每个车轮上安装一套轮盘，拖车转向架的每个车轴安装 3 个轴盘，如图 3-117、图 3-118 所示。

图 3-117　动车轮盘制动装置　　　　图 3-118　拖车轴盘制动装置

1. 制动盘

轮装制动盘和轴装制动盘均为铸钢盘。轮装制动盘的直径为 750 mm，每副轮盘（两片）用 12 根螺栓分别连接在车轮辐板的两侧。轴装制动盘的直径为 640 mm，制动盘由摩擦环、盘毂和连接装置组成，摩擦环与盘毂之间也是通过 12 根螺栓连接；轴盘上具有用于通风的散热筋结构，不仅可在非制动状态节省能量，还使制动盘上存在的过热点更少。

2. 制动夹钳单元

夹钳单元采用模块化结构，通过三点悬挂方式与构架相连。所有制动夹钳单元都有内置的自动间隙调整器。拖车中间的制动夹钳为停放制动夹钳，带有弹簧储能装置，可以通过转向架两侧的停放制动缓解拉手进行手动缓解。制动夹钳单元如图 3-119、图 3-120 所示。

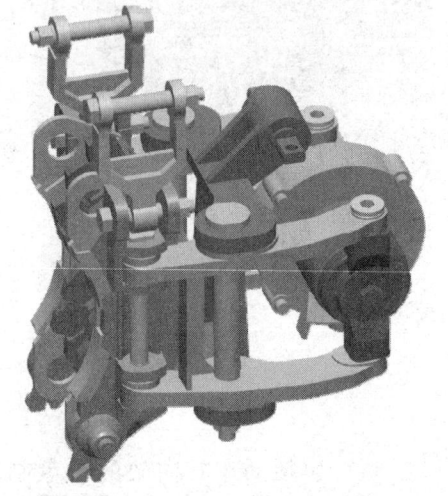

图 3-119　普通制动夹钳单元

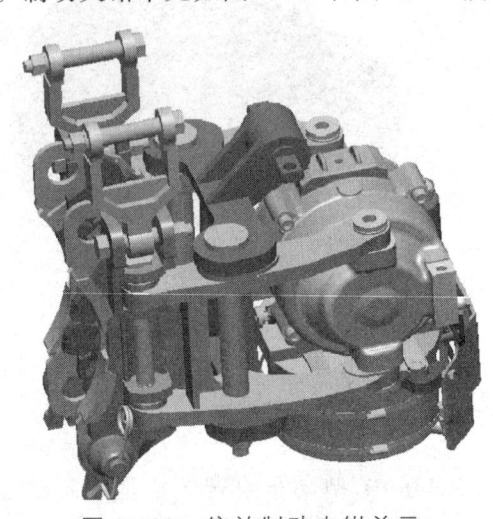

图 3-120　停放制动夹钳单元

基础制动装置由压缩空气来控制常用制动和停放制动，通过传递和放大制动缸的制动力，使闸片与制动盘之间产生的内摩擦力转换为轮轨之间的外摩擦力（即制动力），从而使车辆承受前进方向的阻力，产生制动效果。转向架上安装的空气管路用于给制动系统输送压缩空气，如图 3-121、图 3-122 所示。按照转向架上压缩空气使用装置布置的不同，可将转向架管路布置分为动车管路布置 1、动车管路布置 2、拖车管路布置 1、拖车管路布置 2 四种形式。

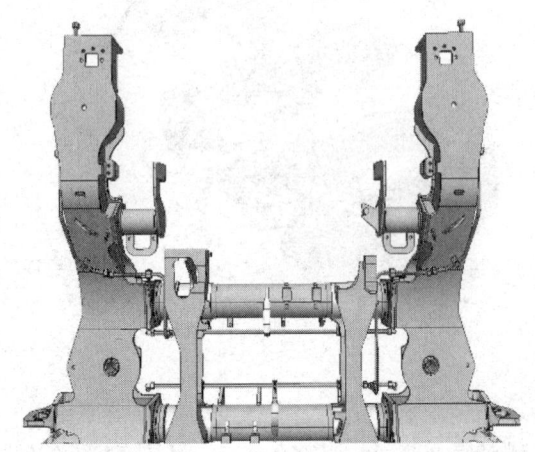

图 3-121　动车转向架管路

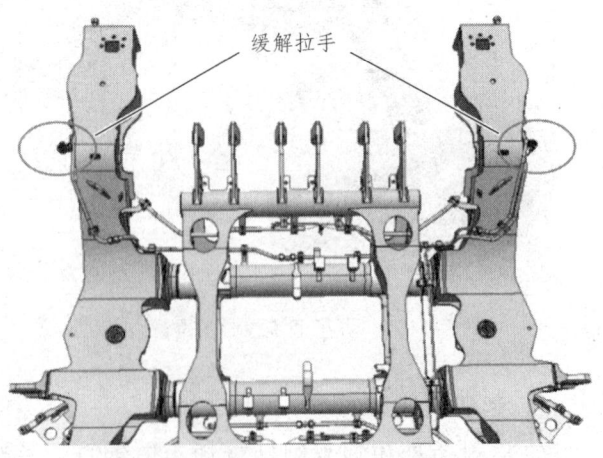

图 3-122　拖车转向架管路

（缓解拉手）

八、转向架辅助装置

1. 转向架诊断装置

转向架诊断装置主要包括轴温传感器、横向加速度传感器和齿轮箱温度传感器。轴温传感器和横向加速度传感器如图 3-123 所示。

微课：CRH380B 型动车组转向架轮缘润滑、撒砂及排障装置

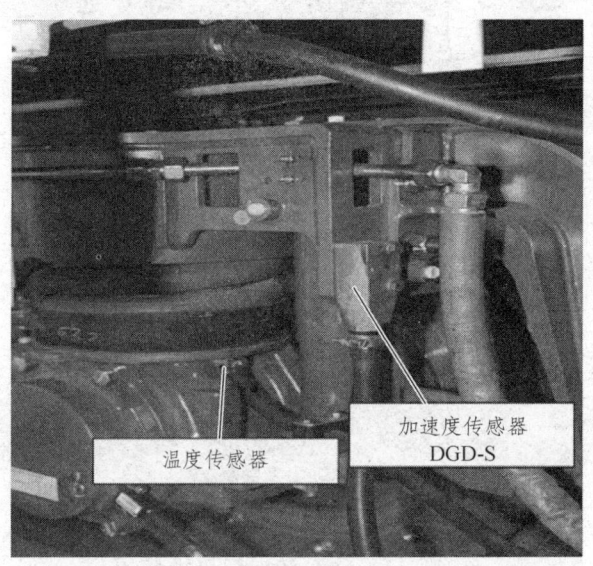

图 3-123 轴温传感器和横向加速度传感器

轴温传感器安装在轴箱体上，用于实时监测轴端轴承温度状态。传感器的温度信号分别传输给本车的两个信号采集模块，信号采集模块与列车网络系统连接，可以通过列车网络将相关信息传输给控制单元。

横向加速度传感器安装在构架侧梁的端部，用于监测转向架横向振动特性。并向列车的诊断系统发出故障信号，该信号传输给相关的车站监控室和列车司机。当动车组运行时，一旦出现构架横向加速度数据异常，网络系统分两级进行控制，分别为预警和报警，远程数据也可查询。当构架横向加速度连续 10 次大于 0.8g 时，发出报警，第一次最高速度将限制在 280 km/h，持续 120 s，之后自动解除；若在 300 km 内发生两次报警，最高速度将一直限制在 280 km/h；若最高速度持续被限制在 280 km/h 后，300 km 内又发生 2 次新的横向加速度报警，最高速度将一直被限制在 200 km/h。

齿轮箱温度传感器安装在动车转向架齿轮箱大齿轮和小齿轮轴承处，用于监测动车组运行中齿轮箱温度变化情况。

2. 接地装置

为确保从车辆到钢轨的电流按规定线路流通，转向架接地装置需为动车组车身和钢轨之间提供连续的低电阻连接，并将其他通道进行绝缘。绝缘通道包括轴箱轴承、电机或电机轴承、齿轮箱和齿轮箱悬挂装置、制动系统、悬挂系统、传感器。

动车转向架接地装置包括枕梁与转向架构架连接、电机吊架与转向架构架连接、电机与电机吊架构架连接三种接地线；拖车转向架接地装置特指枕梁与转向架构架。接地装置通过接地线将车体上的、电机上的感应电流通过轴端接地装置传输到钢轨上，保证动车组安全运行，如图 3-124、图 3-125 所示。

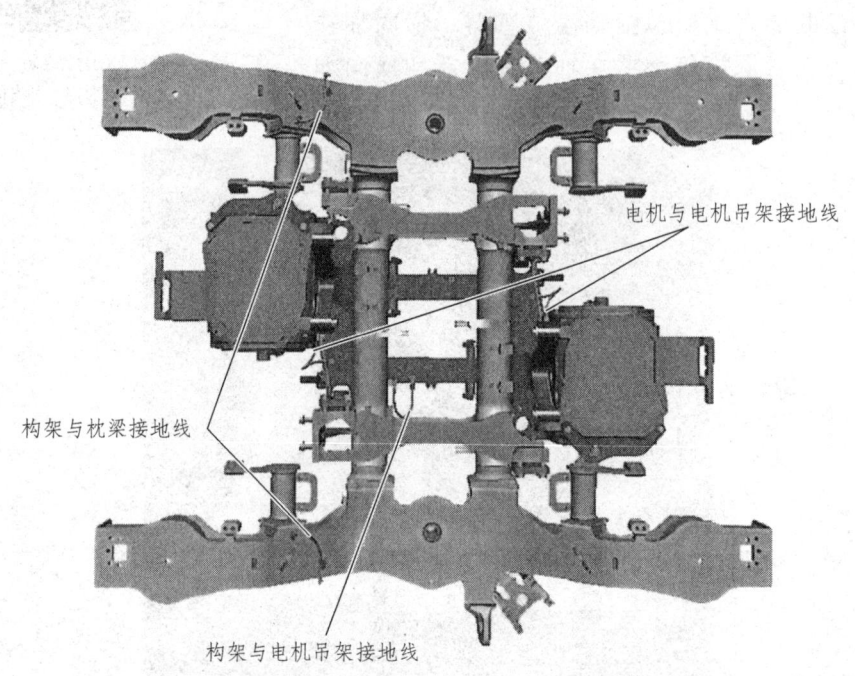

图 3-124　动车转向架接地装置

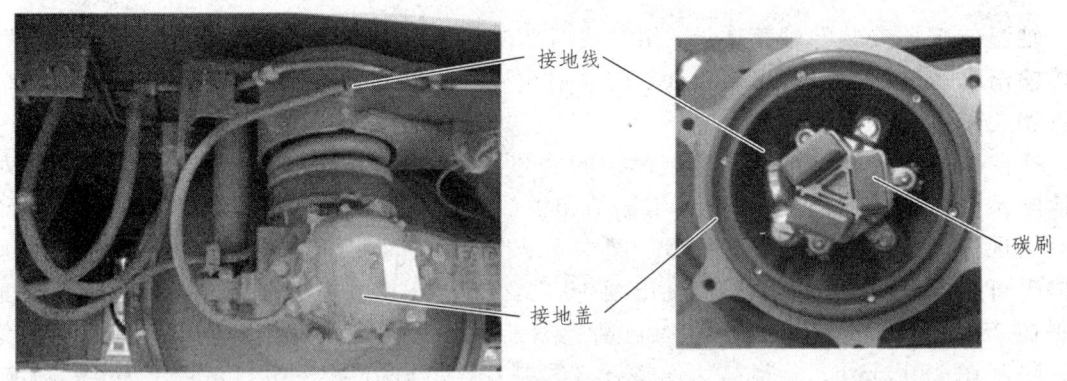

图 3-125　轴端接地装置

3. 速度检测

动车组转向架每条车轴都安装有速度传感器，速度传感器为制动系统提供速度信号，也为列车安全保障装置（ATP）提供速度信号，速度传感器如图 3-126 所示。

4. 轮缘润滑系统

轮缘润滑系统的设计是为了有效降低车轮轮缘与轨道摩擦所产生的磨损和噪声。轮缘润滑系统安装在 01/08 车的 1 位轮对的天线梁上并将润滑剂喷射到轮缘上，1 位轮对轮缘得到润滑剂后，通过接触，轨道也得到了润滑剂，轨道上的润滑剂又会传送到后面的车轮上。轮缘润滑系统和喷嘴如图 3-127、图 3-128 所示。

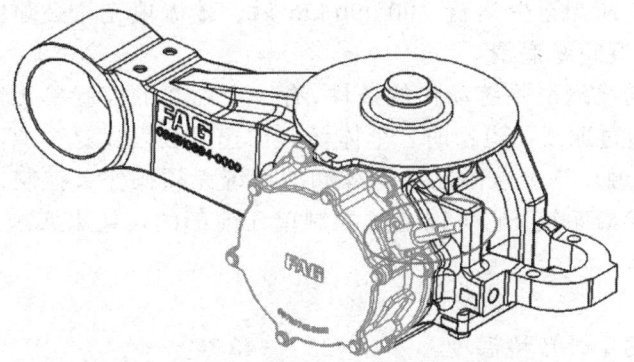

图 3-126　速度传感器

图 3-127　轮缘润滑系统

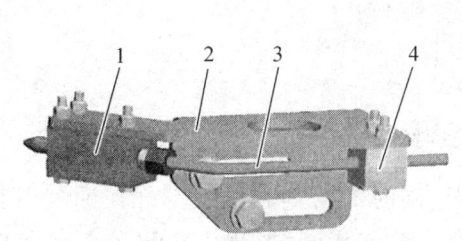

1—喷嘴组成；2—喷嘴调整座；
3—弯管；4—管卡组成。

图 3-128　轮缘润滑喷嘴

轮缘润滑系统的作用是减少车轮轮缘贴靠钢轨时引起的轮轨磨耗。为此，润滑的间隔应是有规律的且能自动控制。喷嘴的调整座可以调节，从而可以根据新的或磨损的轮缘来调节喷嘴的位置。

在不损害轮缘润滑系统功能的前提下,为使环境污染降低到最低程度,要求使用润滑剂的数量尽可能少。应当至少运行 100 000 km 后,才需填充。必须保证在半径小于等于 1 200 m 的曲线上实现轮缘润滑。

控制系统检查轮缘润滑系统动作的条件,有一个独立的控制单元接受来自一个离心开关的信号,当车辆通过曲线、道岔时,车体横向加速度会触发这个离心开关,接着通过一个 5~6 s 的脉冲,触发一个电磁阀。轮缘润滑系统无须操作者控制,但出于检测目的,可以手动激活轮缘润滑系统。它可以通过控制单元前部的按钮来实现。车辆运行中不要求监测轮缘润滑系统。

1)运用条件

车辆常规运营的室外环境温度	-25 ~ +40 °C
轨道上停车状态的环境温度	-25 ~ +70 °C
车库温度	-30 ~ +40 °C
额定电压	DC 110 V(容差:30%+25%)
可提供压缩空气压力	最小 6 bar,最大 10 bar
保护等级	IP 52

2)轮缘润滑系统的组成

在单向运行的车辆上,轮缘润滑系统包括:油箱、气动泵、油气混合器、电磁阀、Turbolub 油气分配器、喷嘴、电控箱、管路和润滑剂等,如图 3-129 所示。

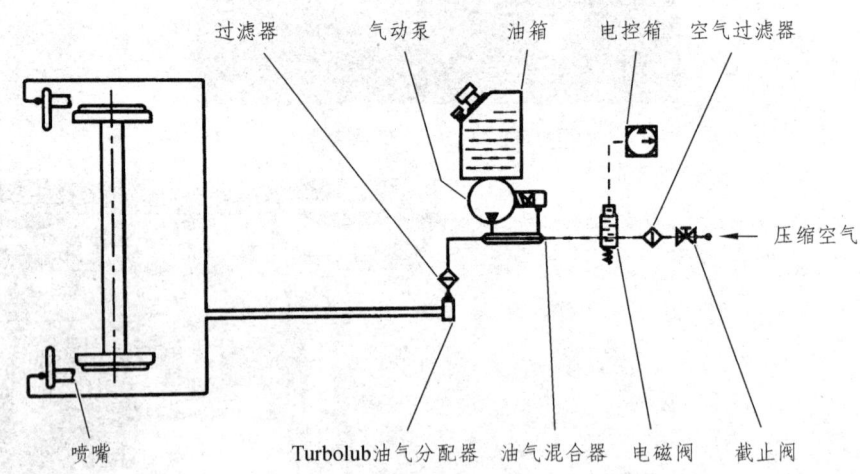

图 3-129 轮缘润滑系统的组成

通过一个气动柱塞泵将润滑剂打入油气混合器中,同时润滑剂和压缩空气在油气混合器中混合。借助于压缩空气的作用,润滑剂沿着管道内壁输送并经 Turbolub 分配器分配后送到喷嘴,喷射到轮缘上。由于压缩空气容量有限,因此,喷射并不是连续不断的而是每隔一段时间喷射一次,每次喷射持续 6~10 s。系统中泵和喷嘴之间的中间管道大约含有 10% 的润滑剂和 90% 的压缩空气,这样的比例使压缩空气在喷射过程中能够对润滑剂产生作用并使之形成精细的油膜层,越靠近喷嘴油膜层的厚度越小且越精细,喷到轮缘上的油膜层的厚度小于 0.001 mm,宽度为 10~15 mm。在数秒钟内,10~30 mm^2 的润滑剂以最精细的颗粒喷在轮缘上,喷射过程中,车轮可以转动很多圈,同时由于压缩空气的作用,在管道中输送的添加有高比例耐压固体颗粒的润滑剂加速从喷嘴喷出并以 150～200 m/s 的高速度喷到轮缘上,喷射过程干净利落并可确保列车在高速行驶的状态下喷射出的润滑剂能突破车轮周围的空气流而精准地覆盖在车轮轮缘上。整个喷射过程中都有润滑剂,喷射的时间越长,从喷嘴喷出的润滑剂越精细,但不管喷射时间多长,喷出的润滑剂量都是相等的,因为定量泵决定了润滑剂的输送量。

3) 润滑剂的选用

润滑剂的型号为 WFL000,润滑剂的使用不对环境构成污染是十分重要的,因此润滑剂的耐压性能必须要好,因为车轮和轨道之间的表面压力极高。也正因为如此,润滑剂中必须含有极压添加剂,如石墨、铝粉等,作用是使消耗及磨损大幅降低。如果采用稀油,黏度可高至 220 cSt/40 ℃;半流体干油可采用 000 号等级的润滑脂,其中含有 15% 的固体颗粒。

5. 撒砂及排障装置

撒砂装置位于:01/08 车的 1 轴处及 03/06 车的 1 轴和 4 轴处,如图 3-130 所示。其中 01/08 车 1 轴处撒砂装置的撒砂管加热器被固定到头车 1 轴的排障装置组成上,03/06 车撒沙装置的撒砂管加热器被固定到侧梁前端的安装座上,撒砂管加热器和排障装置距轨面或车轮的距离能通过长圆孔调整。当轮轨间摩擦系数降低时,可以通过在车轮和钢轨轨面之间撒砂增加摩擦系数,从而减少车轮打滑趋势。来自总风管的压缩空气进入撒砂单元。压缩空气经减压阀,流经电磁阀,到达砂箱底部的撒砂器。在撒砂器启动时,砂子被空气吹经砂管到达加热器,防止砂子打团。撒砂分为高压撒砂和低压撒砂,当车速大于 160 km/h 时高压撒砂(6.3 bar),小于 160 km/h 时低压撒砂(2.7 bar),撒砂控制开关为 72-S01,在司机台上。

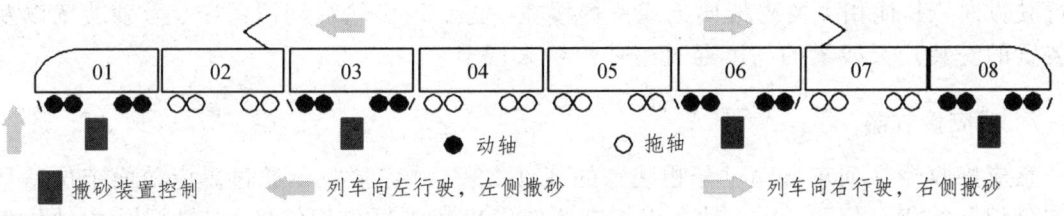

图 3-130 撒砂装置位置

排障装置位于头车 1 轴天线梁上,如图 3-131 所示。排障装置用于清除钢轨上的障碍物,以降低轮对踏面受损和列车脱轨的风险。它只能排除轨道上的道砟等小型障碍物,更大的障碍物由车头排障装置排除。

6. 天线组成

天线组成如图 3-132 所示,天线组成包括 ATP 天线及天线梁组成,每列动车组配有两套天线组成,每套天线组成安装在每个头车 1 位转向架上,每个转向架上配有 2 台天线设备。天线是动车组与沿线的信号发射设备间安全数据传输的装置,是列控车载设备的重要组成部件。

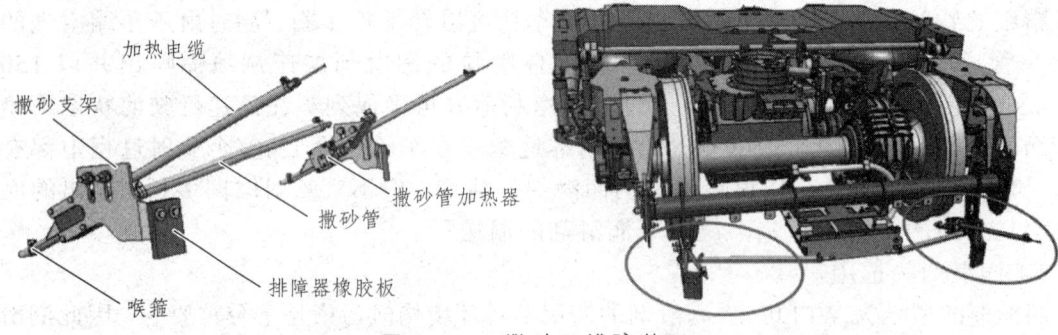

图 3-131 撒砂及排障装置

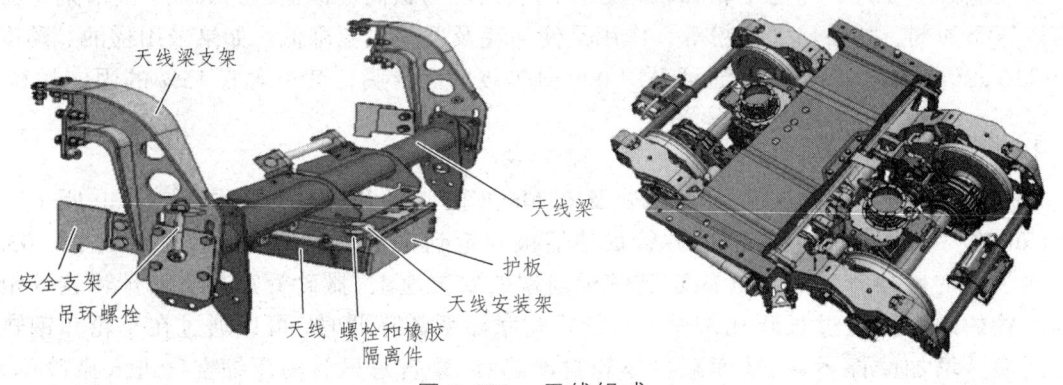

图 3-132 天线组成

天线固定在天线安装架上。通过螺栓和橡胶隔离件，天线安装架和天线梁实现无振动连接。两块护板将保护天线免受石片等的损伤。天线梁由天线梁支架以及相应的天线梁组成。安全支架同样与天线梁支架相连。一旦与障碍物相撞，安全支架将防止整个天线梁弯向行驶方向。其他相关的支架同天线梁焊接在一起，以供轮缘润滑系统、撒砂装置以及排障装置的安装。天线梁的高度通过吊环螺栓来调节。

7. 感应接收器

感应接收器是列车自动过分相装置的部件之一，感应接收器通过感应地面定位信号确定与分相点的相对位置，并向动车组控制系统发出相应过分相信号，具体过分相动作由动车组控制系统完成，以保证动车组自动过分相的安全和可靠。感应接收器安装在"头车"01/08 车的 1、2 位动车转向架的构架中间下部，前后设置护板保护，如图 3-133 所示。

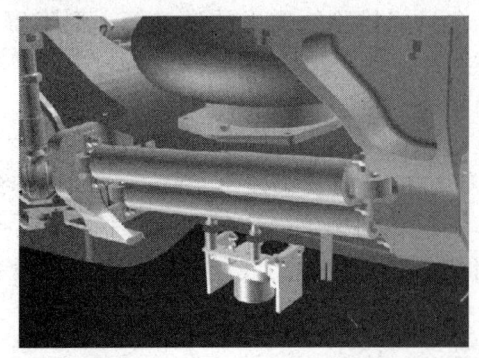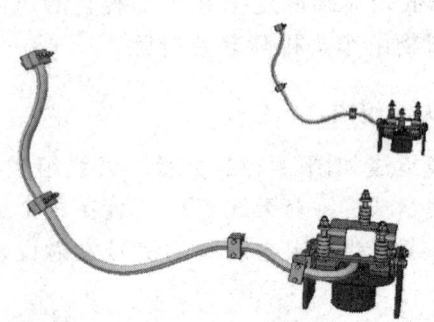

图 3-133 感应接收器

知识拓展二　CR400AF 型动车组转向架

一、转向架概述

CR400AF 型动车组动车转向架型号为 SWM-400E1，拖车转向架型号为 SWT-400E1。其主体结构同 CRH380A 型动车组转向架，采用两轴无摇枕结构，LMA 踏面，沿用 H 形焊接构架、单牵引拉杆、盘形制动等成熟结构。转向架的两级悬挂设置有能够使轮对与构架、构架与车体整体起吊的装置。车轮直径 920 mm，动车 2 轮盘制动，拖车 3 轴盘制动，设安全冗余轴温监测、失稳监测等。

CR400AF 型动车组转向架主要技术参数如表 3-5 所示。

表 3-5　CR400AF 型动车组转向架主要技术参数

技术参数	动车转向架 SWM-400E1	拖车转向架 SWT-400E1
转向架质量/t	带排障器或撒砂装置：8.79 带脱线安全防护装置：8.82	带排障器或撒砂装置：6.78 带脱线安全防护装置：6.74
固定轴距/mm	2 500	
车轮直径/mm	新轮 ϕ920（最小使用直径 ϕ850）	
轴承中心间距/mm	2 000	
转向架最大长度/mm	一般转向架：3 476 带排障器或撒砂装置：3 626	一般转向架：3 476 带排障器或撒砂装置：3 626
转向架最大宽度/mm	3 002（两空气弹簧最大横向距离）	
空气弹簧左右间隔/mm	2 360	
空气弹簧有效直径/mm	ϕ534	
驱动方式	平行挠性齿轮联轴节，1 级减速齿轮方式	—
齿轮比	2.517	—
轴箱轴承	ϕ130 自密封圆锥滚珠轴承	
制动方式	空气制动 轮盘方式	空气制动 轴盘方式
闸片	浮动式粉末冶金闸片，UIC518 接口	
轴箱定位方式	转臂式（轴梁式）轮对轴箱定位	

1. 转向架结构

动车转向架与拖车转向架的主要零部件及结构一致，主要区别在于附件安装：

（1）排障装置：TC01、TC08 车 1 轴。

（2）撒砂装置：TC01、MH04、MB05、TC08 车 1 轴。

（3）速度传感器：各车的 2、4、6、8 位轴端，ATP 用传感器在 TC01 车和 TC08 车的 4、6、8 位轴端。

（4）轴端接地装置：TC01 车和 TC08 车 1、7 位轴端以及 TP03 车和 TP06 车 1、3、5、7 位轴端。

动车转向架主要由构架、轮对轴箱定位装置、二系悬挂装置、驱动装置、基础制动装置及辅助装置组成，如图 3-134 所示。

拖车转向架主要由构架、轮对轴箱定位装置、二系悬挂装置、基础制动装置及辅助装置组成，如图 3-135 所示。

2. 转向架特点

转向架采用轻量化无摇枕结构，模块化设计制造。LMA 踏面、H 形焊接构架、转臂式轴箱定位、二系空气弹簧、单牵引拉杆、盘形制动结构。动车转向架和拖车转向架主体结构和部件一致，动车转向架构架能互换，拖车转向架构架能互换，如图 3-136 所示。

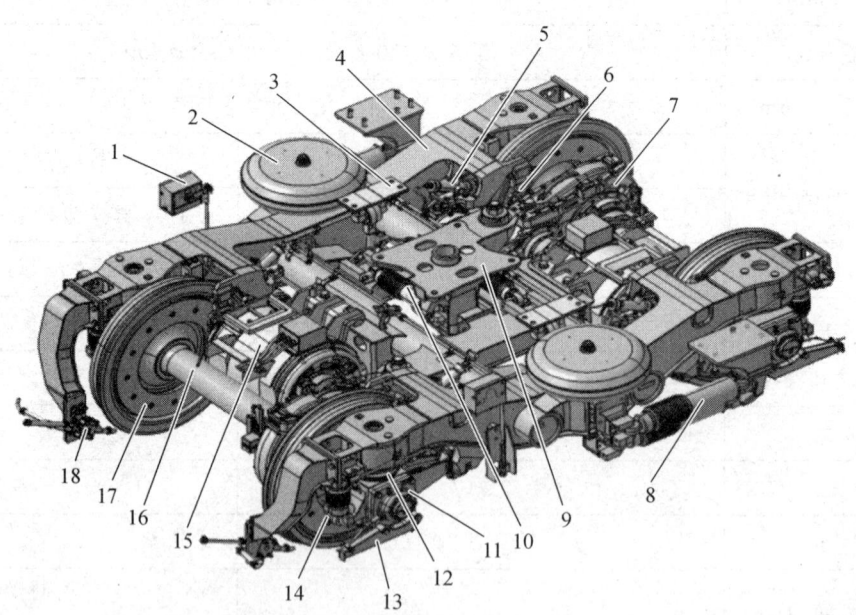

1—高度控制阀；2—空气弹簧；3—抗侧滚扭杆装置；4—构架；5—踏面清扫装置；6—轮盘制动夹钳；7—齿轮箱；8—抗蛇形减振器；9—中央牵引拉杆座；10—横向减振器；11—轴箱；12—轴箱弹簧；13—电线支架；14—轴箱垂向减振器；15—牵引电机；16—轮对；17—轮装制动盘；18—撒砂装置。

图 3-134 动车转向架结构图

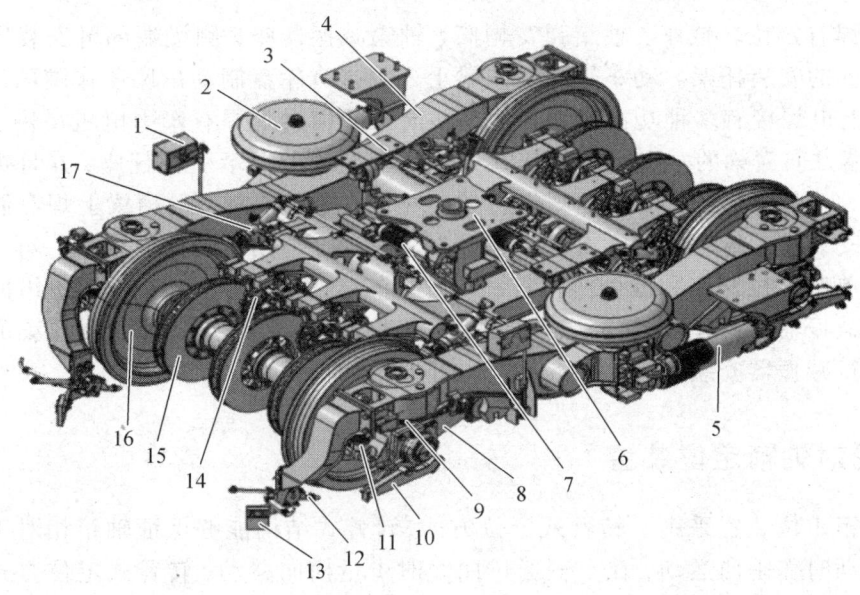

1—高度控制阀；2—空气弹簧；3—抗侧滚扭杆装置；4—构架；5—抗蛇形减振器；6—中央牵引拉杆座；
7—横向减振器；8—轴箱；9—轴箱弹簧；10—电线支架；11—轴箱垂向减振器；12—撒砂装置；
13—排障装置；14—轴盘制动夹钳；15—轴装制动盘；16—轮对；17—踏面清扫装置。

图 3-135　拖车转向架结构图

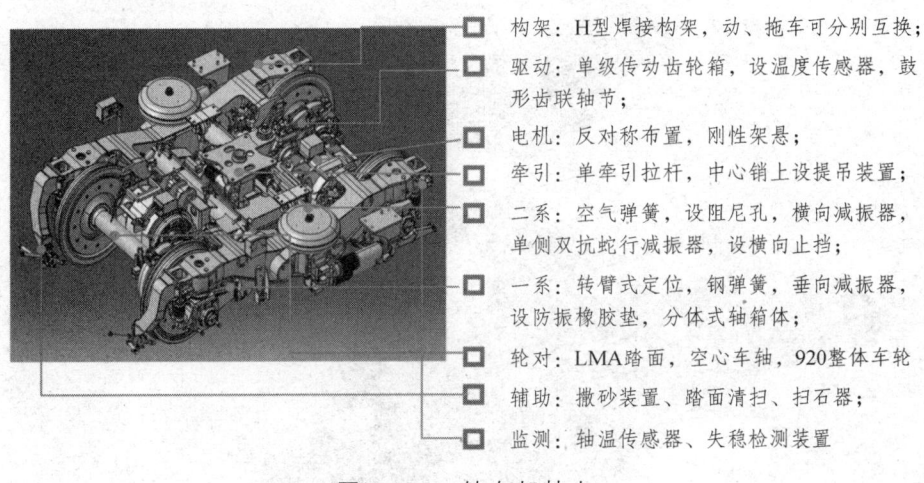

构架：H型焊接构架，动、拖车可分别互换；
驱动：单级传动齿轮箱，设温度传感器，鼓形齿联轴节
电机：反对称布置，刚性架悬；
牵引：单牵引拉杆，中心销上设提吊装置；
二系：空气弹簧，设阻尼孔，横向减振器，单侧双抗蛇行减振器，设横向止挡；
一系：转臂式定位，钢弹簧，垂向减振器，设防振橡胶垫，分体式轴箱体；
轮对：LMA踏面，空心车轴，920整体车轮
辅助：撒砂装置、踏面清扫、扫石器；
监测：轴温传感器、失稳检测装置

图 3-136　转向架特点

二、构架

沿用 CRH380A 型动车组转向架成熟的 H 形焊接结构，两侧为对称的箱型侧梁，侧梁内设有筋板，以提高侧梁承载刚度。中间通过两无缝钢管横梁连接，两横梁之间设纵向连接梁，并在侧梁外侧及两横梁间设置空气弹簧支承梁，两支承梁分别与两横梁连通，共同组成空气弹簧附加气室。构架材料主要为耐候钢板和钢管。

侧梁上焊有定位转臂座、轴箱弹簧帽筒、轴箱减振器座，侧梁端部可安装用于固定撒砂及排障装置的安装托架。动车转向架侧梁上还焊接有轮盘制动吊座兼作踏面清扫装置安装座。横梁上也焊接有多种功能吊座。动车转向架的横梁上焊有牵引电机吊座、齿轮箱吊座等，靠车端方向横梁的牵引电机吊座还兼作牵引装置的单牵引拉杆座，并且焊有抗侧滚扭杆安装座，远离车端方向横梁上则焊有垂向止挡。拖车转向架的横梁上焊有制动梁和踏面清扫装置安装座，制动梁上焊有3个轴盘制动吊座，与动车转向架横梁一样，近车端处横梁还焊有单牵引拉杆座和抗侧滚扭杆座，远离车端处横梁焊有垂向止挡。纵向连接梁上设置有横向减振器安装座和横向缓冲器（横向止挡）安装座。空气弹簧支撑梁的外侧和底部设有抗蛇行减振器安装座，如图3-137、图3-138所示。

三、轮对轴箱定位装置

轮对轴箱定位装置采用了转臂式定位方式，转臂式结构能够保证轴箱相对于转向架构架在弹簧振动时作垂向运动，在车辆通过曲线时少量横向移动。转臂式定位方式由分体式轴箱体、定位节点、轴箱弹簧、轴箱垂向减振器等构成。定位节点提供适当的纵向、横向定位刚度，垂向的载荷由轴箱弹簧全部承担，如图3-139、图3-140所示。

在轴箱端部设置有速度传感器、接地装置、实时温度传感器、熔断式温度传感器，对速度、温度等信号进行实时安全监控。

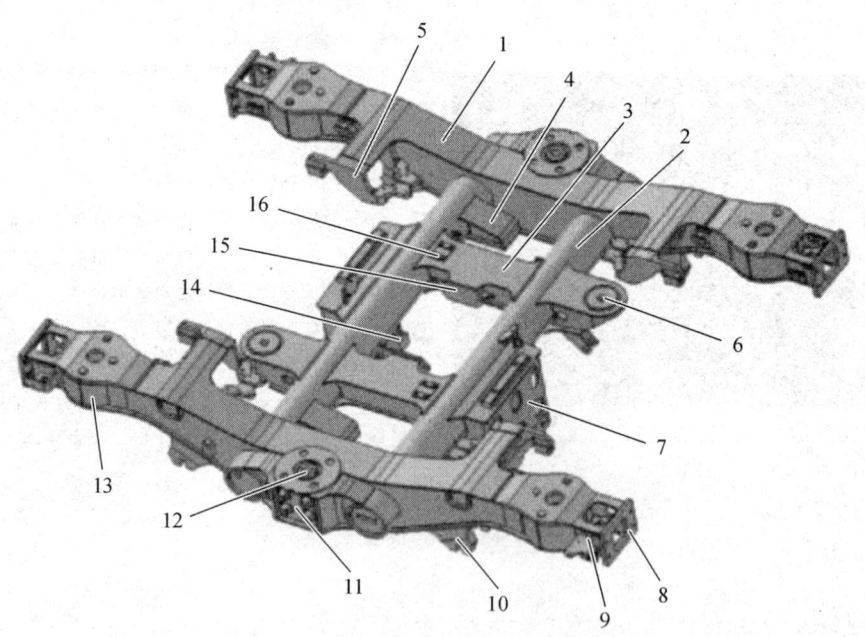

1—侧梁；2—横梁；3—纵向连接梁；4—抗侧滚扭杆座；5—轮盘制动吊座兼作踏面清扫装置安装座；6—齿轮箱吊座；7—牵引电机吊座；8—撒砂及排障装置安装托架的接口；9—轴箱垂向减振器座；10—定位转臂座；11—抗蛇形减振器座；12—空气弹簧支撑梁；13—轴箱弹簧帽筒；14—牵引拉杆座；15—横向缓冲器座；16—横向减振器座。

图3-137 动车转向架构架结构图

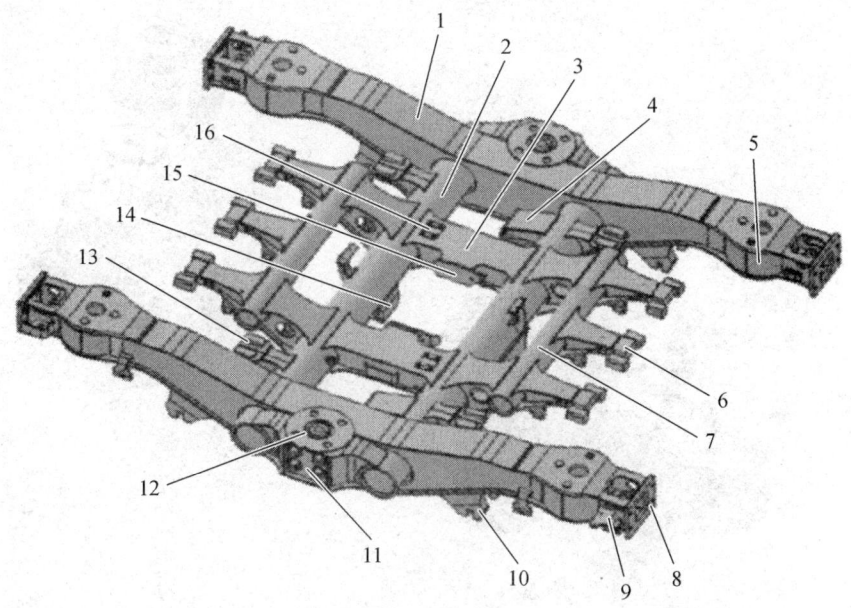

1—侧梁；2—横梁；3—纵向连接梁；4—抗侧滚扭杆座；5—轴箱弹簧帽筒；6—轴盘制动吊座；7—制动梁；
8—撒砂及排障装置安装托架的接口；9—轴箱垂向减振器座；10—定位转臂座；11—抗蛇形减振器座；
12—空气弹簧支撑梁；13—踏面清扫装置安装座；14—垂向止挡；
15—横向缓冲器座；16—横向减振器座。

图 3-138 拖车转向架构架结构图

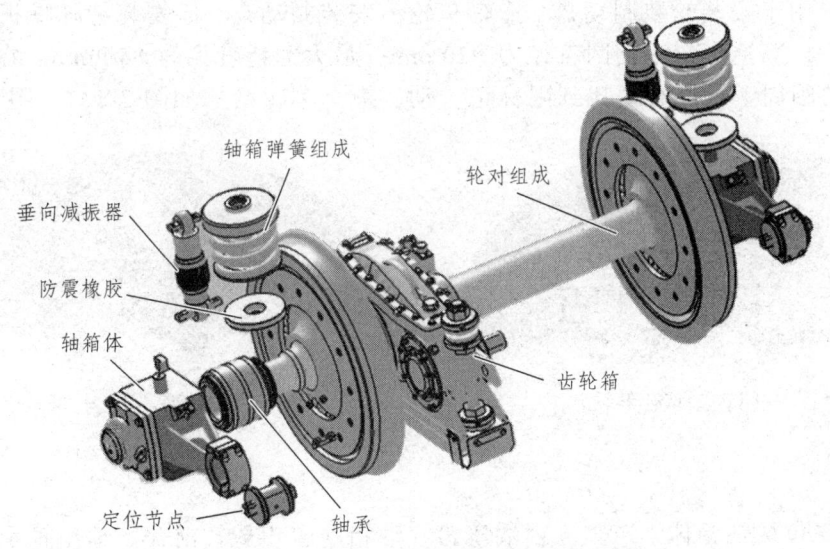

图 3-139 动车转向架轮对轴箱定位装置

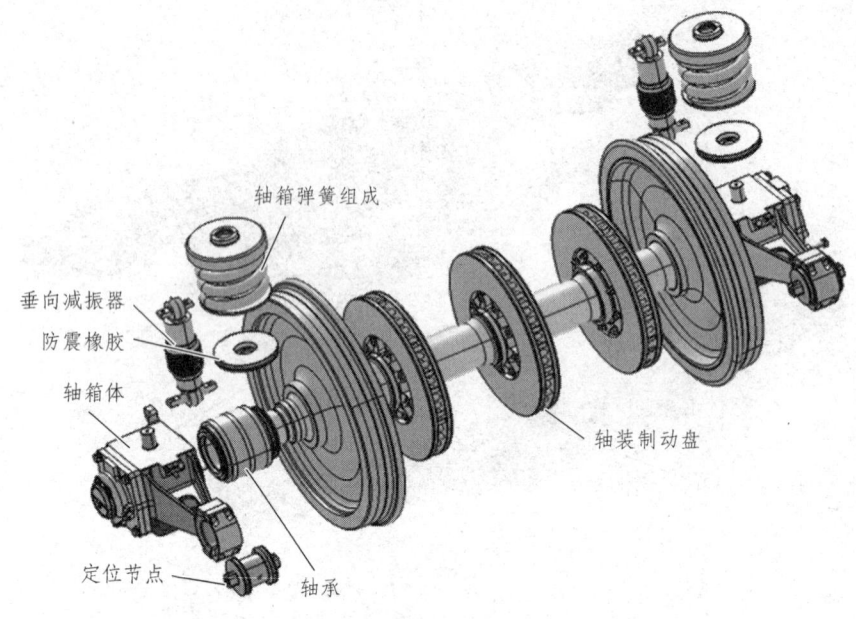

图 3-140　拖车转向架轮对轴箱定位装置

1. 轮对

轮对包括车轮、车轴、齿轮箱、制动盘等。车轴均为空心结构，内孔直径为 30 mm。可通过其进行超声波探伤。动车车轴中部安装齿轮箱，拖车车轴上安装有 3 个轴装制动盘。

车轮采用整体轧制车轮，均为直副板结构，踏面型式为 LMA。动车车轮辐板中部直径为 605 mm 的圆周上均布了 6 个直径为 25 mm 的定位销安装孔和 12 个直径为 22 mm 的螺栓安装孔，用于安装轮装制动盘，拖车车轮不安装制动盘，但安装有降噪板或降噪块以减少轮轨噪声。新造车轮滚动圆直径为 920 mm，最大磨耗直径为 850 mm。在靠轮辋外侧面 850 mm 的圆周上，设有磨耗到限标记。动、拖车车轮结构如图 3-141、图 3-142 所示。

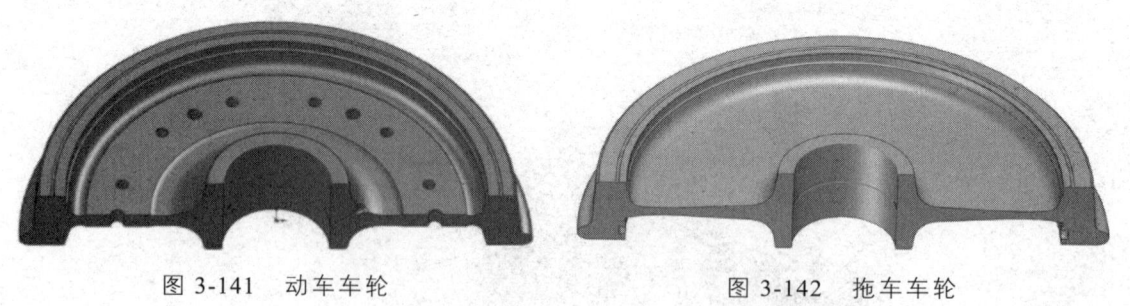

图 3-141　动车车轮　　　　　　　图 3-142　拖车车轮

2. 轴箱

轴箱主要包括轴箱体、压盖、轴端压盖、轴箱前盖组成、前盖、轴箱轴承以及橡胶盖等。轴箱体为保证其刚度，采用铸钢材质，上、下箱体分体式结构，上下箱体通过定位销定位，紧固螺栓连接，止转垫片进行螺栓止转，保证上下箱体定位准确及连接稳定性。轮对更换时，可将下箱体拆卸，直接落轮对，实现轮对更换作业。并且取消后盖，前盖压紧。垂向减振器安装在上转臂上，转臂长度为 500 mm。轴箱及轴端结构如图 3-143、图 3-144 所示。

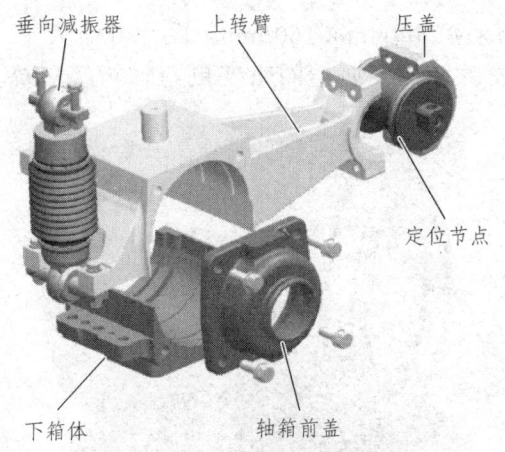

图 3-143 分体式轴箱结构图

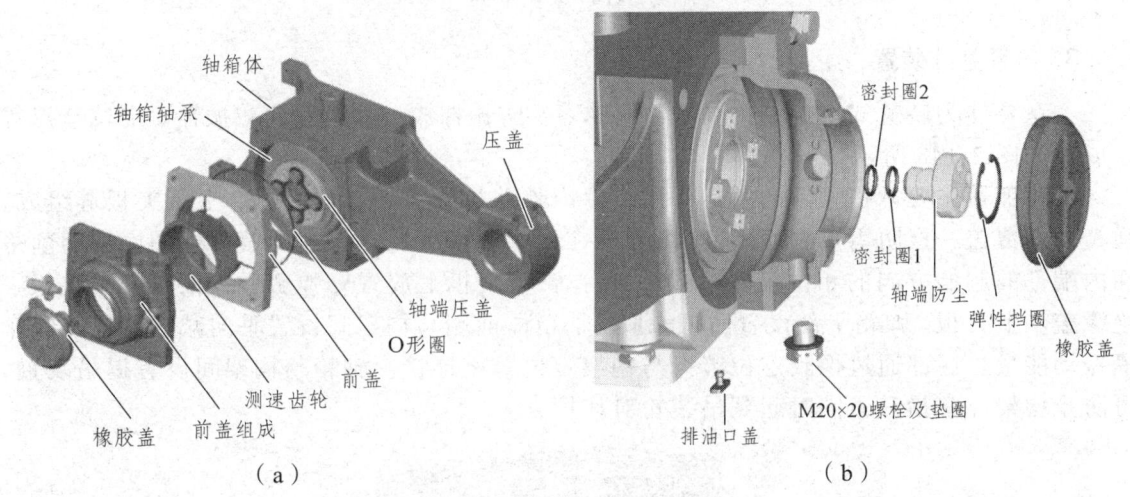

图 3-144 轴端分解图

轴箱端部设置有速度传感器、接地装置等，不同轴位安装的部件不同。除安装接地轴端外，其他轴端还设有前盖及防尘橡胶盖，结构同 CRH380A 型动车组，车轴探伤无需拆前盖，如图 3-145、图 3-146 所示。

图 3-145 安装接地轴端

图 3-146 未安装接地轴端

轴承组沿用双列圆锥滚子轴承，轻接触式自密封结构，如图 3-147 所示。基于统型设计，外形尺寸为 $\phi 130$ mm × $\phi 240$ mm × 160 mm。设计寿命大于 240 万 km。轴承滚子、内外圈结构同 CRH380A，密封结构及防尘圈略变更与轴箱接口统一，满足轮对换装要求。

图 3-147 轴承组

3. 一系悬挂装置

一系悬挂为转臂式定位结构，由轴箱弹簧、防振橡胶、轴箱垂向减振器、定位节点等组成，如图 3-148 所示。

轴箱弹簧主要承担垂向的载荷作用，由内外双螺旋弹簧、防雪罩、上下夹板等组成，弹簧外圈覆盖一层防雪罩，轴箱弹簧内外圈在预组装放置时须保证弹簧内外圈底部磨削平面内端部的起始方向的相位角差 180°，在弹簧下夹板上放置好弹簧后，依次安装垫板、绝缘盖和上夹板。弹箱下部设置防振橡胶。轴箱体前端与构架间设置垂向减振器以吸收车辆振动能量。后部通过橡胶定位节点与构架定位臂座连接。轴箱与构架间设有提吊装置，可防止构架异常抬升，同时起到吊装轮对作用。

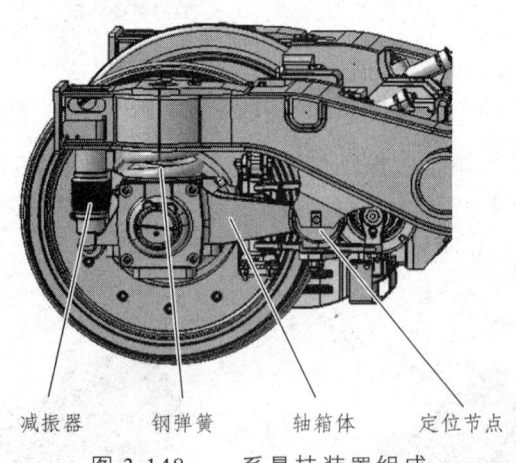

减振器　钢弹簧　轴箱体　定位节点

图 3-148 一系悬挂装置组成

三、二系悬挂装置

二系悬挂装置与 CRH380A 型动车组基本相同，如图 3-149 所示。

1—横向减振器；2—中央牵引拉杆座；3—空气弹簧；4—抗蛇行减振器；5—横向缓冲器；
6—整体提吊吊耳；7—牵引拉杆；8—抗侧滚扭杆装置；9—高度控制阀。

图 3-149　二系悬挂装置

空气弹簧的有效直径约为 534 mm，内设节流孔。空气弹簧最大向上移动量是 70 mm，向下的移动量为 55 mm。较之 CRH380A 型动车组增加了定位销（防止空气弹簧误装）与空簧中心的跨距。高度控制阀的型号为 LV5B-3L/R，性能同 CRH380A 型动车组 LV5B-2 型高度阀。差压阀型号为 DP5 型，同 CRH380A 型动车组。

中央牵引拉杆座安装整体提吊吊耳，整体提吊吊耳扣进中央牵引拉杆座设置的凹槽内，再通过两个螺栓安装在其平面上。在整体提吊吊耳和牵引拉杆端头安装专用工装后，通过整体提吊吊耳与构架横向缓冲器座，牵引拉杆端头与垂向止挡的配合，可提吊构架，如图 3-150 所示。

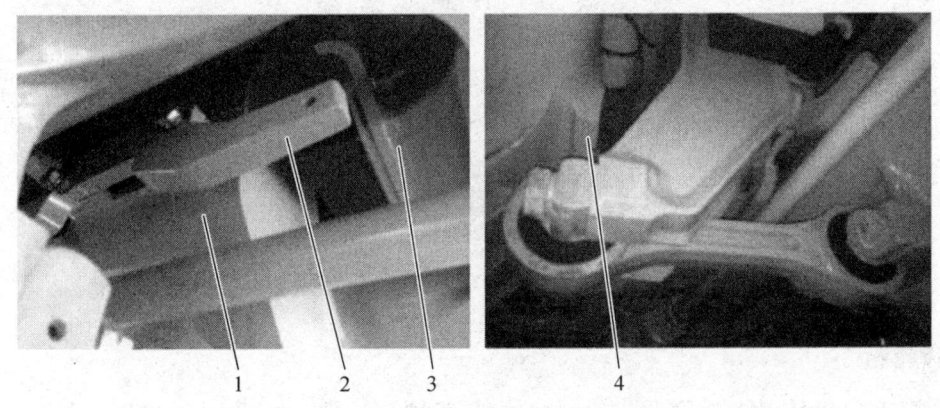

1—中央牵引拉杆座；2—整体提吊吊耳；3—横向缓冲器座；4—垂向止挡。

图 3-150　整体提吊吊耳

四、驱动装置

驱动装置结构与 CRH380A 型动车组相似，采用简单而实用的挠性浮动齿式联轴节式牵引电机架悬结构，如图 3-151 所示。

1. 牵引电机

牵引电机为 YQ-625 型三相异步牵引电动机，为 4 极强迫冷却通风三相鼠笼式异步电机，安装在 02、04、05、07 动车转向架轮上，转向架上两台电机采用斜对称布置，采用螺栓刚性吊挂方式，前端在车轴上方设有止落结构，如图 3-152 所示。牵引电机主要由转子、定子、轴承、速度传感器、温度传感器等组成。在传动端轴承、非传动端轴承、定子铁心部位各安装 1 个温度传感器，在非传动端安装了 1 个转速传感器。额定功率为 625 kW，最大扭矩为 3 100 N·m，质量为 745 kg。

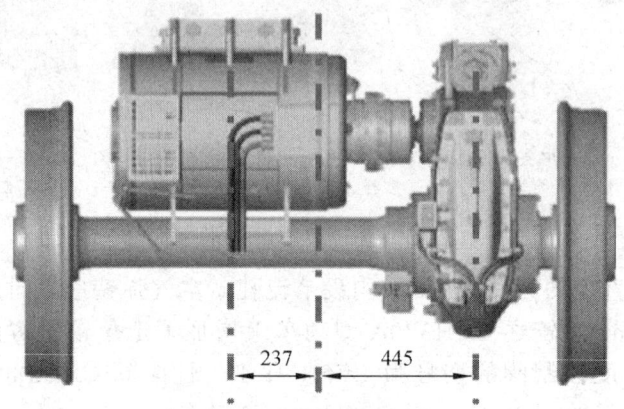

图 3-151　驱动装置结构示意图

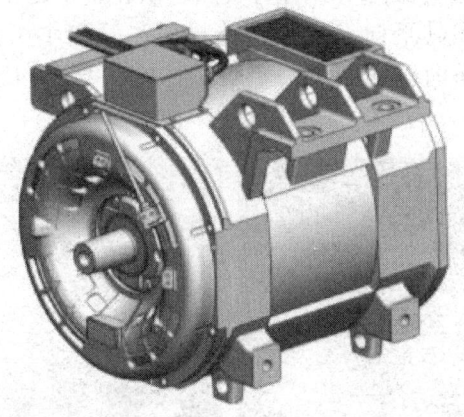

图 3-152　牵引电机

2. 齿轮箱

齿轮箱为单级传动，一侧通过轴承安装在车轴上，另一侧采用饼状垂直吊杆安装在构架上，吊杆两端均设有橡胶减振结构隔离轨道冲击，吊杆上下均可拆装，如图 3-153 所示。齿轮箱的作用是对牵引电机的高速旋转进行减速增扭，传动给车轴。该型齿轮箱传动比为 2.517，大小齿中心距为 382 mm。主要由箱体、大齿轮、小齿轮、轴承、悬吊装置、通气装置、接地装置、油位表构成。

为了确保接地，同时防止各轴承的电腐蚀，接地装置设置在齿轮箱的牵引电机侧，使用弹簧压着接地装置的电刷，用导线与车体的端子进行连接。

熔断式轴承温度传感器设置在齿轮箱大端靠近电机侧，与装备在轴箱体上的传感器是同一产品（线缆长度不同）。此外，还设置有 4 个实时温度传感器，用于实时监测齿轮箱大小端轴承的温度。

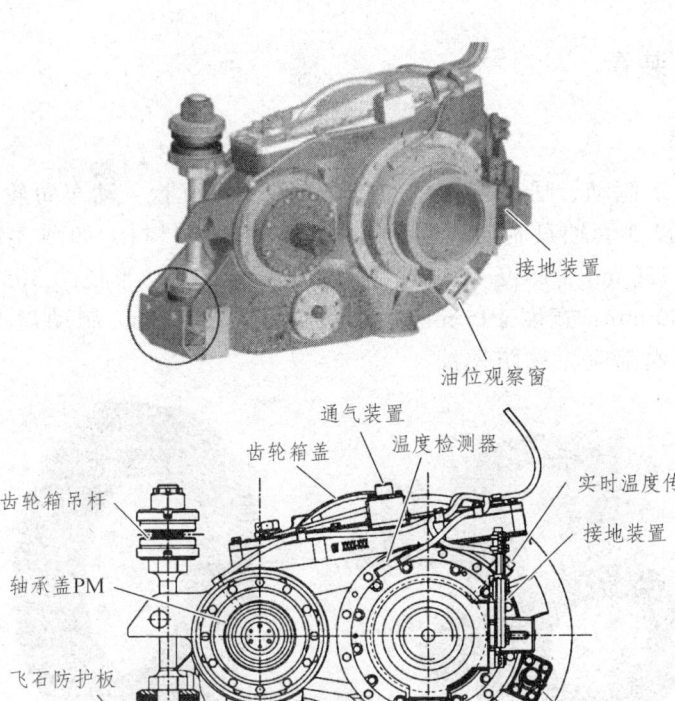

图 3-153　齿轮箱结构

3. 联轴节

采用鼓形齿联轴节,将轴箱弹簧上的牵引电机侧的电机轴和轴箱弹簧下齿轮箱的小齿轮轴联结,允许两轴相对运动同时能传递动力,设过扭矩保护功能(7 000～12 000 N·m)。

齿式联轴节由两个半联轴节组成,其中半联轴节通过压装组装到牵引电机轴上,另半个联轴节通过压装组装到齿轮箱小齿轮轴上,两个半联轴节之间靠特制螺栓及防松螺母连接。因该型牵引电机短路扭矩较大,为保护电机短路工况下齿轮箱运转安全性,联轴节左右两半采用不同的设计结构,其中电机侧联轴节采用滑动衬套式结构,即具有过载保护功能,如图 3-154 所示。

工况	轴向变位	径向变位
极限工况	±12 mm	±16.5 mm
静态工况	±5 mm	±16.5 mm
常用动态运行工况	±8 mm	±11 mm

图 3-154　联轴节

五、基础制动装置

1. 基础制动装置

基础制动采用盘形制动，闸片与夹钳的接口统一，可互换。动车每轮对设 2 套轮盘制动装置，拖车每轮对设 3 套轴盘制动装置，制动盘采用铸钢材料，如图 3-155、图 3-156 所示。轮盘尺寸：外径 750 mm，厚度 125 m，宽度 145 mm；制动半径约 305 mm；轴盘尺寸：外径 640 mm，厚度 80 mm，宽度 145 mm，制动半径约 252 mm。制动盘不得涂抹防锈油，所有其他裸露金属表面都应涂抹防锈油。

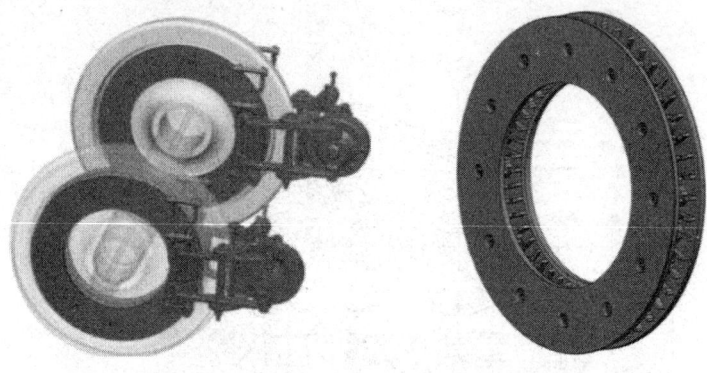

图 3-155　动车轮盘制动装置

图 3-156　拖车轴盘制动装置

除 1、8 车 1 位转向架外，所有拖车轴的中间制动盘处设停放制动装置，即制动夹钳带停放制动功能，共 12 套，满足定员载荷动车组在 20‰坡道上安全停放的要求。每个带停放制动功能的夹钳单元均在转向架两侧设两个手动缓解装置，通过手动缓解装置可以缓解该夹钳单元的停放制动。

制动夹钳单元均为三点吊挂制动夹钳单元，分为常用制动夹钳和带停放制动夹钳，均带自动间隙调整机构，通过向夹钳制动缸充入压缩空气，将压力转换成活塞推力，经夹钳杠杆机构放大后，产生一定大小的闸片正压力，实现运行车辆的制动作用。

闸片采用弹性浮动结构、粉末冶金材料，安装接口符合 UIC541-3 标准。闸片采用燕尾安装方式，总厚度为 32 mm，有效磨耗量为 16 mm。

制动夹钳及闸片的基本结构如图 3-157~图 3-160 所示。

图 3-157　拖车带停放制动功能夹钳

图 3-158　拖车普通夹钳

图 3-159　动车夹钳

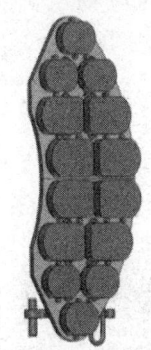

图 3-160　闸片

2. 踏面清扫装置

每个车轮的斜上方设置了踏面清扫装置，主要包括气缸和研磨子，由 4 根螺栓固定在安装座上。通过连接器加压后，活塞杆被顶出，装置在活塞头端的研磨子就触抵车轮的踏面，从而起到稳定轮轨黏着和车轮修形作用。缓解时，在复位弹簧作用下，活塞杆及研磨子复位。踏面清扫装置可随着车轮踏面和研磨子磨耗自动调整研磨子和车轮踏面间的间隙始终保持在设定的间隙范围内。研磨头托架的连接销由防振橡胶支撑，吸收车轮的倾斜，以防止研磨头的偏磨耗并减轻振动，如图 3-161、图 3-162 所示。

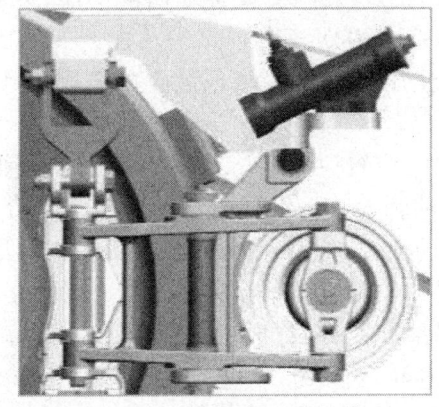

图 3-161　动车踏面清扫装置

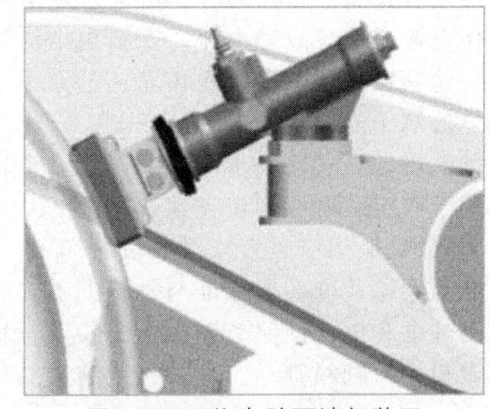

图 3-162　拖车踏面清扫装置

六、转向架辅助装置

1. 转向架失稳监测装置（BIDS）

转向架失稳检测装置结构型式同 CRH380A 型动车组，在转向架构架对应 1、4 轴位处，设置有转向架失稳检测装置，可检测转向架横向振动加速度。通过车辆上的控制单元可对加速度进行分析，当判断转向架有失稳迹象时，系统将发出警告，并采取减速措施。

2. 温度检测

在轴箱轴承、齿轮箱轴承、牵引电机轴承及定子铁心上均设有实时温度传感器，列车运行中可实时检测温度，当温度超过限制值时列车可自动报警或采取停车措施。同时在轴箱体、齿轮箱体对应轴承位置设置有熔断式温度传感器。通过温度监控可减少由于轴承损坏带来的车辆运用事故。

3. 接地装置

在动车、拖车转向架上均设接地装置。动车转向架采用齿轮箱环磨接地，拖车转向架采用轴端端磨接地，如图 3-163、图 3-164 所示。

图 3-163　齿轮箱接地装置

图 3-164　轴端接地装置

接地装置有 2 个用途：一是作为工作接地回路中的一环，实现接地回流功能；二是防止工作电流或系统故障电流以及雷电电流通过轴承造成损伤，实现保护功能。

齿轮箱接地装置设置在齿轮箱的牵引电机侧，使用弹簧压着接地装置的电刷，用导线与车体的端子进行连接。

轴端接地装置安装于车轴端部铝合金轴箱盖轴向位置，由刷架、碳刷和摩擦盘等组成。刷架用于固定碳刷和弹簧支架，通过弹簧支架提供的弹簧力，保持碳刷与摩擦盘以合理的恒定力接触。刷架应自带线缆及接线端子，线缆应满足转向架与车体相对运动的使用环境。接地装置碳刷及刷架要保证与轴箱前盖之间实现完全的电气绝缘，以保护处于旋转车轮上的滚动轴承和电气回路。摩擦盘安装于车轴上，刷架和摩擦盘间要设置必要的密封结构，防止碳粉侵入轴箱轴承。轴端接地装置结构如图 3-165 所示。

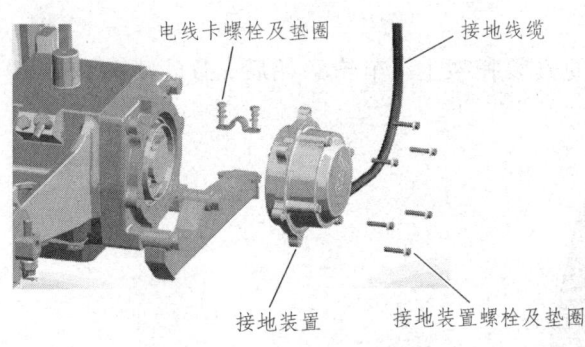

(a) 接地装置及线缆安装　　　　(b) 摩擦盘安装

图 3-165　轴端接地装置结构图

4. 速度检测

安装在轴端的速度传感器分别用于 BCU 系统和 ATP 系统，BCU 系统用速度传感器型号为 TKD600A，ATP 系统用速度传感器型号为 HS22G5，轴端速度传感器采集的速度信号会准确显示在 BCU 系统和 ATP 系统的显示屏上，列车司机通过速度信号来控制列车速度。

TKD600A 速度传感器安装在 1 号车～8 号车的 2、4、6、8 位轴端，HS22G5 速度传感器安装在 1 号车、8 号车的 4、6、8 位轴端，如图 3-166 所示。

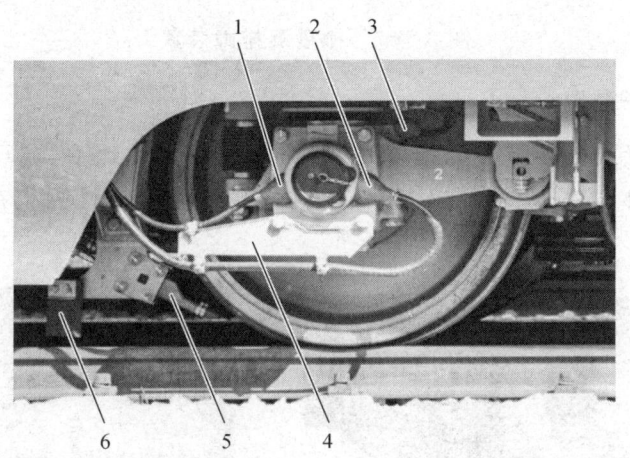

1—TKD600A 速度传感器；2—HS22G5 速度传感器；3—实时温度传感器；4—电线支架；
5—撒砂装置；6—排障装置。

图 3-166　轴端速度传感器

5. 撒砂及排障装置

当轮轨出现非正常的油污附着等恶劣工况时，为增大轮轨间摩擦系数，进而增大制动效率，避免车轮打滑，在 TC01、MH04、MB05、TC08 车 1 轴，共 4 根轴安装撒砂装置。相应转向架安装有撒砂口，包括撒砂喷嘴和电加热装置，通过撒砂管及线缆与车体上的撒砂装置连接，按列车指令向钢轨上撒砂以达到增加轮轨黏着的目的。

为清除钢轨上的小型障碍物，避免车轮踏面鳞伤受损，头尾车靠近车端部的车轮外侧设置转向架排障装置，排障板的前端部为天然橡胶及帆布材料。可排除钢轨上 10 mm 以上的可移动物。

撒砂及排障装置安装在转向架侧梁端部的安装托架上。车轮磨耗后，撒砂喷嘴和排障板可调整高度，如图3-167所示。

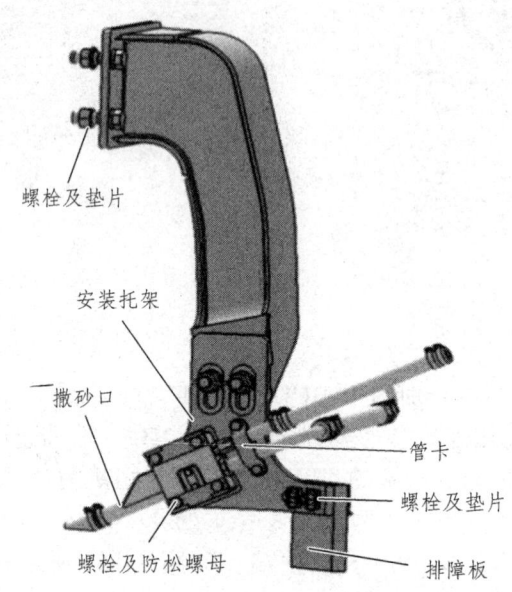

图3-167　撒砂及排障装置

6. 脱线安全防护装置

除安装排障装置或撒砂装置的轴位外，转向架其他轴位均安装脱线安全防护装置。脱线安全防护装置本体为高强度合金钢整体结构，通过4个螺栓固定在轴箱体下方，如图3-168所示。

图3-168　脱线安全防护装置

其作用是当车辆脱轨后发生一定横向移动时，该装置与钢轨侧面接触，从而缓解车辆的横向移动（脱线），以降低脱轨后车辆脱线危害性。

转向架上的齿轮箱、轴装制动盘本身具有防脱线功能，在车辆脱轨、轮轴横移200～250 mm后，齿轮箱、轴装制动盘将与钢轨接触从而起到阻挡横向移动的功能。基于空间结构的关系，在轮轴横移260 mm后，脱线安全防护装置在轴盘或齿轮箱接触钢轨将要越过轨头时起第二级防护作用,如图 3-169 所示。脱线安全防护装置与制动盘、齿轮箱、护轨、防撞墙共同构成三级防脱线安全防护体系。

转向架脱线安全防护装置安装完成后,距轨道上平面约 97 mm(新轮)。设计可承受横向 200 kN 冲击载荷。

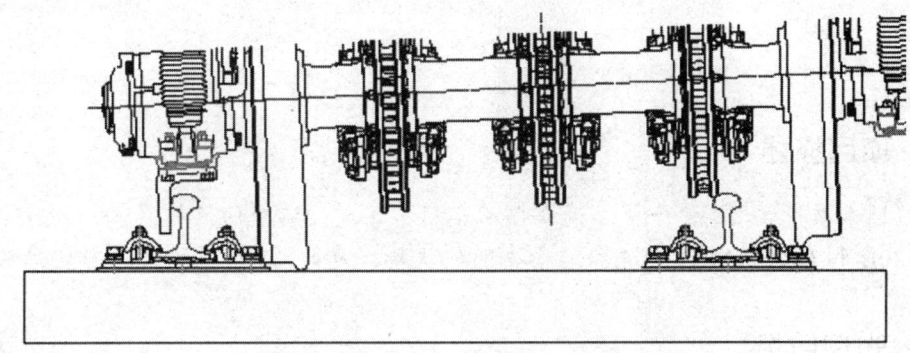

图 3-169　脱线安全防护装置作用示意图

 **思政课堂**

郑小燕：追求"两个 100%"的列控专家

项目四 动车组车端连接装置维护与检修 ▶▶▶

项目描述

通过本项目学习，使学生正确掌握动车组车端连接装置的结构原理，CRH380A、CRH380B 和 CR400AF 型动车组转向架的结构特点及区别，并能对其进行正确检修。

知识目标

（1）掌握动车组车钩缓冲装置的组成及结构特点。
（2）掌握动车组风挡的组成及结构特点。
（3）熟悉动车组车钩缓冲装置的检修要求。

能力目标

（1）能够依据学习资料制作动车组车钩缓冲装置教学课件。
（2）能够按照标准化作业程序对动车组车钩缓冲装置进行维护与检修。
（3）能够应急处理动车组车钩缓冲装置的故障。

项目任务

任务一　动车组车端连接装置基础知识
任务二　CRH380A 型动车组车钩缓冲装置
任务三　CRH380A 型动车组车端其他连接装置

任务一　动车组车端连接装置基础知识

任务描述

在动车组机械设备维护与检修演练场内，以动车组模型、多媒体教学课件为载体，认知掌握动车组车端连接装置的作用、组成及特点。

> 背景知识

一、车端连接装置的作用

微课：动车组车端连接
装置基础知识

车端连接装置是指连接两车辆间或两列车间的所有机械、电路和气路装置，主要包括车钩、缓冲器、风挡、车体间减振器、电气连接器和风管连接器等。

由于线路特征和列车运用的原因，铁路列车必须由一节节不太长的车辆连接组成长长的列车，其连接功能就是由车端连接装置来完成，它将一节节车辆按照不同的需要组成不同用途的列车。从这个意义上说，正是车端连接装置的存在才将列车中各个车厢连接组成了真正意义上的列车。车端连接装置的性能将直接影响列车的运行品质及运行安全。

车端连接装置的作用主要可分为以下5种：

（1）连接作用——将彼此独立的车辆连接成列车，并使彼此间保持一定的距离，提供人员通行通道（旅客列车）。

（2）牵引作用——在运行过程中传递前后车辆间的牵引力、制动力。

（3）缓冲作用——当列车在变坡点附近前后车的速度发生变化、前后车制动力不一致或调车过程中两车发生碰撞时，缓和和衰减前后车钩间的冲击力。

（4）分解作用——当列车需要解编时，能够迅速分解列车。

（5）制动信号传输功能——无论是纯空气制动的列车（货物列车）还是电空制动的列车（旅客列车），当司机给出制动信号后，能将制动信号传遍整列车。

而动车组的车端连接装置除上述功能外，还必须具有车厢间的密封功能，以及牵引动力、控制信息传输功能。通常情况下，动车组的电气与风管连接器与车钩组成一整体部件，提供动车组车辆间低压电气与压缩空气的通路。

二、车端连接装置的组成

车端连接装置主要包括车钩、缓冲器、风挡、车体间减振器、电气连接器和风管连接器等，如图4-1所示。

（1）车钩（也称牵引连挂装置）——用来保证车辆间彼此连接并保持一定的距离，传递拉伸/压缩力（牵引/制动力），并且允许车辆间一定的相对运动。

（2）缓冲器——用来传递和缓冲拉伸/压缩力（牵引/制动力）。

（3）风挡——用来在相邻连接车辆间建立一柔性通道，风挡可以是单一的单层风挡或双层风挡，也可以是由内外两个不同结构的风挡组成的风挡系统。内风挡主要提供车内人员通道、保温、气密性、水密性等功能。外风挡则主要实现两车间外形的平滑过渡，降低风噪和空气阻力。

（4）车体间减振器——用来抑制车辆间的相互摇动，提高车辆乘坐的舒适性。

（5）风管连接器——用来传递制动系统及车辆设备需要的压缩空气，以及车钩解钩需要的压缩空气。

（6）电气连接器——用来连接车辆间的高、中、低压电路，传输各种通信信号。

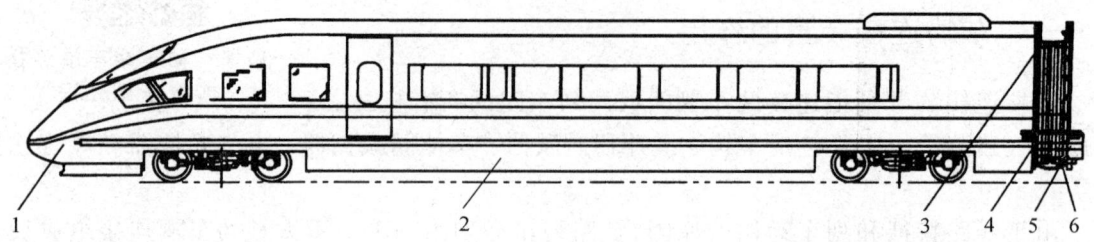

1—前端车钩；2—过渡车钩（备用）；3—风挡；4—中间车钩；5—电气连接器；6—风管连接器。

图 4-1　车端连接装置组成

三、动车组对车钩的性能要求

1. 包含电路、气路连接的车钩自动连挂和分解功能

动车组在使用中要具有快速重联和解编的能力，因此，动车组前端车钩必须能实现自动连挂和分解，并具备手动连挂分解功能，以便在自动功能失灵的情况下使用。高速列车的风挡等部件，占用了车端的有限空间，同时也给风管、电气连接系统的安装和连挂带来不便。在现代动车组技术条件下，车组与车组之间将有几十条通信与控制线路需要连通，因此要求电气连接系统小型化，具有整体和自动连接功能。同时，列车制动系统的制动管亦需要同时连接。

为在一定半径的横曲线及竖曲线上完成车钩的连挂，机械钩头的形状一般都需要采取凸凹锥形设计，采用凸凹锥形主要是利用其自导向作用来完成机械钩头的自动连挂，凸凹锥形的锥角大小需要根据最小连挂曲线半径的大小来决定。

2. 间隙的要求

目前，世界各国动车组普遍采用密接式车钩，两车钩连接面的纵向间隙均小于 2 mm，上下、左右偏移也很小，这为提高列车的运行平稳性和电气、风管接头的自动对接提供了保证。而我国目前普通客车所使用的 15 号车钩的纵向间隙达到 30 余毫米，垂向高度差更可能达到 75 mm 之多。之所以要对连挂后的纵向间隙控制得较为严格，最重要也是最主要的原因是当列车以超过 160 km/h 的速度运行时，在遇到变坡点列车速度发生变化时，前后车辆的车钩将因有速度差而发生挤压或拉伸，间隙越大，相互撞击的力量也越大，对列车运行的品质影响也越大。

3. 强度要求

车钩缓冲装置在列车中起传递纵向力的作用，高速列车对零部件的安全可靠性要求更高，因此应具有足够的强度和刚度。动力分散型与动力集中型动车组对车钩强度的要求不同，动力集中型动车组要求车钩的压缩载荷不小于 1 500 kN，拉伸载荷不小于 1 000 kN。动力分散型动车组要求车钩的压缩载荷及拉伸载荷都不小于 1 000 kN。

四、缓冲器的性能参数

缓冲器的性能直接影响列车的牵引总重、运行速度、车辆总重、编组作业效率和列车运行的平稳性等，涉及铁路运输效能的主要技术经济指标。

决定缓冲器性能的主要参数有：缓冲器的行程、最大作用力、容量、初压力及能量吸收率等。

（1）缓冲器的行程：缓冲器受力后产生的最大变形量称为缓冲器的行程。此时弹性元件处于全压缩状态，即使再加大外力，变形量也不再增加。

缓冲器的行程不应太小，如行程太小，则速度变化率（加速度）太大，这就近似没有缓冲器一样。但缓冲器的行程也不能太大，行程太大则可能会影响列车的纵向动力学性能。通常缓冲器的行程为数十毫米到一百毫米之间。

（2）最大作用力：缓冲器产生最大变形量时所对应的作用外力称为最大作用力。缓冲器的最大作用力要比车体容许的载荷要小，否则当发生超限载荷时，车体将发生永久变形而损坏。

（3）容量：缓冲器在全压缩过程中，作用力在其行程上所做的功的总和称为容量。它是衡量缓冲器能量大小的主要指标，如果容量太小，则当冲击力较大时就会使缓冲器全压缩而导致车辆刚性冲击。

（4）初压力：为缓冲器的静预压力。缓冲器在满足容量要求的前提下，应尽量减小初压力，如初压力过大，则会导致小于初压力的冲击力无法吸收。

（5）能量吸收率：缓冲器在做功过程中，有一部分能量被阻尼所消耗，所消耗部分的能量与缓冲器容量之比称之为能量吸收率。吸收率越大，表明缓冲器吸收冲击能量的能力愈大，反冲作用就愈小；如果吸收率较小，则缓冲器必须往复工作几次方能将冲击能量消耗尽，这将加剧列车纵向冲动并导致车钩、车底架过早产生疲劳损伤。一般要求能量吸收率不低于70%。

> **复习思考题**
>
> 1. 简述车端连接装置的组成及各组成部分的作用。
> 2. 动车组对车钩有哪些性能要求？
> 3. 缓冲器有哪些性能参数？

任务二　CRH380A型动车组车钩缓冲装置

> **任务描述**

在动车组机械设备维护与检修演练场内，以动车组模型、多媒体教学课件为载体，认知掌握CRH380A型动车组车钩缓冲装置的组成及作用原理。

微课：CRH380A型动车组车钩缓冲装置

> 背景知识

CRH380A 型动车组车钩缓冲装置根据安装位置及作用的不同，可分为前端车钩缓冲装置、中间车钩缓冲装置和过渡车钩。

前端车钩安装于动车组的头尾两端，采用全自动车钩，可以实现两列动车组的机械、气路和电气的自动连挂和分解。中间车钩安装于列车的中部，采用半自动车钩，可以实现车辆之间机械、气路的自动连挂和手动分解（半自动车钩与全自动车钩的主要区别是没有解钩气缸，只能通过手动方式实现解钩，因此称为半自动车钩）。过渡车钩主要是在救援或回送时使用，存放于动车组上，可以实现不同类型车钩之间的转换，可以使动车组与机车、客车或其他动车组连挂。

CRH380A 型动车组前端车钩采用柴田式自动车钩，而 CRH380A 统型动车组前端车钩采用 10 型自动车钩。CRH380A 型动车组与 CRH380A 统型动车组的中间车钩相同，均采用柴田式半自动车钩。过渡车钩为模块化设计，分为 10 型过渡车钩模块、15 号过渡车钩模块和柴田式过渡车钩模块，不同动车组之间的救援和机车的救援可以通过过渡车钩的两两组合实现。CRH380A 型动车组车钩缓冲装置如图 4-2 所示。

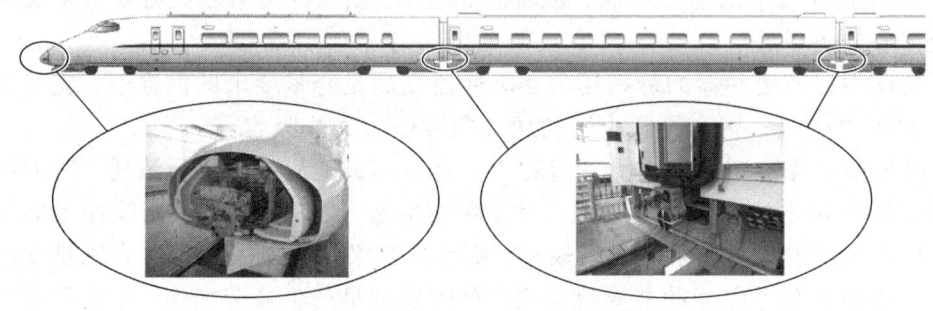

图 4-2　CRH380A 型动车组车钩缓冲装置

一、CRH380A 型动车组前端车钩

CRH380A 型动车组前端车钩采用柴田式自动车钩，车钩中心线距轨面高度为（1 000±10）mm，如图 4-3 所示。由固定在车体底架上的钩体托架支撑。单编组运行时，不使用前端车钩，车钩由头罩遮盖。连挂时，两车驶近，头罩打开，车钩对接连挂，无需乘务人员干预。按操作规程，只允许 1 号车（T1 车）与 8 号车（T2 车）进行重联连挂，不允许两个 1 号车之间或两个 8 号车之间连挂。因为 8 号车的车钩上没有距离传感器，而 1 号车的车钩上则没有光学反射板。分解时，由乘务人员在驾驶室内操作，解钩风缸拉开解钩杆完成解钩动作。另外，车钩及缓冲器可以在不架起车体的情况下拆装和检修。

柴田式自动车钩主要由机械车钩，电气车钩（电气连接器）、风管连接器、缓冲器等部分组成。车钩连接面的凸锥设计成圆柱形，钩舌设计成半圆柱形。缓冲器采用叠层橡胶缓冲器，可缓冲车辆间的压缩和拉伸冲击。柴田式自动车钩结构如图 4-4、图 4-5 所示。

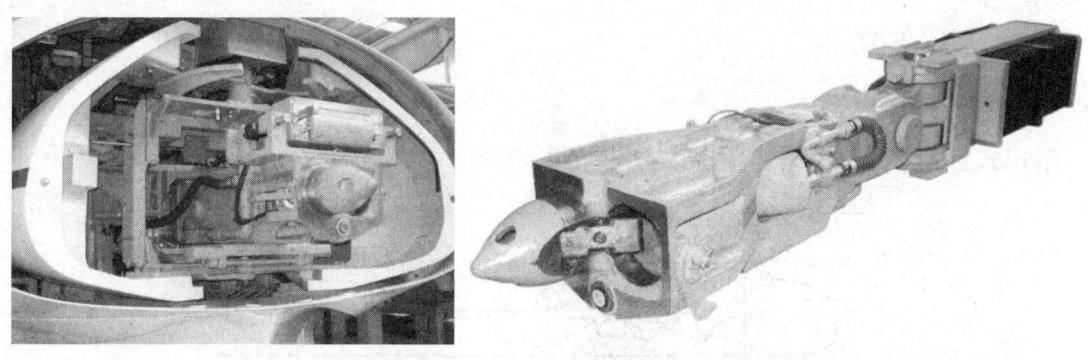

图 4-3 柴田式自动车钩

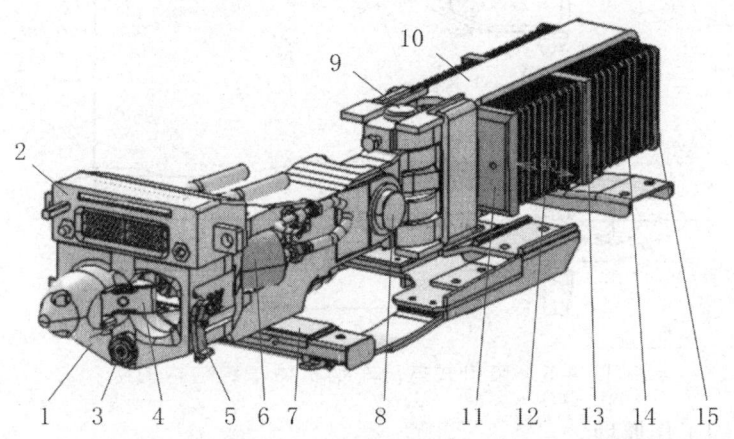

1—机械车钩；2—电气车钩（电气连接器）；3—风管连接器；4—钩舌；5—钩舌锁；6—解钩气缸（解钩风缸）；7—钩体托架；8—横销；9—纵销；10—缓冲器框体；11—前从板；12—1号橡胶缓冲器；13—中间隔板；14—2号橡胶缓冲器；15—后从板。

图 4-4 柴田式自动车钩结构图

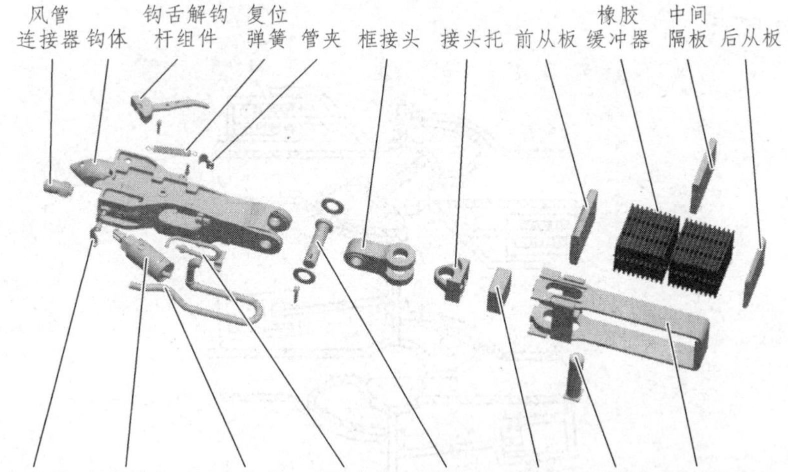

风管连接器　钩体　钩舌解钩杆组件　复位弹簧　管夹　框接头　接头托　前从板　橡胶缓冲器　中间隔板　后从板

钩舌锁　解钩风缸　空气钢管　空气软管　横销　垫块　纵销　缓冲器框

图 4-5 柴田式自动车钩分解图

293

（一）机械车钩

1. 机械车钩结构

柴田式自动车钩的机械车钩结构如图 4-6 所示。

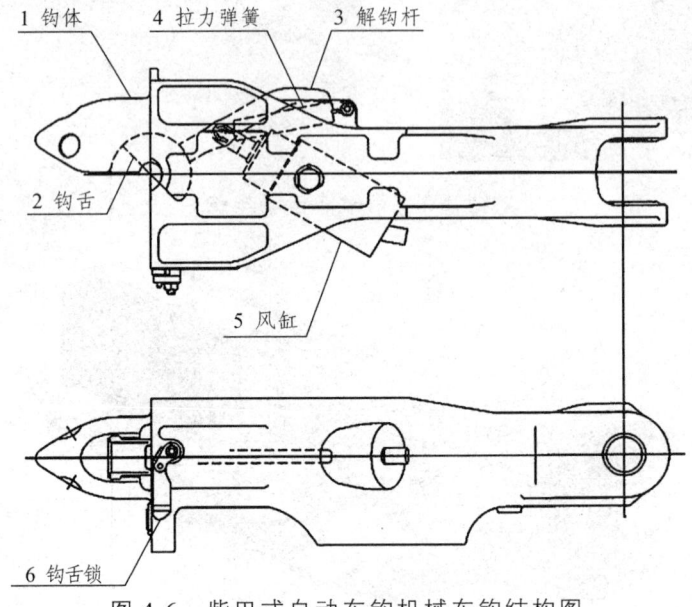

图 4-6　柴田式自动车钩机械车钩结构图

2. 柴田式车钩工作原理

柴田式车钩的工作过程主要分连挂和解钩两种。当两车需要连挂时，两车钩以规定的速度相互接近，某车钩钩舌与对应车钩的钩头相接触，并在该钩头斜端面的压迫下逆时针转动，逐渐进入钩舌腔内，直至完全进入，而与此同时弹簧（也称复位弹簧或拉力弹簧）拉动解钩杆并带动钩舌顺时针转动，待转动停止后，半圆形钩舌和钩舌腔相互嵌套，完成连挂，如图 4-7 所示。

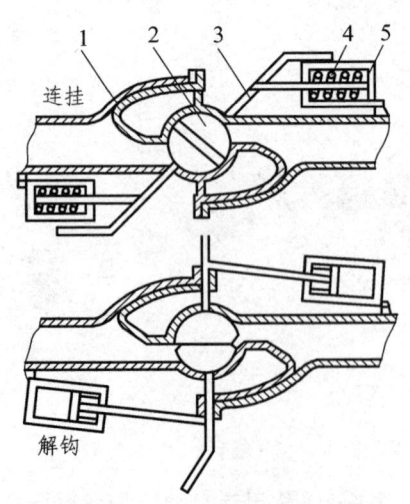

1—钩头；2—钩舌（半圆形）；3—解钩杆；4—弹簧；5—解钩风缸。

图 4-7　柴田式车钩工作原理

具体工作过程如下:
1) 连挂准备
柴田式车钩连挂前的准备状态如图 4-8 所示。

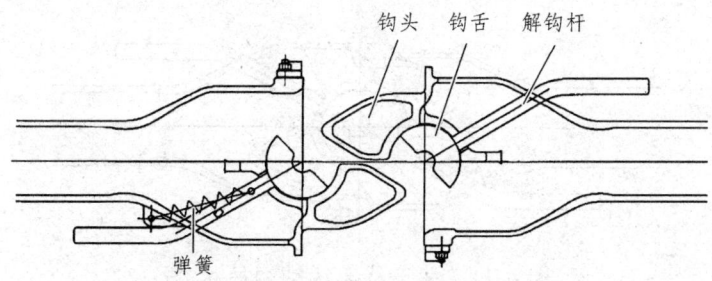

图 4-8　柴田式车钩连挂前状态

2) 连挂过程
当需要连挂时,对应的两车辆相互靠近,或其中的某一车辆向另一车辆靠近,在车钩的钩头斜端面与另一车钩的钩舌接触的同时,推压钩舌使其逆时针方向转动,此时车钩的状态如图 4-9 所示。

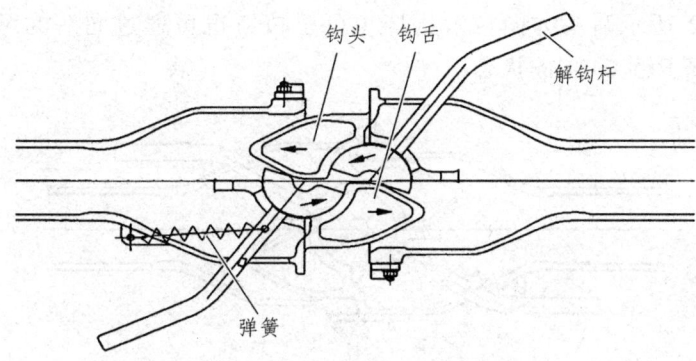

图 4-9　柴田式车钩连挂中状态

车辆进一步移动,直至钩头完全进入钩舌腔内,此时两车钩的相对运动停止,车钩的状态如图 4-10 所示。

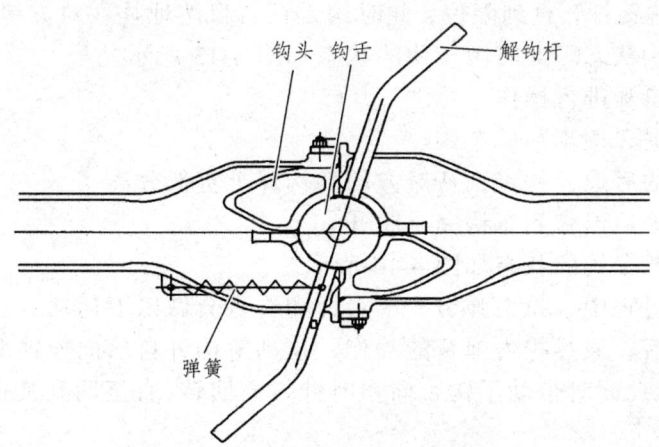

图 4-10　柴田式车钩连挂后状态

钩头完全进入钩舌腔内的同时，弹簧拉动解钩杆并带动钩舌顺时针转动，待转动停止后，半圆形钩舌和钩舌腔相互嵌套，完成连挂。此时两车钩的状态如图 4-11 所示，并具有如下特点：

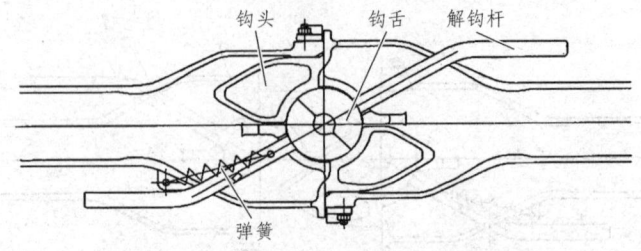

图 4-11　柴田式车钩锁闭后状态

（1）车钩连挂密接后，解钩杆和复位弹簧自动回到连挂位置。
（2）半圆形钩舌与钩舌腔相互嵌套，两车钩完全密接。
3）解钩过程
当需要摘挂时，必须先按如下步骤进行操作：
（1）将钩舌锁放在解钩位。
（2）按图 4-12 所示箭头方向拉解钩杆（可手拉，也可通过向解钩风缸充气由风缸推动），使车钩处于解钩前的准备状态。

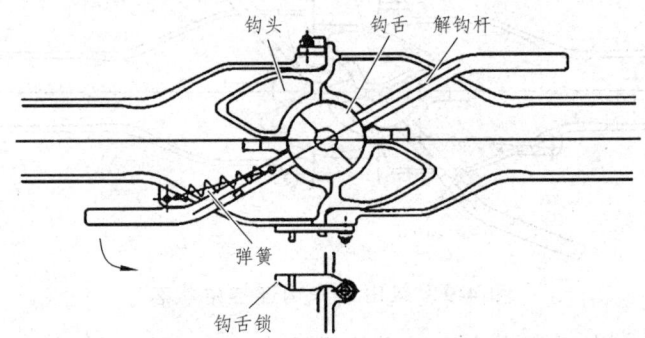

图 4-12　柴田式车钩解钩前状态

（3）继续拉动解钩杆，直到限位，此时钩舌锁会自然地挂在对方解钩杆的凸台上，解钩杆被固定，呈解钩状态。此时两车钩的状态如图 4-13 所示。
进一步按以下步骤进行操作：
（1）让车辆后退，逐步释放车钩。
（2）通过车辆的后退，钩舌锁从对方的解钩杆上自然分离。
（3）车辆不断地后退直到车钩完全脱开。
该解钩过程中两车钩的状态如图 4-14 所示。
在车钩分离的过程中，拉力弹簧、解钩杆和钩舌会做以下运动：
（1）解钩开始后，通过拉力弹簧的动作，拉动解钩杆自然向连挂准备位置运动。
（2）解钩杆的运动同时带动了钩舌向顺时针方向回转，直至回到其自然连挂准备位置，解钩过程完成。

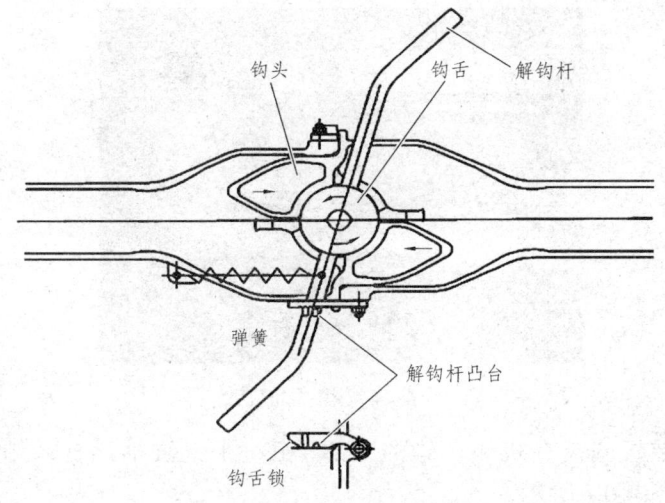

图 4-13　柴田式车钩解钩状态

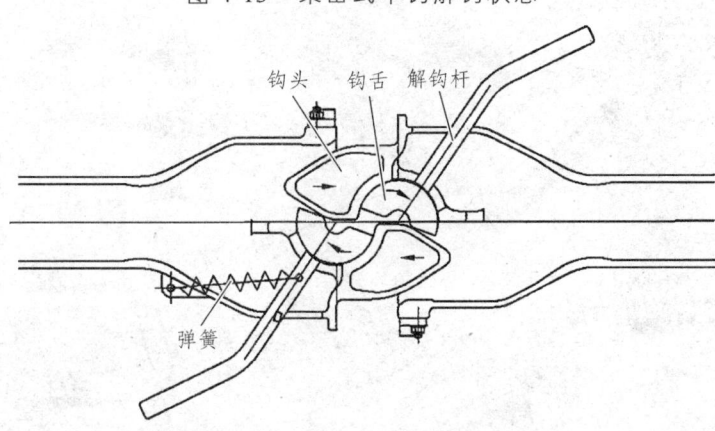

图 4-14　柴田式车钩解钩过程

两车钩完全分离。解钩后两车钩的状态如图 4-15 所示。

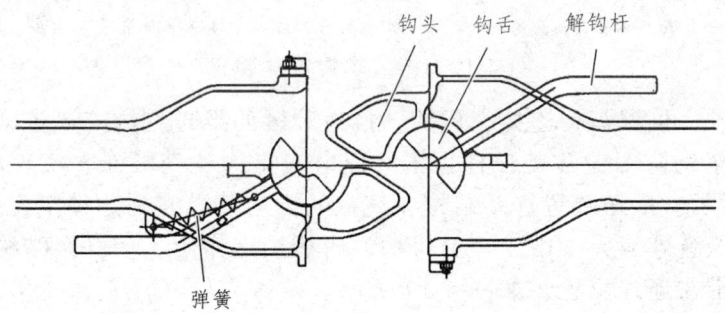

图 4-15　柴田式车钩解钩后状态

(二) 电气车钩

电气车钩安装在推送装置上，用以实现动车组之间电气信号的连接，当机械车钩连挂完成后，推送装置带动电气车钩自动推出实现电气连接，当机械车钩分解后，推送装置带动电气车钩自动退回实现电气分解，如图 4-16 所示。

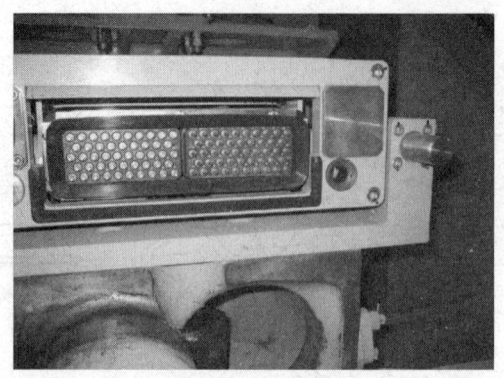

图 4-16　电气车钩

电气车钩推送装置安装在机械车钩的上部，由一个气缸推动杆系结构组成，主要包括以下几个部分，如图 4-17 所示。

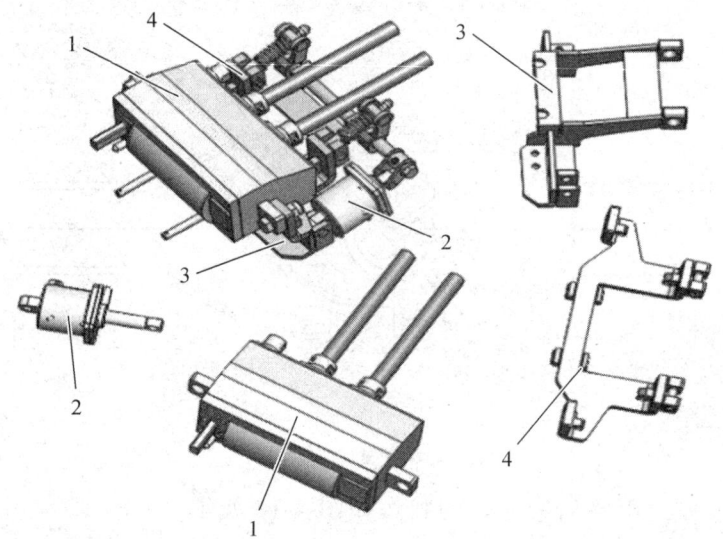

1—电气车钩；2—推送气缸；3—焊接支撑架组成；4—导向推送架组成。

图 4-17　电气车钩推送装置

当列车连挂时，机械车钩连挂完成后，推送装置的推送气缸充风带动电气车钩伸出，在此过程中电气车钩防雨盖开盖顶杆顶推对面电气车钩外壳端面，实现防雨盖的自动打开，如图 4-18 所示。推送装置杆系结构在气缸的推动下最终到达锁定位置，此时，如果推送气缸中的风压意外消失，由于锁定机构的机械锁定作用，使杆系结构无法反向旋转，即电气车钩被固定在连挂位置，如图 4-19 所示。

在解钩的过程中，气缸反向充入风压，主动使杆系结构反向旋转，解除锁定状态，并带动电气车钩缩回，在缩回的过程中，电气车钩防雨盖顶推杆与对方电气车钩脱离顶推关系，防雨盖自动关闭，最终电气车钩被推回缩回位置。

电气车钩在连接时为防水结构，分开时为防尘结构，其前面的防雨盖会自动保护连接面。另外，利用行驶时的风力，由结露防止管来防止电气车钩内部的结露，同时连接面部位内置的加热器也将防止结露。

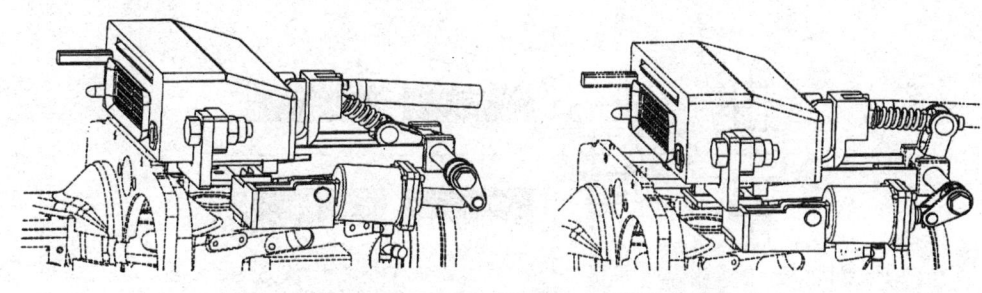

图 4-18　电气车钩伸出和缩回示意图

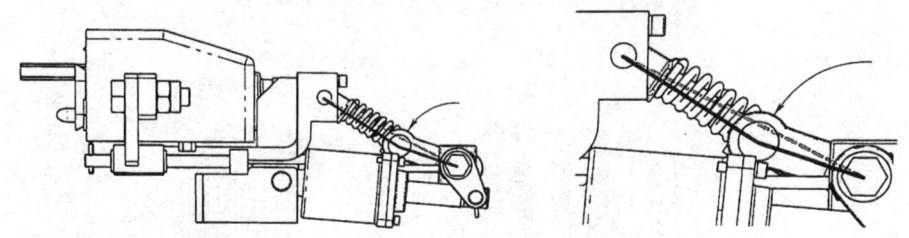

图 4-19　电气车钩连挂状态机械锁定原理图

电气车钩内设电气接触头，分凹面触头和凸面触头。因允许相互接触头之间有一定的偏差，所以须有支撑装置，但其结构则较简单。接触头接触至 1.5 万次时电阻为 5 mΩ 以下（接触头单体），可动凹凸接触点如图 4-20 所示。

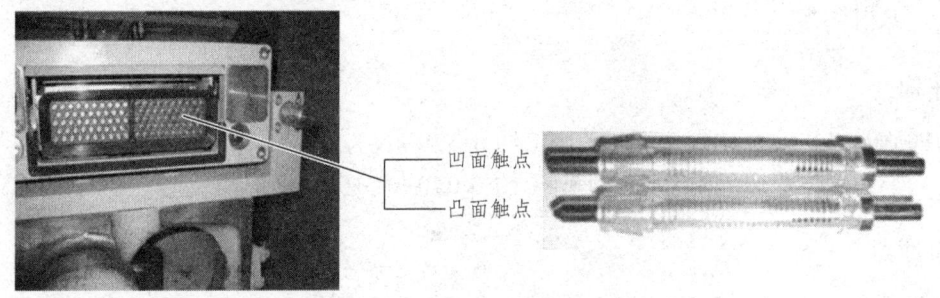

图 4-20　可动凹凸接触点

（三）缓冲器

缓冲器用于缓和列车在运行中由于启动、制动以及调车作业时车辆间相互碰撞而引起的纵向冲击和振动，具有耗散车辆之间冲击和振动的功能，可减轻对车体结构的破坏作用。

柴田式自动车钩缓冲器在重联和救援时使用，缓冲器与机械车钩，通过横销连接在一起，利用纵销和横销的转动，车钩可以在水平面和垂直面内转动，保证动车组通过平竖曲线。其构造如图 4-21 所示。

柴田式自动车钩缓冲器采用单式橡胶缓冲器，缓冲器由独立的、呈片状的橡胶片组合而成，橡胶片由钢板和橡胶硫化在一起形成，通过橡胶之间的压缩来实现能量的吸收，如图 4-22 所示。缓冲器无论受到牵引力和压缩力都是同时压缩 2 组橡胶堆（1 号缓冲器和 2 号缓冲器），因此具有较大的容量。

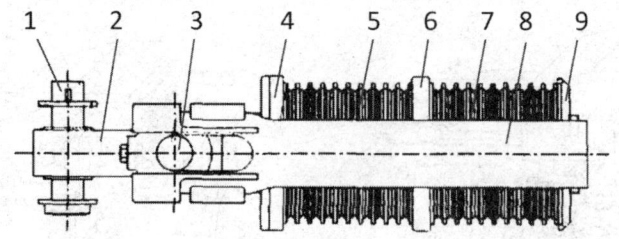

1—横销；2—框接头；3—纵销；4—前从板；5—1号缓冲器；6—中间隔板；
7—2号缓冲器；8—缓冲器框体；9—后从板。

图 4-21　柴田式自动车钩缓冲器结构图

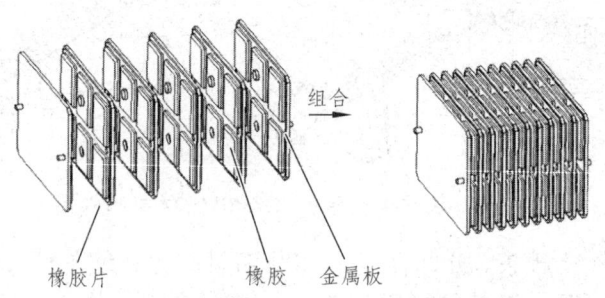

图 4-22　橡胶缓冲器结构图

（四）技术参数

1. 车钩

车钩的强度　　拉伸载荷约 160 t（约 1 570 kN），
　　　　　　　压缩载荷约 310 t（约 3 040 kN）。

2. 缓冲器

最大载荷　　拉伸 980 kN，压缩 980 kN；
能量吸收　　拉伸 23.5 kJ，压缩 23.5 kJ；
行程　　　　拉伸 90 mm，压缩 90 mm。

二、CRH380A 统型动车组前端车钩

由于 CRH380A 型动车组前端车钩采用的是柴田式自动车钩，与 CRH1/3/5/380B 等型号动车组前端车钩采用的欧洲标准 10 型自动车钩不同，不能与其他动车组实现连挂救援。因此，CRH380A 统型动车组设计时前端车钩也采用了 10 型自动车钩。

CRH380A 统型动车组前端车钩采用 10 型自动车钩缓冲装置，可以实现两列动车组的机械、气路和电气的自动连挂和分解，也可以手动分解。车钩高度为（1 000±10）mm，如图 4-23 所示。

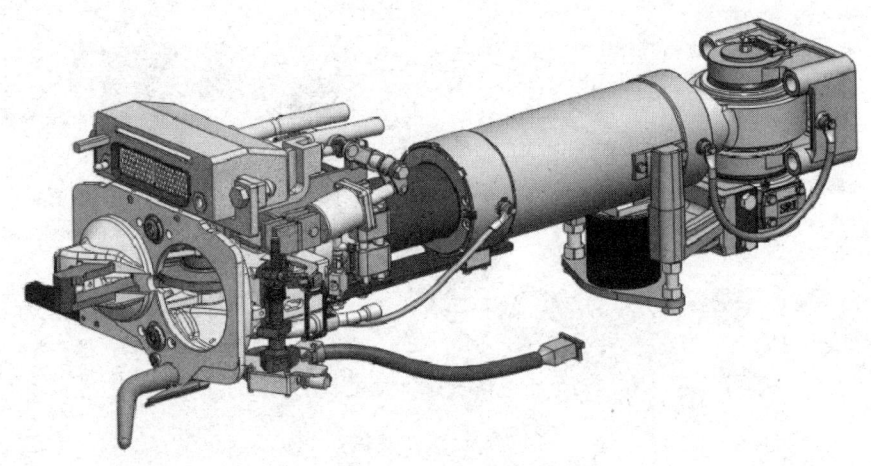

图 4-23　10 型自动车钩

10 型自动车钩通过 4 个螺栓与车体连接在一起，主要由安装吊挂系统、缓冲系统、连挂系统、电气车钩等 4 个模块组成，如图 4-24、图 4-25 所示。

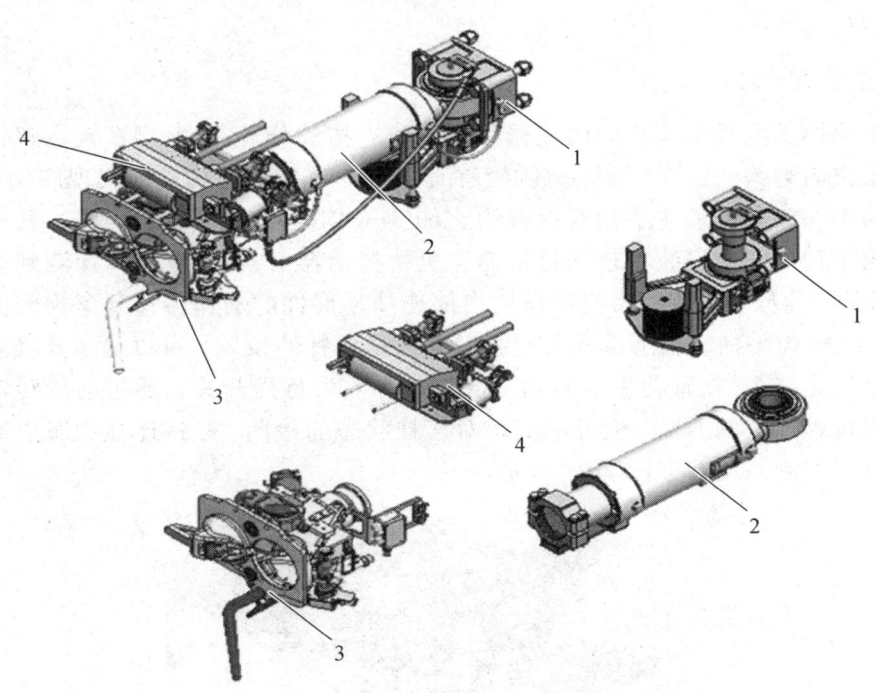

1—安装吊挂系统；2—缓冲系统；3—连挂系统；4—电气车钩。

图 4-24　10 型自动车钩结构图

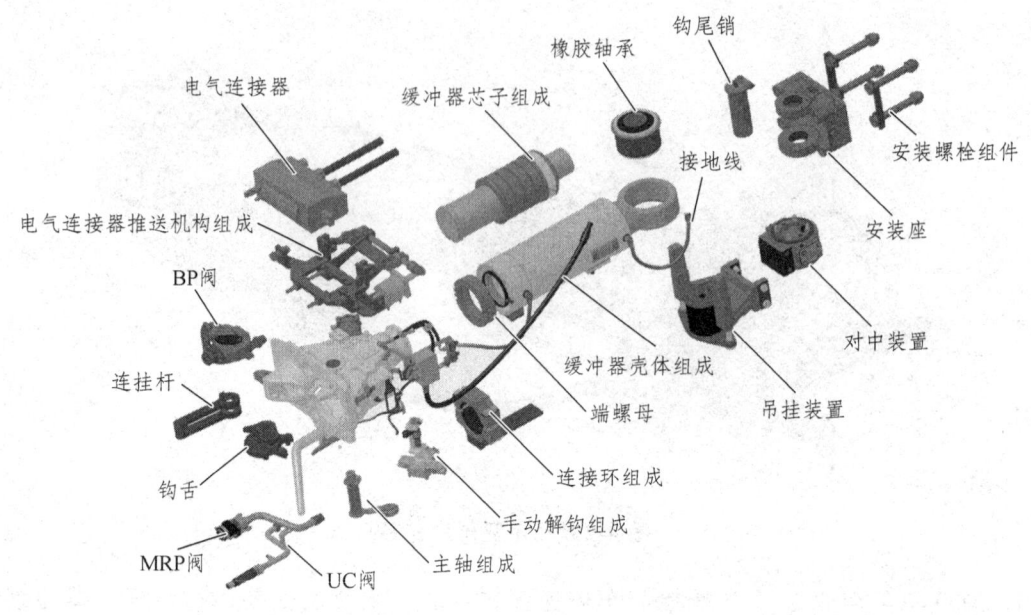

图 4-25　10 型自动车钩分解图

（一）连挂系统

1. 连挂系统结构

连挂系统用于实现车钩之间的机械和风管的连挂和分解。10 型车钩在解钩时，司机可以远程操作向解钩气缸充气压，解钩气缸直接推动车钩内机构旋转实现解钩；也可以人工手动拉动车钩侧面的解钩手柄实现解钩。10 型车钩连挂系统如图 4-26、图 4-27 所示。

在机械车钩的侧面安装有连挂指示器（机构指示器），该装置可以探测到车钩的连挂状态，如解钩、连挂。该装置将机械车钩内部连挂零部件的动作转移到车钩侧面的解钩手柄转轴上，在解钩手柄转轴上部安装有指针，根据指针的位置，可以显示连挂状态（指针指向凹槽时为连挂）。在解钩手柄转轴下部安装有两个行程开关，通过与旋转轴同心的凸轮旋转控制行程开关的通断，也可以实现对连挂状态的检测，并将连挂状态以通断的电信号方式传递到控制系统，如图 4-28 所示。

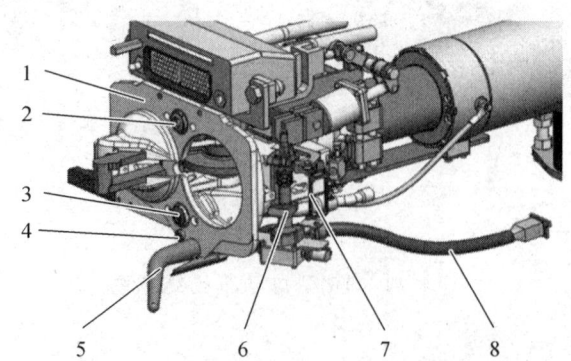

1—机械车钩；2—BP 阀；3—MRP 阀；4—UC 阀；5—连挂导引杆；6—手动解构组成；
7—解钩手柄；8—反馈电缆。

图 4-26　连挂系统结构图

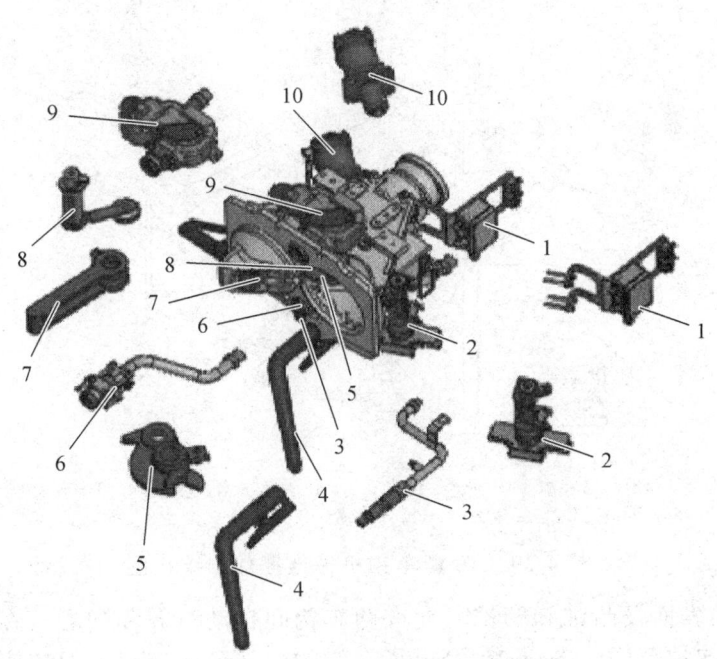

1—接线盒组成；2—手动解钩组成；3—UC阀；4—连挂导引杆；5—钩舌；6—MRP阀；
7—连挂杆；8—主轴组成；9—BP阀；10—解钩气缸组成。

图 4-27　连挂系统分解图

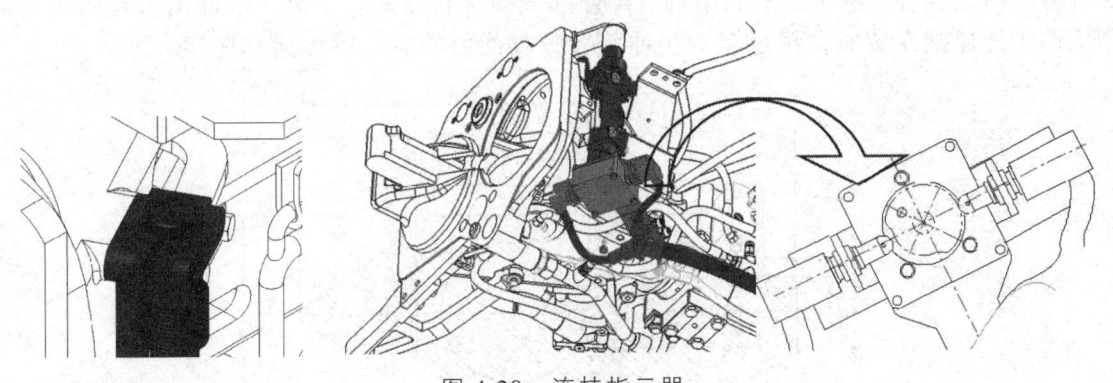

图 4-28　连挂指示器

2. 10 型车钩工作原理

10 型车钩机械连挂部分结构如图 4-29 所示。在连挂过程中，内部连挂机构旋转，使两钩连挂。

钩舌固定在中心销轴上，钩舌绕中心销轴转动时可带动连挂杆动作。钩舌呈不规则几何形状，设有供连挂时定位和供解钩时解钩风缸活塞杆作用的凸舌，以及连挂杆的定位槽、钩嘴等，是车钩实现动作的关键零件。连挂杆在拉伸弹簧拉力作用下使车钩连接可靠。钩舌定位杆上设有两个定位凸缘、使钩舌定位在待挂或解钩状态。导向杆顶块可以在连挂时顶动钩舌定位杆实现两钩的连挂。

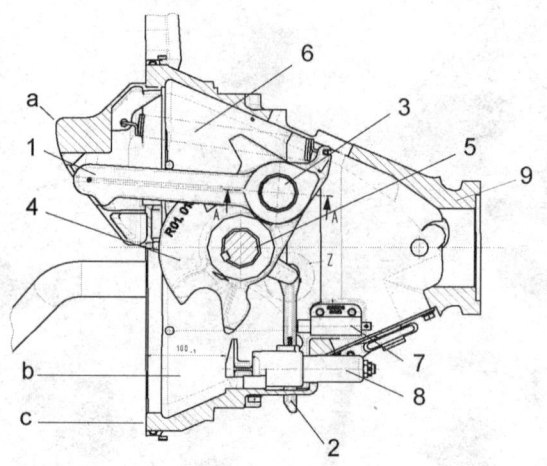

a—凸锥；b—凹锥；c—车钩连挂面；1—连挂杆；2—钩舌定位杆（棘轮）；3—连挂杆销；4—钩舌；
5—中心销轴（主轴）；6—拉伸弹簧；7—弹簧支座；8—导向杆。

图 4-29　10 型车钩机械连挂部分结构图

10 型车钩的表面设凸锥和凹锥，允许两车钩间自动对齐和同心，在水平和垂直方向提供一个较大的连挂范围。图 4-30 给出了车钩的连挂范围，只要对应车钩中心处于阴影范围内，即可自动连接，该连挂范围适用于直线上连挂。在曲线上连挂时，连挂范围将减小。安装在车钩连挂面上的连挂导引杆增加了车钩的连挂范围。在车钩表面一侧，采用导向喇叭和延长线来扩展连挂范围。钩头表面（车钩连挂面）较宽平以吸收冲击力（压力）。牵引力经由连挂杆、钩舌、中心销轴、拉伸弹簧等进行传递。牵引力和冲击力经由缓冲器等从钩头传递到安装座，超过车钩缓冲装置吸收能力的负荷被传递到底架。

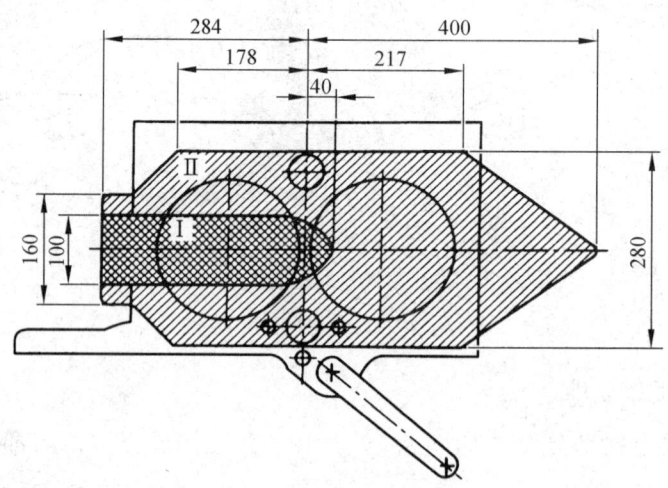

图 4-30　机械车钩连挂范围

10 型车钩有待挂、连挂、解钩三种状态。

1）待挂状态（见图 4-31）

为车钩连挂前的准备状态，此时连挂杆被固定在待挂位置，拉伸弹簧处于最大拉伸状态，由钩舌定位杆（待挂位置）固定，钩舌定位杆突出机械车钩一侧并且卡在导向杆上。连挂杆退缩至钩头锥体内，钩舌上的钩嘴对着钩头正前方。

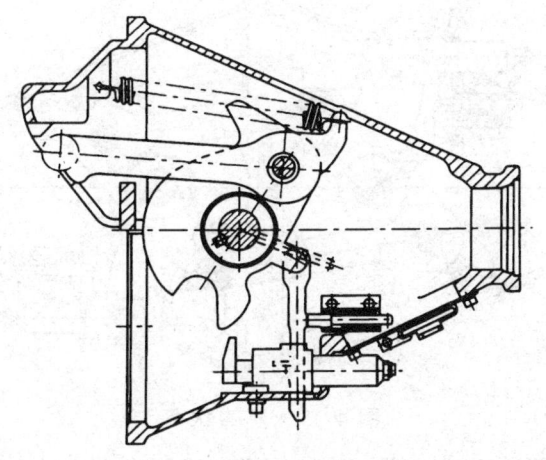

图 4-31 待挂状态

2）连挂状态（见图 4-32）

相邻两钩的凸锥伸入对方的凹锥并推动导向杆顶块，导向杆顶块摆动迫使钩舌定位杆离开待挂位置，这时拉伸弹簧的回复力使钩舌作逆时针转动，并带动连挂杆伸进相邻车钩钩舌的钩嘴，完成两钩的连挂。连挂之后，两钩舌和两个连挂杆形成一个平行四边形，由于该平行四边形两对边力大小相同，产生的转动力矩方向相反，因此该平行四边形机构总能保持平衡。当车钩受牵拉时，通过这个稳定的四边形结构，拉力由两钩的两连挂杆均匀分担，并传递到车钩的钩舌，并通过钩舌的中心销轴传递到钩体上。当车钩受冲击时，平行四边形结构不受力，车钩间的冲击力（压力）通过车钩连挂面的顶靠进行传递。

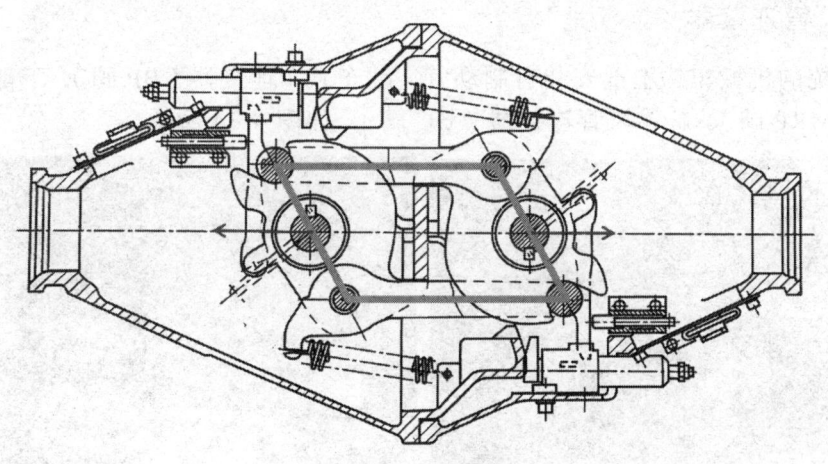

图 4-32 连挂状态

3）解钩状态（见图 4-33）

解钩时，司机操纵按钮，控制电磁阀使解钩气缸充气，气缸活塞杆推动钩舌顺时针转动，使两钩的连挂杆脱开对方钩舌的钩嘴，同时使连挂杆克服拉伸弹簧的拉力缩入钩头锥体内，这时导向杆顶块控制钩舌定位杆使钩舌处于解钩状态。两钩分离后，解钩气缸排气，导向杆顶块由于弹簧作用复位，钩舌回至待挂位，车钩又恢复到待挂状态。

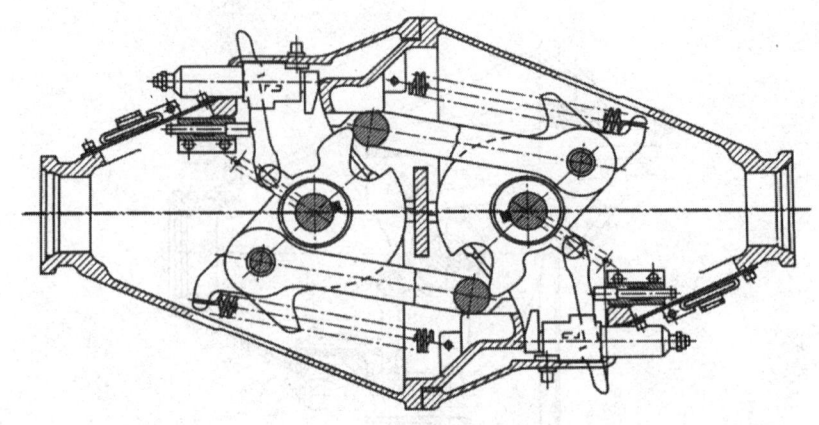

图 4-33 解钩状态

自动车钩的解钩有两种方式：第一种是司机室远程自动解钩，第二种是人工现场解钩。在正常情况下，自动车钩可通过司机室远程自动解钩，不需要人工协助。通过激活位于机械车钩侧面的解钩气缸，气缸活塞伸出推动钩舌转动完成解钩（机械车钩解钩后，电气车钩自动解钩）。但是，如果由于任何原因而不能自动解钩时，则需要进行手动解钩。手动解钩前，先目视检查确认电气车钩已完成解钩。如果没有，则使用扳手卡住电气车钩转动轴端位置，顺时针旋转轴，使电气车钩分开。然后，拉动机械车钩侧面的解钩手柄，解钩手柄通过解钩绳索拉动解钩杆转动，解钩杆带动中心销轴转动，中心销轴带动钩舌顺时针转动，直至连挂杆缩回钩头内部，并锁定，检查连挂指示器，以确认机构是否已正确解钩。最后使车辆退行，解钩完成。

（二）风管连接器

连挂系统的机械车钩上部安装有制动管（列车管）连接器（BP 阀），下部安装有总风管连接器（MRP 阀）、解钩风管连接器（UC 阀），如图 4-34 所示。

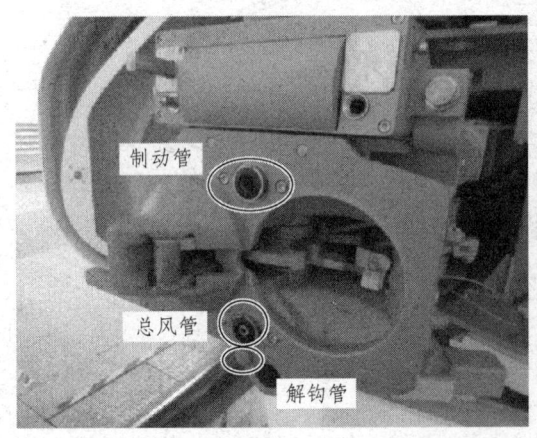

图 4-34 风管连接器

制动管连接器（BP 阀）的结构如图 4-35 所示，主要用于列车被普通机客车连挂牵引时提供制动信号。同时，在列车救援、重联运行过程中，如果车钩出现意外分离，该阀可以保持打开状态，列车管中的空气压力被迅速释放，实现列车的制动。工作原理如下：阀凸轮（2）直接连接至车钩的中心销轴，且当中心销轴转动至连挂位置时，阀凸轮会从阀杆（3）上移开，弹簧（4）将开启气流。密封（1）可以实现车钩之间的气密连接。当车辆被解钩时，阀凸轮（2）会将阀杆（3）推至关闭位置。如果因为任何原因，车辆在没有正确解钩的情况下就被分开，此阀门将不会关闭，从而使制动管线（BP）卸压，实现列车的制动。

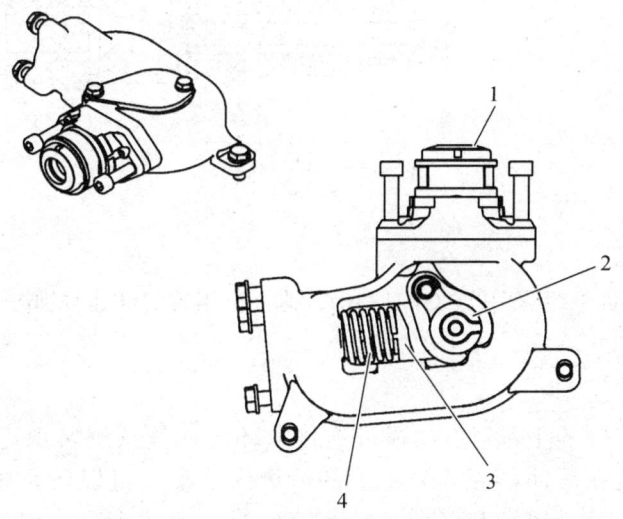

1—前端密封；2—阀凸轮；3—阀杆；4—弹簧。

图 4-35　BP 阀的结构

总风管连接器（MRP 阀）的结构如图 4-36 所示，用于实现两列车之间的总风连接，具有自动开闭的机构，当两个车钩被连挂时，阀杆（2）被压回，阀门打开，以此接通气流。密封（1）可以实现车钩间的气密连接。在对车辆解钩时，弹簧（3）会推动阀杆（2），以关闭气流。

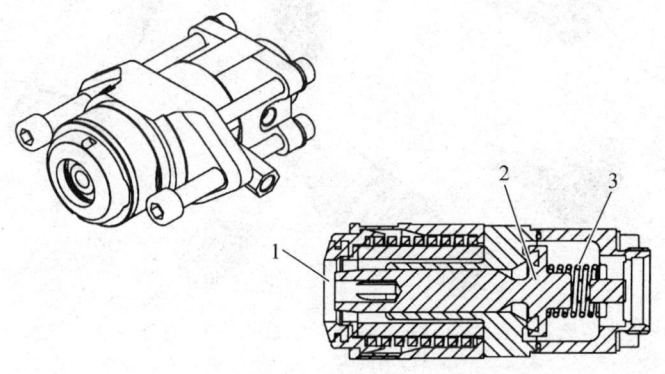

1—前密封；2—阀杆；3—弹簧。

图 4-36　MRP 阀结构

解钩风管连结器（UC 阀）的结构如图 4-37 所示，可以实现两车钩之间解钩气路的连通，在解钩时将解钩空气连接至下一车钩，具有自动开闭的机构。密封（1）可以实现车钩之间的气密连接。在车钩分离时，弹簧（3）会将阀杆（2）和阀盘（4）推回，从而关闭阀门。

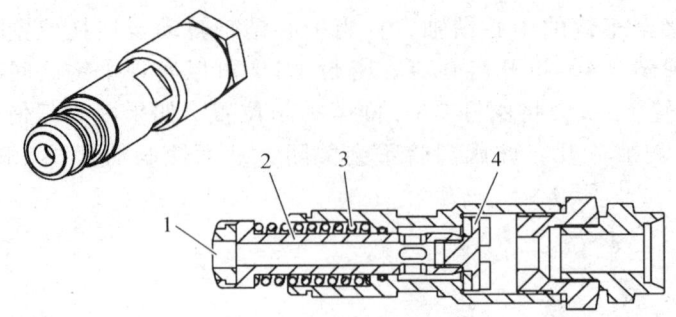

1—密封；2—阀杆；3—弹簧；4—阀盘。

图 4-37　UC 阀结构

（三）电气车钩

CRH380A 统型动车组采用与 CRH380A 型动车组完全相同的电气车钩。

（四）缓冲系统

缓冲系统位于车钩的中部。前端通过连接卡环与连挂系统实现连接，连接卡环下部安装有防转板，防转板在缓冲器壳体外壁上的滑槽内滑动，可以防止 10 型车钩和缓冲器发生相对扭转。后端通过钩尾销与安装吊挂系统连接，缓冲系统组成如图 4-38 所示。

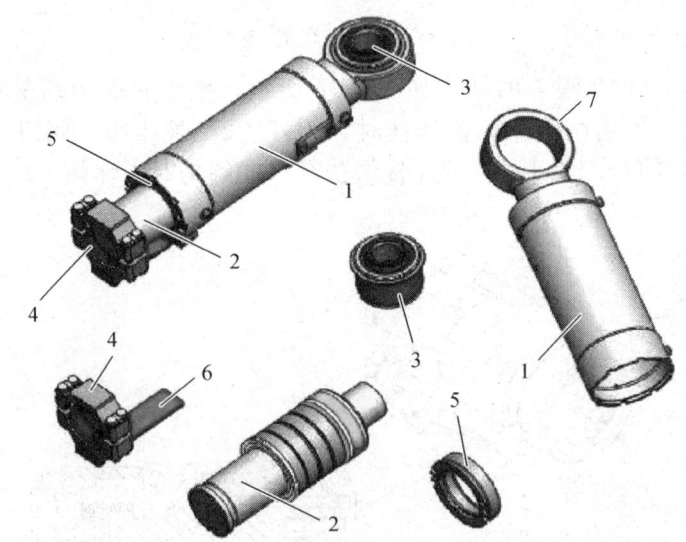

1—缓冲器壳体（缸体）；2—缓冲器芯子组成；3—球形弹性橡胶轴承；
4—连接卡环；5—端螺母；6—防转板；7—拉环。

图 4-38　缓冲系统组成

缓冲系统包括三种类型的缓冲器，分别为气-液缓冲器、金属环簧缓冲器、球形弹性橡胶轴承，在车辆受到拉伸和压缩时它们共同起作用，缓和车辆之间的纵向冲击提升动车组的运行舒适性。其中弹性橡胶轴承用来吸收较小的纵向冲击振动。缓冲系统结构如图 4-39 所示。

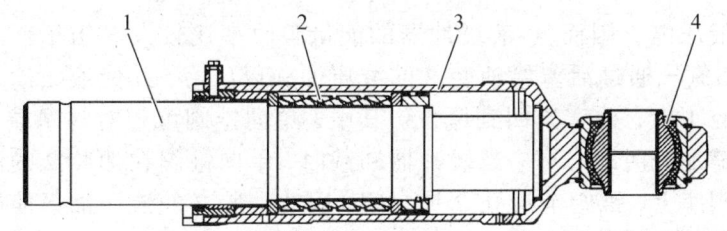

1—气-液缓冲器；2—金属环簧缓冲器；3—缓冲器壳体；4—球形弹性橡胶轴承。

图 4-39　缓冲系统结构图

缓冲系统采用拉压独立的结构，在受到拉伸和压缩时分别作用在不同的缓冲器上，实现缓冲吸能。在受拉时，环弹簧受到挤压，发生径向变形，同时在车钩轴向产生行程（C），在此过程中内外环弹簧之间发生摩擦吸收冲击能量，缓冲器最大工作行程为 30 mm。在受压时，气-液缓冲器受压进行缓冲，车钩轴向产生行程（B），缓冲器最大工作行程为 100 mm，如图 4-40 所示。

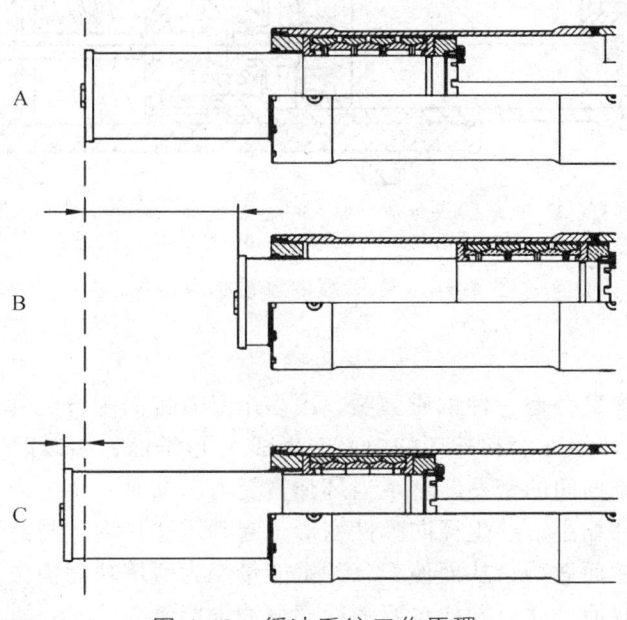

图 4-40　缓冲系统工作原理

1. 气-液缓冲器

气-液缓冲器主要由柱塞、缸体、浮动活塞、单向锥阀、节流阻尼环、节流阻尼棒等部分组成，如图 4-41 所示。

气-液缓冲器内部形成两个油腔和一个气腔。浮动活塞将柱塞内腔分隔出油腔和气腔两个腔室。柱塞底座与缸体之间的间隔为另一油室。油腔内充有液压油，气腔充有氮气。

在油腔 1 和油腔 2 中注满了液压油，在气腔中充有一定初始压强的氮气。液压油与氮气之间通过浮动活塞隔离。当相邻车辆间发生碰撞时，柱塞即被推入油腔 1 中，油腔 1 中的液压油通过节流阻尼环与节流阻尼棒形成的环缝及单向锥阀与柱塞端部形成的锥阀节流孔，流到油腔 2 中，使得油腔 2 的油量增大，从而使浮动活塞向左移动，气腔中的氮气被压缩。在冲击过程中，绝大部分动能转变为热能，并由缸体逸散到大气中，只有少量能量转化为油液的液压能,因而气-液缓冲器的能量吸收率比较大。当车辆间的冲击减缓或消失时,被压缩的氮气通过活塞给油腔 2 的液压油施以压力,并使液压油通过柱塞端部的单向阀流回到油腔 1 中,柱塞又回到原位。其中,单向锥阀可相对柱塞端部轴向移动,但只在缓冲器被压缩加载时才打开。当缓冲器卸载时,单向锥阀在油腔 2 的液压油作用下压紧在柱塞端部的阀座上,锥阀节流孔 7 被封闭,因此油腔 2 的液压油只能通过柱塞端部的单向阀流回到油腔 1,完成缓冲器的卸载。

气-液缓冲器的动态特性与传统的弹簧和橡胶缓冲器存在很大差异,这是由其特殊结构所决定。气-液缓冲器的阻抗力与冲击速度成一定比例关系,即冲击速度越大,阻抗力也越大,具有较大的能量吸收率,可以以较小的阻抗力获得较大的缓冲容量。

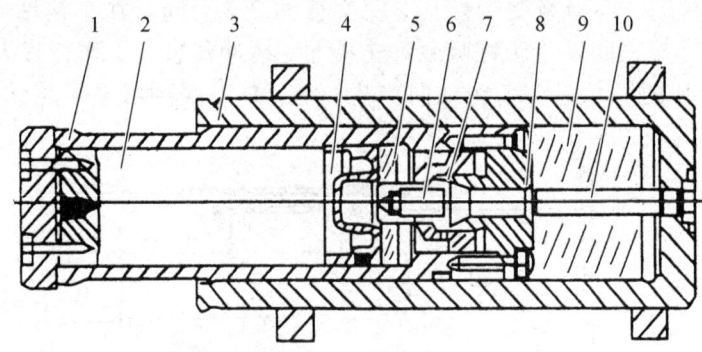

1—柱塞;2—气腔;3—缸体;4—浮动活塞;5—油腔 2;6—单向锥阀;7—锥阀节流孔;
8—节流阻尼环;9—油腔 1;10—节流阻尼棒。

图 4-41 气-液缓冲器结构原理图

2. 环弹簧

环形弹簧简称环弹簧,是一种钢质弹簧,由多个具有锥面配合的弹性环组成,其结构形状如图 4-42 所示。内环的外面和外环的内面都做成 V 形锥面,组装时,要求有一定的初压缩力,以保证环弹簧锥面间的密贴配合。当环弹簧受力压缩时,由于内、外环为锥面配合,受力后外环扩张,内环缩小,产生径向弹性变形,起到缓冲作用。与此同时,内、外环锥面间有相对滑动,因摩擦而做功,从而使部分冲击能量变为摩擦功而消失。当外力去除后,各内、外环由于弹力而复原,此时同样也要消耗部分冲击能量。

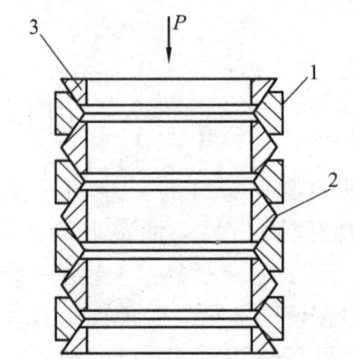

1—外环簧;2—内环簧;3—半面环簧

图 4-42 环形弹簧

（五）安装吊挂系统

安装吊挂系统由安装座、对中机构、支承机构、钩尾销等部分组成，如图 4-43、图 4-44 所示。

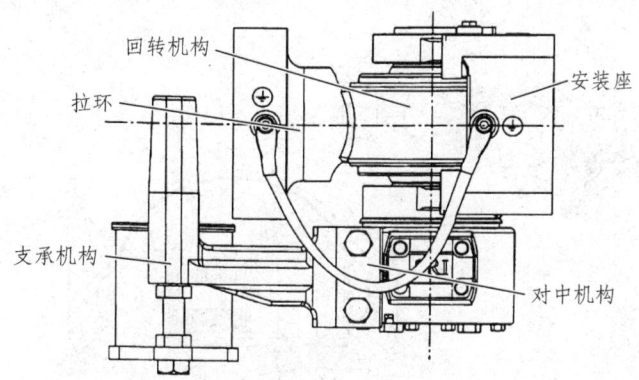

图 4-43 安装吊挂系统结构图

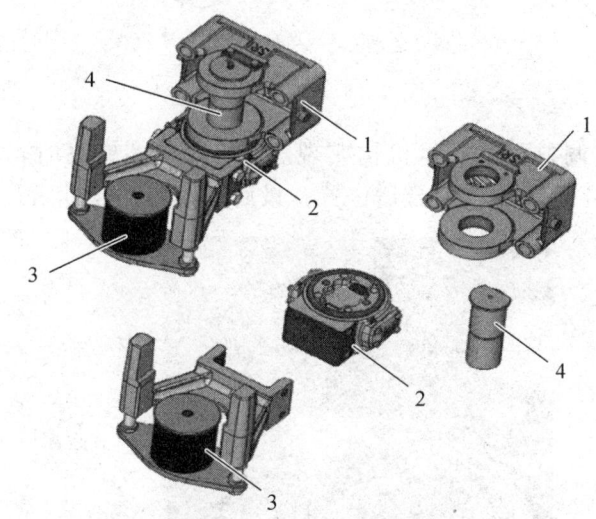

1—安装座；2—对中机构；3—支撑机构；4—钩尾销。

图 4-44 安装吊挂系统分解图

安装吊挂系统的主要作用：将自动车钩连接到车体上并传递车钩上的牵引力或者制动力；保证自动车钩能够在水平面和垂直面内一定范围内灵活转动；当车钩在水平方向偏离中心线时，自动将其回复到中间位置以便于车钩的连挂；使用悬臂结构支撑起整个自动车钩。

安装吊挂系统的回转机构由安装座、钩尾销、拉环、橡胶轴承等结构组成，橡胶轴承安装在拉环和钩尾销之间，其作用是保证自动车钩能够在水平面和垂直面内一定范围内灵活转动。

对中机构在水平面内对自动车钩进行对中，当车钩偏转一定角度时，在对中机构碟簧力的作用下，车钩将回复到纵向中心线位置，从而实现车钩的对中，方便车辆的连挂，对中机构结构如图 4-45 所示，仅在中心位置周围±7°范围内有效。这样使车钩可以被手动推出对中范围,以便以较大的弯度连挂。碟簧(1)的弹簧力会推动两个活塞(2),从而将凸轮(3)向外推向凸轮剖面(4)。当车钩横向移动时,通过夹钳使整个支撑对中装置转动。车钩的运动会压缩碟簧(1),后者会将凸轮(3)向外推向凸轮剖面(4)。这将使自动车钩返回其中心位置。

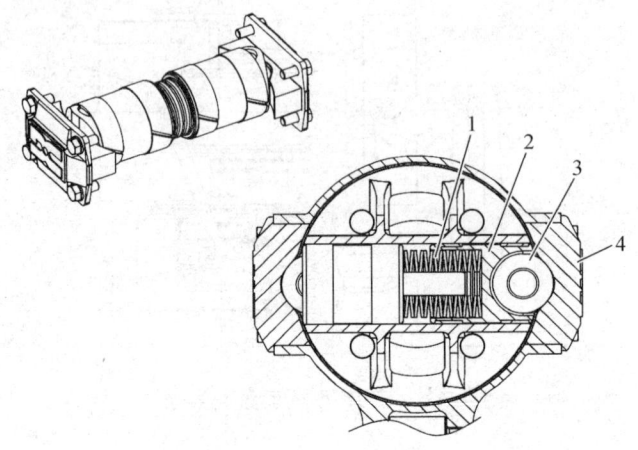

1—碟簧,2—活塞,3—凸轮,4—凸轮剖面。

图 4-45 对中机构

车钩的支撑与钩高调整是由支承机构实现。当需要调整钩高时,先将支架下面锁紧螺母松开,然后调整支架下面的螺栓至合适位置,最后将锁紧螺母锁紧,如图 4-46 所示。

图 4-46 支撑机构

(六)技术参数

1. 车钩

最大载荷　　　拉伸≥1 000 kN,压缩≥1 500 kN;
摆角大小　　　最大水平摆角±25°,最大垂直摆角±6°,主动对中角±7°(±1)°。

2. 缓冲器

气液缓冲器　　初压力 70 kN,行程≤100 mm,阻抗力≤1 000 kN,容量约 20 kJ;
牵引环弹簧　　初压力 85 kN,行程≤30 mm,阻抗力≤600 kN,容量约 10 kJ。

三、中间车钩

CRH380A 型动车组中间车钩采用柴田式半自动车钩，如图 4-47 所示。

图 4-47　柴田式半自动车钩

柴田式半自动车钩与柴田式自动车钩相比，没有解钩气缸，只能通过手动方式实现解钩。另外，柴田式半自动车钩装有 KE206 型电气连接器（柴田式自动车钩为 KE204A 型电气连接器），两车间电气电缆的连接需要人工干预。柴田式半自动车钩结构如图 4-48 所示。

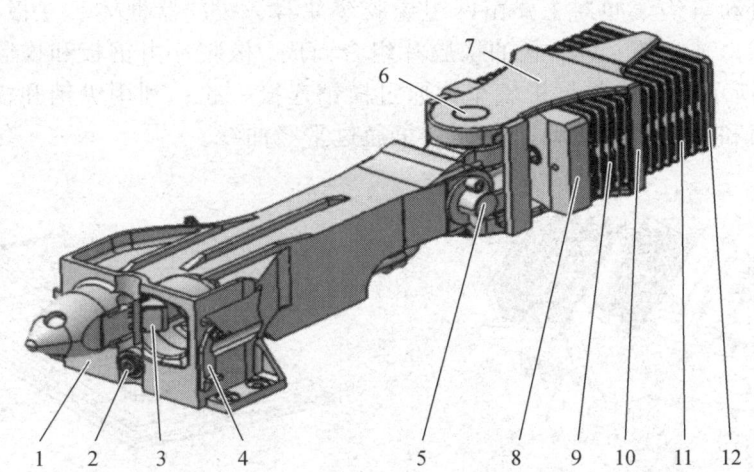

1—机械车钩；2—风管连接器；3—钩舌；4—钩舌锁；5—横销；6—纵销；7—缓冲器框体；8—前从板；
9—1 号橡胶缓冲器；10—立板；11—2 号橡胶缓冲器；12—后从板。

图 4-48　柴田式半自动车钩结构图

1. 机械车钩

柴田式半自动车钩的机械车钩结构如图 4-49 所示。

2. 缓冲器

柴田式半自动车钩缓冲器同样采用橡胶缓冲器，但由于中间车钩和前端车钩的运用工况不同，2 种车钩缓冲器的结构与性能也有差别。前端车钩缓冲器采用单式橡胶缓冲器在拉伸和压缩时同时对 2 组缓冲器进行压缩，容量较大；而中间车钩缓冲器采用复式橡胶缓冲器，在拉伸和压缩时分别压缩 2 组不同的缓冲器，容量较小。中间车钩缓冲器自由状态下 2 组橡胶堆的预压力相互抵消，因此该型缓冲器的初压力为零，可以有效改善列车的纵向冲动。

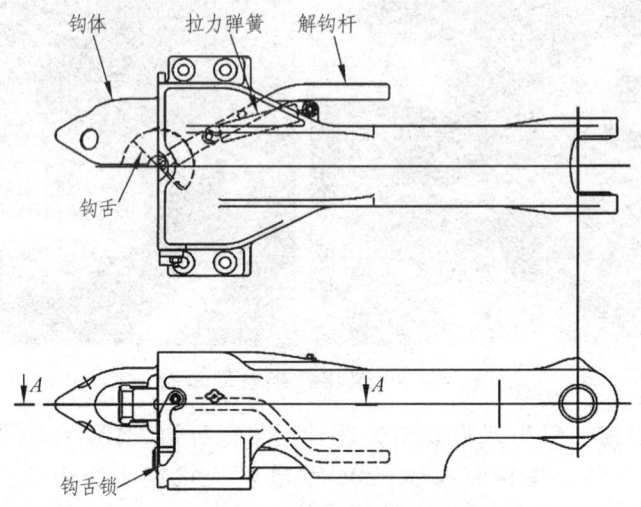

图 4-49　柴田式半自动车钩机械车钩结构图

柴田式半自动车钩缓冲器主要由两组橡胶缓冲器、缓冲器框体、立板、从板等组成。每一组缓冲器均由独立的、呈片状的橡胶片组合而成，橡胶片由钢板和橡胶硫化在一起形成，如图 4-50 所示。缓冲器与机械车钩通过横销连接一起，利用纵销和横销的转动，车钩可以在水平面和垂直面内转动，保证列车通过平竖曲线。

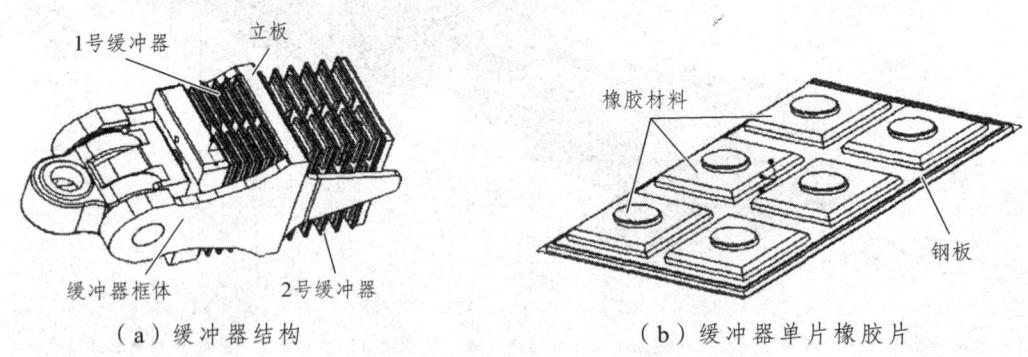

（a）缓冲器结构　　　　　　（b）缓冲器单片橡胶片

图 4-50　柴田式半自动车钩缓冲器

柴田式半自动车钩缓冲器最大的特点就是每组橡胶缓冲器只承受单方向的压缩力，分别在车钩缓冲装置受到拉伸和压缩时起作用。他们靠一定的初压力组装在缓冲器框体里面。

缓冲器未受到拉伸与压缩时，2 组缓冲器在初始压力（通常为 20 ~ 60 kN）的作用下相互抵消保持平衡。静态示意图如图 4-51 所示。在动车组运行的过程中，缓冲器框体的立板对两个缓冲器分别施加作用力：车钩在受到牵引时，压缩左边的 1 号缓冲器、右边的 2 号缓冲器在预压力的作用下胀开，并随时占满因压缩左边缓冲器出现的空间；车钩在受到压缩时，压缩右边的 2 号缓冲器、左边的 1 号缓冲器在预压力的作用下胀开，并随时充满因压缩右边的缓冲器而出现的空间。其工作情况如图 4-52 所示。因此，无论车钩缓装置是受到牵引力还是压缩力，缓冲器中的从板均未离开从板座。只要车钩缓冲装置受到牵引力或者压缩力，缓冲器框体中的立板便开始对其中一个缓冲器进行压缩。这样，既避免了从板与从板座间因出现间隙而发生冲击，又因为缓冲器框体立板处于两组缓冲器的压缩平衡状态中，工作时的初始作用力为零而消除了缓冲盲区，大大提高了动车组的舒适度。

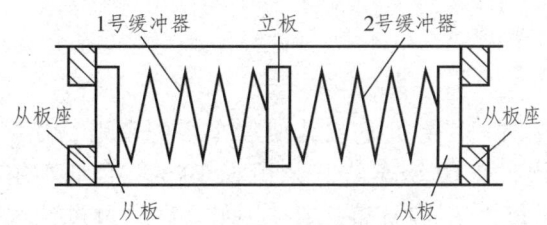

图 4-51　缓冲器不受力时的状态

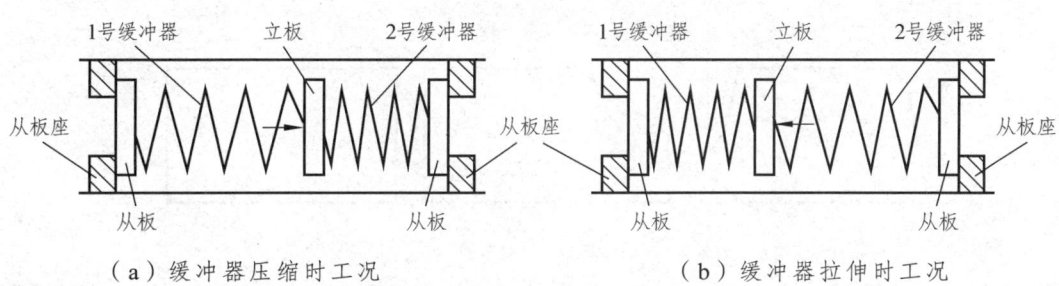

（a）缓冲器压缩时工况　　　　　　　　（b）缓冲器拉伸时工况

图 4-52　缓冲器受力时的状态

3. 托架

托架主要分为托梁组成及前后箱托架。托梁组成通过 8 个螺栓安装在车体的缓冲梁下翼面，起到对车钩的支撑作用；托梁组成主要包括弹簧箱、吊装螺栓、托梁和止挡组成。前后箱托架分别通过 4 个螺栓安装在车钩从板座下方，起到对缓冲器的支撑作用。前后箱托架主要由止挡、托板和摩擦板组成，如图 4-53、图 4-54 所示。

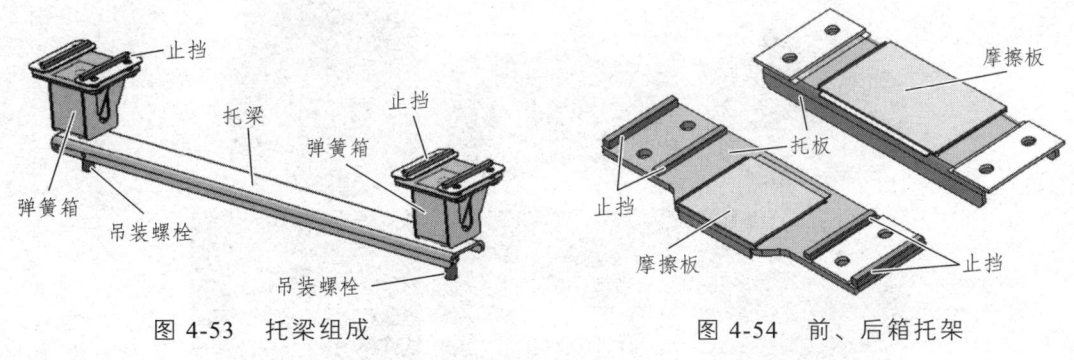

图 4-53　托梁组成　　　　　　　　　　　图 4-54　前、后箱托架

4. 技术参数

1. 车钩

车钩的强度　　　拉伸载荷约 160 t（1 570 kN），压缩载荷约 310 t（3 040 kN）。

2. 缓冲器

最大载荷　　　拉伸≤1 200 kN，压缩≤1 200 kN；
能量吸收　　　拉伸≥10.7 kJ，压缩≥13.9 kJ；
行程　　　　　拉伸≤44 mm，压缩≤56 mm。

四、过渡车钩

动车组在救援和回送时，需要机车或其他动车组的牵引，由于不同型号动车组可能采用不同类型的密接式车钩（如10型车钩和柴田式车钩），且动车组的密接式车钩无法与机车的13号车钩或客车的15号车钩直接连挂，因此，需通过过渡车钩转换车钩高度和车钩类型，如图4-55所示。

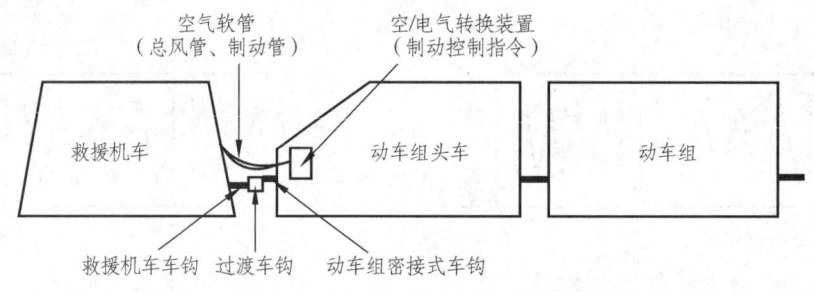

图4-55　机车救援连挂示意图

过渡车钩采用模块化结构，分为3种模块：车钩中心线距轨面高度为1 000 mm 的10型车钩模块，可与动车组的10型车钩连挂，主要由钩体、制动软管连接器、辅助挂钩和连挂部分组成；车钩中心线距轨面高度为1 000 mm 的柴田式车钩模块，可与CRH2/380A/380AL 型动车组的柴田式车钩连挂，主要由钩体、钩舌和把手组成；车钩中心线距轨面高度为880 mm 的15号车钩模块（AAR 车钩模块），可与机车13号车钩或客车15号车钩连挂，主要由钩体、连挂面和防跳装置组成。各模块如图4-56所示。

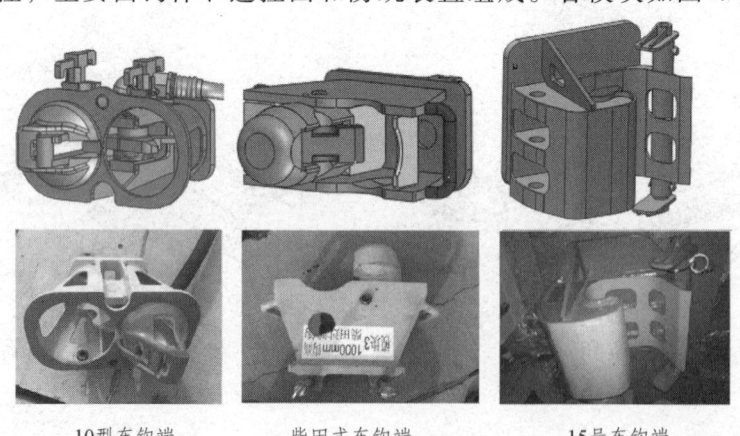

图4-56　过渡车钩模块

10型车钩模块带有制动软管连接器，用于连接来自牵引车的BP（制动管路）压缩空气。过渡车钩上还有连挂到位指示标志，如图4-57所示。

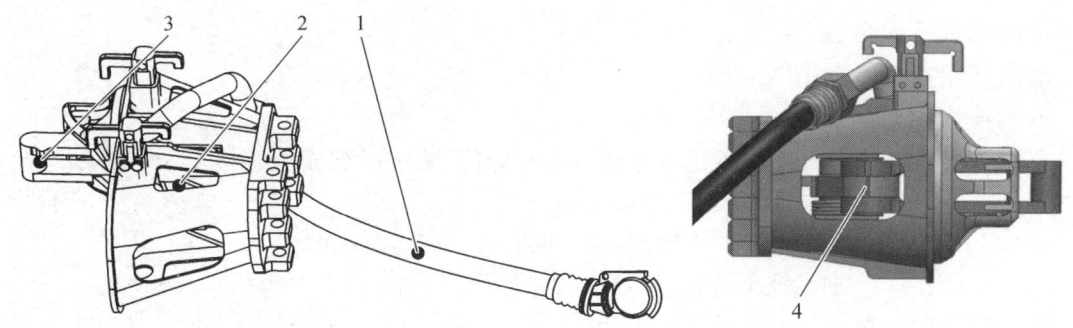

1—制动软管连接器；2—钩舌；3—连挂杆；4—连挂到位指示（上下红色指针对正）。

图 4-57　10 型车钩模块

15 号车钩模块安装有上下防跳装置，可防止车钩上下窜动发生异常。上防跳装置配有 2 个安装孔，下防跳装置配有 3 个安装孔。正常工作时，上防跳装置使用件号为 2 的孔，下防跳装置使用件号为 4 的孔，上下防跳装置距机客车钩的距离分别为大约 35 mm 和 45 mm，如图 4-58 所示。

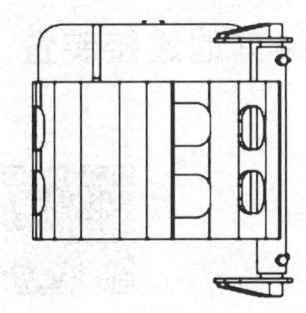
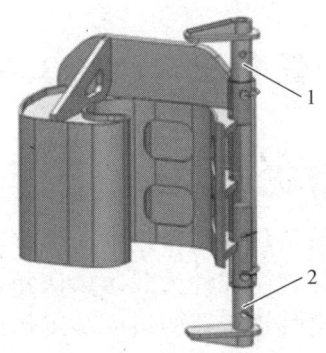

（a）防跳装置处于存放位置　　　　　（b）防跳装置处于工作位

1—上防跳装置；2—下防跳装置。

图 4-58　15 号车钩模块

不同动车组之间，以及机车与动车组之间的救援可以通过过渡车钩模块的两两组合实现，模块背面具有插隼结构，模块间通过插销（连接销）相连。例如：10 型过渡车钩模块和 15 号车钩模块组合可以实现 CRH380A 统型动车组与机车或者客车连挂；柴田式过渡车钩模块和 15 号车钩模块组合可以实现 CRH380A 型动车组与机车或者客车连挂；10 型过渡车钩模块和柴田式过渡车钩模块组合可以实现 CRH380A 统型动车组与 CRH2/380A/380AL 型动车组的连挂。过渡车钩存放在头车的过渡车钩箱内，如图 4-59 所示。

图 4-59　过渡车钩的组合及存放

过渡车钩技术参数：
最高使用速度　　120 km/h；
最大连接辆数　　16 辆；
车钩强度　　　　纵向拉伸屈服强度≥500 kN，纵向压缩屈服强度≥550 kN；
质量　　　　　　10 型车钩模块 42.9 kg，
　　　　　　　　柴田式车钩模块 32.1 kg，
　　　　　　　　15 号车钩模块 42.41 kg。

复习思考题

1. 前端车钩、中间车钩和过渡车钩有什么区别？
2. CRH380A 型动车组和 CRH380A 统型动车组的车钩有什么区别？
3. 简述柴田式自动车钩的组成及工作原理。
4. 简述 10 型自动车钩的组成及工作原理。

任务三　CRH380A 型动车组车端其他连接装置

任务描述

在动车组机械设备维护与检修演练场内，以动车组模型、多媒体教学课件为载体，认知掌握 CRH380A 型动车组风挡及电气连接器的组成及工作原理。

微课：CRH380A 型动车组风挡及连接器

背景知识

CRH380A 型动车组车端连接装置除车钩缓冲装置外，还包括风挡、电气连接器等装置，如图 4-60 所示。

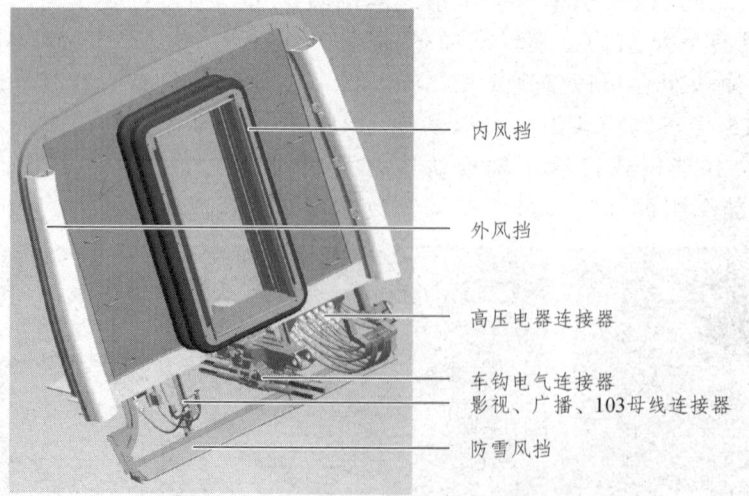

图 4-60　CRH380A 型动车组车端其他连接装置

一、风 挡

风挡是动车组之间的柔性部分，可以吸收车辆之间的所有相对运动，并使旅客能安全便捷地通过，还可以保护部分车端连接装置不受雨雪等的损害。风挡包括内风挡、外风挡和防雪风挡。动车组内风挡主要有双层折棚风挡（也称双包折棚风挡、双侧折棚风挡）和环形密封橡胶风挡两种形式，双层折棚风挡外观及密封性能好，但车端阻尼小；环形密封橡胶风挡气密性好、内部美观，有一定的纵、横向阻尼，但是隔热效果差。动车组外风挡一般都采用压缩式外风挡（也称胶囊型外风挡）。

动车组对风挡的要求：

（1）风挡的空气阻力应尽量小，要做到车辆连接处的平滑过渡，以减少列车高速运行时的空气阻力。

（2）要有良好的气密性，以保证车内的舒适性。

（3）要有足够的强度。为适应压力波的急剧变化，除保证气密性要求外，还要满足气动载荷下的强度要求。

（4）风挡的隔音性能要好，保证车内的舒适性。

（5）为了防火，风挡所用非金属材料阻燃性要好，在紧急情况下风挡还便于分解。

CRH380A 型动车组两车辆间设有压缩式外风挡、环形密封橡胶内风挡和防雪风挡。压缩式外风挡实现两车间外形的平滑过渡，降低风噪和空气阻力；环形密封橡胶内风挡主要靠螺栓及橡胶密封件形成气密结构，保证动车组内部的气压波动在标准值以内；防雪风挡则是为了防止积雪对车辆运行的影响而设置的。车端风挡结构如图 4-61 所示。

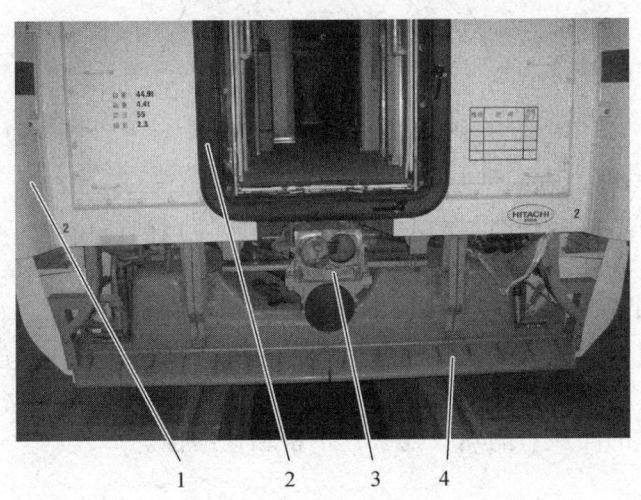

1—外风挡；2—内风挡；3—中间车钩；4—防雪风挡。

图 4-61　车端风挡结构

1. 环形密封橡胶内风挡

CRH380A 型动车组内风挡为环形密封橡胶风挡，环形密封橡胶风挡是由橡胶材料经模具硫化等工艺形成 U 形断面，辅以铝合金等型材制成的风挡。主要由安装框、胶囊、中间框架、锁紧机构、内部装饰板、活动渡板等组成，如图 4-62 所示。

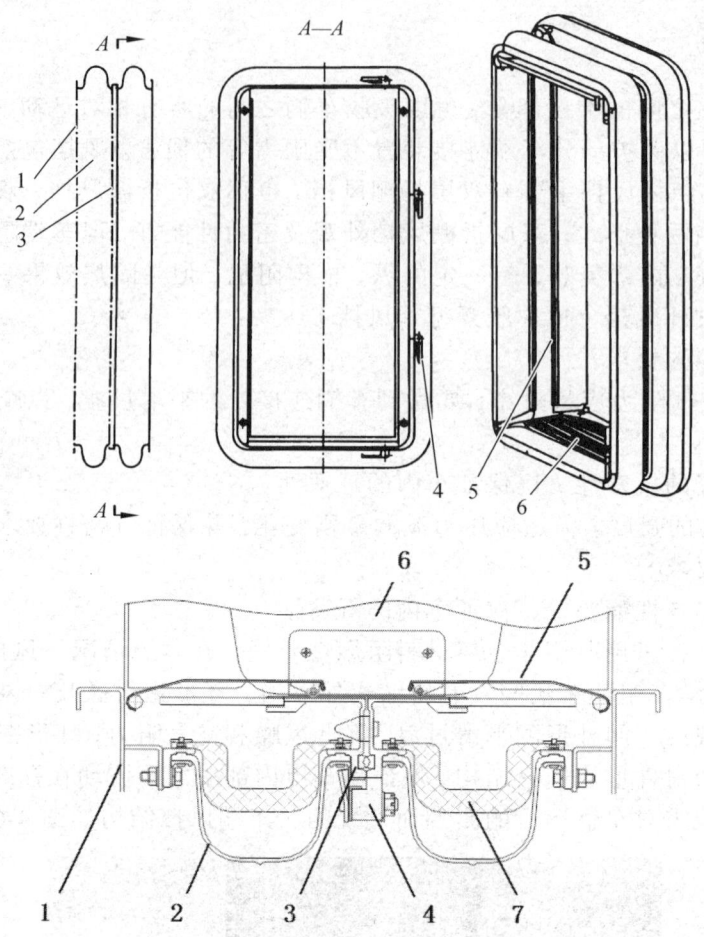

1—安装框；2—胶囊；3—中间框架；4—锁紧机构；5—内部装饰板；6—活动渡板；7—隔音内饰材。

图 4-62　环形密封橡胶内风挡

胶囊内部安装有不同的功能橡胶型材部件来满足风挡的使用变形要求，胶囊一端与安装框压缘处连接，另一端与中间框架压缘处连接，通过安装框将风挡固定在车体端墙的安装座上。中间框架的一侧设有暗销，另一侧设有暗孔，两车连挂时，保证中间框架对中，中间框两侧设锁紧机构。在风挡内部的通道上，设有内部装饰板、扶手和活动渡板。

内风挡不仅为旅客提供了车辆间的贯通通道，也是构成整车气密空间的关键组成部分。内风挡具有良好的隔声、隔热、气密、水密和伸缩性。

2. 压缩式外风挡

外风挡位于车体端部，通过橡胶胶囊的相互压缩使车体间的连接部位平滑过渡，降低风噪和空气阻力，减小制动时产生的纵向冲击。压缩式外风挡与通常的车体间减振器具有同样的减振性能，如图 4-63 所示。

压缩式外风挡主要由安装框架、胶囊、压条、紧固件等组成，如图 4-64 所示。胶囊用柔软的橡胶材料制成，与安装框架采用压条和紧固件连接，易于更换和维护。安装框架由铝型材焊接而成，通过紧固件固定到车体端部。外风挡由三部分组成，两侧和顶部各一部分，顶部外风挡考虑到内风挡的安装所需操作空间，分为两部分。两部分的接缝在相邻的外风挡处错开，避免相邻两车相对运动时胶囊接缝处相互干涉顶磨。

图 4-63　压缩式外风挡

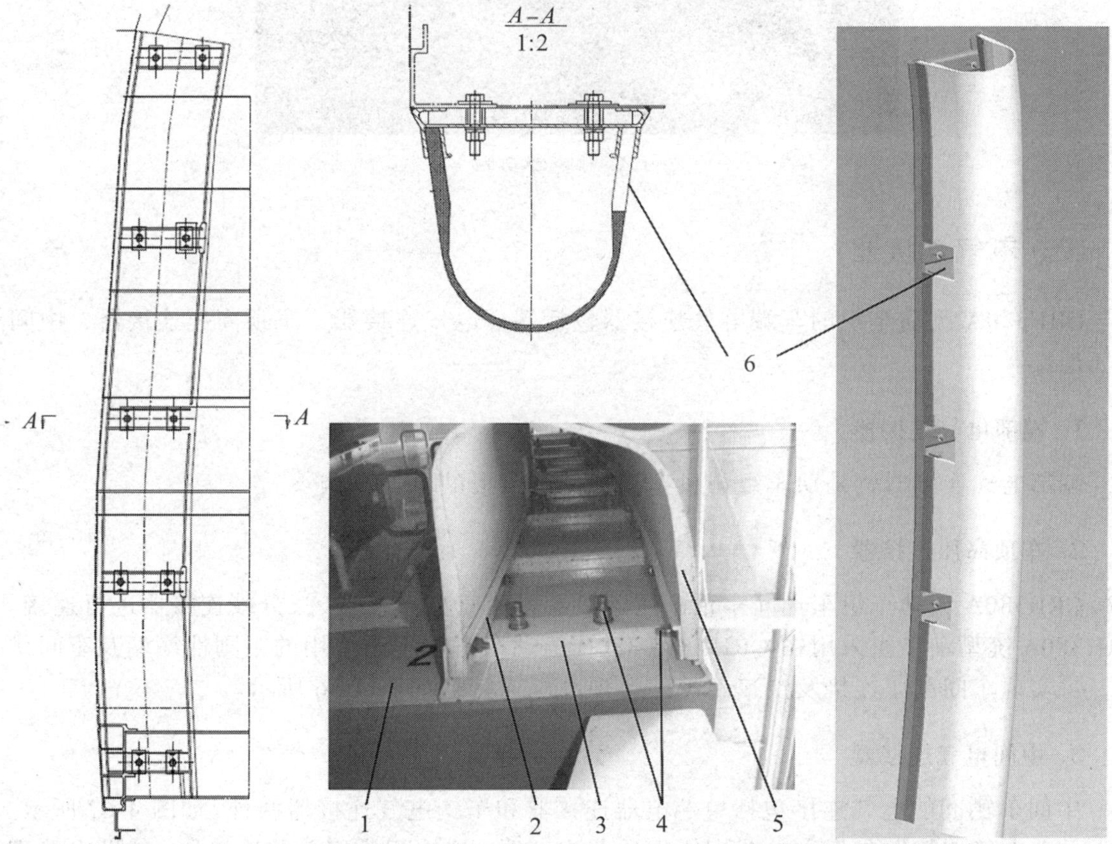

1—车体；2—压条；3—安装框架；4—紧固件；5—胶囊；6—风挡作业用开口。

图 4-64　压缩式外风挡安装结构图

3. 防雪风挡

在大雪天气，轨道上的积雪会被列车卷起黏附在内外风挡下方，当附着的大块积雪在振动及风力的作用下掉落时则会激起碎石和冰块飞溅，为此，在车钩的下部设置了外形较为光滑、不易附着冰雪的防雪风挡。

为了防止风挡前端部下垂而设置了下侧的风挡压板，同时为了防止因黏雪而损伤风挡，尽量将其做短，使其不至于发生下垂。另外，对于下侧风挡压板安装螺栓的固定方法，为了防止雪害损伤，从下侧插入螺栓，而上侧用特殊的螺母进行固定。如图4-65所示。

图 4-65　防雪风挡

二、电气连接器

CRH380A型动车组的车端电气连接器包括端部电气连接器、车顶高压连接器、中间电气连接器。

1. 端部电气连接器

端部电气连接器就是动车组司机室端自动车钩上的电气车钩。

2. 车顶高压连接器

CRH380A型动车组车辆间车顶高压连接器采用直型连接器、三分歧连接器进行连接。CRH380A统型动车组采用在CRH1/3/5/380B等动车组上广泛使用的半刚性终端及车间跳线，可实现车间高压连接及快速解编。车顶高压连接器如图4-66所示。

3. 中间电气连接器

中间车辆间的电气连接包括单芯电器连接器和车钩电气连接器两种，如图4-67所示。

单芯电气连接器包括主电路配线用单芯连接器、接地配线用单芯连接器、辅助电路配线和直流母线用单芯连接器，如图4-68所示。

（a）CRH380A 型动车组车顶高压连接器

（b）CRH380A 统型动车组车顶高压连接器

图 4-66　车顶高压连接器

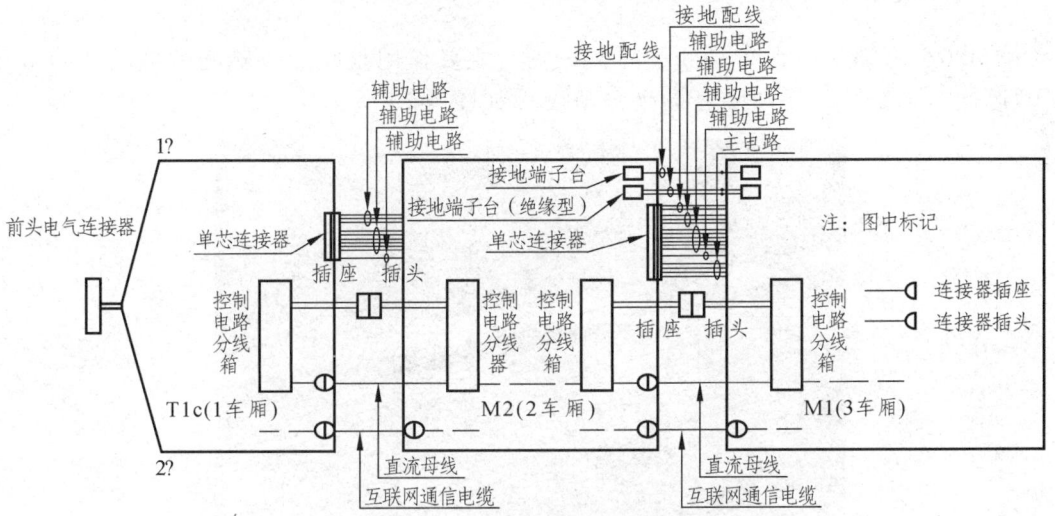

图 4-67　中间电气连接器示意图

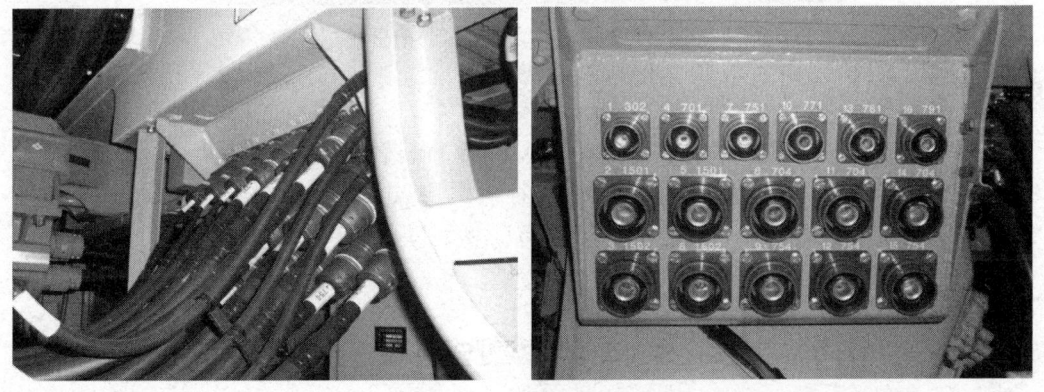

图 4-68　单芯电气连接器

各车车钩下设有车钩电器连接器，用于控制电缆和光缆的连接，如图 4-69 所示。

图 4-69　车钩电气连接器

三、车体间减振器

CRH380A 型动车组在车辆间设有减振器，主要作用是减缓车辆间的振动和冲击，改善车辆运行的平稳性，提高乘客的坐舒适度，如图 4-70 所示。

图 4-70　车体间油压减振器

> **复习思考题**

1. CRH380A 型动车组车端连接装置除车钩缓冲装置外还有哪些？
2. 简述 CRH380A 型动车组内、外风挡的结构特点。
3. CRH380A 型动车组车端电气连接器有哪些种类？

知识拓展一　CRH380B 型动车组车端连接装置

CRH380B 型动车组车端连接装置主要由车钩缓冲装置、风挡、电气连接器等部分组成。前端车钩为 10 型自动车钩，中间车钩为半永久车钩，同时还配置用于连接转化的过渡车钩。内风挡为双层折棚内风挡，外风挡为压缩式外风挡。

微课：CRH380B 型动车组车钩缓冲装置

一、前端车钩

CRH380B 型动车组前端车钩如图 4-71 所示。

图 4-71　CRH380B 型动车组前端车钩

CRH380B 型动车组前端车钩用于重联、回送及救援，具有如下功能：

（1）可进行自动控制。可在司机室远程控制 2 列动车组的连挂和解钩，车钩设有伸缩机构，连挂前必须伸出车钩，行程为 200 mm。连挂时先机械车钩连挂，再电气车钩连挂；解钩时，先电气车钩分开，然后机械车钩分开，再缩回车钩。

（2）可进行手动控制。在自动控制失效、有压缩空气的情况下，可在车下手动控制，以保证 2 列动车组的正常连挂和解钩。

（3）可进行应急控制。在自动控制失效、无压缩空气的情况下，可手动伸出车钩，此时需要自动钳（用于打开伸缩机构的锁闭装置）以及脚踏空气泵（连接到带有快速连接器的紧急空气注入口，用于伸出或缩回自动车钩），这些工具均随车附带，以保证动车组的救援。

（4）可进行连挂状态诊断。动车组在重联运行工况下，能够监控自动车钩连挂状态，当车钩发生意外分离时可以及时进行紧急处理。

CRH380B 型动车组的前端车钩位于司机室前端头罩内，采用可伸缩的 10 型自动车钩，有三种型号：四方所车钩、福伊特常温车钩和福伊特高寒车钩，其主要结构相似，主要由机械车钩、风管连接器、电气车钩、牵引杆、缓冲装置、安装座和支架、连接卡环、接地线等部分组成。本文以福伊特高寒车钩为例进行介绍，如图 4-72、图 4-73 所示。

1. 机械车钩

机械车钩为 10 型车钩，工作原理与 CRH380A 统型动车组 10 型车钩相同。

机械车钩前表面有加热器，当外界温度低于大约 5 ℃ 时，加热器启动，防止机械车钩在低温下结冰，确保了车钩锁的操作以及所需的车钩锁间隙。凹锥侧上的车钩表面加热器在连挂位置时处于关闭状态。

钩舌中心销轴和连挂杆上设有位置开关，中心销轴处的位置开关检测车钩锁的位置，连挂杆处的开关检测是否连挂。

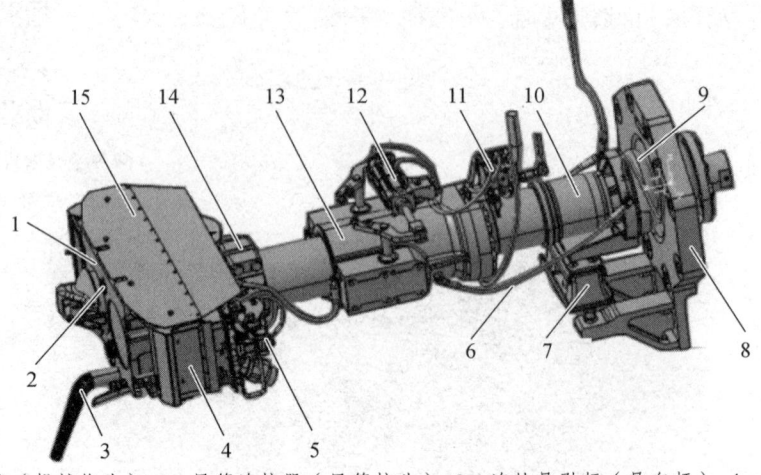

1—机械车钩（机械钩头）；2—风管连接器（风管接头）；3—连挂导引杆（导向杆）；4—电气车钩；
5—电气车钩推送装置；6—接地装置；7—支架；8—安装座；9—橡胶环缓冲器；10—压溃管；
11—钩身气动装置；12—锁闭装置（锁紧装置）；13—牵引杆；14—连接卡环；15—外盖。

图 4-72　CRH380B 型动车组前端车钩结构图

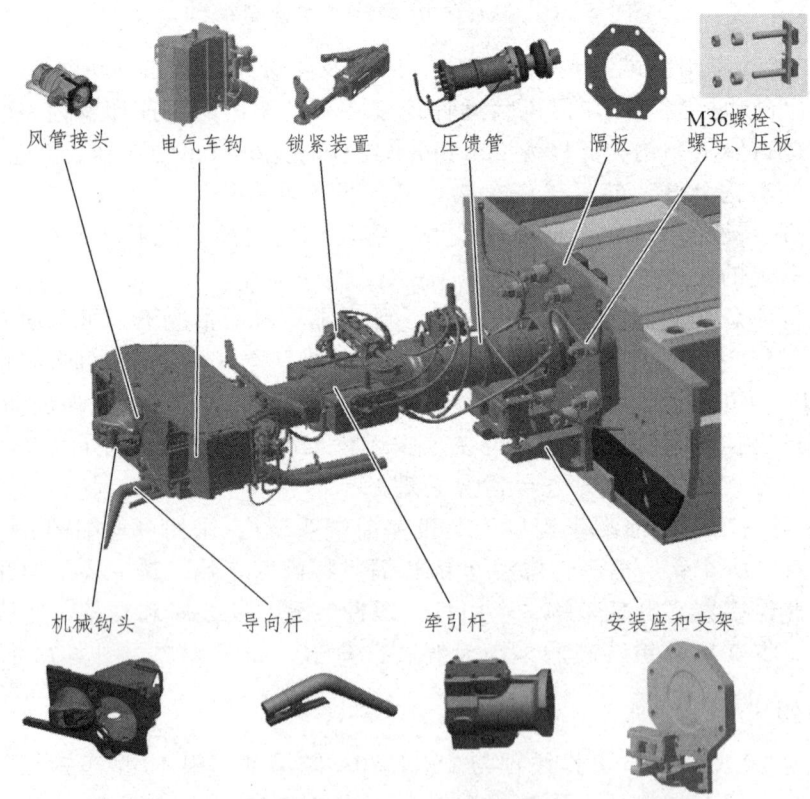

图 4-73　CRH380B 型动车组前端车钩分解图

2. 风管连接器

机械车钩上部安装有制动管连接器（BP 阀），下部安装有总风管连接器（MRP 阀）和解钩风管连接器（UC 阀），如图 4-74 所示。

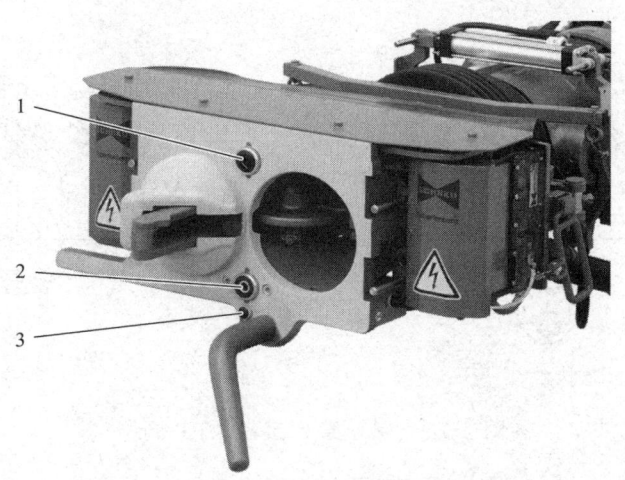

1—制动管连接器（BP 阀）；2—总风管连接器（MRP 阀）；3—解钩管路连接器（UP 阀）。

图 4-74 风管连接器

1）制动管连接器

制动管连接器（BP 阀）位于车钩表面上部分的中心处，结构如图 4-75 所示。连接装置的管头（包括接头和密封圈）突出车钩表面约 8 mm，在连接过程中将其压下，使其与配对车钩的管头相接触。采用这种方法，空气连接装置可良好密封。止动环可以防止管头从孔中脱落。制动管连接器配有由车钩控制的阀门，该阀门保证制动管在连挂和解钩过程中自动开关。如果车钩损坏，制动管路保持打开状态，车辆会触发紧急制动直至停车。图 4-76 所示为制动管在已连挂和车钩损坏时阀门的位置状态。

2）总风管连接器和解钩风管连接器

总风管连接器（MRP 阀）和解钩风管连接器（UP 阀）位于车钩表面下部分的中心处。总风管连接器的管接头（包括接头和密封圈），突出车钩表面约 8 mm，在连接过程中将其压下，使其接触配对车钩的管头，如图 4-77 所示。总风管连接器配有压力阀，保证在车钩断开时关闭 MRP 管道。在连挂过程中，两配对车钩的阀门推杆在弹簧的作用下，可保证总风管 MRF 始终处于开放状态。

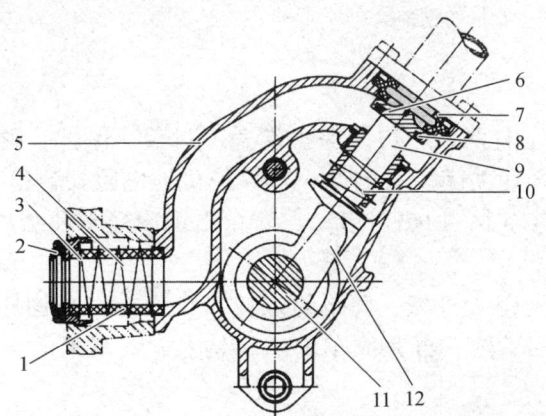

1—橡胶管；2—密封圈；3—接头；4—压力弹簧；5—阀室；6—阀板；7—密封圈；
8—橡胶圈；9—凸轮盘销子；10—压力弹簧；11—主销；12—凸轮。

图 4-75 制动管连接器（BP 阀）（准备连挂位置）

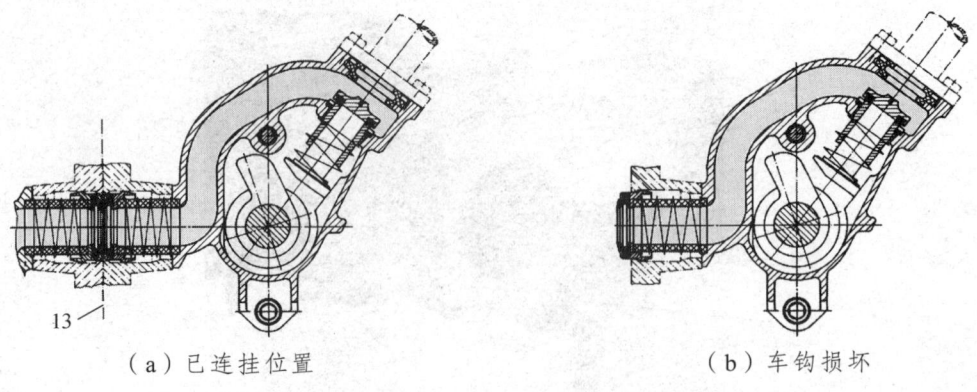

（a）已连挂位置　　　　　　　　　（b）车钩损坏

图 4-76　制动管连接器（BP 阀）

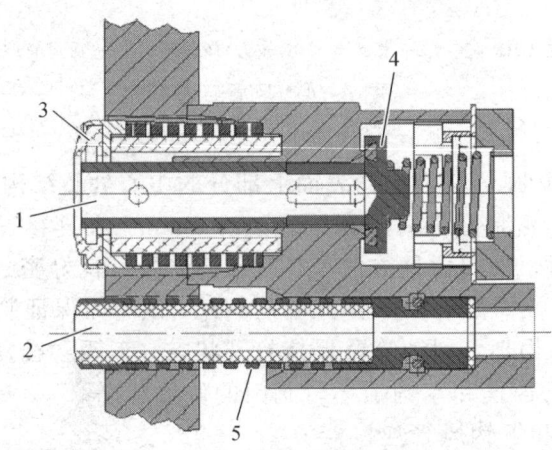

1—总风管空气管路；2—解钩空气管路；3—密封圈；4—阀门推杆；5—压缩弹簧。

图 4-77　总风管连接器（MRP 阀）和解钩风管连接器（UP 阀）

解钩风管连接器是通过一个铜管连接到解钩气缸控制阀出口端的空气管路上。接头的结构与制动管、总风管接头基本相同。解钩空气管路只有在解钩时才导入压缩空气，所以不需要压力阀门，但有一个压缩弹簧。

3. 电气车钩

电气车钩位于车钩左右两侧，均设保护端盖（封盖）保护，避免处于解编位置时被污染，保护端盖能自动打开和关闭。每侧设一个保护接地电阻器。电气车钩外壳中有加热器，当外界温度低于大约 5 ℃ 时，加热器启动，防止出现冷凝水和结冰，降低了触头断裂和短路的风险。

当车钩连挂时，首先完成机械、气路的连接，然后电气车钩伸出完成电路的连接。解钩时，首先电气车钩缩回，然后再完成车钩的解钩。电气车钩的伸出和缩回是通过推送机构完成的。

电气车钩推送机构位于机械车钩上。由导向元件、操纵杆和工作气缸组成。导向装置固定在机械车钩外壳的两侧，每侧都有控制杆和导向杆。在任意一侧，控制杆下方都有一个销钉从上方啮合电气车钩端盖，作为端盖打开或关闭运动的枢轴。电气车钩外壳沿着导向杆滑动。操纵杆的一侧靠电气车钩外壳的传动装置（轴承座）支撑，另一侧固定在气压缸的活塞杆上。操纵杆包括预载弹簧元件和将杠杆固定于适当位置的止点位置。轴带有六角头（用于手动操作电气车钩）。气缸的外壳安装在机械车钩外壳上。电气车钩推送机构如图 4-78 所示。

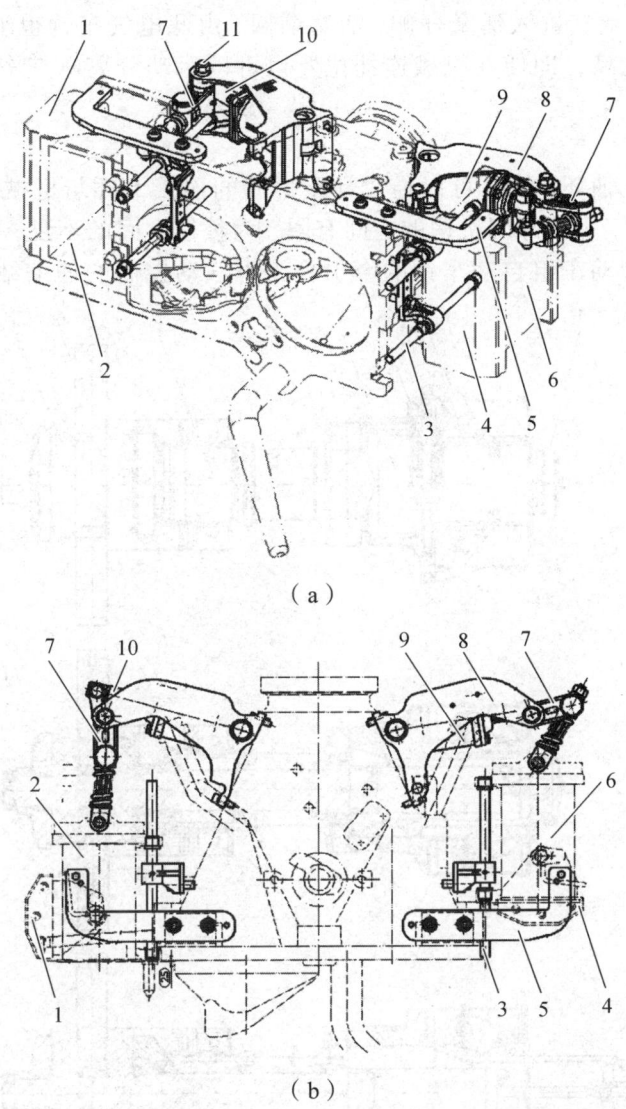

1—打开的端盖；2—推出的电气车钩；3—导向杆；4—关闭的端盖；5—控制杆；6—缩回的电气车钩；7—操作杆；8—轴承座；9—气缸；10—气缸活塞杆；11—六角头。

图 4-78　电气车钩推送机构

电气车钩推送机构可实现两辆机械连挂车辆之间电气车钩的自动及手动连挂和解钩。弹簧元件确保两个电气车钩外壳彼此受力均匀地压在一起，同时触头可靠连接。由于存在止点位置，即使没有施加气动力，电气车钩也会保持在当前位置。电气车钩外壳在导向杆上沿着直线方向前后移动。控制杆自动打开或关闭端盖。操纵杆机械连接工作气缸和电气车钩外壳，允许调整电气车钩的凸出和手动操作电气车钩。

向气缸不同方向充入主风管的压缩空气，由此产生双向作用力。当机械连挂时，车钩锁转至连挂位置。主风管压缩空气进入气缸的活塞侧，活塞杆伸出，电气车钩向前移动，打开端盖；两个电气车钩外壳接触、对准并相互挤压，完成电气连接。即使电气车钩操作装置被停用，车钩仍可以进行机械和气路连挂，电气车钩保持收缩状态。解钩时，车钩锁转到解钩位置。压缩空气进入活塞杆侧，活塞缩回，由此电气车钩也缩回。端盖自动关闭。如果气动系统发生故障，即使在机械连挂位置也可以手动分离电气车钩。

4. 牵引杆

牵引杆前端配有轴环，使之可以通过易于拆卸的连接卡环与机械车钩连接，牵引杆后端与压溃管相连。由于头罩开闭机构的空间有限，为补偿空间的不足，使连挂有足够的运动自由量，CRH380B型动车组自动车钩的牵引杆为可气动控制的伸缩结构，如图4-79所示。

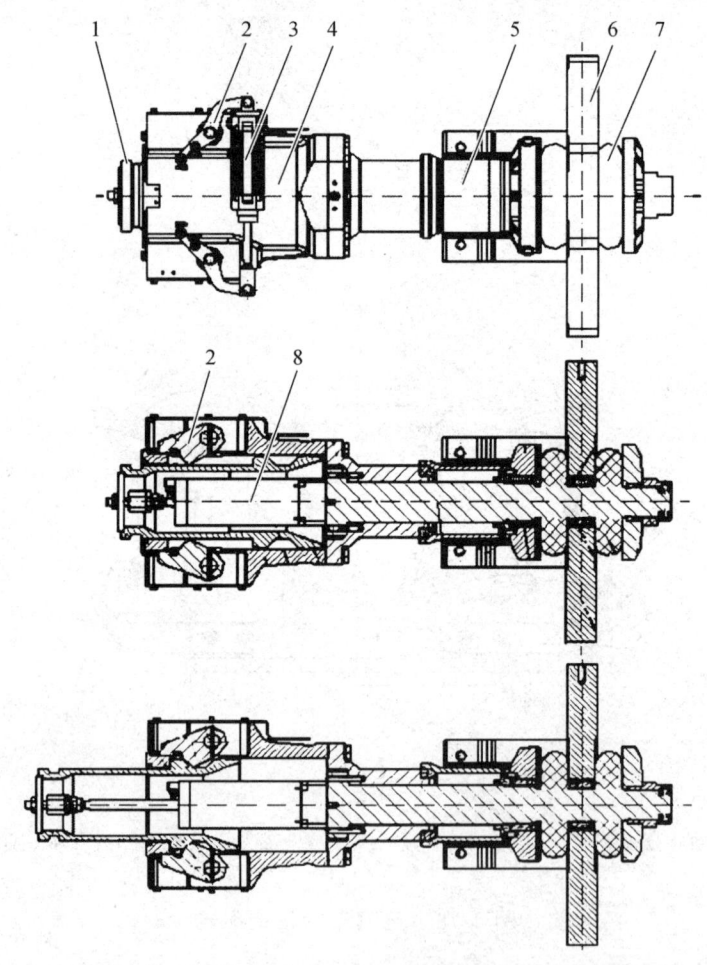

1—轴环；2—锁闭装置；3—锁闭装置气缸；4—牵引杆；5—压溃管；6—安装座；7—橡胶环缓冲器；8—内管气缸。

图4-79 钩身结构及伸缩示意

当动车组需要重联或救援作业时，头罩开闭机构打开，自动车钩伸出，不需要时自动车钩缩回，不影响头罩开闭机构的正常闭合。为实现自动车钩的伸出、缩回、锁定、解锁等相互动作的逻辑关系，车钩设计有一套控制系统来支持此需求。

控制系统由牵引杆处的电气装置和气动装置组成，电气装置包括接近开关、感应传感器等，气动装置包括三个电磁阀、滤网、阀门挺杆、紧急空气注入口等。

伸出车钩时，控制系统将给锁闭装置气缸充气，以释放牵引杆伸缩装置上的两个横向锁销，感应传感器将发送"伸缩装置已解锁"信号给司机室。一旦收到"伸出伸缩装置"信号，则通过阀门从后侧对牵引杆的内管气缸充气，使其向前移动，将机械车钩推到完全伸出位置。伸出动作结束后锁销将重新啮合，将钩身固定在其延伸位置。感应式接近开关向司机室发送车钩已伸出和伸缩装置已锁定信号。

缩回车钩时，牵引杆伸缩装置上的两个横向锁销将被释放。感应传感器将发送"伸缩装置已解锁"信号给驾驶室。一旦收到"缩回伸缩装置"信号，则通过阀门从前侧对牵引杆的内管气缸加压，使其向后移动。锁销重新啮合，将钩身固定在其缩回位置。感应式接近开关向司机室发送车钩已收缩和伸缩装置已锁定信号。

5. 缓冲装置

缓冲装置由一个可逆部分和一个不可逆部分组成，如图4-80所示。可逆部分采用橡胶环缓冲器，橡胶环承受牵引力和缓冲力以及垂直和水平方向的再生式旋转，并起到对中装置的作用。

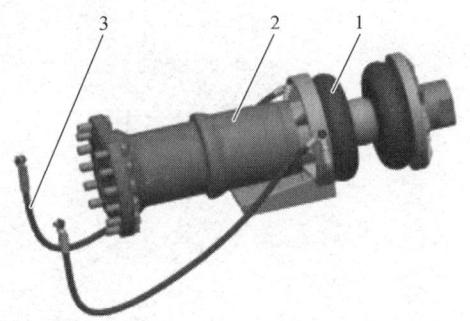

1—橡胶环缓冲器；2—压溃管；3—接地线。

图 4-80 缓冲装置

超过橡胶环缓冲器吸收能力的能量会被分散到钩身的压馈管中，这时钩身的压馈管将产生永久塑性变形。压溃管是以破坏性方式缓冲超出车钩额定压缩力的能量。压溃管将超负荷能量转换为摩擦和变形能量，一个有预设压力的冲头安装其上。运行时，预设压力保证在受到拉力或缓冲力时的统一传递。超负荷能量将冲头压入变宽的压溃管。撞击能量转化为摩擦和变形能量。整个行程内保持不间断吸收能量。撞击后，压溃管与钩身产生间隙，产品无法再使用。需要安装新的压溃管才能再次操作产品。

6. 安装座和支架

车钩通过安装座安装于车体车钩安装面，安装座与车体间安装隔板后，用螺栓固定。

支架承受着车钩的大部分重量，通过精确设定的弹力来支撑起车钩。车钩的倾斜角度可以通过安装在支架下方的两个调节螺栓来调整，如图4-81所示。

1—调整螺钉；2—滑板；10—六角头螺钉；15—六角螺母；16—埋头螺钉；
20—调整金属板；21—通道段；22—支撑弹簧。

图 4-81 安装座和支架

7．连接卡环

采用易于拆除的卡环连接，将钩身连接到机械车钩上。卡环连接由上卡环和下卡环组成，下卡环有排水孔，通过 4 个六角螺栓连接，如图 4-82 所示。

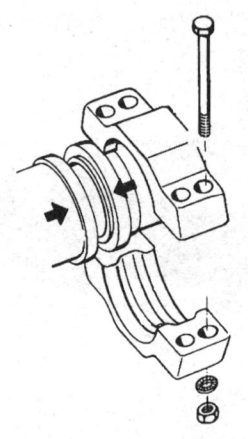

图 4-82 连接卡环

8．接地装置

接地线连接到车钩，以分路电流和绕过非传导性的元件。接地线位于：机械车钩和钩身之间、钩身和钩身之间、钩身和底架之间。

9．技术参数

1）车钩

压缩屈服强度　　　　　　　　1 500 kN
拉伸屈服强度　　　　　　　　850 kN
车钩伸出时的长度　　　　　　（1 720±5） mm
车钩缩回时的长度　　　　　　（1 520±5） mm
车钩摆角　　　　　　　　　　水平方向约±12°、垂直方向约±3°

2）缓冲器

压缩方向（橡胶环缓冲器）	最大阻抗力约 1 400×（1±10%）kN
	最大行程约 40 mm、能量吸收约 22 kJ
拉伸方向（橡胶环缓冲器）	最大阻抗力约 850×（1±10%）kN
	最大行程约 30 mm、能量吸收约 18 kJ
压溃管触发力	约 1 500×（1±10%）kN
压溃管行程	约 150 mm
压溃管能量吸收	约 222 kJ
前端车钩质量	约 650 kg
电钩芯数	2×75 个

二、中间车钩

CRH380B 型动车组中间车钩采用半永久车钩，如图 4-83、图 4-84 所示。

图 4-83　半永久车钩

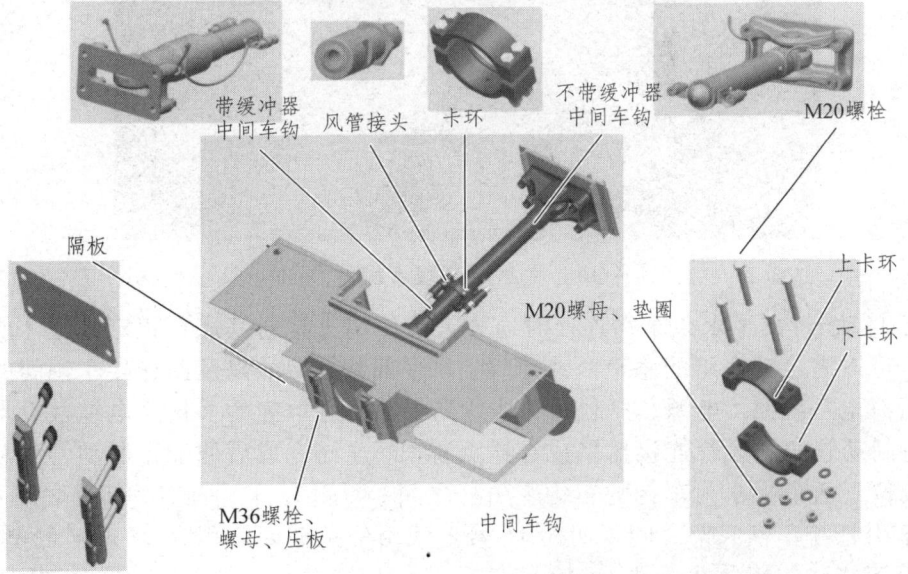

图 4-84　半永久车钩安装示意图

1. 概述

半永久车钩是一个由两部分组成的联合体,其中一个带有缓冲器,如图 4-85 所示。两部分通过连接卡环连接在一起,这种连接方式具有刚性好、无松脱、安全性高的优点。连接后如图 4-86 所示。

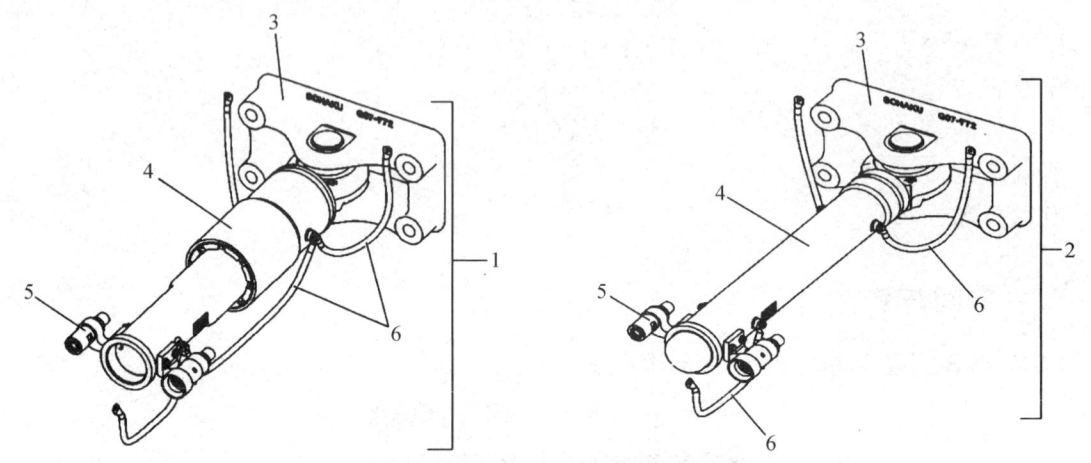

1—带缓冲器半永久车钩;2—不带缓冲器半永久车钩;3—轴承座;4—车钩牵引杆;5—风管连接器;6—接地线。

图 4-85　半永久车钩结构图

图 4-86　半永久车钩连接示意图

相比于自动车钩,半永久车钩连接时需要人工使用工具对其进行锁定操作才能完成连接及分解。可以满足动车组的垂直曲线运动、水平曲线运动,以及两连接车辆间的相对旋转运动。所有电气线路(电源、控制和总线线路)都通过单独的多接头电缆敷设至连挂车辆。动车组制动管和总风管连接器集成在钩头正面,连挂完成后两辆车制动管和总风管接通。接地线位于两个半永久车钩的车钩牵引杆之间(两侧);车钩前、后部分之间(两侧);以及车钩牵引杆与车辆底架之间(两侧)。接地线由一条截面面积为 95 mm^2 的电缆组成,用来引导电流绕过非传导性部件。

2. 缓冲器

带缓冲器半永久车钩的车钩牵引杆上装有缓冲装置，该缓冲装置包括一个气-液缓冲器和一个金属环弹簧缓冲器，结构如图 4-87 所示。车钩在受到拉伸和压缩时分别作用在不同的缓冲器上，实现缓冲吸能。车钩受拉时，环弹簧受到挤压，通过内外环弹簧之间的摩擦吸收冲击能量。受压时，则通过气-液缓冲器进行缓冲。工作原理与 CRH380A 统型动车组自动车钩缓冲器相似。

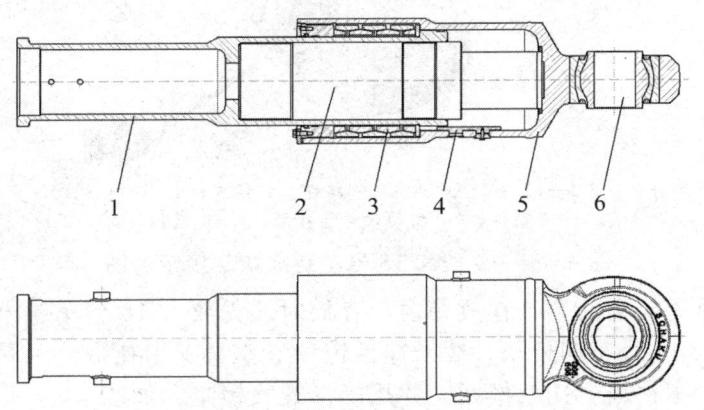

1—中间件；2—气-液缓冲器；3—环弹簧；4—防（旋）转装置；5—弹簧套；6—拉环。

图 4-87　半永久车钩缓冲器结构图

3. 技术参数

1）车钩

压缩屈服强度　　　　　　　　　1 500 kN
拉伸屈服强度　　　　　　　　　1 000 kN
带缓冲器半永久车钩长度　　　　（1 131±5）mm
不带缓冲器半永久车钩长度　　　（1 131±5）mm
车钩摆角　　　　　　　　　　　水平方向约±20°、垂直方向约±7°

2）缓冲器

拉伸方向（环弹簧）　　　　　　最大阻抗力约 600 kN、最大行程约 23 mm
　　　　　　　　　　　　　　　能量吸收约 7.8 kJ
压缩方向（气-液缓冲器）　　　　最大阻抗力约 800 kN、最大行程约 62 mm
　　　　　　　　　　　　　　　能量吸收约 40×（1±10%）kJ
带缓冲器半永久车钩质量　　　　约 280 kg
不带缓冲器半永久车钩质量　　　约 192 kg

三、过渡车钩

CRH380B 型动车组配备两套过渡车钩，存放于 01/08 车车钩存放箱内，机车通过过渡车钩牵引/拖曳动车组用于回送和救援。每套由两个过渡车钩模块组成，分别是 10 型车钩模块和 15 号车钩模块，两模块连挂后如图 4-88 所示。

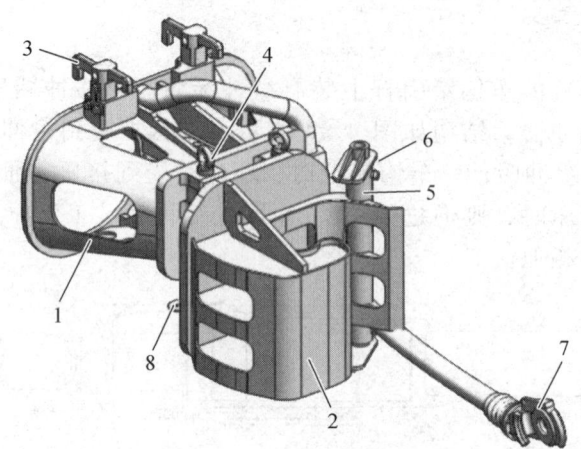

1—10型车钩模块；2—15号车钩模块；3—辅助挂钩组成；4—连接销；5—防跳架；
6—自锁销；7—制动软管连接器；8—R型销。

图4-88 10型和15号车钩模块连接示意图

过渡车钩存放于头车的车钩存放箱内。存储时，先放入10型车钩模块，插入连接销和R型销；再放入15号车钩模块，插入连接销和R型销；用扎带分别固定10型和15号过渡车钩，把过渡车钩箱上托架推回，并用蝶形螺栓锁定，如图4-89所示。

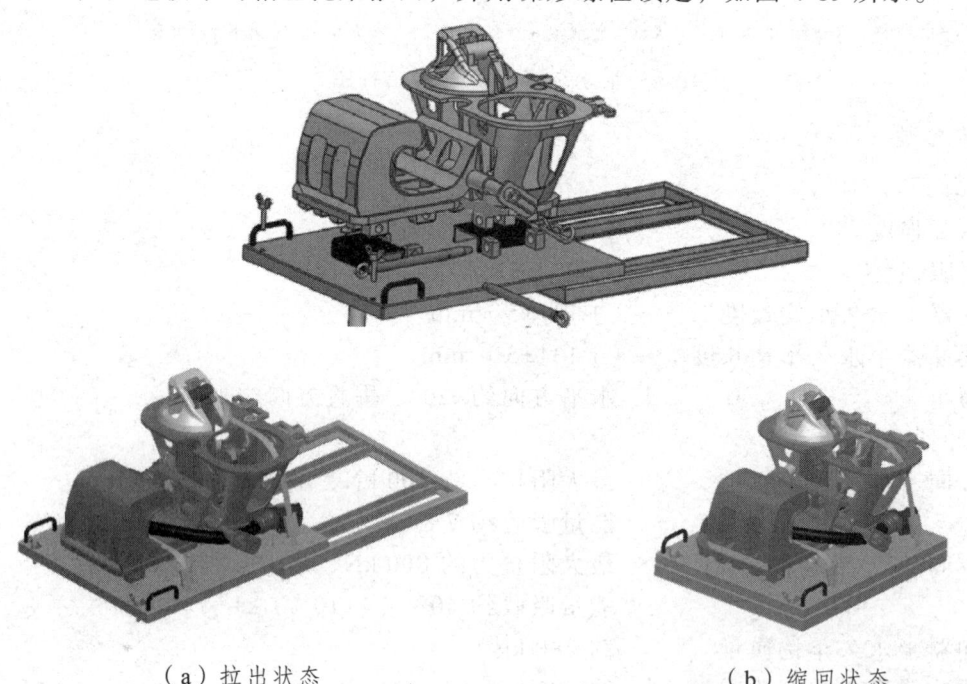

（a）拉出状态　　　　　　　　（b）缩回状态

图4-89 过渡车钩的存放

四、风挡

CRH380B型动车组采用双层折棚内风挡和压缩式外风挡，如图4-90所示。

微课：CRH380B型动车组风挡及连接器

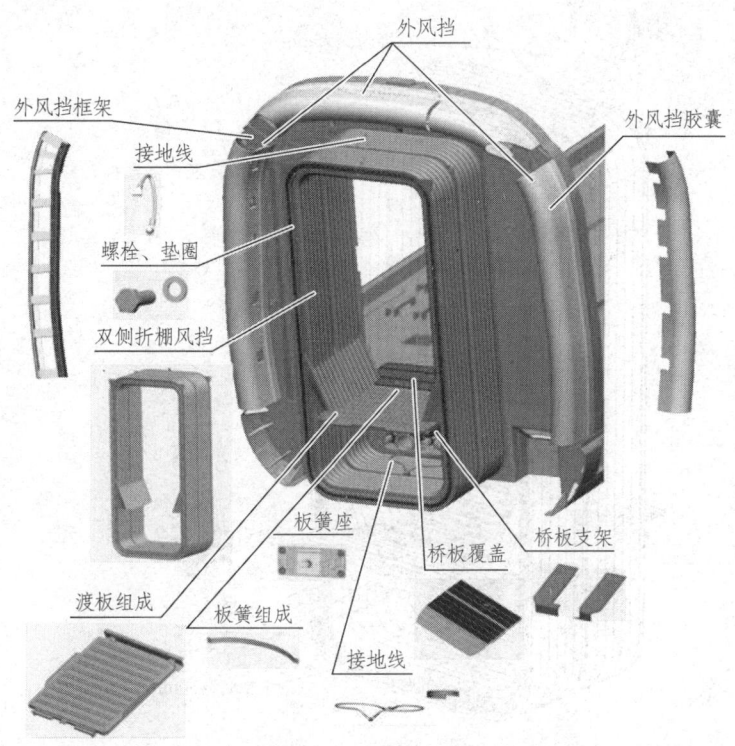

图 4-90　CRH380B 型动车组风挡系统

（一）内风挡

内风挡采用结构简单具有足够刚度和阻尼的大尺寸双层折棚风挡，以抑制车体侧滚、摇头等相对运动。为降低空气阻力，中间车钩被包络在内风挡的内部。双层折棚风挡主要由双层波浪式折棚、渡板、支架、桥板覆盖、桥板支架、板簧等部分组成，如图 4-91 所示。

1. 双层波浪式折棚

双层波浪式折棚包括两个安装框，一个中间框和一个地板覆盖。双层波浪式折棚由柔软的棚布制成。内波浪向外张，外波浪向内张，凹凸而形成波浪。棚布由特殊材料制成，并用铝型框夹制连接而成。铝框能保证折棚的稳定性，以及棚布的灵活性。棚布末端的夹制实现折棚与安装框（在车厢端头侧）和中间框（风挡的中间）的连接。接地的电缆位于安装框上、下部分。

2. 带支架的渡板

渡板在运行状态时为乘客提供一个安全通道。渡板的设计能够吸收车辆间的相对运动，因此风挡不会产生缝隙或其他间隔。这使得乘客在车辆运行时自由的通过风挡。渡板包括支架、连接板、框架踏板以及滑动部件，如图 4-92 所示。

3. 带锁紧装置的支架

带锁紧装置的支架可以与渡板分解以便向上翻转或清洁。支架上安装有两个轮子，轮子用垫圈和开口销固定，并且将防滑条和两块磨耗板铆接在支架上，如图 4-93 所示。

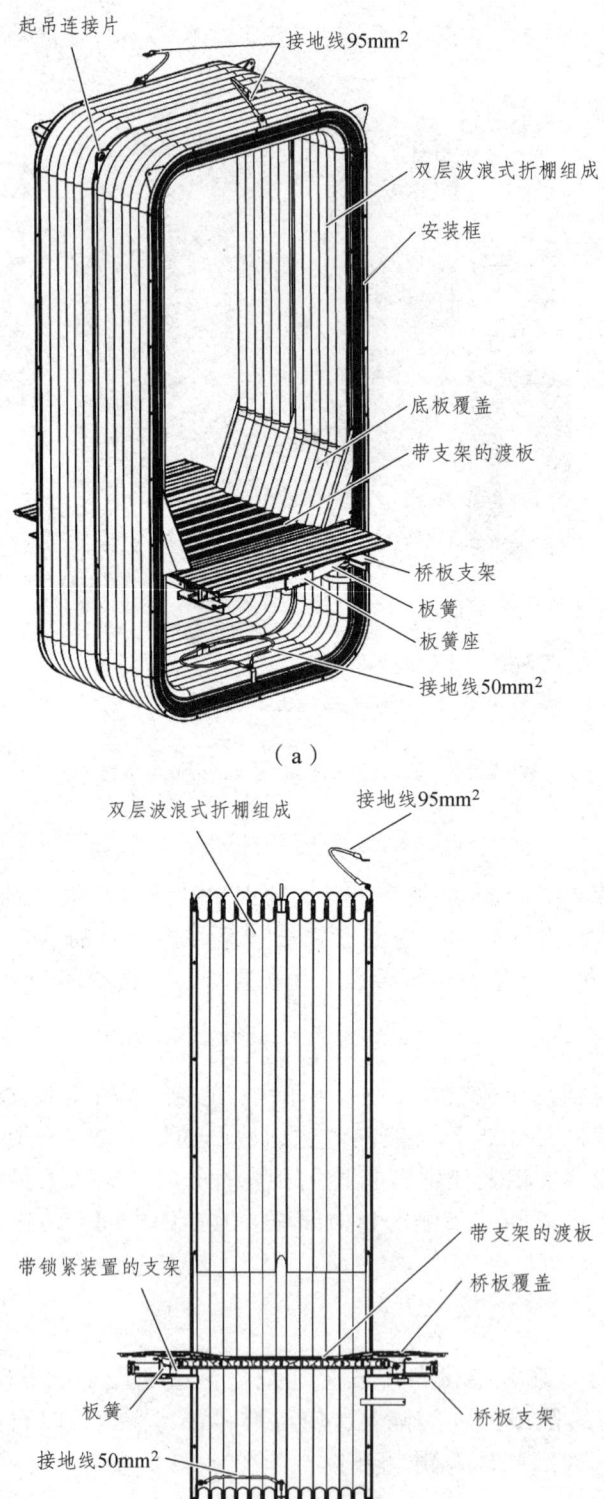

图 4-91 双层折棚风挡结构图

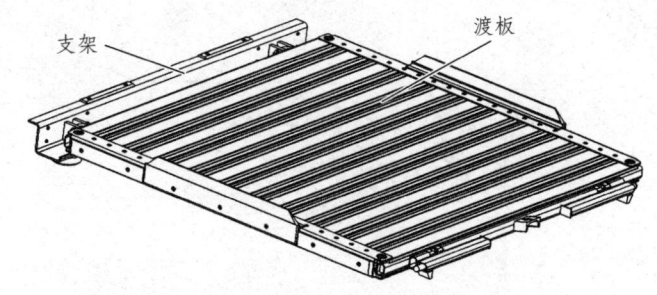

图 4-92　带支架的渡板

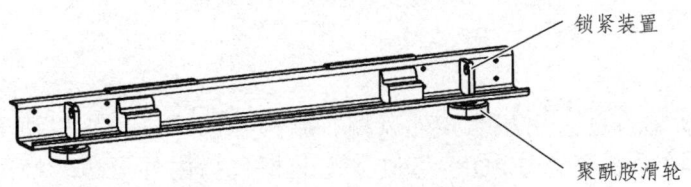

图 4-93　带锁紧装置的支架

4. 桥板覆盖

桥板覆盖用于覆盖车体和渡板之间的间隙。桥板覆盖包括地板、翻板、铰链支架和防滑条。桥板覆盖用内六角圆柱头螺栓与车体连接，如图 4-94 所示。

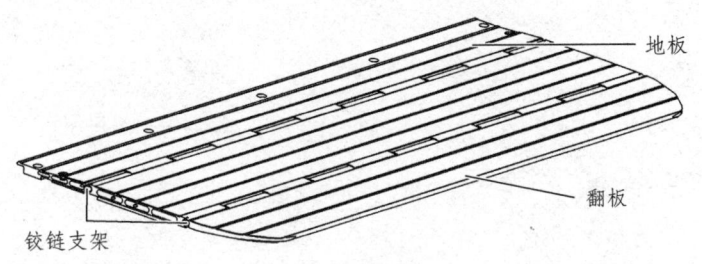

图 4-94　桥板覆盖

5. 桥板支架左、右

用两个 M8 沉头螺栓将桥板支架安装在底架前端上，并作为渡板与另一端车体相连的支撑，如图 4-95 所示。

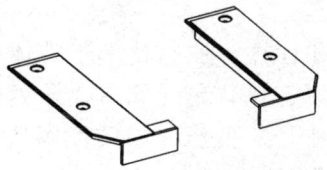

图 4-95　桥板支架左、右

6. 板簧、板簧座和夹紧件

用 4 个 M8 沉头螺栓将板簧座安装在车体底架前端上，用夹紧件将板簧固定在板簧座上，如图 4-96 所示。

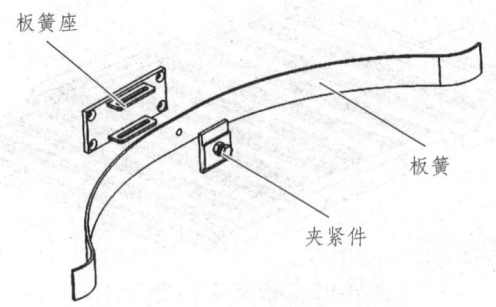

图 4-96 板簧、板簧座和夹紧件

（二）外风挡

CRH380B 型动车组也采用压缩式外风挡，结构与 CRH380A 型动车组外风挡相似，由胶囊与安装框组成，胶囊为 EPDM 橡胶，安装框包括内外围边、横梁及内外压条，胶囊通过紧固件固定在安装框上，安装框通过紧固件固定在车体端墙上，如图 4-97 所示。外风挡由三部分组成，分别位于两侧和顶部（顶部外风挡分为两部分）。

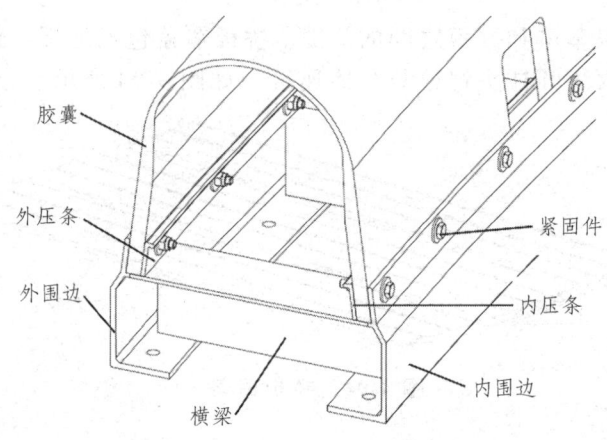

图 4-97 压缩式外风挡

五、电气连接

由于动车组是集机械、电气和计算机控制技术于一体的现代运输工具，同时基于动力分散式的布置方式，各级控制单元与执行单元间有大量的信息相互传输。因此，在各个相对独立的车厢间必须建立高压、中压、低压，以及控制信息电气线路的连接通路，其中 8 辆编组的 CRH380B 型动车组还设有端部电力连接器，即自动车钩上的电气车钩。车厢间电气连接如图 4-98 所示。

车厢间电气连接的配置情况如表 4-1 所示。

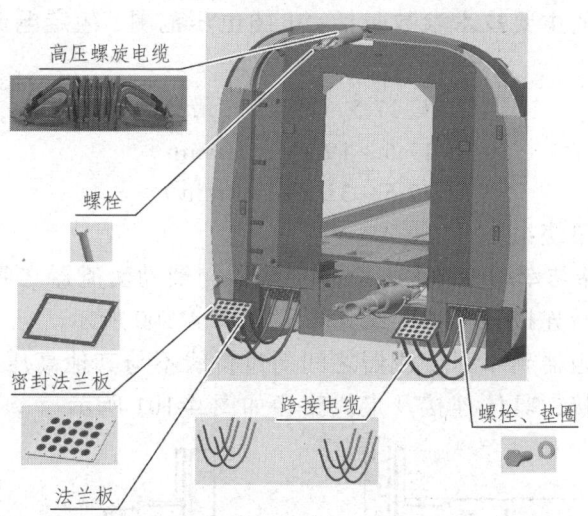

图 4-98　CRH380B 型动车组车厢间电气连接

表 4-1　车厢间电气连接配置表

连接类型	连接形式	组成
高压供电连接	螺旋双绕组连接	螺旋双绕组电缆
	端子电缆连接	端子、特殊电缆
中压供电连接	端子电缆连接	端子、特殊电缆
低压供电连接	连接器电缆连接	Harting 连接器、特殊电缆
控制与通信连接	连接器电缆连接	Harting 连接器、特殊电缆

1. 高压供电连接

高压供电连接主要是两个受电弓之间的 25 kV 高压电连接；其次就是从主变压器向牵引变流器的供电以及牵引变流器向辅助变流器的供电连接；此外，还包括从过电压限制电阻到牵引变流器之间的连接。

其中，两个受电弓之间的高压连接主要由车顶高压电缆及螺旋形双绕组电缆（车间跳线）组成，如图 4-99 所示。

图 4-99　车顶高压连接

螺旋双绕组电缆的主要技术参数包括：电缆电压范围、额定电流和使用故障率等，具体值如下：

电缆电压范围　　　　　　AC 17.5~29 kV，最高 AC 31 kV
　　　　　　　　　　　　（17.5~19 kV，10 min）
　　　　　　　　　　　　（27.5~31 kV，5 min）

电缆额定电流（单绕组）　　250 A

此外，牵引变压器与牵引变流器、牵引变流器与辅助变流器之间的过桥线均用特殊电缆通过螺接式端子进行连接，具体的结构形式如图 4-100 所示。

从过电压限制电阻器到牵引变流器之间的过桥线不与其他高压电缆并行，与半永久车钩伴行，和邻车相连接，具体连接及走线路径如图 4-101 所示。

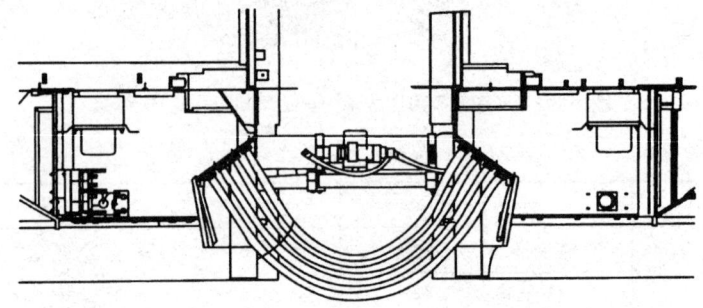

图 4-100　车辆间电缆连接

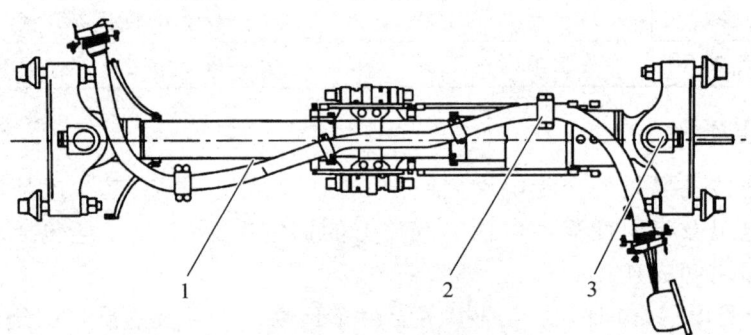

1—过电压限制电阻过桥线；2—固定线卡；3—半永久车钩。

图 4-101　过电压限制电阻过桥线

2. 中压供电连接

中压供电连接主要是指从 TC 车向 EC 车供辅助用 440 V 交流电，以及从 BC 和 FC 向 IC 供辅助用 440 V 交流电。其与高压电连接一样，中压供电也是通过接线端子排用的专用过桥电缆连接，与高压供电走同样的位置。

3. 低压供电连接

低压供电连接主要是指直流 110 V 的电池供电连接，以及控制用直流电供电连接。直流 110 V 电池供电是通过螺接式端子排用的专用电缆来实现两车之间的电气互连，控制用直流电是通过 Harting 连接器用专用的电缆进行两车之间的电气互连。

4. 控制与通信连接

控制与通信连接主要包括 PIS/UIC 总线连接，还包括 MVB 或 WTB 和其他数据电缆的连接，主要是通过 Harting 连接器，采用专用电缆进行数据的传输。连接器分别把高压、中压和低压相连接，并分别安置在车体结构形成的两个空腔中。由于高压在一个腔里，中、低压和数据在另一个腔里，因此能有效地预防电磁干扰。

知识拓展二　CR400AF 型动车组车端连接装置

CR400AF 型动车组车钩缓冲装置采用统型方案，满足互联互通要求。前端车钩采用 10 型自动车钩，配置气液缓冲器和压溃管；中间车钩采用半永久车钩，配置气液缓冲器和压溃管；过渡车钩采用统型过渡车钩。

CR400AF 型动车组车钩配置方案与 CRH380A 型动车组相比：各车辆连接断面配置气液缓冲器，吸能容量大；前端车钩设后置压溃管，中间车钩设前置压溃管，车钩系统吸收碰撞能量的能力大幅提升；为适应低温运营环境，前端车钩设置加热及控制装置；修程延长，可降低车钩全寿命周期维护成本。

一、前端车钩

CR400AF 型动车组前端车钩为 10 型自动车钩。主要由连挂系统、缓冲系统、安装吊挂系统、连接卡环和压溃管等部分构成，如图 4-102 所示。

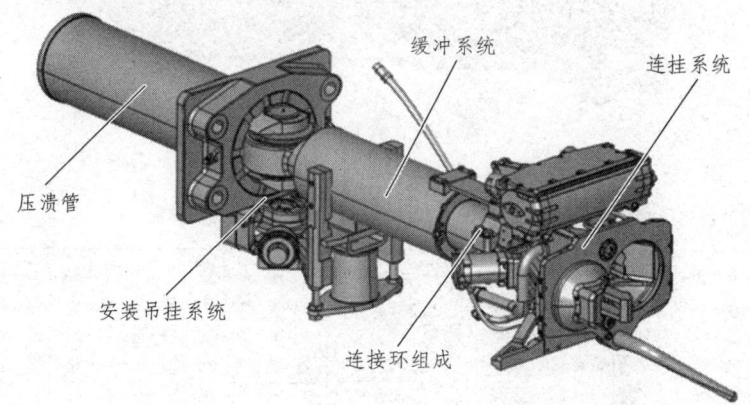

图 4-102　CR400AF 型动车组前端车钩结构图

1. 连挂系统

连挂系统用于实现车辆间的机械、气路和电气的连接，并作为风管连接器和电气车钩的安装载体，具有连挂到位指示功能。连挂系统由机械车钩、电气车钩、风管连接器和电气车钩推送机构组成，如图 4-103 所示。

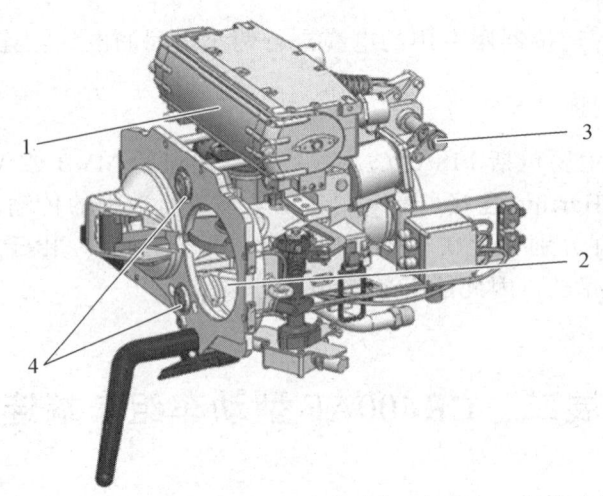

1—电气车钩；2—机械车钩；3—电气车钩推送机构；4—风管连接器。

图 4-103　连挂系统

机械车钩为 10 型车钩，用于实现车钩之间的机械和气路的连挂分解，在机械车钩的侧面安装有连挂指示器。

电气车钩安装在推送机构上，用于实现动车组之间的电气信号的连接。并具有电气车钩推出和缩回位置信号反馈装置，电气车钩如图 4-104 所示。按统型要求，电气车钩功能分区和插针定义统一，如图 4-105 所示。

图 4-104　电气车钩

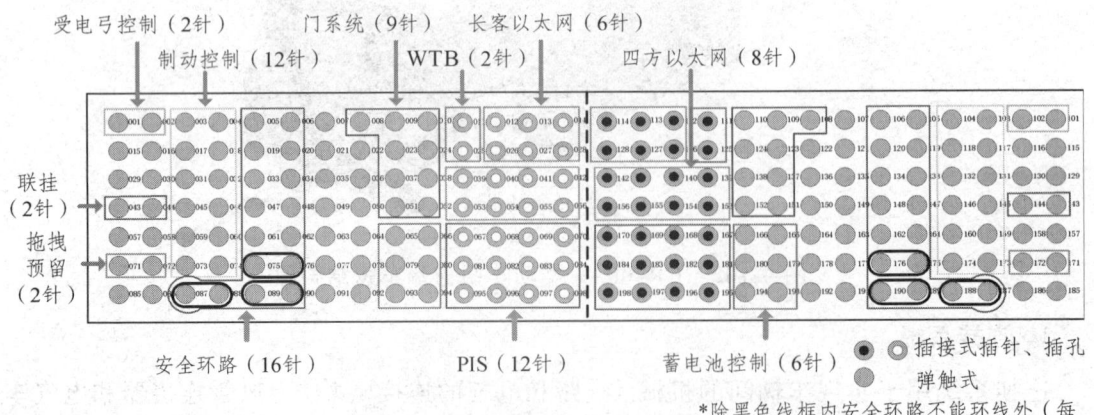

图 4-105　电气车钩功能分区

2. 缓冲系统

缓冲系统采用拉压独立的缓冲装置。缓冲装置在受拉时，环簧受到挤压，发生径向变形，同时在车钩轴向产生行程，在此过程中内外环簧之间发生摩擦吸收冲击能量，此时缓冲装置的最大行程为 30 mm。缓冲装置在受压时，气液缓冲器吸收冲击能量，车钩轴向产生行程，缓冲装置最大工作行程为 100 mm。缓冲系统结构如图 4-106 所示。另外，橡胶轴承也具有一定的拉伸和压缩的缓冲作用。

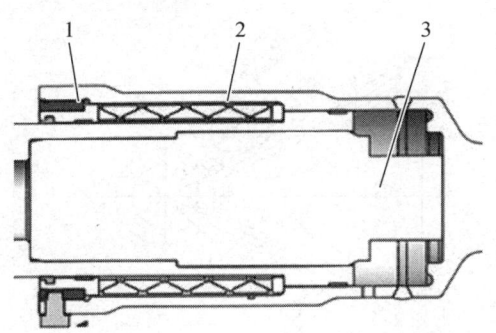

1—缓冲器壳体；2—环簧；3—气液缓冲器

图 4-106　缓冲系统

3. 安装吊挂系统

安装吊挂系统主要起 4 个作用：
（1）将前端车钩连接到车体并传递纵向力。
（2）使用悬臂结构支承前端车钩。
（3）当前端车钩在水平方向偏离中心线时，自动将其回复到中间位置，便于连挂。
（4）安装吊挂系统中的加压座也是压溃装置的加压装置。

安装吊挂系统的结构如图 4-107 所示。

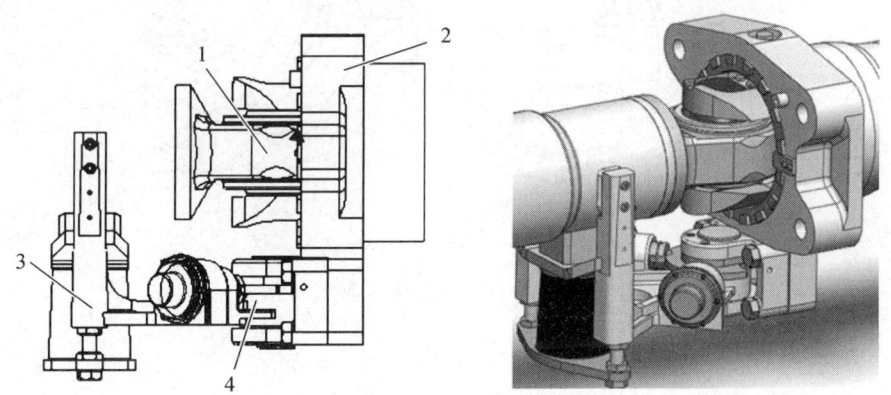

1—回转机构；2—安装座；3—支撑机构；4—对中机构。

图 4-107　安装吊挂系统

回转机构由加压座、钩尾销、拉环、橡胶轴承等结构组成。橡胶轴承安装在拉环和钩尾销之间，其作用是保证自动车钩能够在水平面和垂直面内一定范围内灵活转动。

前端车钩的支撑与钩高调整由支承机构来实现。当需要调整钩高时，先将支架下面锁紧螺母松开，然后调整支架下面的螺栓至合适位置，最后将锁紧螺母锁紧，即可实现钩高的调整。

前端自动车钩在横向外力作用下将偏离纵向中心线，外力撤销后通过对中机构中碟簧力的作用驱使自动车钩回复到纵向中心线位置，从而实现车钩的对中。对中机构结构如图4-108所示。

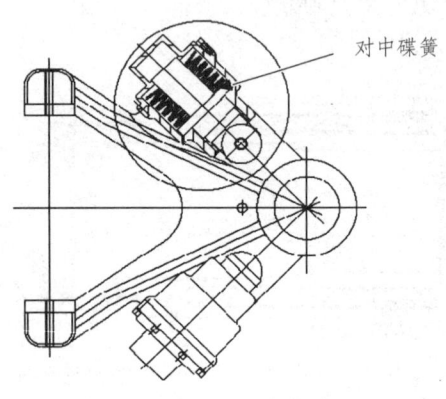

图 4-108　对中机构

4. 连接卡环

连接卡环用于连接缓冲系统和连挂系统，当缓冲系统和连挂系统的圆形法兰对齐后，分别放入上下两半卡环，然后将卡环螺栓螺母拧紧即实现连接。连接卡环结构如图4-109所示。

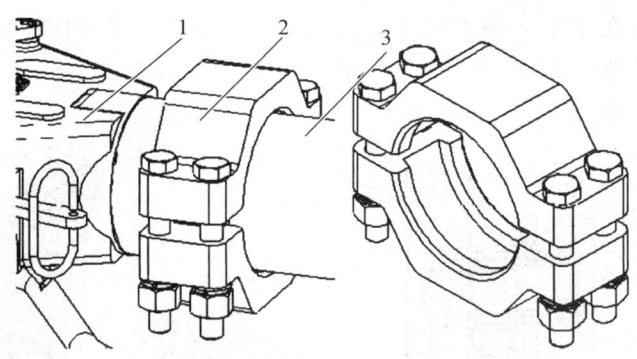

1—连挂系统；2—连接卡环；3—缓冲系统。

图 4-109　连接卡环

5. 技术参数

1）车钩

压缩屈服强度	1 500 kN
拉伸屈服强度	1 000 kN
前端车钩长度	1 500 mm
车钩回转中心到安装座底面距离	140 mm

车钩距轨面高度	1 000 mm
车钩摆角	水平方向≥±25°、垂直方向≥±6°

2）缓冲器

拉伸方向（环簧）	最大阻抗力约 600 kN、最大行程约 30 mm
压缩方向（气液缓冲器）	最大阻抗力约 1 000 kN、最大行程约 100 mm
能量吸收率	≥65%
压溃管触发力	1 500 kN
压溃管行程	600 mm
前端车钩质量	约 670 kg
电钩芯数	196
电钩 IP 等级	单体 55、连挂 56

二、中间车钩

CR400AF 型动车组中间车钩采用半永久车钩，包括带压溃管半永久车钩和带缓冲器半永久车钩两种，成对配合使用，如图 4-110 所示。两种车钩之间用连接卡环进行手工连接，同时实现机械和气路的连通。

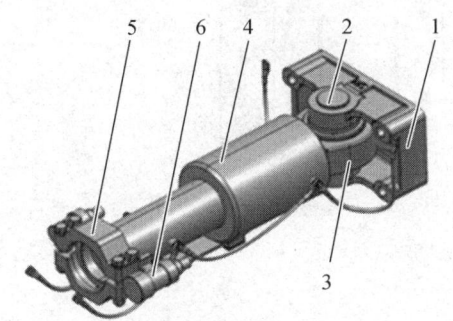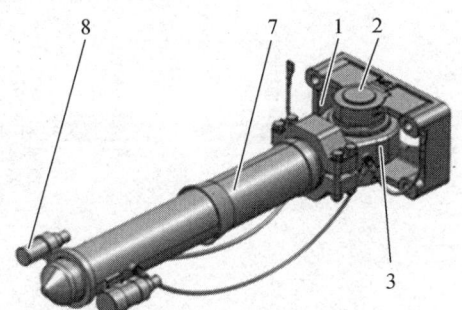

（a）带缓冲器半永久车钩　　　　　　（b）带压溃管半永久车钩

1—安装座；2—钩尾销；3—橡胶轴承组成；4—缓冲系统；5—连接环；
6—风管连接器；7—压溃管；8—风管连接器。

图 4-110　半永久车钩结构图

1. 压溃管

带压溃管半永久车钩采用膨胀式压溃管。压溃管具有较大的能量吸收能力，当列车在运行或连挂过程中发生碰撞，钩缓装置受到的纵向压缩载荷大于设定值时，压溃管就发生作用产生塑性变形，最大限度吸收冲击能量，以达到保证车上人身安全和保护车辆设备的目的。压溃管上部设置了一个判断压溃管是否触发的指示销，当压溃管触发时，指示销被剪断，由此来判断压溃管触发。压溃管结构如图 4-111 所示。

在正常使用中，车钩缓冲装置在牵引工况时，牵引载荷会通过压溃管内部的刚性连接来传递，变形元件不受到影响；在压缩工况时，车钩缓冲装置压缩载荷远低于压溃管设定力值，变形元件不发生动作，压缩能量由气液缓冲器来吸收。

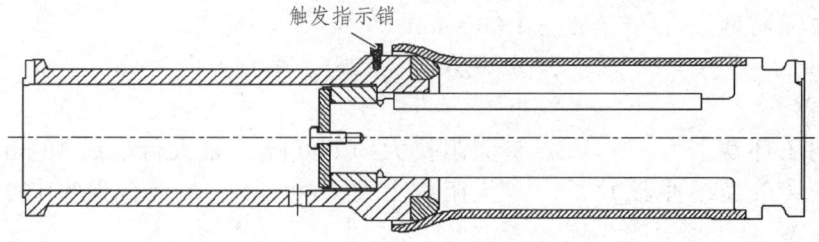

图 4-111 压溃管结构

2. 缓冲系统

缓冲系统主要由壳体、环簧缓冲器、气液缓冲器、钩尾销和橡胶轴承等组成，如图 4-112 所示。缓冲系统采用拉压独立的缓冲装置，受拉时环簧发生缓冲作用，受压时气液缓冲器起到缓冲作用。

钩尾销将橡胶轴承和安装座连接在一起，尾部的橡胶轴承可以保证车钩在水平和垂直方向上的转动及车钩围绕纵向中心线的扭转，从而保证车钩的安全运行

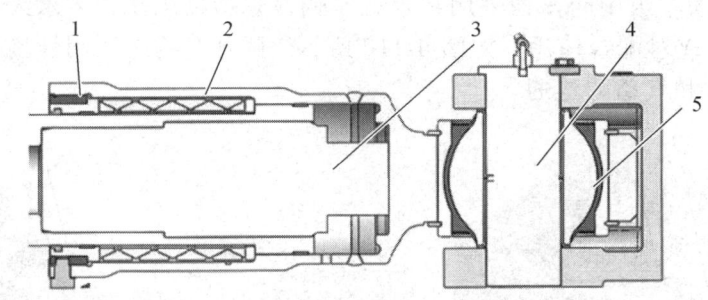

1—缓冲器壳体；2—环簧缓冲器；3—气液缓冲器；4—钩尾销；5—橡胶轴承。

图 4-112 缓冲系统

3. 技术参数

1）车钩

压缩屈服强度	1 500 kN
拉伸屈服强度	1 000 kN
带缓冲器中间车钩长度	1 010 mm
带压溃管中间车钩长度	1 290 mm
车钩回转中心到安装座底面距离	140 mm
车钩距轨面高度	935 mm
车钩摆角	水平方向≥±20°、垂直方向≥±6°

2）缓冲器

拉伸方向（环簧）	初压力约 60 kN、最大阻抗力约 600 kN
	最大行程约 23 mm
压缩方向（气液缓冲器）	初压力约 80 kN、最大阻抗力约 800 kN
	最大行程约 62 mm

能量吸收率　　　　　　　　≥65%
压溃管触发力　　　　　　　1 500×（1±10%）kN
压溃管行程　　　　　　　　350～380 mm
带缓冲器中间车钩质量　　　约 225 kg
带压溃管中间车钩质量　　　约 210 kg

三、过渡车钩

CR400AF 型动车组过渡车钩采用统型过渡车钩的两个模块（10 型过渡车钩模块和 15 号过渡车钩模块），每个模块质量小于 50 kg。列车配备了 2 套过渡车钩，存放于头、尾车工具柜，详细位置如图 4-113 所示。

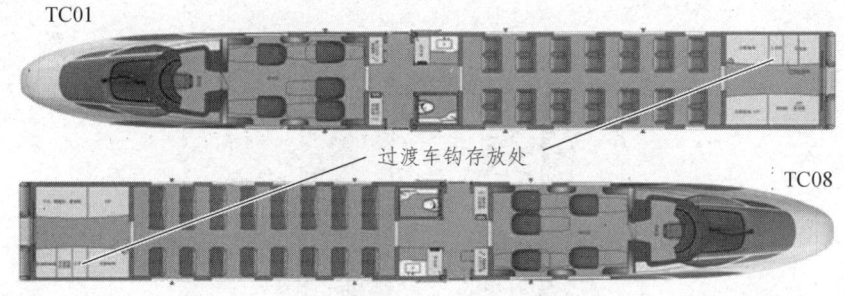

图 4-113　过渡车钩存放位置示意图

四、风挡

CR400AF 型动车组采用内风挡和外风挡的组合形式。内风挡采用一体式双层折棚包钩结构，两端可快速解编。外风挡为全包压缩式外风挡，表面与车体平滑过渡，底部两侧设置两处可快速拆卸的活动外风挡，方便检修车端连接部件，如图 4-114 所示。

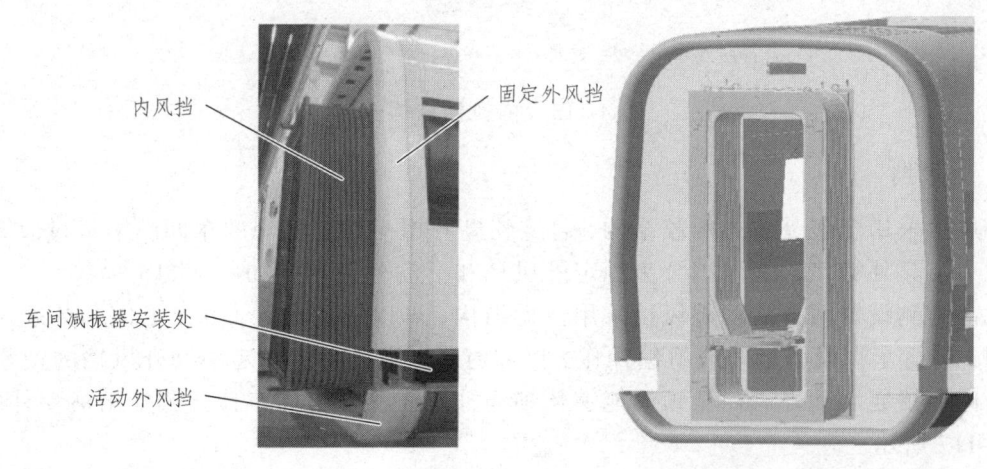

图 4-114　风挡

1. 内风挡

内风挡采用结构简单具有足够刚度和阻尼的一体式双层折棚包车钩结构,以抑制车体侧滚、摇头等相对运动,两端可快速解锁。主要包括:固定在车体上的过渡板、双层折棚组成、渡板、踏板等,具有贯通、密封、曲线通过、隔声、隔热、气密和水密性等功能。

双层折棚组成由内外折棚以及两个铰接框(对接框)组成。内折棚内部下方边缘处两侧的裙布(护裙)用于覆盖折棚和渡板之间的间隙。锁闭系统位于铰接框上。用收紧杆将铰接框铰接到过渡板上。在此过程中过渡板上的锁钩插入到锁座上,从而实现与铰接框的连接。

渡板采用镶嵌式,插入到车体端墙内,通过渡板支架的滑动支撑固定在两车的车端。两侧踏板一侧通过螺钉固定在车体底架上,一侧搭在渡板上,使地板与踏板平顺,如图4-115所示。

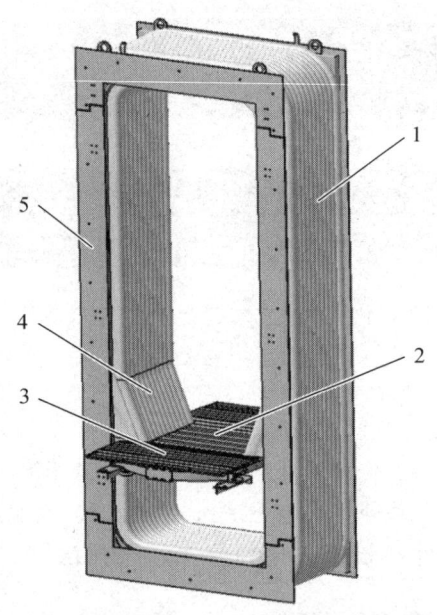

1—双层折棚组成;2—渡板;3—踏板;4—护裙;5—过渡板。

图 4-115　内风挡结构图

2. 外风挡

外风挡采用全包分体式橡胶结构,通过胶囊的相互挤压实现两车间的平滑过渡,降低空气阻力及车外噪声。外风挡分为固定外风挡和活动外风挡,如图4-116所示。

底部两侧设置两处活动外风挡采用快拆结构,可以快速拆除,方便工作人员进入内外风挡间,进行车端设备检修或解编操作。拆卸时,先用扳手将固定活动外风挡的锁紧螺钉拆下,向上抬起活动外风挡至锁销能够从锁钩抽出时,就可向车体外侧抽出活动外风挡,如图4-117所示。

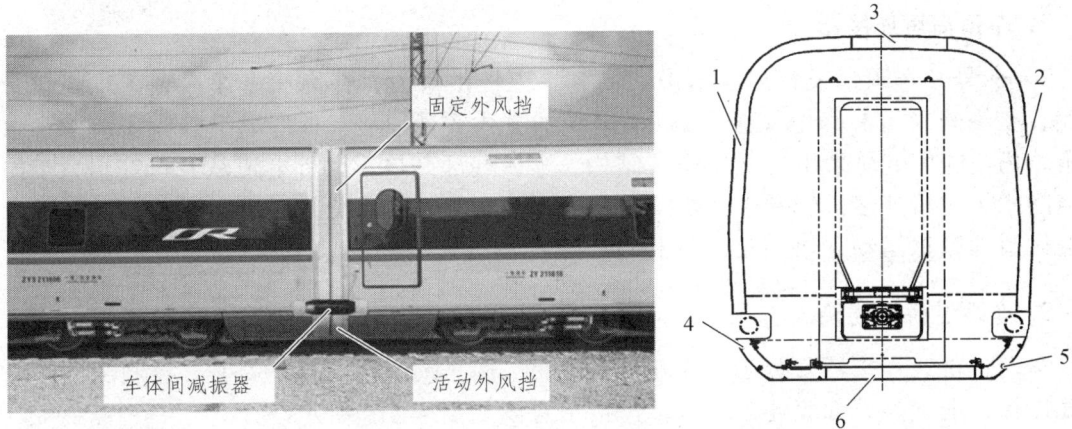

1—外风挡左；2—外风挡右；3—外风挡上；4—活动外风挡左；5—活动外风挡右；6—外风挡下。

图 4-116 外风挡

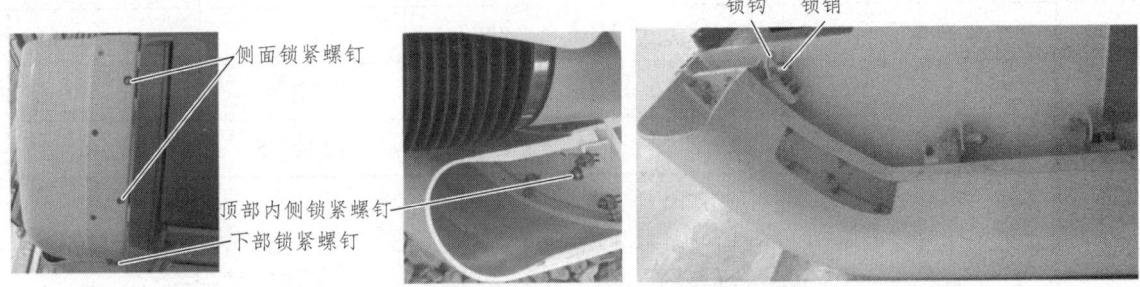

图 4-117 活动外风挡

五、电气连接器

CR400AF 型动车组的车端电气连接器包括端部电气连接器、车顶高压连接器、车端过桥线连接器和车端跨接线连接器，如图 4-118 所示。

图 4-118 车端电气连接器

1. 端部电气连接器

端部电气连接器就是动车组司机室端自动车钩上的电气车钩。

2. 车顶高压连接器

3~6号车车顶铺设特高压电缆，向各单元提供电力，特高压电缆内藏于车内和车体型腔，车辆间采用L形电缆接头+过桥电缆的方式实现连接。L形电缆接头安装于车顶高压箱体内，过桥电缆采用内藏式安装结构，车体端部开口，过桥电缆从开口穿出，于内外风挡间水平过桥连接。车端开口处设置自润滑耐磨板，过桥线上的耐磨护套在自润滑耐磨板上做滑动摩擦运动，以满足车间相对位移和曲线通过的要求。

3. 车端过桥线连接器

车端过桥线连接器安装于动车组车厢之间，用于动车组之间的高压、控制和网络线的电气连接，电气参数如表4-2所示，连接示意图如图4-119所示。

表4-2　车端过桥线连接器电气参数

序号	名称	额定电流/A	介电强度/V	压接电缆/mm²	接触电阻/mΩ
1	车端过桥线高压连接器	450	18000	185	≤0.2
2	车端过桥线控制连接器	16	6000	0.75~4	≤1
3	车端过桥线网络连接器	5	800	0.5~0.75	≤4

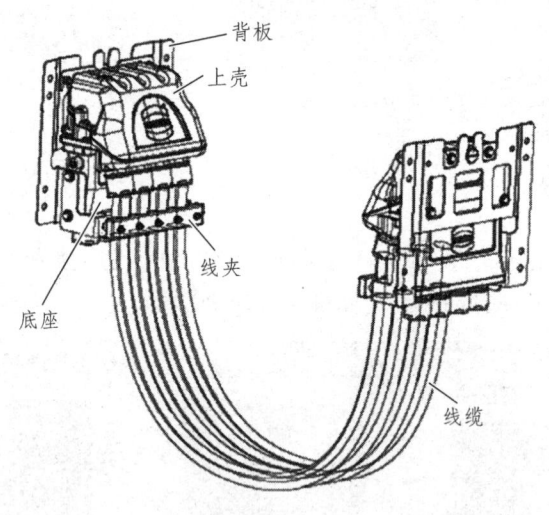

图4-119　车端过桥线连接器示意图

4. 车端跨接线连接器

车端跨接线连接器也安装于动车组车厢之间，用于动车组之间的电气连接。为4芯连接器，由插头、插座组成。插头插座相互插合，其插针、插孔导通，从而实现两列动车组间动力的传输。额定电压 AC 600 V，额定电流（Max）450 A，接触电阻≤0.1 mΩ，结构如图4-120所示。

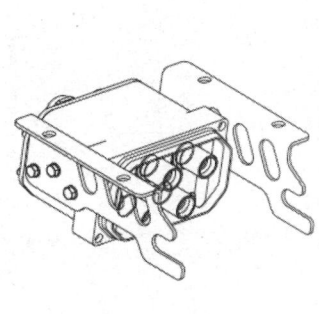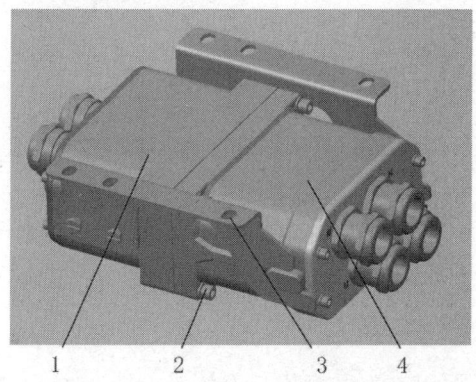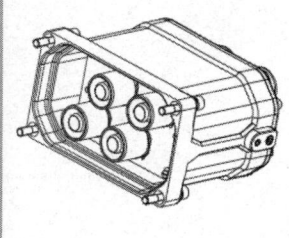

1—插座；2—插头与插座连接螺钉；3—此处用 M10 螺栓与车体连接；4—插头。

图 4-120　车端跨接线连接器

 **思政课堂**

黄涛：铁道线上的探伤大师

下篇 实训篇

实训一　CR400AF型动车组车顶设备检查作业

情境描述

CR400AF型动车组每次累计运行 6 000 km 或 48 h 就需进行一次一级检修，一级检修是对运用动车组的车顶、车下、车体两侧、车内和司机室等部位实施快速例行检查、试验和故障处理的检修作业，车顶检查是其中很重要的一个环节，对保障动车组的安全运行至关重要。

学习目标

1. 知识目标

（1）能说出动车组车顶各设备的名称。
（2）知道动车组车顶各设备的基本组成和工作原理。

2. 能力目标

（1）能正确地对动车组车顶进行检查，包括：天线、高压接头箱活盖、空调机组、车顶避雷器、半刚性终端、受电弓、受电弓监测装置等。
（2）能在车顶检查过程中发现故障。

3. 素质目标

（1）培养良好的合作意识、语言表达能力和与人沟通的能力。
（2）培养认真踏实的工作作风以及实际动手能力、形象思维能力。
（3）培养良好的安全意识与自我保护能力。

任务书

本任务是动车组机械师的工作岗位职责要求,动车组的一级检修对保障动车组的安全运行至关重要,车顶检查是其中很重要的一个环节,也是动车组机械师必备的一项技能。其操作应涉及如下工作环节:

(1)掌握动车组检查的基本知识。

(2)对动车组车顶进行检查,包括:天线、高压接头箱活盖、空调机组、车顶避雷器、半刚性终端、受电弓、受电弓监测装置等,并在检查过程中发现故障。

任务分组

小组成员		任务分工
姓名	学号	

引导问题

1. CR400AF 型动车组车顶设备有哪些?

2. CR400AF 型动车组与 CRH380A 型动车组相比车顶设备有什么变化?

任务实施

1. 作业程序

序号	检查项目	作业质量标准
1	车顶天线检查（01、05、00车）	1. 车顶各天线无裂损、变形，外观、安装及密封良好。 2. 安装基座安装牢固，无变形，螺栓无松动或缺失，防松标志清晰无错位。 车顶天线（01、00车） 车顶天线（05车）
2	车顶板、外风挡、标记及高压接头箱活盖（全列）	1. 各车顶部外风挡无破损，外观及安装状态良好。 2. 各车顶标记状态良好，无破损、脱落。 3. 各车高压接头箱目测无撞击变形、无裂纹或破损，密封胶无变形、开裂 高压接头箱活盖及车顶标记

续表

序号	检查项目	作业质量标准
3	空调机组（全列）	1. 检查空调机组盖板安装正常，固定螺栓无松动。 2. 检查空调机组导流罩正常，固定螺栓无松动，导流罩与车体表面贴合紧密无翘起现象。 3. 检查空调机组上防滑带无起边、翘起等现象。 4. 清理冷凝进风、出风格栅上的落叶等杂物。 空调机组 新风格栅 5. 检查空调机组新风格栅无脏堵，固定螺栓无松动
4	车顶避雷器、半刚性终端（03、06车）	1. 受电弓处半刚性终端头外观无损伤，清洁半刚性终端外护套。 2. 车顶避雷器外套有无裂纹、伤痕，判断避雷器有无缺陷，清洁避雷器外护套。 （1）发现伞群有缺损，伞群缺损面积$\geq 30\ mm^2$，应立即更换。 （2）发现伞群有开裂，伞群开裂深度超过 2 mm，长度超过 15 mm，应立即更换。 （3）避雷器护套有破损、开裂、飞石击破应立即更换。 （4）发现有电蚀、烧损等现象应立即更换。 3. 检查车顶半钢终端及车顶避雷器接地线接地良好等。 4. 检查受电弓向车内处洛克塞克压紧模块状态正常，橡胶无老化、裂纹

续表

序号	检查项目	作业质量标准
5	受电弓 （03、06车）	1. 检查受电弓底架、阻尼器、升弓装置、下臂、弓装配、下导杆、上臂、上导杆、绝缘软管配件齐全，状态良好，升弓装置胶囊无裂损。 2. 检查软铜编织线完整，连接无松动，无磨损，断股不得超过10%。 3. 检查气路连接良好，绝缘管清洁。 4. 检查碳滑板出现以下情况时更换： （1）剩余碳条高度不符合规定。 （2）出现较大的碳结块。 （3）边缘处发现碳结块及裂缝。 （4）大裂纹延伸到支座上，电气部件因腐蚀发生损坏。检查发现碳结块时，用粗锉刀锉平锐利的边缘。 5. 双滑板受电弓两滑板之间的高度差不超过3 mm，超限需更换。 6. 检查弓角无变形，弓角弹簧及拉杆无折损。 7. 通知司机室维修组人员升弓（网线无高压电），检查升弓风管路无泄漏。 8. 受电弓平台隔声罩状态良好，无撞击变形、裂纹或破损，密封胶无变形、开裂。 受电弓平台隔声罩 受电弓平台排水管 9. 受电弓平台底部排水管（每个平台4处）畅通、无异物堵塞

续表

序号	检查项目	作业质量标准
6	受电弓监测装置（03、06车）	1. 检查受电弓监测装置外观及安装状态良好，装置外壳无变形、损坏。 2. 检查摄像头防护罩无变形、松动、破损，防护玻璃表面无裂纹、破损，内部摄像头外观及安装状态良好，补光灯照明良好。 受电弓监测装置 摄像头及补光灯 3. 使用刀口布对摄像头防护玻璃进行擦拭。 4. 检查受电弓监测装置底部安装螺栓紧固无松动，防松标记清晰
工具：手电筒、对讲机、钢板尺、刀口布、清洁剂、弹簧秤、绳子		

2. 计划与决策

班级			组　　别	
小组成员				
记录			时　　间	
项目计划	1、人员分工计划 要点：如下表所示。 | 序号	姓名	职责	备注
---	---	---	---
		2人假设故障（10处）	
		1人车顶检查并记录	
		1人根据记录进行核验	
		1人根据评分标准打分	| 2、完成任务计划 要点：如下表所示（请根据步骤数量画上横格线，并填写内容）。 | 序号	步骤名称	工作要点
---	---	---
教师指导意见	教师签名：　　　　　　日期：			
小组决策	决策意见： 作业流程： 所需工具： 注意事项：			

3. 实施

班级		组 别	
小组成员			
记录		时 间	
实施 （任务完成）	1. 讨论10处车顶假设故障，包括类型及个数		
	2. 根据车顶检查标准进行查找故障并记录		
	3. 根据记录对假设故障进行检测		
	4. 根据车顶检查评分标准进行打分		
变更计划 记录	在实施过程中，如果执行计划有变更，请作记录，并说明理由		
教师指导 意见			
	教师签名： 日期：		

任务评价

以团队小组为单位完成任务，以学生个人为单位实行考核。

姓名	假设故障			故障检查并记录			故障核验			得分
	自评	同学评	教师评	自评	同学评	教师评	自评	同学评	教师评	

说明：

1. 每个人的总分为100分，采用多主体评价。

2. 每个主体进行评价的评价标准为：正确假设故障（20分）、故障检查并记录（50分）、故障核验（20分）、语言流畅、思路清晰（10分）。

3. 建议权重计为：自评分占0.2，同学评分占0.3，教师评分占0.5，然后加权算出每位同学在本项目中的综合成绩。

实训二　CR400AF型动车组司机室设备供电前检查作业

情境描述

CR400AF型动车组每次累计运行6 000 km或48 h就需进行一次一级检修，一级检修是对运用动车组的车顶、车下、车体两侧、车内和司机室等部位实施快速例行检查、试验和故障处理的检修作业，司机室检查是其中很重要的一个环节，对保障动车组的安全运行至关重要。

学习目标

1. 知识目标

（1）能说出动车组司机室各设备的名称。
（2）知道动车组司机室各设备的基本组成和工作原理。

2. 能力目标

（1）能正确地对动车组司机室进行检查，包括：头灯、标识灯、开闭罩、排障器、联络电话、乘客紧急制动拉闸、司控器手柄、操纵台设备及开关、司机室电压表、风压表、司机室前舱、司机室配电盘、转换开关盘、总配电盘、ATP机柜、控制柜、直流柜、交流柜、温水污物配电盘等。
（2）能在司机室检查过程中发现故障。

3. 素质目标

（1）培养良好的合作意识、语言表达能力和与人沟通的能力。
（2）培养认真踏实的工作作风以及实际动手能力、形象思维能力。
（3）培养良好的安全意识与自我保护能力。

任务书

本任务是动车组机械师的工作岗位职责要求,动车组的一级检修对保障动车组的安全运行至关重要,司机室检查是其中很重要的一个环节,也是动车组机械师必备的一项技能。其操作应涉及如下工作环节:

(1)掌握动车组检查的基本知识。

(2)对动车组司机室进行检查,包括:头灯、标识灯、开闭罩、排障器、联络电话、乘客紧急制动拉闸、司控器手柄、操纵台设备及开关、司机室电压表、风压表、司机室前舱、司机室配电盘、转换开关盘、总配电盘、ATP机柜、控制柜、直流柜、交流柜、温水污物配电盘等,并在检查过程中发现故障。

任务分组

小组成员		任务分工
姓名	学号	

引导问题

1. CR400AF型动车组司机室设备有哪些?

2. CR400AF型动车组与CRH380A型动车组相比司机室设备有什么变化?

任务实施

1. 作业程序

序号	检查项目	作业质量标准
1	头灯、标识灯、开闭罩、排障器（01、00车）	1. 在车上进行近光灯、远光灯、标识灯操作，下车确认各灯工作状态良好。 2. 车头及开闭罩外观无破损、明显异物击打变形或裂纹，开闭罩无明显张开。 3. 刮雨器外观良好，司机室窗玻璃齐全完整，无损坏。 车头外观 4. 主排障器外观状态良好，无撞击变形、无裂纹或破损；前端排障板紧固螺栓防松标记清晰、无错位。 5. 辅助排障器外观状态良好，距轨面高度 20～28 mm 前端排障板 辅助排障器

续表

序号	检查项目	作业质量标准
2	联络电话（全列）	检查联络电话装置安装良好，并通话试验确认效果 联络电话
3	乘客紧急制动拉闸（全列）	1. 配置齐全，状态良好。 2. 检查乘客拉闸处于缓解位，外观良好，安装座牢固；铅封的安装位置正确 铅封位置 乘客紧急制动拉闸
4	司控器手柄（01、00车）	检查司控器手柄无损伤、卡滞、脱挡，安装无松动。试验各挡位应无卡滞、流畅，试验完毕后将手柄置于0位 司控器手柄

续表

序号	检查项目	作业质量标准
5	操纵台设备及开关（01、00车）	1. 检查操纵台表面无划痕、脱漆，刻字清楚，紧固件无松动。 2. 台面上的各类按钮、各类拨键开关按压、拨动正常。紧急制动、紧急断电开关处于断开位置（弹起状态）。 3. 下部台体左右检修门能正常打开，无磕碰。 4. 检查左下部台体中的空气管开闭器外观安装状态良好 操纵台　　　　　紧急断电开关 紧急制动开关　　　空气管开闭器
6	司机室电压表、风压表（01、00车）	1. 检查仪表有无灰尘、划痕。 2. 检查控制电压表、BP压力表、双针压力表示数是否在有效量程内 风压、电压表

续表

序号	检查项目	作业质量标准
7	司机室前舱（01、00车）	1. 司机室前舱气密门开关及锁闭功能正常，密封胶条无破损、老化现象。 2. 检查司机室前舱，暖风机、刮雨器驱动装置、司机室空调室内机、车内压力释放阀等外观安装状态良好，舱内无漏水 刮雨器驱动装置 暖风机　　　　　司机室空调室内机
8	司机室配电盘转换开关盘（01、00车）	1. 检查柜内设备外观表面整洁，铭牌齐全，字体清晰，紧固件无松动。 2. 检查电缆无破皮、磨损、划痕等损坏，电缆线号无脱落，线号清晰，尼龙扎带、活用护线套等无损坏，电缆捆扎牢固。 3. 检查接线端子压痕良好，电缆芯线无断股、损伤。 4. 检查柜内连接器、接线端子排状态良好，无松动。 5. 检查司机室配电盘1、2、3断路器状态正常，常OFF断路器处于断开状态。司机室配电盘1下部的重联手动控制盘开关外罩无破损，开关拨动正常。 6. 检查司机室转换开关盘1、2各开关处于正确位置。 7. 检查接地开关盘各接地开关状态正常，刀闸开关处于闭合状态

续表

序号	检查项目	作业质量标准
8	司机室配电盘转换开关盘（01、00车）	转换开关盘1（CRH0207）　　转换开关盘1（第二列起） 转换开关盘2　　司机室空调开关盘（第二列起） 司机室配电盘1　　司机室配电盘2 重联手动控制盘（司机室配电盘1下部） 司机室配电盘3　　接地开关盘

续表

序号	检查项目	作业质量标准
9	总配电盘（01、00车）	1. 柜内洁净，无异物、无积水，隔热层良好，无破损。 2. 设备外观无破损，紧固件无松动。 3. 电缆无磨损、无抗磨，各线号清晰，配线正确、状态良好。 4. 连接器插接牢靠无松动，各接线端子及接点无损坏、变色，插接或者拉拔式电子元器件接触良好、无松动。 5. 电路板插接牢靠无松动。 6. 各标志牌显示正确，字体清晰，说明书黏结牢固 总配电柜
10	ATP机柜（01、00车）	1. 查看配电盘外观表面是否有灰尘，配电盘铭牌是否齐全，字体是否清晰。 2. 检查电缆有无破皮、磨损、划痕等损坏，尼龙扎带、活用护线套等是否损坏，电缆捆扎是否牢固。 3. 检查接线端子压痕是否良好，电缆芯线有无断股、损伤。 4. 检查确认每一根电缆线号有无脱落、变色现象，线号是否清晰 ATP机柜

续表

序号	检查项目	作业质量标准
11	控制柜（全列）	1. 柜内洁净，无异物、无积水，隔热层良好，无破损。 2. 设备外观无破损，紧固件无松动。 3. 电缆无磨损、无抗磨，各线号清晰，配线正确、状态良好。 4. 连接器插接牢靠无松动，各接线端子及接点无损坏、变色，插接或者拉拔式电子元器件接触良好、无松动。 5. 电路板插接牢靠无松动。 6. 各标志牌显示正确，字体清晰，说明书黏结牢固。 7. 断路器处于闭合状态 控制柜
12	直流柜（全列）	1. 柜内洁净，无异物、无积水，隔热层良好，无破损。 2. 设备外观无破损，紧固件无松动。 3. 电缆无磨损、无抗磨，各线号清晰，配线正确、状态良好。 4. 连接器插接牢靠无松动，各接线端子及接点无损坏、变色，插接或者拉拔式电子元器件接触良好、无松动。 5. 电路板插接牢靠无松动。 6. 蓄电池电压表外壳无破损，显示电压正常。 7. 带有常OFF标签的断路器处于断开状态，其他断路器处于闭合状态。 8. 隔离开关处于左侧正常位置。 9. 各标志牌显示正确，字体清晰，说明书黏结牢固 直流柜

续表

序号	检查项目	作业质量标准
13	交流柜（包含空调柜）（全列）	1. 柜内洁净，无异物、无积水，隔热层良好，无破损。 2. 设备外观无破损，紧固件无松动。 3. 电缆无磨损、无抗磨，各线号清晰，配线正确、状态良好。 4. 连接器插接牢靠无松动，各接线端子及接点无损坏、变色，插接或者拉拔式电子元器件接触良好、无松动。 5. 各标志牌显示正确，字体清晰，说明书黏结牢固 交流柜
14	温水污物配电盘（01、00车）	1. 查看配电盘外观表面是否有灰尘，配电盘铭牌是否齐全，字体是否清晰。 2. 检查电缆有无破皮、磨损、划痕等损坏，尼龙扎带、活用护线套等是否损坏，电缆捆扎是否牢固。 3. 检查接线端子压痕是否良好，电缆芯线有无断股、损伤。 4. 检查确认每一根电缆的线号有无脱落、变色现象，线号是否清晰 头尾车温水污物配电盘
15	司机室车窗（01、00车）	司机室前窗玻璃、司机室逃生窗玻璃无破损。前窗玻璃内侧防飞溅膜无破损或卷边
工具：手电筒、对讲机		

2. 计划与决策

班级			组　别	
小组成员				
记录			时　间	

项目计划	1. 人员分工计划 要点：如下表所示。 	序号	姓名	职责	备注
		2人假设故障（10处）	
		1人司机室检查并记录	
		1人根据记录进行核验	
		1人根据评分标准打分	| 2. 完成任务计划 要点：如下表所示（请根据步骤数量画上横格线，并填写内容）。 | 序号	步骤名称	工作要点
---	---	---
---	---

教师指导意见	
	教师签名：　　　　　日期：

小组决策	决策意见：
	作业流程：
	所需工具：
	注意事项：

3. 实施

班级			组　别	
小组成员				
记录			时　间	
实施 （任务完成）	1. 讨论 10 处司机室假设故障，包括类型及个数			
	2. 根据司机室检查标准进行查找故障并记录			
	3. 根据记录对假设故障进行检测			
	4. 根据司机室检查评分标准进行打分			
变更计划 记录	在实施过程中，如果执行计划有变更，请作记录，并说明理由			
教师指导 意见				
	教师签名：		日期：	

> 任务评价

以团队小组为单位完成任务，以学生个人为单位实行考核。

姓名	假设故障			故障检查并记录			故障核验			得分
	自评	同学评	教师评	自评	同学评	教师评	自评	同学评	教师评	

说明：

1. 每个人的总分为100分，采用多主体评价。

2. 每个主体进行评价的评价标准为：正确假设故障（20分）、故障检查并记录（50分）、故障核验（20分）、语言流畅、思路清晰（10分）。

3. 建议权重计为：自评分占0.2，同学评分占0.3，教师评分占0.5，然后加权算出每位同学在本项目中的综合成绩。

实训三　CR400AF 型动车组车下地沟检查作业 ▶▶▶

情境描述

CR400AF 型动车组每次累计运行 6 000 km 或 48 h 就需进行一次一级检修，一级检修是对运用动车组的车顶、车下、车体两侧、车内和司机室等部位实施快速例行检查、试验和故障处理的检修作业，车下地沟检查是其中很重要的一个环节，对保障动车组的安全运行至关重要。

学习目标

1. 知识目标

（1）能说出动车组车下各设备的名称。
（2）知道动车组车下各设备的基本组成和工作原理。

2. 能力目标

（1）能正确地对动车组车下进行检查，包括：天线、制动装置、驱动装置、牵引装置、转向架构架、轮轴、踏面清扫装置、抗侧滚扭杆装置、防滑阀、外风挡、车下设备舱、制动缓解指示器、撒砂装置等。
（2）能在车下检查过程中发现故障。

3. 素质目标

（1）培养良好的合作意识、语言表达能力和与人沟通的能力。
（2）培养认真踏实的工作作风以及实际动手能力、形象思维能力。
（3）培养良好的安全意识与自我保护能力。

任务书

本任务是动车组机械师的工作岗位职责要求,动车组的一级检修对保障动车组的安全运行至关重要,车下检查是其中很重要的一个环节,也是动车组机械师必备的一项技能。其操作应涉及如下工作环节:

(1) 掌握动车组检查的基本知识。

(2) 对动车组车下进行检查,包括:天线、制动装置、驱动装置、牵引装置、转向架构架、轮轴、踏面清扫装置、抗侧滚扭杆装置、防滑阀、外风挡、车下设备舱、制动缓解指示器、撒砂装置等,并在检查过程中发现故障。

任务分组

小组成员		任务分工
姓名	学号	

引导问题

1. CR400AF 型动车组车下设备有哪些?

2. CR400AF 型动车组与 CRH380A 型动车组相比车下设备有什么变化?

任务实施

1. 作业程序

序号	检查项目	作业质量标准
1	天线安装（01、00车）	车下 TCR 天线、BTM 天线外观及安装状态良好。安装牢固，距轨面高度限度符合下表要求。 | BTM 天线距轨面高度 | （230±5）mm | | TCR 天线保护套下表面距轨面高度 | （205±5）mm | BTM 天线　　　　　TCR 天线
2	制动装置（全列）	1. 紧固件无松动，防松标记无错位，各部件无裂纹。 2. 制动夹钳外观良好，管路无泄漏。 3. 闸片外观状态良好，无大面积掉块现象，厚度符合限度要求。 4. 空气管路和车端总风软管，防滑阀与转向架相连接的制动软管无损伤、漏泄；橡胶空气软管无老化、鼓泡、漏气；橡胶空气软管与其他部件无磨抗现象。转向架制动软管接头组合防松铁松有无断裂、接头组合与夹钳连接处密封腻子有无鼓包现象，接头组合有无伤痕及变形、腐蚀等异常，金属编织网是否有损伤、腐蚀，如有需要更换制动软管。 5. 制动盘外观状态良好，厚度符合规定，摩擦面裂纹不过限，无贯穿裂纹；制动盘安装螺栓无松动，防松标记无错位，制动盘偏磨、凹形磨耗不过限。 基础制动装置　　　　　手制动缓解装置 6. 制动夹钳手动缓解装置（01、03、06、00号车）安装状态良好，紧固件无松动，缓解拉线无破损

续表

序号	检查项目	作业质量标准
3	驱动装置（02、04、05、07车）	1. 齿轮箱箱体无明显击伤、碰伤或其他缺陷；油位观察窗无裂纹；齿轮箱油量符合限度要求，无漏油；齿轮箱密封处、通气装置处无渗油；润滑油无乳化、变色等异常现象；悬吊部件配件齐全，安装牢固；橡胶垫无老化，裂纹长度、深度不超限；齿轮箱温度传感器、呼吸器、注油孔盖、排油堵等安装紧固。 注：油位观察窗不得使用有机溶剂（或稀释剂）清理，以避免观察窗产生裂纹，清理时可用干净的布蘸清水（或中性清洗剂）擦拭。 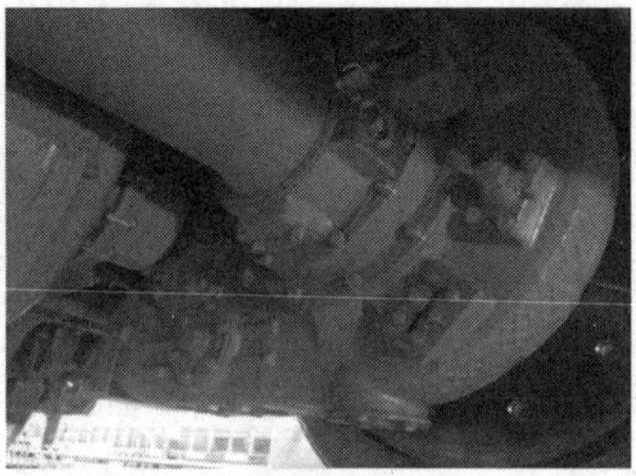 齿轮箱 　　　　　　　　　联轴节 2. 齿轮箱小轴承挡油环或轴身处无异常磨损。 （1）东洋齿轮箱：正常状态下挡油环端面与PM盖端面平行，为面漆状态，当发生异常磨损时，挡油环随小轴一起发生倾斜，挡油环端面与PM盖端面不再平行，挡油环处存在金属磨损产生的发亮光泽。 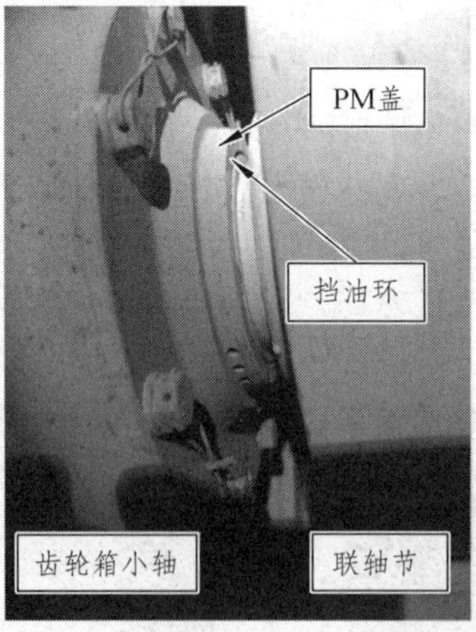 正常状态下的小齿轮轴 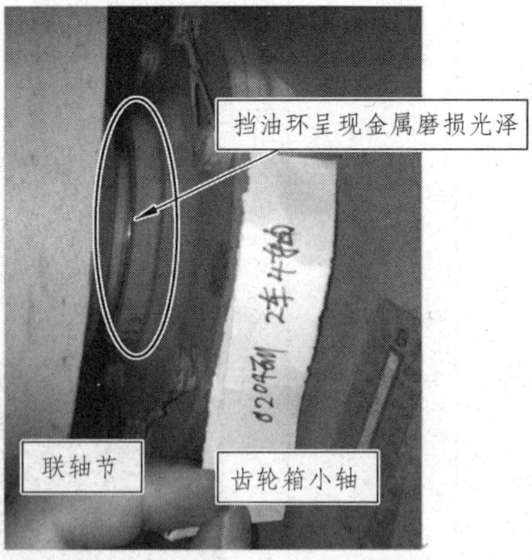　　挡油环异常磨损的小齿轮轴 （2）咸所齿轮箱：齿轮箱无挡油环，PM盖下为小轴，正常状态下小轴裸露部分涂抹面漆，为面漆状态，当发生异常磨损时，小轴发生倾斜，小轴与PM盖发生摩擦，小轴裸露部分（下图红线附近）会呈现金属磨损产生的发亮光泽

续表

序号	检查项目	作业质量标准
3	驱动装置 （02、04、05、07车）	正常状态下的小齿轮轴（齿轮箱小轴、联轴节、PM盖、小轴裸露部分）　　产生金属发亮光泽的部位 3. 联轴节外观及安装状态良好。 （1）检查轴毂与外筒张口处是否有沙粒或污垢堆积物。 （2）检查螺栓是否松动，检查是否漏油。 （3）注油堵无渗油，若有渗油须更换注油堵密封垫，按规定扭矩重新紧固，并沿轴向移动联轴节无卡滞。 4. 牵引电机外观良好，电机电源线、温度和速度传感器及配线无破损，电源连接器状态良好、无松动，设备安装螺栓防松标记清晰无错位、牵引电机外壳及安装部无裂纹，电机注油孔堵安装良好。 牵引电机（安装部）　　伸缩管 5. 伸缩管无破损、扭曲，无明显偏向一侧的变形，安装牢固。 6. 接地装置和碳刷外观及安装状态良好，接地线无松动、断裂。检查碳刷磨耗，电刷长度符合限度要求。 7. 齿轮箱及电机温度传感器安装无松动，线缆固定无松动，线夹无损伤，线缆外观无损伤、老化现象，车上连接器安装牢固

续表

序号	检查项目	作业质量标准
3	驱动装置（02、04、05、07车）	齿轮箱接地装置 齿轮箱温度检测器
4	牵引装置（全列）	1. 外观及安装状态良好。 2. 中心销以及构架安装座无裂纹。 3. 牵引杆橡胶节点无明显破损、龟裂、老化现象，有下列情况者须更换： （1）橡胶表面开裂长度 15 mm 以上或深度 5 mm 以上。 （2）在金属件端末部的剥离长度 15 mm 以上。 4. 横向挡无明显破损、龟裂、老化现象；中心销与横向止挡左右间隙不得存在明显差距，间隙值须满足限度值要求 牵引装置

续表

序号	检查项目	作业质量标准
5	转向架构架（全列）	1. 转向架构架无裂纹。 2. 转向架排障器安装牢固（TC01、TC08 车），安装臂无裂损、变形，外观状态良好，橡胶板无破损或变形，下部距轨面距离符合限度要求。 3. 构架上安装的管路无破损，管夹无损伤，紧固螺栓无松脱；构架上安装的线缆无破损、老化，线夹无损伤，紧固螺栓无松脱。 4. 差压阀无漏风，安装牢固。 转向架排障装置　　　　　差压阀 5. 横向油压减振器外观状态良好，无漏油，安装牢固。减振器座无裂纹。 6. 转向架各组件无附挂异物
6	轮轴（全列）	1. 轮轴外观状态良好，各部无裂纹；轴身击打痕、擦伤深度符合限度要求；轴身防腐涂层无损伤。 2. 轮对轴箱下部及内侧面装置外观状态良好，无明显机械损伤，下箱体安装螺栓无松动，止转垫片无损伤
7	踏面清扫装置（全列）	1. 踏面清扫装置外观良好，空气管路无漏泄，安装无松动。 2. 研磨子剩余厚度不超限。 3. 踏面清扫器研磨子与车轮踏面间隙满足 15～23 mm 踏面清扫装置

续表

序号	检查项目	作业质量标准
8	抗侧滚扭杆装置（全列）	1. 各个部件的安装状态以及各紧固件的紧固状态良好。 2. 扭杆杆体、扭转臂以及垂向连杆杆体不许有裂纹、凹陷等异常。 3. 缓冲橡胶和杆端轴承橡胶裂纹开裂程度不得超限 抗侧滚扭杆装置
9	防滑阀（全列）	1. 防滑排风阀安装牢固，接线无松动、破损。 2. 防滑排风阀电线与防滑阀体连接正确，固定牢固 北京纵横防滑排风阀　　南京海泰防滑排风阀
10	外风挡（全列）	1. 外风挡下部无损伤，胶囊无破损、撕裂及异常磨耗。 2. 角部外风挡安装良好、紧固件无松动、安装位置无明显错位 外风挡下部 角部外风挡

续表

序号	检查项目	作业质量标准
11	车下设备舱（全列）	1. 外部无异物击打痕迹，油漆无损伤。 2. 端部骨架、转向架处裙板、底板、端板、防护板外观状态良好，无变形、缺损、裂纹、腐蚀；安装螺栓外观状态良好，安装紧固、无缺失，防松标记清晰无错位。 3. 底板下表面光滑、平顺，向上按压无震颤、明显翘曲；底部外漏安装螺栓（包括设备）防松铁丝无松动、缺失；底板胶条状态良好。 4. 牵引变流器底板出风口格栅无脏堵。 设备舱底板　　　　牵引变流器底板 车头端部玻璃钢盖板　　车头底部玻璃钢盖板 端部托架及端板　　转向架上方防护板

续表

序号	检查项目	作业质量标准
11	车下设备舱（全列）	转向架处裙板　　　空调排水管 5. 空调排水管末端鸭嘴水封无破损和脏堵（空调机组端 1 位侧和 2 位侧各 2 个鸭嘴水封），鸭嘴水封位于裙板与底板交接处
12	制动缓解指示器（全列）	进行外观、管路接口检查，并检查紧固件有无松动，显示功能是否正常。具体包括： 1. 紧固件无松动。 2. 检查窗口的有机玻璃是否存在裂纹和破碎。 3. 指示器显示正常 单窗缓解显示器（02、04、05、07） 双窗缓解显示器（01、03、06、00）

续表

序号	检查项目	作业质量标准
13	撒砂装置 （01、02、 07、00车）	1. 检查砂箱砂位，低于撒砂线（红色标识线）时需补砂。 2. 撒砂装置无明显机械损伤，各零部件齐全、安装牢固无松动。 3. 撒砂软管、加热器线缆两端固定牢固，软管无抗磨，软管吊链无磨损，固定螺母无松动。 4. 各部螺栓安装牢固，防松标记不错位。 5. 撒砂装置喷嘴距轨面高度符合限度要求 砂箱砂位显示窗 撒砂软管和加热器线缆
工具：手电筒、检点锤、对讲机、钢板尺、棉布		

2. 计划与决策

班级			组　别	
小组成员				
记录			时　间	
项目计划	1. 人员分工计划 要点：如下表所示。 | 序号	姓名	职责	备注
---	---	---	---
		2人假设故障（10处）	
		1人车下检查并记录	
		1人根据记录进行核验	
		1人根据评分标准打分	| 2. 完成任务计划 要点：如下表所示（请根据步骤数量画上横格线，并填写内容）。 | 序号	步骤名称	工作要点
---	---	---
教师指导意见	教师签名：　　　　　　日期：			
小组决策	决策意见： 作业流程： 所需工具： 注意事项：			

3. 实施

班级		组　　别	
小组成员			
记录		时　　间	
实施 （任务完成）	1. 讨论 10 处车下假设故障，包括类型及个数		
	2. 根据车下检查标准进行查找故障并记录		
	3. 根据记录对假设故障进行检测		
	4. 根据车下检查评分标准进行打分		
变更计划 记录	在实施过程中，如果执行计划有变更，请作记录，并说明理由		
教师指导 意见	教师签名：　　　　　　日期：		

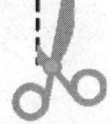

> 任务评价

以团队小组为单位完成任务，以学生个人为单位实行考核。

姓名	假设故障			故障检查并记录			故障核验			得分
	自评	同学评	教师评	自评	同学评	教师评	自评	同学评	教师评	

说明：

1. 每个人的总分为100分，采用多主体评价。

2. 每个主体进行评价的评价标准为：正确假设故障（20分）、故障检查并记录（50分）、故障核验（20分）、语言流畅、思路清晰（10分）。

3. 建议权重计为：自评分占0.2，同学评分占0.3，教师评分占0.5，然后加权算出每位同学在本项目中的综合成绩。

实训四　CR400AF型动车组车内设施检查作业 ▶▶▶

情境描述

CR400AF型动车组每次累计运行6 000 km或48 h就需进行一次一级检修，一级检修是对运用动车组的车顶、车下、车体两侧、车内和司机室等部位实施快速例行检查、试验和故障处理的检修作业，车内检查是其中很重要的一个环节，对保障动车组的安全运行至关重要。

学习目标

1. 知识目标

（1）能说出动车组车内各设备的名称。

（2）知道动车组车内各设备的基本组成和工作原理。

2. 能力目标

（1）能正确地对动车组车内进行检查，包括：车内各门、客室设施、客室空调、照明灯具、配电柜、盥洗室、卫生间、电茶炉、餐饮区、餐车设备、服务台、乘务员室、机械师室、客室座椅、灭火器、紧急破窗锤、自动过分相装置、内风挡等。

（2）能在车内检查过程中发现故障。

3. 素质目标

（1）培养良好的合作意识、语言表达能力和与人沟通的能力。

（2）培养认真踏实的工作作风及实际动手能力、形象思维能力。

（3）培养良好的安全意识与自我保护能力。

任务书

本任务是动车组机械师的工作岗位职责要求，动车组的一级检修对保障动车组的安全运行至关重要，车内检查是其中很重要的一个环节，也是动车组机械师必备的一项技能。其操作应涉及如下工作环节：

（1）掌握动车组检查的基本知识。

（2）对动车组车内进行检查，包括：车内各门、客室设施、客室空调、照明灯具、配电柜、盥洗室、卫生间、电茶炉、餐饮区、餐车设备、服务台、乘务员室、机械师室、客室座椅、灭火器、紧急破窗锤、自动过分相装置、内风挡等，并在检查过程中发现故障。

任务分组

小组成员		任务分工
姓名	学号	

引导问题

1. CR400AF 型动车组车内设备有哪些？

2. CR400AF 型动车组与 CRH380A 动车组相比车内设备有什么变化？

任务实施

1. 作业程序

序号	检查项目	作业质量标准
1	车内各门（全列）	1. 内端拉门外观状态良好、感应灵敏、动作正常、玻璃无破损。 2. 厕所门、乘务员室门、机械师室门、司机室门、厨房门等手动门开关流畅，表面无破损。 3. 外端拉门开关动作正常，玻璃无破损，门前胶条、防火胶条无脱落。 4. 塞拉门外观状态良好、门板玻璃无破损。 5. 塞拉门车内操作装置外观状态良好，紧急按钮保护罩无损坏。 6. 打开塞拉门，门扇内侧周圈密封胶条无扭曲变形、破损，车内保护胶条无损坏、脱落。 门扇胶条（周圈密封胶条、车内保护胶条） 7. 塞拉门门扇（开门状态）与车体无异常接触和磨碰。 自动内端拉门　　手动拉门　　司机室门

续表

序号	检查项目	作业质量标准
1	车内各门（全列）	外端拉门　　塞拉门　　塞拉门车内操作装置 8. 耳听检查塞拉门气缸、空气管无漏气声
2	客室设施（全列）	1. 地板、顶板、墙板、座椅、窗帘、行李架、观光区边柜外观良好。 2. 司机室遮阳帘动作状态、窗帘动作状态、间壁柜门开关状态及外观状态良好。 3. 座号牌、衣帽钩、端部小桌、外观及安装状态良好。 4. 车内无异音、异味。 5. 乘客紧急开关等外观良好。 6. 液晶电视显示正常，扬声器声音清晰。 吊顶电视　　间壁电视 7. 车内信息显示器显示正常。 车内信息显示器

续表

序号	检查项目	作业质量标准
2	客室设施（全列）	8. 乘客紧急报警器运行灯正常工作。 乘客紧急报警器 9. 检查火灾报警控制器，确认烟火报警系统工作状态正常。 火灾报警控制器 10. 确认无线上网系统认证正常，可有效接入网络。 11. 各客室侧窗玻璃无裂纹、破损
3	客室空调（全列）	1. 室内空调工作正常。 2. 通电运转（在 TCMS 上开启全列车空调装置），部件启动正常，运转正常，在车内空调机组下方听不到异响 开启全车空调（在司机室 TCMS 点击全车厢-自动-设定）

续表

序号	检查项目	作业质量标准
4	照明灯具（全列）	各灯灯罩外观及安装状态良好，灯色一致，无熄灯。灯罩外露部分无脏污 客室灯具
5	配电柜（全列）	配电柜柜体无变形、破损，柜门锁闭状态良好
6	盥洗室（01、02、03、04、06、07、00车）	检查门内管路固定无松脱、各管路无泄漏 盥洗室
7	卫生间（01、02、03、04、06、07、00车）	检查门内管路无泄漏，接水盘内无积水；气、水管路固定牢固无松脱，检查门锁闭状态良好 头尾车座便卫生间　　蹲便卫生间　　中间车座便卫生间

续表

序号	检查项目	作业质量标准
7	卫生间（01、02、03、04、06、07、00车）	残疾人卫生间
8	电茶炉（01、02、03、04、06、07、00车）	设备安装牢固，指示灯显示正常，无漏水，接水面板无脏堵，按压水阀出水正常 接水面板　　电茶炉
9	餐饮区、餐车设备（05车）	1. 柜子各拉门外观状态良好（无破损）、锁闭良好。 2. 开水炉、冷藏柜、展示柜、保温柜、消毒柜、售货小车等外观状态良好（无破损），厨房电开水炉指示灯显示正常，无漏水，接水面板无脏堵，水龙头无损坏，提按操作出水正常；冷藏柜、展示柜、保温柜温控器显示正常，设备制冷（制热）功能正常；消毒柜内设备灯正常工作。 3. 清洗池清洁、无脏堵。 4. 扶手无破损、松动，吧台无破损 厨房设备　　餐车吧台及扶手

续表

序号	检查项目	作业质量标准
10	服务台（01、00车）	1. 服务台台面、PC装饰板、插座等设备齐全，台面、墙面干净整洁。 2. 服务台各柜门动作灵活，锁闭良好。 3. 确认服务呼叫显示屏显示正常 服务台　　　　　服务呼叫显示屏
11	乘务员室（05车）	1. 检查旅客信息系统操作屏外观状态良好无损坏，确认屏幕显示及操作正常。 2. 检查娱乐系统操作屏外观状态良好无损坏，确认屏幕显示及操作正常。 旅客信息系统操作屏　　　娱乐系统操作屏 3. 检查联络电话装置安装良好，并通话试验确认效果。 4. 侧窗玻璃无破损，窗帘手动操作顺畅且任意位置可定位。 联络电话　　　　　侧窗

续表

序号	检查项目	作业质量标准
11	乘务员室（05车）	5. 办公桌、座席安装牢固，无破损；办公桌抽屉抽拉顺畅，抽屉关闭状态有限位（防甩出） 办公桌　　　操作面板
12	机械师室（05车）	1. 侧窗玻璃无破损，窗帘手动操作顺畅且任意位置可定位。 2. 办公桌、座席安装牢固，无破损；办公桌抽屉抽拉顺畅，抽屉关闭状态有限位（防甩出）。 侧窗　　　办公桌　　　操作面板 3. HMI显示屏、电能监控显示屏等设备齐全，状态良好。 4. 检查机械师室监控屏外观状态良好无损坏，确认屏幕显示及操作正常。观察受电弓监控画面正常。观察各车厢监控画面正常。 5. 检查联络电话装置安装良好，并通话试验确认效果 监控屏　　　联络电话

续表

序号	检查项目	作业质量标准
13	客室座椅	1. 客室一二等座椅检查座椅下插座盖已合上、网兜、小桌面板及衣帽钩无丢失，损坏；旋转定位、靠背调节功能正常。 2. 商务座椅外观良好，表面有无破损。坐姿自动调节功能正常，座椅呼叫功能正常（头车服务台呼叫显示屏正常显示，且可关闭） 客室一等座椅　　　客室二等座椅　　　商务座椅
14	灭火器、紧急破窗锤（全列）车辆备品（01、04、05、00号车）	1. 配置齐全，状态良好。 2. 检查司机室、客室端部及厨房灭火器规格数量齐全，位置正确，外观良好，安装座牢固；喷嘴（喷管）、压把、压力表、插销齐全良好；灭火器定检日期距下次检查不过期；灭火器指针指示在绿区合格区域。 3. 检查车辆工具柜内备品是否齐全；备品包括： 01，00车：响墩、扬声器、应急灯、火炬、梯子； 04，05车：侧门防护网紧急渡板 紧急破窗锤　　　灭火器

续表

序号	检查项目	作业质量标准
15	自动过分相装置（03、06号车）	1. 检查自动过分相装置安装良好、连接器无松动。 2. 受电弓阀板安装良好，空气管路无漏泄 自动过分相装置 受电弓阀板
16	内风挡（全列）	1. 检查内风挡折棚有无破损、脱出框架现象。 2. 渡板和踏板上的防滑贴是否完好。 3. 检查风挡框与车体连接板之间无闪缝。 4. 检查翻板、渡板无异常磨损 内风挡折棚　　内风挡渡板和踏板
工具：手套、工作帽、手电筒、对讲机		

2. 计划与决策

<table>
<tr><td>班级</td><td colspan="3"></td><td>组　别</td><td></td></tr>
<tr><td>小组成员</td><td colspan="5"></td></tr>
<tr><td>记录</td><td colspan="3"></td><td>时　间</td><td></td></tr>
<tr><td rowspan="14">项目
计划</td><td colspan="5">1. 人员分工计划</td></tr>
<tr><td colspan="5">要点：如下表所示。</td></tr>
<tr><td>序号</td><td>姓名</td><td colspan="2">职责</td><td>备注</td></tr>
<tr><td></td><td></td><td colspan="2"></td><td></td></tr>
<tr><td></td><td></td><td colspan="2">2人假设故障（10处）</td><td></td></tr>
<tr><td></td><td></td><td colspan="2">1人车内检查并记录</td><td></td></tr>
<tr><td></td><td></td><td colspan="2">1人根据记录进行核验</td><td></td></tr>
<tr><td></td><td></td><td colspan="2">1人根据评分标准打分</td><td></td></tr>
<tr><td colspan="5">2. 完成任务计划</td></tr>
<tr><td colspan="5">要点：如下表所示（请根据步骤数量画上横格线，并填写内容）。</td></tr>
<tr><td>序号</td><td colspan="2">步骤名称</td><td colspan="2">工作要点</td></tr>
<tr><td></td><td colspan="2"></td><td colspan="2"></td></tr>
<tr><td></td><td colspan="2"></td><td colspan="2"></td></tr>
<tr><td></td><td colspan="2"></td><td colspan="2"></td></tr>
<tr><td rowspan="2">教师指导
意见</td><td colspan="5"></td></tr>
<tr><td colspan="5">教师签名：　　　　　　日期：</td></tr>
<tr><td rowspan="4">小组
决策</td><td colspan="5">决策意见：</td></tr>
<tr><td colspan="5">作业流程：</td></tr>
<tr><td colspan="5">所需工具：</td></tr>
<tr><td colspan="5">注意事项：</td></tr>
</table>

3. 实施

班级		组 别	
小组成员			
记录		时 间	
实施 (任务完成)	1. 讨论 10 处车内假设故障，包括类型及个数		
	2. 根据车内检查标准进行查找故障并记录		
	3. 根据记录对假设故障进行检测		
	4. 根据车内检查评分标准进行打分		
变更计划 记录	在实施过程中，如果执行计划有变更，请作记录，并说明理由		
教师指导 意见			
	教师签名： 日期：		

任务评价

以团队小组为单位完成任务,以学生个人为单位实行考核。

姓名	假设故障			故障检查并记录			故障核验			得分
	自评	同学评	教师评	自评	同学评	教师评	自评	同学评	教师评	

说明:

1. 每个人的总分为100分,采用多主体评价。

2. 每个主体进行评价的评价标准为:正确假设故障(20分)、故障检查并记录(50分)、故障核验(20分)、语言流畅、思路清晰(10分)。

3. 建议权重计为:自评分占0.2,同学评分占0.3,教师评分占0.5,然后加权算出每位同学在本项目中的综合成绩。

实训五　CR400AF 型动车组车体两侧检查作业

情境描述

CR400AF 型动车组每次累计运行 6 000 km 或 48 h 就需进行一次一级检修，一级检修是对运用动车组的车顶、车下、车体两侧、车内和司机室等部位实施快速例行检查、试验和故障处理的检修作业，车体两侧检查是其中很重要的一个环节，对保障动车组的安全运行至关重要。

学习目标

1. 知识目标

（1）能说出动车组车体两侧各设备的名称。
（2）知道动车组车体两侧各设备的基本组成和工作原理。

2. 能力目标

（1）能正确地对动车组车体两侧进行检查，包括：车体注水口/排污口、侧门、侧窗及车外标记、抬车垫板、转向架构架、轴箱及定位装置、车轮、轮盘及降噪板/块、轴端接地装置、空气弹簧及减振装置、车端连接部、自动过分相传感器、车外信息显示器、车下设备工作状态检查等。
（2）能在车体两侧检查过程中发现故障。

3. 素质目标

（1）培养良好的合作意识、语言表达能力和与人沟通的能力。
（2）培养认真踏实的工作作风及实际动手能力、形象思维能力。
（3）培养良好的安全意识与自我保护能力。

任务书

本任务是动车组机械师的工作岗位职责要求,动车组的一级检修对保障动车组的安全运行至关重要,车体两侧检查是其中很重要的一个环节,也是动车组机械师必备的一项技能。其操作应涉及如下工作环节:

(1)掌握动车组检查的基本知识。

(2)对动车组车体两侧进行检查,包括:车体注水口/排污口、侧门、侧窗及车外标记、抬车垫板、转向架构架、轴箱及定位装置、车轮、轮盘及降噪板/块、轴端接地装置、空气弹簧及减振装置、车端连接部、自动过分相传感器、车外信息显示器、车下设备工作状态检查等,并在检查过程中发现故障。

任务分组

小组成员		任务分工
姓名	学号	

引导问题

1. CR400AF型动车组车体两侧设备有哪些?

2. CR400AF型动车组与CRH380A型动车组相比车体两侧设备有什么变化?

任务实施

1. 作业程序

序号	检查项目	作业质量标准
1	车体注水口/排污口（全列）	1. 外墙板、玻璃、塞拉门及裙板等外观状态良好，无变形、损坏，油漆无明显脱落、划痕；车体倾斜符合要求。 车体侧墙　　　　　塞拉门 2. 裙板安装螺栓外观状态良好，安装紧固、无缺失，防松标记清晰无错位；裙板格栅无明显变形、缺损、裂纹，无外挂附着物；裙板锁锁芯三角标识正对指向"关"位，且转舌锁锁芯处于回弹状态。 格栅裙板　　　　　转向架处裙板 裙板安全碰锁　　　　裙板转舌锁

续表

序号	检查项目	作业质量标准
1	车体注水口/排污口（全列）	3. 底板侧部安装螺栓、防脱销外观状态良好，安装紧固、无缺失，防松标记清晰无错位，防松铁丝无松动缺失；防脱销全部处于关闭状态。 防脱销弹出（关位） 底板螺栓及防松铁丝、防脱销（首列） 底板螺栓及防松铁丝　　防脱销（关位） 4. 裙板注水口、排污口、砂箱注砂口等部位检查盖（包括滑道）状态良好，无损伤、裂纹，且开关顺畅、到位；安装紧固、无缺失，止转、防松标记清晰无错位。 注水口及排污口检查盖 砂箱注砂口检查盖

续表

序号	检查项目	作业质量标准
1	车体注水口/排污口（全列）	5. 液位显示器及砂箱砂位等裙板透明观察窗表面清晰、无损伤及裂纹。 液位观察窗　　　　　　砂位观察窗 6. 车端减振器处密封板外观状态良好，安装紧固、无缺失，防松标记清晰无错位 车端减振器处密封板
2	车体（全列）	1. 车体外墙板、裙板无变形、损坏；油漆无脱落、划痕。 2. 车体无明显倾斜
3	侧门、侧窗及车外标记（全列）	1. 车窗玻璃、塞拉门玻璃无裂纹、破损，玻璃密封胶无脱落。 2. 塞拉门无变形、损坏，外侧胶条无损坏、脱落，门扇表面油漆无脱落、划痕。车外紧急开门装置把手复位正常、无翘起。 3. 塞拉门隔离锁堵头无脱落、丢失。头车隔离锁盖板无脱落、丢失。 塞拉门　　中间车隔离锁堵头　　头车隔离锁盖板 4. 车外标记无破损、脱落

续表

序号	检查项目	作业质量标准
4	抬车垫板（全列）	抬车垫板状态良好，螺栓防松标记清晰、无松动 抬车垫板
5	转向架构架（全列）	1. 构架侧梁及空气弹簧支撑梁无裂纹。 2. 各安装管线状态良好，无抗磨。 3. 转向架铭牌安装状态良好，无裂纹
6	轴箱及定位装置（全列）	1. 垂向减振器无漏油，外观状态良好；连接螺栓及螺母无松脱、防松铁丝无折断；减振器座无裂纹。 2. 轴箱弹簧安装状态良好，轴箱橡胶护套无破损。 3. 轴箱外观状态良好，箱体无损伤，无漏油，螺栓无松动。橡胶防尘盖无破损、安装无松动，呼吸器、链配置齐全。 4. 轴箱前盖表面目视检查不得存在裂纹，表面伤痕深度不超过 5 mm 时消除锐棱后使用，表面有锈痕时须清除。 5. 轮对提吊外观检查有磕碰伤及锐棱部位须打磨消除。 6. 传感器安装无松动，线缆固定无松动，线夹无损伤，线缆外观无损伤、老化现象，车上连接器安装牢固。线缆防护用螺旋软管出现局部破损、断裂等缺陷时，允许采用绝缘防水材料处理，出现 3 处以上破损、断裂缺陷时更换。 7. 转向架排障器及撒砂喷嘴安装座外观无裂纹或磕碰损伤，紧固件无松脱，止转垫片无折断。 8. 轴箱定位装置外观状态良好，螺栓无松动，橡胶节点外露橡胶有下列情况者更换： （1）橡胶与金属件结合面之间产生开裂，长度超过 1/6 圆周且深度超过 5 mm 时。 （2）橡胶表面产生溶胶现象且有明显块状橡胶脱出时。 （2）橡胶表面伤痕长度在 15 mm 以上且深度在 5 mm 以上时。

续表

序号	检查项目	作业质量标准
6	轴箱及定位装置（全列）	轴箱定位装置及传感器 9. 防振橡胶外观状态良好，厚度方向不得存在贯穿性裂纹，橡胶表面裂纹或伤痕深度且长度超限时更换
7	车轮、轮盘及降噪板/块（全列）	1. 踏面擦伤、剥离、碾伤、卷边（碾边）不过限。 2. 轮缘无缺损，磨耗状态正常。 3. 轮对各部尺寸不过限。 4. 轮装制动轮盘螺栓安装牢固，盘面裂纹不过限。 5. 车轮注油孔螺堵无松动、丢失。 6. 拖车车轮降噪板开胶长度不超限，降噪块安装状态良好，螺栓无松动 车轮及制动盘
8	轴端接地装置（01、03、06、00）	轴端接地装置（拖车1位侧端）安装紧固件无松脱，电缆外观状态良好 轴端接地装置

续表

序号	检查项目	作业质量标准
9	空气弹簧及减振装置（全列）	1. 空气弹簧外观状态良好，无漏风。 2. 高度控制阀无漏风；调整杆无变形，关节轴承转动灵活；保温箱外观、安装状态良好，无油迹；配件无缺失；锁紧装置紧固，塞门与管路平行，管路无漏泄。 3. 抗蛇形减振器无漏油及外观状态良好，安装无松动；减振器座无裂纹；橡胶套无破损，卡箍无松动。 4. 高度阀和空气弹簧塞门手柄与管路平行，安装牢固。 5. 空气弹簧上盖板（车体底部）与构架空簧测量基准点垂直高度满足限度要求 抗蛇行减振器 高度阀和空气弹簧塞门
10	车端连接部（全列）	1. 外风挡状态良好，安装牢固，无破损。 2. 车间油压减振器无漏油及外观状态良好，安装不松动；减振器座无裂纹 车间减振器

续表

序号	检查项目	作业质量标准
11	自动过分相传感器（03、06车）	自动过分相系统车载感应器外观状态良好，安装牢固，距轨面高度符合限度（1200_{-5}^{+0} mm）要求（空载条件下） 车载感应器
12	车外信息显示器（全列）	车外信息显示器显示正常 车外信息显示器
13	车下设备工作状态检查	牵引系统冷却风机运转正常，无异响
工具：安全帽、手电筒、检点锤、塞尺、钢板尺		

2. 计划与决策

班级			组　别	
小组成员				
记录			时　间	
项目计划				

项目计划：

1. 人员分工计划

要点：如下表所示。

序号	姓名	职责	备注
		2人假设故障（10处）	
		1人车体两侧检查并记录	
		1人根据记录进行核验	
		1人根据评分标准打分	

2. 完成任务计划

要点：如下表所示（请根据步骤数量画上横格线，并填写内容）。

序号	步骤名称	工作要点

教师指导意见：

教师签名：　　　　　日期：

小组决策：

决策意见：

作业流程：

所需工具：

注意事项：

3. 实施

班级			组 别	
小组成员				
记录			时 间	
实施 （任务完成）	1. 讨论 10 处车体两侧假设故障，包括类型及个数			
	2. 根据车体两侧检查标准进行查找故障并记录			
	3. 根据记录对假设故障进行检测			
	4. 根据车体两侧检查评分标准进行打分			
变更计划 记录	在实施过程中，如果执行计划有变更，请作记录，并说明理由			
教师指导 意见				
	教师签名： 日期：			

任务评价

以团队小组为单位完成任务，以学生个人为单位实行考核。

姓名	假设故障			故障检查并记录			故障核验			得分
	自评	同学评	教师评	自评	同学评	教师评	自评	同学评	教师评	

说明：

1. 每个人的总分为100分，采用多主体评价。

2. 每个主体进行评价的评价标准为：正确假设故障（20分）、故障检查并记录（50分）、故障核验（20分）、语言流畅、思路清晰（10分）。

3. 建议权重计为：自评分占0.2，同学评分占0.3，教师评分占0.5，然后加权算出每位同学在本项目中的综合成绩。

参考文献

[1] 牛小伟,马松花.高速铁路动车组机械设备维护与检修[M].成都:西南交通大学出版社,2019.

[2] 高伟,李长留.列车构造认知与检查[M].北京:中国铁道出版社,2021.

[3] 中国铁路总公司.高速动车组技术(上、下)[M].北京:中国铁道出版社,2016.

[4] 中国铁路总公司劳动和卫生部,中国铁路总公司运输局.CRH2c 二阶段 CRH380A(L)型动车组机械师[M].北京:中国铁道出版社,2015.

[5] 中国铁路总公司劳动和卫生部,中国铁路总公司运输局.CRH3C CRH380B(L) CRH380CL 型动车组机械师[M].北京:中国铁道出版社,2015.

[6] 中国国家铁路集团有限公司机辆部.铁路动车组检修[M].北京:中国铁道出版社,2022.

[7] 中国国家铁路集团有限公司机辆部.铁路动车组概论[M].北京:中国铁道出版社,2022.